要素投入、契约选择与家庭农场的运行绩效研究

YAOSU TOURU QIYUE XUANZE YU JIATING NONGCHANG DE YUNXING JIXIAO YANJIU

陈军民 著

中国农业出版社
北 京

本著作得到以下项目资助：

国家社会科学基金一般项目：要素投入、契约选择与家庭农场的运行绩效研究（19BJY144）

中国工程科技发展战略河南研究院战略咨询项目：基于关键核心技术的河南省农业产业链生态体系构建研究（2024HENYB05）

新乡市软科学研究重点项目：新乡市现代农业产业体系构建研究（RKX2024005）

序言

家庭农场作为现代农业发展中的新型农业经营主体，在推动农业规模化、集约化、产业化发展方面发挥着至关重要的作用。随着我国农业现代化进程的加速，家庭农场的发展面临着诸多机遇与挑战，要素投入的合理性、契约选择的科学性以及由此带来的运行绩效提升等问题，成为学术界和实践领域共同关注的焦点。本书正是围绕这些关键问题展开深入研究，旨在为家庭农场的可持续发展提供理论支持和实践指导。在政策层面，国家高度重视家庭农场的培育和发展，出台一系列扶持政策，为家庭农场的成长创造了良好的政策环境。同时，随着农村土地制度改革的不断深化、农业劳动力结构的变化以及金融市场对农业支持力度的加大，家庭农场在要素投入和契约选择方面面临着新的形势和任务。在现实层面，家庭农场在实际运营过程中，面临着土地流转困难、劳动力短缺、融资渠道不畅等诸多问题，这些问题严重制约了家庭农场的发展壮大。因此，深入研究家庭农场的要素投入特征、契约选择机制以及运行绩效影响因素，具有重要的理论和现实意义。

本书立足于经济学、管理学和社会学的交叉视角，以“要素投入—契约选择—运行绩效”为逻辑主线，构建了系统的分析框架。第一部分（研究基础）阐述研究背景、核心概念及理论基础，明确家庭农场的性质、功能及其在农业经营体系中的定位，梳理契约经济学、利益相关者理论等相关文献，奠定全书的理论基础。第二部分（要素投入特征及约束）聚焦土地、劳动力、资本等关键生产要素，深入剖析家庭农场的资源获取方式及其面临的制度性约束，揭示不同类型家庭农场在要素投入上的异质性及其成因。第三部分（契约选择及治理）围绕家庭农场与其他经济主体（如土地转出户、农业雇工、金融机构等）的契约关系，探讨交易成本如何影响契约形式选择，并提出相应的契约优化机制。第四部分（契约选择对家庭农场的效应）采用三阶段DEA模型、因子分析、计量经济学等方法，实证检验契约结构对家庭农场运行效率、自生能力及绿色生产技术采纳的影响。第五部分（结论与政策建议）归纳研究发现，提出促进家庭农场高质量发展的政策路径。

本书的主要创新体现在五个方面：其一，理论框架的拓展。从契约经济学视角重新审视家庭农场的要素配置与治理问题，构建“契约—效率—生命力”的综合分析范式。其二，要素配置的契约约束解析。通过多源数据系统剖析土地、劳动力、资本等核心要素的契约关系，揭示土地转出户、村集体等主体对要素投入的制约机制，提出破解路径；同时明确农场主素质、雇工困境及融资差异等关键特征，为优化要素市场提供实证依据。其三，自生能力与融资机制的创新研究。首创从自我恢复力、竞争力和创新能力三维构建家庭农场自生能力评价体系，结合因子分析与TOPSIS法量化其水平，实证验证自生能力对融资可得性及额度的核心影响，为缓解融资约束提供理论支撑。其四，运行效率与生命力的多维度评估。采用三阶段DEA模型测度九类农场的投入产出效率，揭示最优经营规模区间；基于利益相关者理论，阐释契约属性（如期限、形式）对运行效率及生命力的影响机制，为家庭农场的规模适配与可持续发展提供决策参考。其五，政策导向的实证检验与启示。从契约农业视角出发，运用PSM和多元Logit模型验证绿色生产技术采纳效应，明确政策协同的关键条件；结合实证结论，提出优化土地流转市场、完善雇佣契约、创新农村金融产品等针对性政策建议，推动家庭农场与农业绿色发展目标深度融合。

本书的主要研究发现有六个方面：

1. 家庭农场本质上是农户经营的企业，具有企业契约的性质，关系规范的培育和建构可降低因资产专用性和不确定性带来的高交易成本。本研究将家庭农场视为关系型契约的网络，在这个网络中包含着多个与家庭农场产生交易的契约关系人，家庭农场的生成与运行需要与农地所有者、政府组织、村级集体经济组织、雇工、合作经济组织、农资供应商、农产品销售商等契约关系人进行要素、劳务或商品的交易。家庭农场的持续经营在很大程度上取决于这些契约关联方的合作效率，且当其面对各种变化不定的物理的、生物的、社会物质性的要素和竞争的市场环境时，能否不断地进行内部调整，从契约关联方获取物质与能量的支持，以降低各种不确定性对其生存的冲击。家庭农场的企业契约性质不仅体现了农业经济组织的现代化转型，而且彰显了农业生产中家庭经营方式的独特优势和效率。但与传统企业不同，家庭农场主要以血缘、姻缘关系为纽带，内部管理比较灵活，不受严格的契约约束，能够根据市场变化和家庭需求进行调整。而对外打破了小农自给自足模式，以追求利润最大化为主要目的，与市场联系更为紧密，这与企业的经营目标相符，体现了其企业化经济实体的性质。

2. 家庭农场的发展面临着多重要素约束，要素契约关系治理是家庭农场可持续发展的关键。其一，由于地权的多重委托代理关系，家庭农场在土地集中时会面临权力寻租和较高的协调成本；土地的细碎化不仅增加了家庭农场土地集中的难度，降低了生产效率，同时也提高了土地流转的成本；由于农村社会保障体系的不完善，农民尤其是老年农民对土地的过度依赖加剧了家庭农场土地集中的难度。这导致转入土地的契约结构复杂，地权关系不稳定，容易引发纠纷，从而影响家庭农场的长期发展计划。其二，家庭农场的劳动力投入面临诸多挑战，如农场主的职业认同感不强，缺乏足够的企业家精神；缺少未来的接班人；农业工人年龄偏大，教育水平较低，尤其在农忙季节难以招募到合适人手。家庭农场雇佣工人时需承担多项成本：包括寻找合适工人的信息搜索成本、就工作任务和薪酬进行谈判的成本，以及监督工人劳动表现的后续管理成本。此外，在执行过程中还面临主雇双方权益无保障、雇工兼业化、人力资本投入不足等问题，导致家庭农场的利益受损。其三，家庭农场融资来源呈多元化特征，其中以自有资金为主，银行贷款次之。且45%的家庭农场首选农村信用社贷款，融资期限以中短期为主，5年以上的长期贷款很少。在融资过程中存在融资额度小、担保手续繁琐、融资缺乏有效抵押物、信贷抑制等问题，其原因主要在于抵押贷款配套制度不健全、农场主金融素养缺乏、家庭农场自身发展质量不高，信贷产品缺乏针对性等。其四，家庭农场在达到一定规模和资本水平后，表现出明显的服务溢出效应，逐渐变成推动周围小规模农户发展的关键因素。有73.9%的家庭农场参与了农业社会服务供给，平均每家提供约1.774项服务。其中，经营规模和农业机械资产是决定家庭农场提供服务的主要因素。

3. 家庭农场经营效率值偏低，不同类农场之间效率差异显著；提升家庭农场的经营效率不仅关乎农场主个体的经济利益，也是实现社会经济可持续发展和维护生态环境的关键因素。其一，多数家庭农场能够通过调整其经营规模来提升运行效率。具体来说，家庭农场的总效率达到了0.623，其中技术效率较高，为0.880，这一数值高出规模效率0.167。其二，在不同类型的家庭农场中，运行效率显示出显著差异。粮食与蔬菜结合型农场的总效率位居首位，其次是专注于经济作物的农场。而专注于牲畜养殖和禽类养殖的农场则表现出最低的运作效率，其效率值分别为0.457和0.538。其三，效率变化呈现“U”形特征。除了牲畜养殖类和多元经营类农场外，其他类型家庭农场的总效率随着经营规模的增加，先下降后上升，形成“U”形曲线。其四，有70.6%的家庭农场处于规模报酬递增状态，意味着这些农场可以通过扩大经营规模来提升效率。其五，各类家庭农场在资本投入方面存在较大的冗余，尤其是设备等固定资产利用不充分、闲置问题较为突出。粮食与经济作物结合、种植与养殖结合和多元经营类农场在土地投入方面的冗余较多，这些农场可以通过节约和集约利用土地来提高经营效率。同时，粮食与经济作物结合、粮食种植、经济作物和禽类农场在雇工费用方面存在较大冗余，这些农场可以通过减少雇工或使用机械替代雇工来改进经营效率。

4. 农地契约结构复杂多变，不同契约适用于不同农场类型，并因匹配度差异而产生不同的效率属性。在乡村熟人社会中，农地流转呈现两大特征：其一，关系型交易普遍存在；其二，农地流转需依附集体土地所有权和农户承包权，形成多层级、多主体的契约关系，导致同一农场中并存多种契约。针对不同农场类型，契约选择需差异化：种植类和种养结合类家庭农场采用正式书面契约效率更高，而养殖类农场则更适配简单契约。例如，养殖类农场通过长期契约可提升效率，而种养结合类农场则相反；种植类农场实施定额契约更加有效，但这会抑制养殖类和种养结合类农场的效率。然而，浮动契约虽能提升种植类和养殖类农场的效率，却会抑制种养结合类农场的效率。此外，代管或代耕契约对养殖和种养结合农场产生负面影响，但对其他类型农场作用有限。经营规模方面，扩大面积有助于提升种养结合农场效率，却可能对其他类型农场产生负面效果。投入要素的影响亦因场而异：增加物质费、资本及租金投入通常能提升各类农场效率，但资本投入对养殖类农场的影响呈先降后升的“U”形趋势；例如，增加雇工投入可提升养殖类家庭农场效率，却会降低种植类和种养结合类农场的效率。

5. 家庭农场的生命力普遍较低，其生命力提升受制于契约相关者。家庭农场的生命力虽然略高于普通农户，但其整体水平仍然偏低。种养结合类家庭农场表现最佳，而瓜果蔬菜类普通农户最具活力。提高直接型契约相关者的务农兴趣和农业技能对家庭农场生命力有显著积极影响，与农资供应商、产品销售商等客户建立长期紧密的合作关系也对农场和普通农户的生命力产生显著正面影响。信贷支持对两者均有积极作用，尤其对普通农户更为显著。政府和合作社的影响不显著，村委会和亲朋的支持作用有限。在市场监管局登记的经营主体显示出更强的生命力。家庭农场的发展主要依赖于内部资源和管理水平，外部帮扶和支持的作用相对有限。总体而言，家庭农场要实现可持续发展需积极加强内部管理与外部合作，并努力克服融资与政策支持方面的挑战。

6. 家庭农场兼具农业服务供给与需求的双重角色。家庭农场迫切需要全产业链、专业化的服务。家庭农场在达到一定规模和资本积累后，表现出明显的服务溢出效应，逐渐变成推动周围小规模农户发展的关键因素。政府在稳定土地“集体所有、家庭承包、经营权集中”基本格局的同时，更应该鼓励和发展各类农业中间服务组织，聚集各方资源搭建为农业服务的综合服务中心或平台，以帮助家庭农场充分参与现代分工经济系统，拓展其服务功能，进而分享合作剩余。此外，家庭农场在乡村经济中扮演着重要角色，其生产能力和市场竞争力往往受到社会网络资源的影响，这些网络资源显著降低家庭农场获取农业服务的成本。

农业强则国家强，农民富则国家富。家庭农场作为中国农业现代化的中坚力量，其健康发展关乎国家粮食安全与农民生计。期待本书的研究成果能为家庭农场的实践创新与政策优化贡献绵薄之力。家庭农场的发展是一个长期动态过程，从契约经济学视角未来研究可进一步关注以下问题：一方面，在契约理论的前沿研究中，已经开始借鉴行为经济学和实验经济学的方法，即在控制约束条件下，利用实验室实验进行理论检验。但由于约束条件严格，这类研究与现实世界的契约选择过程还是存在差距，这既为今后的研究带来启发，也带来新的理论挑战。另一方面，关于要素契约缔约动因与选择的机理分析，特别是契约缔结过程中“人—地”“农场—中介”“农场—政府”“农场—农场”“人—人”及“人—物”等之间的关系及其情境依赖问题，如家庭农场与其他新型经营主体（如合作社、农业企业）的协同机制，数字技术对家庭农场契约治理的影响，家庭农场在乡村振兴中的多功能性表现等，应该受到研究者的重视。

本书的顺利完成，得益于多方支持与协作，在此，我向所有给予帮助的个人和机构致以诚挚谢意。本研究获国家社会科学基金项目（19BJY144）、中国工程科技发展战略河南研究院战略咨询项目（2024HENYB05）和新乡市软科学研究重点项目：新乡市现代农业产业体系构建研究（RKX2024005）资助。项目组成员王娟、冯霞、睢利萍、杜小伟、苏明、侯宏皎、吴国庆、陈瑾，以高度责任感和专业精神参与项目各环节。他们所提供的宝贵建议凝聚着智慧与心血，对本书的完善提升起到关键作用。我的研究生王鲁凤、杨杨、李海幸、伊登辉、刘海南、魏振东，热情饱满、态度严谨地投入研究。在数据收集、资料整理、实地调研等方面不辞辛劳，全力协助，使研究高效开展，著作高质量呈现。同行专家的细致审视和指导，让研究更严谨科学。此外，写作过程中，还参考了许多学者的著作和论文等，在此也向他们表示衷心感谢。

好的研究首先要有对现实问题的深刻反思，坚持以问题为导向，然后，建构科学的理论分析框架，开展精细的研究设计，获得可靠的数据。本研究尽管做了大量的调研工作，付出了艰辛的努力，但在调研过程中受限于调研员的素养等因素，仍面临着部分问卷调查数据失真、缺失值较多、难以建立严格的面板数据等问题，研究过程中各部分数据多为混合数据，无法从时间维度对家庭农场的差异进行纵向分析。同时，由于作者水平有限，本书还存在许多不足之处，真诚希望读者朋友们批评指正。

希望本书能抛砖引玉，推动更多学者关注家庭农场的可持续发展问题。

著　者

2025 年 4 月 25 日

目录

第一章

导　论

第一节　研究背景

如何从传统农业向现代农业转变和过渡，是所有国家走向现代化都必须面对和经受考验的重大问题。自 1985 年起，我国农地家庭承包制的潜力已逐渐见底，小规模、分散化经营模式的弊端日益突出，阻滞现代生产要素的采纳与农业生产效率的提升。现阶段我国农业发展的核心难题在于，农场规模影响科技应用和市场竞争，缺乏能扩大经营规模的农业微观组织制度创新（何秀荣，2009）。当农场规模远低于现代生产力水平所要求的底线时，以其为基础的科技应用、市场准入、维生收入、从农热情等都难以为继了，现代农业也就成为一个可求不可得的奢望。那么，如何将细小的农业经营户转变为适应现代农业发展的农场规模？这也是全球“小农”共同面临的困境。

进入 21 世纪以来，我国农业逐步进入高成本阶段。从种植业看，农资投入和劳动力投入的成本有增无减，已严重影响农民的种粮积极性。同时，随着农村劳动力转移规模持续扩大，我国农业生产面临土地细碎化、农户兼业化、劳动力老龄化、农业副业化、生产非粮化等问题，“弱者种地，差地种粮”的现象已广泛存在，严重威胁我国的粮食安全（罗必良等，2013）。在此背景下，农业发展不仅要面对“谁来种田”的现实问题，而且还要破解“种怎样的田”和“怎样种田”的深层难题（罗必良、李玉勤，2014）。因此，探索与“人多地少”基本国情相适应的规模化经营方式，弥补小农生产不足，具有紧迫性（桂华、刘洋，2017）。

针对家庭经营规模太小的劣势，中央开始探索“家庭农场”等适度规模形式。1984 年的中央 1 号文件《关于一九八四年农村工作的通知》中首次提出发展“家庭农场”，不过当时主要是针对国营农场改革而实行的职工家庭农场。基于传统农户发展家庭农场是在 2008 年党的十七届三中全会所作的报告中，文件不仅明确了通过土地流转扩大经营规模、发展家庭农场的决定，还提出“按照依法自愿有偿原则，允许农民以转包、出租、互换、转让、股份合作等形式流转土地承包经营权”“鼓励发展专业大户、家庭农场、农民专业合作社等规模经营主体”。紧接着，2009 年中央 1 号文件提出，“根据新增农业补贴的实际情况，逐步加大对专业大户、家庭农场种粮补贴力度”。总体而言，尽管这一时期家庭农场的概念在正式文件中已经提及，但未引起足够的重视，家庭农场亦没有被明确界定。

家庭农场在我国真正开始快速发展始于 2013 年，这一年中央 1 号文件把家庭农场视为我国现代农业发展的主体，明确家庭农场是我国新时期农业农村经济发展的创新之举，是农业生产集约化、规模化和现代化的重要载体，对发展现代农业意义重大。自此家庭农场的发展引起了政府和学界的广泛关注，此后历年的中央 1 号文件也都对家庭农场的培育进行规范部署（表 1－1），成为我国农业发展的重要趋向。其中，2014 年，文件首次提出开展家庭农场登记工作，并伴随农业部下发的促进家庭农场发展的指导意见。2015 年，文件强调加快构建新型农业经营体系，鼓励发展适度规模的家庭农场。2016 年，再次提出以家庭农场为主体，推动多种形式的适度规模经营。2017 年，中央 1 号文件着重于完善家庭农场认定办法，特别支持规模适度的家庭农场。2018 年，文件进一步提出培育和发展家庭农场、合作社、龙头企业等，以及社会化服务组织和农业产业化联合体，继续推动多种形式的适度规模经营。到了 2019 年，中央 1 号文件特别强调要重点发展家庭农场和合作社这两类新型农业经营主体，并启动了家庭农场培育计划。2020 年，文件重申了重点培育家庭农场和合作社，同时提出了培育农业产业化联合体的目标。2021 年，文件聚焦于将农业规模经营户培育成充满活力的家庭农场。2022 年，鼓励家庭农场、合作社及农业产业化龙头企业增加粮食种植，提高种植质量。2023 年，文件支持家庭农场、合作社及小微企业发展农产品产地初加工，并鼓励家庭农场组建农民合作社，合作社根据发展需要办企业，带动小农户合作经营。2024 年，中央 1 号文件则着重强调提升家庭农场和农民合作社的经营水平，增强其服务能力，以带动小农户的发展。

表 1－1　历年中央 1 号文件关于家庭农场的规定

年份	中央 1 号文件名	关于家庭农场的相关规定
2009	《中共中央　国务院关于 2009 年促进农业稳定发展农民持续增收的若干意见》	根据新增农业补贴的情况，逐步加大对专业大户、家庭农场种粮补贴的力度

（续）

年份	中央1号文件名	关于家庭农场的相关规定
2013	《中共中央　国务院关于加快发展现代农业　进一步增强农村发展活力的若干意见》	鼓励和支持承包土地向专业大户、家庭农场、农民合作社流转，发展多种形式的适度规模经营；创造良好的政策和法律环境，采取奖励补助等多种办法，扶持联户经营、专业大户、家庭农场；继续增加农业补贴资金规模，新增补贴向专业大户、家庭农场、农民合作社等新型生产经营主体倾斜
2014	《关于全面深化农村改革加快推进农业现代化的若干意见》	着力构建新型农业经营体系，按照自愿原则开展家庭农场登记；在国家年度建设用地指标中单列一定比例专门用于新型农业经营主体建设配套辅助设施；鼓励地方政府和民间出资设立融资性担保公司，为新型农业经营主体提供贷款担保服务；加大对新型职业农民和新型农业经营主体领办人的教育培训力度
2015	《中共中央　国务院关于加大改革创新力度　加快农业现代化建设的若干意见》	加快构建新型农业经营体系，鼓励发展规模适度的农户家庭农场，完善对粮食生产规模经营主体的支持服务体系
2016	《中共中央　国务院关于落实发展新理念加快农业现代化　实现全面小康目标的若干意见》	坚持以农户家庭经营为基础，支持新型农业经营主体和新型农业服务主体成为建设现代农业的骨干力量；积极培育家庭农场、专业大户、农民合作社、农业产业化龙头企业等新型农业经营主体；完善财税、信贷保险、用地用电、项目支持等政策，加快形成培育新型农业经营主体的政策体系
2017	《中共中央　国务院关于深入推进农业供给侧结构性改革　加快培育农业农村发展新动能的若干意见》	完善家庭农场认定办法，重点支持适度规模的家庭农场；加大对现代青年农场主、林场主培养，培育农业职业经理人；支持金融机构开展适合新型农业经营主体的订单融资和应收账款融资业务；大力培育多种形式的适度规模主体
2018	《中共中央　国务院关于实施乡村振兴战略的意见》	实施新型农业经营主体培育工程，培育发展家庭农场、合作社、龙头企业、社会化服务组织和农业产业化联合体，发展多种形式适度规模经营；全面建立职业农民制度，完善配套政策体系；实施新型职业农民培育工程
2019	《中共中央　国务院关于坚持农业农村优先发展做好“三农”工作的若干意见》	突出抓好家庭农场和农民合作社两类新型农业经营主体，启动家庭农场培育计划，开展农民合作社规范提升行动，建立健全支持家庭农场、农民合作社发展的政策体系和管理制度。支持发展适合家庭农场和农民合作社经营的农产品初加工

（续）

年份	中央1号文件名	关于家庭农场的相关规定
2020	《中共中央 国务院关于抓好“三农”领域重点工作确保如期实现全面小康的意见》	重点培育家庭农场、农民合作社等新型农业经营主体，培育农业产业化联合体，通过订单农业、入股分红、托管服务等方式，将小农户融入农业产业链。符合条件的家庭农场等新型农业经营主体可按规定享受现行小微企业相关贷款税收减免政策
2021	《中共中央 国务院关于全面推进乡村振兴 加快农业农村现代化的意见》	推进现代农业经营体系建设。突出抓好家庭农场和农民合作社两类经营主体，鼓励发展多种形式适度规模经营。实施家庭农场培育计划，把农业规模经营户培育成有活力的家庭农场
2022	《中共中央 国务院关于做好2022年全面推进乡村振兴重点工作的意见》	合理保障农民种粮收益，支持家庭农场、农民合作社、农业产业化龙头企业多种粮、种好粮。大力发展单环节、多环节、全程生产托管服务，开展订单农业、加工物流、产品营销等，提高种粮综合效益
2023	《中共中央 国务院关于做好2023年全面推进乡村振兴重点工作的意见》	实施农产品加工业提升行动，支持家庭农场、农民合作社和中小微企业等发展农产品产地初加工。深入开展新型农业经营主体提升行动，支持家庭农场组建农民合作社、合作社根据发展需要办企业，带动小农户合作经营、共同增收。引导土地经营权有序流转，发展农业适度规模经营
2024	《中共中央 国务院关于学习运用“千村示范、万村整治”工程经验有力有效推进乡村全面振兴的意见》	聚焦解决“谁来种地”问题，以小农户为基础、新型农业经营主体为重点、社会化服务为支撑，加快打造适应现代农业发展的高素质生产经营队伍。提升家庭农场和农民合作社生产经营水平，增强服务带动小农户能力

从全球农业发展的视角来看，家庭农场这一经营模式在当今世界农业发展中占据主导地位。2016年，Lowder等对111个国家的农业普查数据进行分析，全球约有4.7亿个家庭农场。在这些农场中，有72%的占地面积小于1公顷，有12%的占地面积为1～2公顷，有10%的占地面积为2～5公顷，仅有6%的占地面积超过5公顷。最新的数据显示，截至2021年，全球家庭农场的数量已超过6.08亿个，这些农场覆盖了全球70%～80%的农田，并贡献了全球粮食价值总量的80%①。他们服务于当地的产品，延续着当地的传统和

① 姜雨薇．联合国粮农组织：全球约三分之一口粮由小农户生产，小户不容小视！［EB/OL］. https：//www.china-news.com.cn/cj/2021/04-23/9462502.shtml，2021-4-23.

文化，是全球农业农村发展的主要动力。以美国为例，家庭农场占美国土地面积40%以上，主要由谷物种植地和牧场地构成，二者面积占农场总面积的90%[①]。农业市场的全球化和一体化，为家庭农场的发展提供了更多机遇。在发达国家的农业进程中，家庭农场有效地缓解了土地资源与人口之间的紧张关系，推动了农业现代化的步伐。这种经营模式不仅提高了农业生产效率，还帮助农民增加了收入，缩小了城乡之间的差距。家庭农场已成为实现各国农业可持续发展和确保国家粮食安全的有效途径。

家庭农场是兼具家庭经营和规模经营优势的新型农业经营主体，是现代农业经营体系的基础与核心，是在工业化和城市化大背景下完善家庭经营这一中国农业基本经营制度的最适宜、最值得提倡的形式（杜志雄、王新志，2013），是实现中国农业规模经营和现代化的一个基本思路。2018年中共中央、国务院印发的《乡村振兴战略规划（2018—2022年）》，再次明确提出“培育发展家庭农场”的要求。随后，2019年国家启动了家庭农场培育计划，农业农村部印发了《关于支持做好新型农业经营主体培育的通知》，提出加快培育新型农业经营主体，加快构建以农户家庭经营为基础、合作与联合为纽带、市场需求为导向的立体式复合型现代农业经营体系，2020年制定了《新型农业经营主体和服务主体高质量发展规划（2020—2022年）》。目前，围绕家庭农场的政策支持体系日渐完备，在各级政府的大力推动下，家庭农场在我国农村呈井喷式增长。截至2021年底，全国家庭农场数量达390万个，家庭承包耕地经营权流转总面积达5.57亿亩*，占家庭承包耕地总面积的35.4%，其中流转给家庭农场和种养大户的达3.4亿亩[②]，发展数量比2013年高出3.45倍。实践表明，创新发展中的家庭农场，在推动农业经营机制创新、现代农业建设中发挥着越来越重要的作用。

家庭农场是近年来国家政策与学界重点关注的一种新型农业经营主体，并且被认为是寄托了农民专业化、职业化与技术化的主要载体，以及解决“未来谁来种田、为何种田、怎么种田”这一重要问题的关键担当者。当前，培育和发展家庭农场已成为基层政府在推动现代农业发展实践中的重要行动。但由于我国家庭农场发展尚处于起步阶段，仍然存在家庭农场运行质态不佳，个别地方扶持政策落实不到位，发展中面临着土地、资金、人才、基础设施、生产性服务等约束问题。中国是在庞大小农群体的基础上推进现代化，这一群体仅靠

---

① 龙晓柏，龚建文．英美乡村演变特征、政策及对我国乡村振兴的启示［J］．江西社会科学，2018，38（4）：221.

* 亩为非法定计量单位，1亩=1/15公顷。——编者注

② 农业农村部政策与改革司．中国农村政策与改革统计年报（2021）［M］．北京：中国农业出版社，2022：16-17.

城市化难以完全吸纳。许多农民对土地抱有深厚的情感和期望，即使是出于无奈，也是他们不得不做出的选择。尽管种地可能并不盈利，但他们还是坚持耕种，这既反映了历史传统的深远影响，也要求政策制定者展现出对历史的深刻理解和耐心①。问题是时代的呼声，也是学术的先导。本研究将系统梳理我国提出发展家庭农场以来的政策文件、文献资料，从理论与实证两个方面充分阐释家庭农场发展过程中面临的要素投入、契约选择、效率及生命力等问题，以期为家庭农场的健康发展提供有益的借鉴和政策指引。

第二节 研究目的、目标及意义

农业规模经营已成为全球农业发展的共同趋势，也是我国农业经营制度和方式转型、创新的重要方向。家庭农场的发展，有利于在继承农户家庭经营合理内核的基础上，吸收企业经营的优势，锤炼农户带头人的企业家素质和参与分工协作的能力，成为发展现代农业的骨干力量（姜长云，2022）。家庭农场是处于农业产业最前端的主体，是能够衍生出其他主体的主体，担当中国农业未来发展的厚望，是中国现代农业的主力军。自 2013 年以来，历年的中央 1 号文件都把支持家庭农场、合作社、农业企业等主体作为解决中国“谁来种地”问题的重要举措，尤其重点培育家庭农场和合作社。习近平总书记也在多个场合，明确提出要重点抓好“家庭农场和合作社两个新型农业经营主体”。

那么在实践中，家庭农场的生命力到底如何，其功能定位能否肩负未来中国现代农业建设的主力，在市场竞争中是否能够实现自立，是值得理论探讨和实践检验的重大课题。

一、研究目的

培育家庭农场，不仅是要扶持其成立，更重要的是确保其能够长期稳定运营。只有这样，家庭农场才能真正成为我国农业未来发展的中坚力量。但从实践来看，家庭农场在发展过程中仍面临着诸多挑战，如土地租金、人工成本和农业作业服务费用快速上涨，要素投入成本居高不下，农业生产性服务供需矛盾突出，农场主的经营素质亟待提升，农业专业人才供给不足等。这些问题的解决涉及家庭农场与各类要素所有者的交易，在这一过程中，各类要素契约的缔结与履行成本将对家庭农场运行产生重大的影响。本研究的主要目的在于：

---

① 徐勇．谁在种地？不是问题的大问题［EB/OL］．https：//www. zgxcfx. com/sannonglunjian/122250. html，2024－01－26．

如何结合农业农村实际，降低家庭农场运行的要素集中和农业服务获取的成本，推动家庭农场高质量发展，提升家庭农场的可持续发展能力。

二、研究目标

本研究将以家庭农场发展过程中所涉及的要素契约关系为切入点，探讨如何有效的缔结与履行契约，降低家庭农场发展的复杂性和不确定性，深入考察不同要素契约类型及结构对家庭农场运行绩效的影响。分析家庭农场的各类生产要素投入及使用特征，以及与各类要素所有者缔约过程中面临的约束与执行成本。揭示不同类型要素契约缔结的动因、条件、履约障碍及影响。构建提高家庭农场运行绩效的制度生活场域。具体目标包括：

第一，结合调查数据，深入分析家庭农场各类要素投入的特征，以及在要素获取过程中面临的主要约束。将家庭农场按照经营类型进行细分，对比分析不同类型家庭农场对土地、雇工、资本等要素的需求及使用特征，进一步探讨不同经营规模家庭农场的要素使用特征，从而揭示家庭农场在培育过程中的一般共性特征。深入剖析要素集中过程中面临的各种约束，并提出一些有针对性的破解措施。

第二，基于契约经济学的理论分析框架，分析交易成本因素对家庭农场要素契约选择、契约稳定性等影响，以期降低契约缔结及执行的成本，提升契约履行的效率。着重阐释影响家庭农场要素契约关系稳定性的因素，揭示影响农地流转契约、雇工契约及农业服务契约等选择的影响机制，探寻降低家庭农场要素契约缔结及履行成本的有效契约形式。

第三，阐明农地产权细分及由此而发生的多重委托代理关系对家庭农场契约选择的影响，并通过机制设计尽可能规避由于委托代理关系所产生的机会主义行为。阐明契约不完全性对家庭农场发展的经济意义，根据交易特性，对家庭农场的缔约选择进行分析，以提高缔约的效果。

第四，测度家庭农场的运行绩效及不同契约的效率属性。分经营类型、经营规模等多维度对比分析家庭农场经营效率差异，揭示不同类型家庭农场运行的绩效差异，探寻不同类型家庭农场较适宜的经营规模。并以所测度的综合效率指数为响应变量，考察不同要素契约类型及其结构对家庭农场运行的影响。

第五，构建指标体系评价家庭农场的生命力。从多维度对比分析家庭农场的生命力特征；进一步从契约相关者视角剖析不同契约关系人对家庭农场生命力的影响。

第六，揭示契约农业对家庭农场绿色发展的影响机制。从契约农业视角揭示订单生产对家庭农场采用绿色生产技术的作用机制，并利用调查数据对这些机制进行实证检验，根据研究发现提出一些促进农业绿色生产的对策建议。

三、研究意义

（一）理论意义

1. 丰富家庭农场研究的理论和方法体系

基于企业契约理论，深入剖析了我国家庭农场的契约性质、契约关系和契约结构及稳定性；探讨了家庭农场的培育与其他利益相关者之间的契约关系，旨在优化家庭农场的契约缔结与履行的环境。基于契约经济学的分析范式，从交易特性、委托代理、不完全契约视角对家庭农场的要素契约选择及对绩效机理进行深入的理论分析，阐明了对家庭农场运行的影响机理。依据企业生命理论和自生能力理论等，构建衡量家庭农场发展水平的指标体系，然后基于契约相关者检验了影响家庭农场生命力的主要因素。在资源禀赋理论的指导下，实证分析了家庭农场对外提供农业服务的影响机制。同时，基于社会网络理论，实证检验了家庭农场在农业服务契约选择中的作用机制。研究过程中，综合运用了案例分析法、统计分组比较法、综合评价法以及多种计量模型，对所研究的问题进行了全面的实证分析。这些理论和方法的应用，极大地丰富了家庭农场发展的理论基础和研究方法体系。

2. 梳理家庭农场发展的演进特征及重要性

本研究围绕家庭农场的多个核心方面，包括其内涵、认定标准、制度结构、功能定位、政策体系、发展模式、制约因素及发展趋势，进行了全面的文献资料收集与整理。在这一过程中，本研究建立了丰富的资料库，其中包含了大量的政策文件、期刊文献和个人著作等，为后续的分析提供了坚实的基础；基于这些详尽的资料，本研究系统地梳理和归纳了我国家庭农场的发展演进特征，清晰地勾勒出我国家庭农场从提出到发展的历程，同时也对全球家庭农场的动态和趋势进行了观察和分析；明确了农场主应具备的素养，描述了家庭农场的基本特征，并探讨了其与其他经营主体之间的区别与联系；通过对比分析的方法，厘清了家庭农场的优势与不足，从而明确家庭农场在我国现代农业经营体系中的角色定位和未来的发展方向，强调了家庭农场对现代农业建设的重要作用。这一研究为家庭农场的政策制定和实践操作提供了理论支持和指导。

（二）实践意义

1. 有助于降低家庭农场生成与运行的交易成本

本研究专注于家庭农场的要素契约，深入探讨了家庭农场与其他要素投入者之间的契约缔结动因、条件及履约障碍。研究的目的是为交易主体提供有效对策，以保障契约关系的稳定，进而降低家庭农场生成与运行的交易成本。基于不完全契约理论，本研究着重分析了在有限理性、机会主义及信息不对称的情况下，农地产权的委托代理关系对家庭农场发展的可能影响。同时，本研究也阐明了不同要素契约类型的适用范围、条件及约束，为交易双方选择有效的契约结构提供指引，从而降低契约达成与履行的交易成本。

2. 有助于推动家庭农场实现高质量发展

首先，本研究将企业生命力理论和企业自生能力理论应用于家庭农场的发展质量研究，通过构建指标体系，对家庭农场的发展质量进行了评估，明确影响家庭农场生命力和自生能力提升的关键因子；设计计量模型，基于契约相关者实证分析影响家庭农场生命力提升的关键因素，帮助农场经营者了解"怎么更好地运营农场"。其次，基于调查数据，全面分析家庭农场要素投入的使用特征及存在的约束，厘清了家庭农场主应具备的基本素质和能力，家庭农场的土地构成、规模特征、流转特征及约束，家庭农场的雇工来源、雇工特征及对雇工劳动的契约激励设计，家庭农场的资金投入及使用特点、融资选择与困境，家庭农场的农业服务供求特征、获取困境及服务契约选择等。从实践上勾勒出我国家庭农场应具备的特征、发展过程中存在的现实困境，并就解决这些问题，提出了有针对性的破解措施与政策建议。最后，顺应生态保护与经济发展的要求，以减少农业对环境的污染与生态的破坏为宗旨，从契约农业视角，探讨了家庭农场采用绿色生产技术的影响因素，并为有效推动农业绿色发展提供一些政策建议。

3. 为不同类型家庭农场的适度规模和效率提升提供指引

土地的适度规模经营对于农业发展至关重要。它能够有效降低土地、现代农业基础设施和农业机械等固定资产的成本，同时减少单位产品的交易成本。同样也有助于实现农业机械化、推广先进的农业技术，进而提高农产品产量和质量，提高家庭农场在市场中的竞争力。本研究采用了数据包络分析（DEA）模型和随机前沿分析（SFA）模型，对不同类型家庭农场的经营效率进行了评估。以土地经营规模作为分组标准，对比分析了不同规模区间家庭农场的技术效率、规模效率和综合效率，以寻找不同类型家庭农场最有效率的土地经营规模。在效率评估的基础上，本研究从契约理论的角度探讨了要素契约的不同属性对家庭农场经营效率及效益的影响，明确了对家庭农场要素契约治理的关键属性。

第三节 研究框架、方法与创新

本研究主要基于契约经济学的理论分析范式，采用规范分析与实证分析相结合、文献研究与调查研究相结合、描述性统计分析与推断统计检验相结合，对家庭农场生成与运行过程中的要素契约关系及影响进行理论与实证研究。旨在揭示影响家庭农场契约关系稳定性的核心因素及其实质，阐明提高家庭农场发展质量的运行规律及其内在机理。从实践上进一步验证所提出的理论、方法和运行方式的适应性和可行性，为政府提供促进家庭农场契约关系稳定性的理论和策略，以期促进家庭农场实现高质量发展。

一、研究框架

本书共分五部分，八章二十七节。其中，第一部分为研究基础，包括第一章和第二章；第二部分探讨要素投入特征及约束，包含第三章至第五章；第三部分讨论契约选择及治理；第四部分分析契约选择对家庭农场的效应；第五部分则总结研究结论并提出建议。章节的主要内容安排如下：

第一章：导论。阐述政策背景与现实背景，明确研究目的和目标，确立研究思路和框架，并介绍可能的创新之处。同时概述了研究区域内家庭农场的发展情况。

第二章：概念界定与理论基础。定义核心概念，阐释家庭农场的基本特征、认定条件、规模标准、经营性质及其与其他农业经营主体的区别与联系。回顾契约经济学的经典理论和主要观点，阐释利益相关者理论和企业生命力理论，构建理论分析框架。

第三章：家庭农场的土地投入特征及约束。系统分析家庭农场的土地构成、经营规模、土地流转等特征，剖析面临的体制机制约束，并提出措施。

第四章：家庭农场劳动力的投入特征及约束。基于文献资料和对河南省的实地调研数据及全国家庭农场监测数据，分析家庭农场主的个性特征、雇佣劳动力的特点，揭示劳动力投入面临的问题，并提供解决方案。

第五章：家庭农场的融资特征及约束。通过调查数据分析家庭农场的融资行为和资金用途，揭示信贷融资的限制及其原因，评价家庭农场的自生能力，构建模型检验自生能力对融资需求的效应，提出策略。

第六章：家庭农场要素契约的选择及实证。家庭农场要素契约主要体现在土地流转、劳动雇佣、融资及农业服务等方面，这些契约对家庭农场获得关键资源至关重要。本章专注于家庭农场在与其他经济主体交互过程中的契约安排与治理机制，分析不同契约形式的影响，以及如何通过契约治理来提升家庭农场的竞争力。

第七章：契约选择对家庭农场运行绩效的效应分析。基于调研数据评估效率，构建模型分析农地契约结构的影响；依据理论建立家庭农场生命力评价指标体系，实证检验契约相关者行为对生命力的影响，并分析契约农业对家庭农场绿色生产技术采用的影响。

第八章：主要结论与政策建议。总结研究成果，提炼关键发现，并提出针对性的政策建议和实施建议，旨在为家庭农场的持续健康发展提供指导和参考。

二、研究方法

（一）文献研究和实地调查相结合

研究收集了大量的期刊论文、会议论文、政府政策文件及学术专著等文献资料，在此基础上，对家庭农场的发展概况、演进特征、国内外研究现状等进行了归纳和梳理，阐明现有研究在方法和内容上的不足，确立本研究的理论基础、技术路线和工作重点。根据研究目的，设计调查问卷，制定调研方案。选取河南省 18 个地级市作为调研区域，采取按地区、农场经营类型及经营规模等进行分层抽样，确保样本构成与总体构成基本一致。调研方法采用调研员一对一面谈和在政府部门、高校等开展的家庭农场主培训或新型职业农民培训过程中集中发放问卷调查，调查结束后及时整理审核问卷，剔除不合格问卷，建立完备的分析数据库。此外，还对典型案例进行重点访谈和后续追踪调查。

（二）计量经济学方法的综合运用

为全面了解家庭农场的经营和管理特征，本书在收集到的直接和间接数据的支持下，系统地分析了家庭农场在要素投入过程中的契约性质、契约缔结与履行的约束条件以及经营效率的限制因素。研究过程中使用了二元 Logistic 回归模型和多元 Logistic 回归模型来分析家庭农场倾向缔结的契约类型和影响契约稳定性的因素；采用 Biprobit 模型检验了交易成本因素对家庭农场农业雇佣契约选择的影响；采用 DHM 双栏模型、Heckman 两阶段模型等实证分析了家庭农场农业服务供给与获取的影响；采用三阶段 DEA 模型来评估与分析家庭农场的经营效率；采用熵值法、主成分分析法等评价方法对家庭农场的生命力和自生能力进行测度；构建 Tobit 模型、多元线性回归模型等，从农地契约结构和契约相关者的视角，设置了相关的指标变量，实证检验对家庭农场经营效率和生命力的影响因素；采用多元有序 Logit 模型和倾向匹配得分 PSM 模型实证检验了契约农业对家庭农场采纳绿色生产技术的影响机理。

根据研究设计，家庭农场按照业务类型分为粮食类、瓜果蔬菜类、禽类、牲畜类、种养结合类、粮蔬结合类等九种类型。首先，我们对家庭农场的各项特征指标进行了描述性统计分析。其次，依据经营规模、效率值等指标将变量进行统计分组，并通过组间对比总结了不同组别家庭农场的差异，揭示了家庭农场发展的内在规律。最后，为了验证各因素对经营效率和效益的影响差异，我们构建了相应的模型进行了对比分析。同时，根据实践中所缔结的契约类型，我们也对比分析了每种契约类型的特点、优势以及适用条件。

（三）案例研究法

本研究通过实地走访典型家庭农场和村庄，收集了农业农村部精选的全国范围内以及河南省内具有代表性的家庭农场案例资料，构建了一个内容丰富、涵盖广泛的家庭农场典型案例数据库。我们充分利用这些宝贵的数据资源作为支撑材料，以增强论证的说服力与实践指导意义。

三、主要创新点

本研究力争在以下几个方面与以往的研究有所区别或改进。

（一）学术思想与观点创新

在学术思想上。本研究认为：①基于“契约人”假设，探讨家庭农场与其他契约关系人，如何在有限理性、机会主义行为等约束下，保障与实施契约，以最小化交易成本。②家庭农场本质上是各类投入要素所有者基于一系列契约关系形成的农业生产组织，其经营绩效受制于与不同利益主体之间所发生的契约关系。③将制度视为人们在交易过程中所形成的契约关系，而制度规则就是契约关系人在交易过程中相互博弈的结果；构建以家庭农场为中心，各个契约关系人共同参与的制度生活场域，是家庭农场可持续发展的重要保障。

在学术观点上。本研究认为：①家庭农场培育过程中面临的问题，实际上可归结为与各个利益主体的契约关系问题，契约关系不稳定家庭农场就难以实现可持续发展。②家庭农场的培育是一个系统工程，需要各个利益主体进行协同创新，必须从外部环境系统、组织系统、个体系统等多个层面优化家庭农场发展的要素禀赋，实现政府目标、农场目标、农户目标及其他组织目标的利益契合。③家庭农场的契约关系涉及农民家庭内部成员、市场交易主体、政府部门、农民合作社等，契约关系主体的多样性与异质性，将对家庭农场的运行产生重要影响。

（二）成果研究内容创新

明确家庭农场本质上是农户经营的企业，具有企业契约的性质；结合调研数据，阐明家庭农场的土地投入存在地权关系多层委托代理、地块细碎、外部制度环境不健全、农户对土地依赖性强等问题，劳动力投入存在雇工成本上涨、农场主职业认同感低、农场后继无人等问题，资本融资存在额度小、缺乏有抵押物、贷款手续繁琐等问题，在农业服务获取上存在专业服务组织发展滞后、配额服务供给不足、政策支农效果不佳等问题。基于契约经济学的分析范式，实证检验了影响农地契约稳定性、雇工契约选择、农业服务契约选择和融资需求选择的因素。同时，探讨了农地契约属性、契约相关者和契约农业等对家庭农场运行绩效的影响。采用多种评价方法，测度家庭农场的自生能力、生命力及经营效率，并从经营类型、规模区间等多维度进行了对比分析，以探寻家庭农场最有效的适度规模、最具生命力的经营类型等。并根据研究发现，提出了大量有针对性的政策建议。

（三）研究方法创新

主要基于契约经济学的分析范式，从家庭农场的要素契约关系缔结、履行及规制进行理论分析，把交易作为分析的基本单位，以“契约人”假设为分析前提，阐明在有限理性和机会主义行为约束下如何节约家庭农场生成与运行的交易成本。描述性统计与统计推断检验相结合，分经营类型多维度对家庭农场的要素投入构成与使用特征、效率与生命力特征进行对比分析，在此基础上，结合理论分析提出假设，构建模型进行实证检验。

第四节 研究区域概况

河南省作为全国重要的粮食生产基地，拥有丰富的农业资源。其粮食产量稳占全国总产量的 1/10，而小麦产量更是高达全国总产量的 1/4，展现了河南在国家粮食安全中的举足轻重地位。全省拥有约 1.2 亿亩耕地和 4.58 万个村庄，为农业发展提供了坚实基础。近年来，河南省持续深化承包地“三权分置”改革，大力启动家庭农场培育计划，推动土地向新型农业经营主体流转和托管，致力于确立家庭农场成为现代农业的主要经营方式。这一举措不仅促进了农业资源的优化配置，也激发了农业生产的内生动力。截至 2021 年 5 月，河南省土地流转面积已达 3 823 万亩，规模经营面积占家庭承包耕地面积的比重高达 69.3%①。这些数据生动地展示了河南省在推进家庭农场发展方面所取得的显著成效。因此，选取河南省作为主要研究区域，对其在推进家庭农场发展过程中所面临的问题与挑战进行深入的理论与实证研究，具有重要的典型意义和实践价值。

一、河南省家庭农场发展概况

（一）家庭农场发展的基本情况

根据河南省农业农村厅统计（表 1－2），截至 2020 年底，河南省家庭农场已经达到 254 586 个；家庭农场经营土地面积约为 1 898 万亩，占全省耕地面积的 15.81%，平均经营规模为 74.6 亩。家庭农场经营的耕地约有 1 768 万

① 申延平．“开局十四五 奋进新征程”系列新闻发布会（四）：全面实施乡村振兴战略 加快农业农村现代化［EB/OL］. www.henan.gov.cn，2021－05－21.

亩，林地约有 17 万亩，草地约有 1.46 万亩，水面约有 78.7 万亩，其他类型土地约有 32 万亩。从行业分布来看，种植业农场数量占比达 66.1%，共计 168 336 个；畜牧业农场数量有 67 043 个，占比 26.3%；林业农场有 674 个，占比 0.3%；渔业农场有 3 027 个，占比 1.2%；其他类农场（包括种养结合、休闲农业等）有 15 506 个，占比 6.1%。经农业农村部门评定的县级以上示范农场有 4 561 个，仅占总体的 1.8%；经市场监管局登记注册的家庭农场为 70 434 个，其中信阳、南阳、周口、驻马店和商丘（不包括县级市）的注册登记数据量位居前 5 名，数量均在 7 000 多个以上，远高于其他地级市（图 1-1）。

表 1-2　截至 2020 年底河南省家庭农场发展概况

项目	指标名称	单位	数量	占总比（%）
家庭农场基本情况	1. 家庭农场数量	个	254 586	100
	其中：县级及以上示范数	个	4 561	1.8
	其中：注册登记数	个	78 039	30.7
	2. 经营土地面积	亩	18 980 071.03	
	耕地	亩	17 687 240.52	93.2
	林地	亩	170 294.62	0.9
	草地	亩	14 604.3	0.1
	水面	亩	787 246.45	4.1
	其他	亩	320 685.14	1.7
家庭农场行业分布	1. 农业（种植业）	个	168 336	66.1
	2. 林业	个	674	0.3
	3. 畜牧业	个	67 043	26.3
	4. 渔业	个	3 027	1.2
	5. 其他	个	15 506	6.1
种粮家庭农场情况	1. 种粮家庭农场数量	个	142 068	55.8
	种粮面积 50 亩以下	个	56 419	39.7
	种粮面积 50～100 亩	个	47 655	33.5
	种粮面积 100～200 亩	个	22 918	16.1
	种粮面积 200～500 亩	个	12 273	8.6
	种粮面积 500 亩以上	个	2 803	2.0
	2. 种粮家庭农场种粮面积	亩	12 948 824.82	68.2
	3. 种粮家庭农场年经营总收入	万元	3 789 776.75	64.3

（续）

项目	指标名称	单位	数量	占总比（%）
家庭农场经营情况	1. 年经营总收入	万元	5 895 513.11	100
	微型家庭农场（5 万元以下）	个	112 680	44.3
	小型家庭农场（5 万～20 万元）	个	91 663	36
	中型家庭农场（20 万～50 万元）	个	36 734	14.4
	大型家庭农场（50 万～100 万元）	个	9 049	3.6
	超大型家庭农场（100 万元以上）	个	4 460	1.8
	2. 拥有注册商标的家庭农场数	个	1 406	0.6
	3. 通过农产品质量认证的农场数	个	2 244	0.9
扶持家庭农场发展情况	1. 获得财政扶持资金的家庭农场数	个	1 134	0.4
	5 万元以下	个	660	58.2
	5 万～10 万元	个	184	16.2
	10 万元以上	个	290	25.6
	2. 各级财政扶持资金总额	万元	43 799.08	
	3. 获得贷款支持的家庭农场数	个	1 574	0.6
	20 万元以下	个	1 085	68.9
	20 万～50 万元	个	350	22.3
	50 万元以上	个	139	8.8
	4. 获得贷款资金总额	万元	281 595.76	100
	5. 购买农业保险的家庭农场数	个	47 242	18.6

资料来源：农业农村部政策与改革司 . 2020 年中国农村政策与改革年报［M］. 北京：中国农业出版社，2021：118－130.

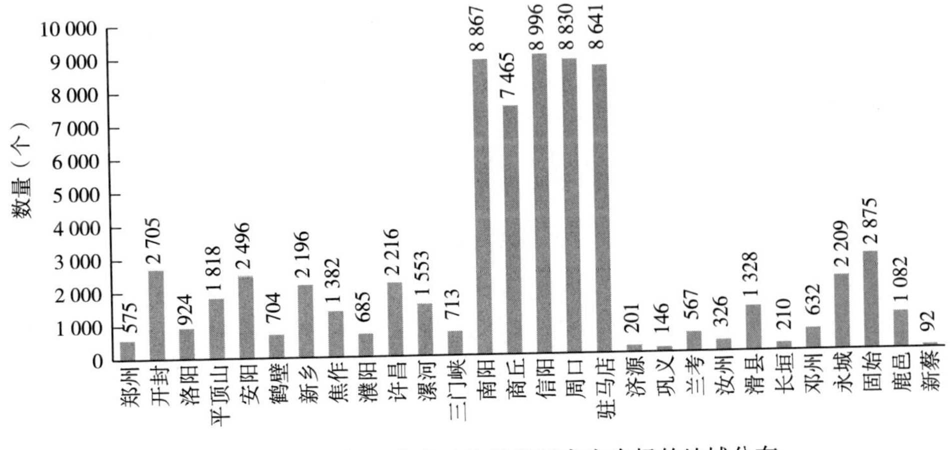

图 1－1 2020 年河南省已注册登记家庭农场的地域分布

注：该数据来源于河南省市场监管局，但与《2020 年中国农村政策与改革年报》公布的数据有一定出入。在此以河南省市场监管局公布的数据进行统计分析。其他分析仍按表 1－2 的数据。

（二）家庭农场的经营情况

年收入不超过 5 万元的微型家庭农场共有 112 680 个，5 万～20 万元的小型家庭农场有 91 663 个，20 万～50 万元的中型家庭农场有 36 734 个，50 万～100 万元的大型家庭农场有 9 049 个，年收入超过 100 万元的超大型家庭农场有 4 460 个，它们分别占全省总数的 44.3%、36%、14.4%、3.6%和 1.8%。这表明多数家庭农场属于微型家庭农场。拥有注册商标的家庭农场共有 1 406 个，占比仅为 0.6%；通过农产品质量认证的农场数为 2 244 个，占比为 0.9%。这在一定程度上表明河南省家庭农场的整体发展质量并不高。在种植业农场中，有 142 068 个专注于粮食种植，占比 55.8%，平均经营规模为 91.1 亩，比全部农场的平均值高出约 16.5 亩。经营面积 50 亩以下的占 39.7%，50～100 亩的占 33.5%，而经营规模超过 100 亩的较大农场约占 26.5%，但从经营收入来看，粮食家庭农场平均收入为 26.7 万元，比全部种植业农场的平均值少了 8.3 万元。

（三）对家庭农场的政策扶持情况

2020 年河南省财政对家庭农场的扶持资金投入达到 43 799.08 万元。但获得财政扶持资金的家庭农场仅有 1 134 个，只占全省农场总数的 0.4%。而这些受支持的家庭农场平均每家能获得约 38.6 万元。进一步分析资金支持的分布情况，可以看到：有 660 个家庭农场获得了 5 万元以下的资助，占总扶持家庭农场数量的 58.2%；有 184 个家庭农场获得了 5 万～10 万元的资助，占比为 16.2%；有 290 个家庭农场获得 10 万元以上的资助，占比为 25.6%。从财政扶持额度的角度进行计算（由每组的上限值与该组别家庭农场数量的乘积），可以发现 5 万元及以下和 5 万～10 万元两组家庭农场总共获得的财政扶持金额为 5 140 万元。而相对地，那些获得超过 10 万元资助的 290 个家庭农场共获得了 38 659.08 万元的支持，这占到了总扶持金额的 88.3%。这一数据明显显示出扶持资金主要流向了一些规模较大的家庭农场。

从贷款支持的角度来看，2020 年河南省共有 1 574 个家庭农场得到了贷款支持，这仅占全省农场总数的 0.6%。这些受支持的农场获得的总贷款额度达到了 281 595.76 万元，平均每家约为 178.9 万元。具体来说，有 1 085 个家庭农场获得了 20 万元或以下的贷款支持；350 个家庭农场获得了 20 万～50 万元的贷款支持；而 139 个家庭农场则获得了超过 50 万元的贷款支持。这表明，那些获得超过 50 万元贷款的 139 个家庭农场所占的贷款额度超过了 86%。除此之外，还有 47 242 个家庭农场购买了农业保险，占全省家庭农场总数的 18.6%。

二、问卷设计与数据来源说明

本研究旨在从要素投入与契约经济学视角探讨家庭农场的运行绩效，并据此设计了一份调查问卷。该问卷包含六个主题：农场主的基本情况、家庭农场的基本情况、生产要素投入、经营管理、发展的环境条件以及耕地质量保护，共 97 个题项。问卷调查自 2019 年开始至 2023 年止，2020 年由于新冠疫情的影响未进行调研。调研覆盖了河南省 18 个地级市，采用两种方法选取样本：一是利用假期让在校大学生和研究生回乡对符合条件的农户进行实地调查；二是通过政府或学校科技处举办的培训活动发放问卷收集数据。2019 年发放问卷 470 份，收回合格问卷 456 份（包括普通农业经营户 199 份，家庭农场 257 份）；2021 年发放问卷 771 份，收回合格问卷 646 份；2022 年发放问卷 261 份，有效问卷 210 份；2023 年发放问卷 116 份，合格问卷 115 份。

由于书稿撰写周期较长，不同章节所依据的调查数据存在差异，且由于研究目的不同，所采用的题项变量也不同，有些题项会存在缺失值，故同一年的样本数据在不同章节中有效样本量会有一定差别。具体如下：第三章至第五章所用数据为 2021—2022 年的调查结果，样本量为 846 个（部分题目存在缺失值）。第六章第一节采用的是 2021 年的数据，并从中筛选出发生土地流转的 474 个农场作为研究样本；第三节和第四节则是基于 2021—2022 年的数据；第五节加入了 2023 年的数据，并根据研究目的，在剔除纯养殖农场后，有效样本为 739 个。第七章第一节和第二节使用的是 2021—2023 年汇总的数据，样本量 958 个左右（个别题项有缺失值）；第三节使用了 2019 年的调查数据，包括 456 个样本（包括家庭农场和普通农业经营户）；第四节则基于 2021 年的数据，共有 638 个样本。

第二章

概念界定与理论基础

本章分为三部分：首先，对本书中涉及的核心概念进行界定。其次，对契约经济学的委托代理理论、交易成本理论和不完全契约理论，以及利益相关者理论、企业生命力理论进行简要的介绍和述评，为后文建立理论分析框架及家庭农场的相关实证模型做铺垫。最后，对国内外关于家庭农场的界定、契约类型及结构、家庭农场经营效率、家庭农场运行绩效的影响因素等方面的文献进行梳理和综述，并对需要完善和发展的方面进行述评。

第一节　概念界定

基本概念的界定是确立研究对象和内容范围的关键依据，它构成了研究的基础和前提。因此，在本书中，我们将首先明确涉及的核心概念，包括“契约”（或称“合约”“合同”）、“效率”及“家庭农场”。这些定义将为我们的研究提供坚实的基础。此外，其他相关概念将在相应部分进行详细解释和阐述。

一、家庭农场

家庭农场在我国已经不再是一个新颖的概念。受到经济和社会发展水平、农业现代化进程地区差异的影响，不同地区、不同主体对于家庭农场的概念和内涵的理解展现出多样化和差异化。

（一）家庭农场的定义

2013 年中央 1 号文件明确提出大力发展家庭农场，2013 年 3 月农业部印发了《关于开展家庭农场调查工作的通知》，其中规定所统计调查的家庭农场是以家庭成员为主要劳动力，从事农业规模化、集约化、商品化生产经营，并以农业收入为家庭主要收入来源的新型农业经营主体。2014 年农业部印发了《关于促进家庭农场发展的指导意见》，再次明确家庭农场的这一界定。《辞海》中则将家庭农场定义为主要依靠家庭成员、自有土地或租入土地进行生产经营，农场主本人及其家庭成员直接参加生产劳动，很少雇工。

为进一步认知中国语境下的家庭农场，学者们对家庭农场的内涵开展了丰富的研究。如高强等（2013）认为家庭农场是以家庭经营为基础，融合了现代生产因素和现代经营理念，实行专业化生产、社会化协作和规模化经营的新型微观经济组织。于传岗（2013）则强调中国式家庭农场是指那些长期从事农业生产，有一定农学素养的农场主，对家庭禀赋与经营的农地坚持适度规模与收入最大化的农业经营组织。王勇（2014）强调了农业社会化服务体系对家庭农场健康发展的重要性，认为缺乏有效的农业社会化服务体系，家庭农场也难以成为真正意义上的新型农业经营主体。可见，学者们一致承认家庭劳动的作用和家庭在管理农场经营中的作用，并强调其农业功能与经济、环境、生产、社会和文化功能之间的联系。

（二）家庭农场的性质

黎东升等（2000）、高志坚（2014）、穆向丽等（2013）、屈学书（2014）、党国英（2013）等学者都强调了家庭农场的企业性质，认为家庭农场与传统小农的区别在于经营管理的企业化。有的学者则直接把其界定为农户经营的企业（房慧玲，1999；朱启臻，2013），它是能够为农民带来体面收入和地位的微观农业经济组织（杜志雄、肖卫东，2014）。但也有观点认为，家庭农场是处于农户与农业企业之间的中间型经营组织，属于非法人性质的经营组织（高帆、张文景，2013）。此外，还有学者认为家庭农场的生产经营具有公共产品属性，家庭农场的收益小于实际产生的全部社会收益，存在正外部效应，若这些外部效应得不到合理补偿，资源配置就会扭曲，会制约家庭农场涌现，亦不会有完善的社会化服务组织为农场服务（张明月、薛兴利，2016）。

（三）家庭农场的基本经营特征

发展家庭农场的一个充分条件是要准确把握家庭农场的基本经营特征。根据学者与政府对家庭农场的特征界定（表 2 - 1），本研究认为中国式家庭农场应具有以下基本经营特征：第一，家庭经营为主。家庭农场主要是以血缘、亲缘关系为纽带所形成的经营组织，家庭成员是其主要劳动力，不排斥雇工，但必须坚持家庭经营的主体地位。第二，农业收入为主。家庭农场须依靠农业形成有足够吸引力的收入。通过实现产品商业化、规模化、专业化与企业化管理，家庭农场的收入相较于传统小农户生产模式有显著提高，能给农民带来较高利润。第三，租赁经营。中国式家庭农场是建立在土地流转的基础之上，经营耕地以租赁为主。据农业农村部统计，2022 年家庭农场经营土地的面积达 1.6 亿亩，其中 71.7%的耕地来自租赁。第四，生产专业化。家庭农场的生产是以家庭成员为生产主体的企业化经营单位，且具有法人性质。不仅仅从事简单的初级农产品生产，而是集生产、加工、流通、销售为一体，实现了一二三产业的融合，集约化程度较高。第五，产品商品化。家庭农场生产的产品并非用于自家消费，而是流入市场牟利，产品高度商品化，生产经营以追求利润最大化为根本目的。第六，适度规模化。家庭农场需具备一定的规模，以获得规模效应成本降低的福利，实现规模经济。由于家庭农场的经营主体是家庭成员，受制于管理能力，规模的扩大也有限制，要与家庭成员的劳动生产能力和经营管理能力相匹配，以及与当地土地流转供给和劳动力转移程度相匹配，与能获得体面的收入和社会身份相匹配。

表 2-1　学界及政府对家庭农场基本特征的描述

研究者（年份）	特征描述
农业部经管司（2013）	家庭劳动力为主，农业规模化、集约化、商品化生产经营，农业为主要收入来源
农业部（2015）	家庭成员为主、雇工受限、专业化、规模化、经营管理突出、示范带动明显
王新志（2014）	市场化、利润最大化、企业化、科学管理化、规模化
蒋辉（2008）	集约化、规模化、专业化、产业化
关付新（2005）	现代化技术、规模化经营、企业化管理和现代化农民
高志坚（2012）	现代化、专业化分工、规模化、社会化协作、企业化经营
朱学新（2006）	家庭性经营、市场为导向、利润最大化、适度规模化
何多奇（2009）	农业商品化、机械化、规模化、科学化、法人化
孔祥智、高强（2013）	家庭经营、适度规模、市场化经营、企业化管理
丁声俊（2013）	形式普遍化、种类多样化、经营企业化、管理现代化、发展合作化
《辞海》第七版	家庭成员为主、自有或租地经营、较少雇工等
朱启臻等（2014）	经营主体为职业农民、规模适度、雇工会消解规模经营的效益
肖卫东、杜志雄（2015）	家庭成员为主，专业化方向，以集约化、生态化为手段，适度规模经营为基础
尚旭东、韩洁（2016）	主体的家庭性、生产的专业性、规模的适度性、经营的高效性、经济的法人性

（四）家庭农场的认定标准

2013 年农业部对家庭农场进行统计调查时，提出了七项认定条件：第一，经营者需持有农村户籍（即非城镇居民）。第二，家庭成员应作为主要劳动力（不得长期雇佣工人，或常年雇工数量不得超过家庭务农人员数量）。第三，农业是主要收入来源（农业净收入需占家庭农场总收益的 80%以上）。第四，经营规模需达到一定标准并保持相对稳定，对于从事粮食作物种植的，租期或承包期在5年以上的土地经营面积需达到50亩（一年两熟制地区）或100亩（一年一熟制地区）以上；对于从事经济作物、养殖业或种养结合的，其规模需达到当地县级以上农业部门确定的标准。第五，农场经营者应接受过农业技能培训。第六，家庭农场的经营活动需要有较为完整的财务收支记录。第七，应当对其他农户开展农业生产具有示范带动作用。然而，一些学者指出，中国式家庭农场是指那些长期从事农业生产，具有一定农学素养的农场主，对家庭禀赋与经营的农地坚持适度规模与收入最大化的农业经营组织。具体认定可以家庭收入最大化、家庭资源禀赋匹配度、城乡家庭收入均等化、农场主农学素养人力资本认证为标准（于传岗，2013），而户籍限制并不符合中国当前家庭农场发展国情，应允许非常少量的城镇人口下乡创办家庭农场（蔡颖萍，2020）。

（五）家庭农场的适度规模标准

从各地发展实践来看，根据《农业部办公厅关于进一步做好家庭农场认定和名录建设工作的通知》，各地结合自身实际，积极出台家庭农场认定管理办法等相关政策文件，明确家庭农场的认定标准。根据各地出台的认定办法和管理规范，家庭农场的认定标准一般涵盖了经营者资格、劳动力结构、农业收入构成、经营规模四个主要方面。其中，多数学者认为，与普通农户相比，家庭农场最大的特征在于其经营规模较大。但目前学界对家庭农场的规模多大为合适并不统一，大致可归纳为三种观点：

1. 农场规模应与农场主能力及家庭资源禀赋相匹配

家庭农场的经营规模与家庭要素禀赋结构有重要关联。规模经营绝不是小农经济的简单扩大，而是生产方式上质的飞跃，这需要经营者的能力、资本投入、农业技术应用等的协调与优化，否则将难以达到设想的生产效率和经营效益（魏延安，2014）。具体而言，确定家庭农场的适宜规模应以家庭成员的生计需要和生产能力为依据，其中规模的下限由家庭成员的生计需求决定，而上限则是现有技术条件下家庭成员所能经营的最大面积（朱启臻等，2017）。有研究表明，在家庭人口一定的情况下，劳动力数量决定了家庭农场的规模，在以核心家庭为主的农村家庭结构中，100～200亩的规模比较适中（余练，2020）。

2. 从事农业经营的机会成本应与其务工收入相匹配

关于经营规模很重要的一条标准，就是家庭农场的农业收入要接近或达到条件类似家庭参与兼业劳动的收入，达不到这个标准，家庭农场经营就提供不了足够的激励。家庭农场的最优规模应能够实现较高的土地产出率、劳动生产率和资源利用率，能确保经营者获得与当地城镇居民大体相当的收入水平①，

---

① 农业部新闻办公室．发展家庭农场解困“谁来种地”［EB/OL］．http：//www.moa.gov.cn/hd/zbft_news/jtncqk/xgxw_25828/201402/t20140228_3799433.htm，2014-02-28.

其规模应以经济收入不低于或者高于从事其他产业或其他岗位的经济收入为先决条件（苏昕等，2014）。按照经济学的边际原理，家庭农场规模边界取决于边际外部利润与边际效率损失的比较，当二者相等时。家庭农场的适度规模边界也就得到了界定（刘爽等，2014）。为防止片面追求大规模经营的倾向，2019年农业农村部和财政部印发《关于支持做好新型农业经营主体培育的通知》中，明确重点支持土地经营规模相当于当地户均承包地面积10～15倍或务农收入相当于当地二三产业务工收入的农场；奶牛家庭牧场优先支持存栏量50～500头的中小规模牧场。

3. 家庭农场的规模应与当地社会经济环境条件相契合

家庭农场适度规模经营是一个与当地经济社会环境变化相匹配和演进的过程。家庭农场不是传统农户的简单替代品，它是在工业化和城市化背景下中国小规模农业生产主体自然演化的结果，家庭农场的发展不能“一刀切”，不能以企业和大规模生产经营为目标，而要注重与现代农业的有机结合（杜志雄，2018）。土地规模经营要与人地关系相匹配，从我国资源禀赋和当前工农就业收益看，一年两熟地区户均耕种50～60亩，一年一熟地区户均耕种100～120亩，就有规模效益①。有学者认为，村庄强大的集体制传统、基于村落成员权的土地福利分配、形式平等与事实平等兼顾的公平观等与政府及市场共同决定家庭农场的规模（陆文荣等，2014）。在综合考虑劳均种植面积、人口的变动、耕地资源的变动和城镇化率等因素的基础上，测算未来我国家庭农场平均经营规模为400.5亩（苏昕等，2014）。

从发展实践看，各地因人口、气候、耕地状况等不同，对家庭农场规模认定存在较大差异（表2-2）。如罗艳和王青（2012）测算的安徽金安区的较合理家庭农场规模为户均126亩。黄新建等（2013）根据江西水稻种植情况，测算的家庭农场土地适度规模为70～150亩。据农业农村部调查测算数据显示，按目前生产条件，粮食种植面积100～120亩是区分小农户与家庭农场的规模标准；据联合国粮农组织（FAO）统计显示，经济作物不低于170亩、粮食作物不低于300亩的农业经营规模才具有国际竞争力（吴彬，2021）。倪国华和蔡昉（2015）利用国家统计局农村住户调查面板数据，通过实证分析，发现家庭农场的经营规模低于131～135亩时，其中单纯以粮食生产的家庭农场规模低于234～236亩，农地经营规模的扩大将会提高农户家庭资源的利用率，进而增加农业的劳均收入。万江红等（2015）认为我国家庭农场的规模应有一定的弹性空间，只要不是过于分散的3亩、5亩小规模经营，而是具有一定的

① 董峻．农业部部长韩长赋谈土地流转和适度规模经营［EB/OL］．http：//www.moa.gov.cn/ztzl/xy19d/ncgg/201307/t20130724_3537147.htm，2013-07-24.

适度规模性如 30 亩、50 亩都可以视为家庭农场，以降低家庭农场的资本门槛，给依赖土地谋生的农户转化为家庭农场的机会。

表 2-2 学者对家庭农场适度规模标准的测算认定

作者（年份）	测算地域/作物	适度规模
韩长赋（2013）	一年一熟区域	100～200 亩
	一年两熟区域	50～60 亩
罗艳和王青（2012）	安徽金安区	126 亩
黄新建等（2013）	江西省/水稻	70～150 亩
吴彬（2021）	全球/经济作物	不低于 170 亩
	全球/粮食作物	不低于 300 亩
倪国华和蔡昉（2015）	全国/纯粮食	234～236 亩
	全国/非纯粮食	131～135 亩
万江红等（2015）	未区分作物	30～50 亩

综上所述，截至目前学界及政府部门对家庭农场的认识仍不统一，各地政府出台的标准也各不相同。结合中国实际，在上述家庭农场定义的共性基础上，本书认为中国式家庭农场的经营主体、经营手段和经营目标等具有明显的企业性质，它需要在市场监管部门进行登记注册，要有规范化的章程与名称，是具有法人资格的经济组织。根据家庭农场的基本特征，应当从经营的主体、规模、劳动力、收入等方面规范家庭农场的界定。各级政府需要综合考虑当地的资源条件、行业特点，尊重家庭农场自身发展规律，坚持市场在推动家庭农场发展中的决定性作用，来引导家庭农场实现适度规模经营。结合河南省对示范性家庭农场的认定标准和各地域实际，本研究将粮食种植 50 亩以上、经济作物种植面积 20 亩以上、瓜果蔬菜苗木种植 15 亩以上视为种植类家庭农场；猪、羊存栏 100 头以上，肉牛存栏 50 头以上，家禽存栏 1 000 只以上，渔业养殖 5 000 尾以上视为养殖类家庭农场；而将种植面积不足 20 亩但超过 15 亩，且养殖牲畜大于 50 头或禽类大于 500 只，也具备了小型家庭农场的特征，本书将其归为种养结合家庭农场。

（六）家庭农场与其他农业经营主体的区别与联系

契约经济学认为，不存在一种能够达成所有目标的最优的组织形式，每一种组织形式都有优势和弱点。任何一种农业经营形式合理与否、是否具有长效性和较强的生命力，主要取决于该经营形式是否解决了农业生产的根本任务。未来农业是由现代农业生产方式构建的大农业，是充分利用现代生产要素和现代社会经济运行体系的新型农业经营体系。世界各国农业的发展实践已证明，家庭农场是迄今世界上农业生产中最可靠、最有效的经营方式，在整个新型农业经营体系中占据主体地位。在我国，家庭农场的功能定位与其他主体的区别及联系如下（表2-3）。

表2-3 家庭农场与农业企业、合作社、普通农户的比较

项目	农业企业	家庭农场	合作社	普通农户
土地	主要靠租赁土地及托管	以租赁土地为主，以自有土地为辅	入股、租赁、托管等多种土地来源	以自有土地为主，以租赁土地为辅
资本	以外投资本为主，拥有明晰的资本收益率	外投资本与自有资本相结合，拥有较为明晰的资本收益率	股金与自我发展积累为主，有明晰的资本收益率	以自有资本为主，缺乏明晰的资本收益率
劳动	以雇佣劳动为主，很少自有劳动	以自有劳动为主，以雇佣劳动为辅	合作社成员和雇工劳动力	以自有劳动为主，偶有邻里间换工
经营者劳动	以管理性劳动为主，以生产性劳动为辅；一般聘职业经理人	生产性劳动与管理性劳动相结合；新型职业农民	以管理性劳动为主，生产性劳动为辅；职业经理人或职业农民	以生产性劳动为主，以管理性劳动为辅；传统农民
产品属性	担负着交换盈利功能	主要担负着交换盈利功能	对外交换盈利，对内提供服务	主要担负着维持生计功能
组织属性	法人组织。主要以事缘、职缘关系为纽带，具有严格科层制	一般为法人组织。主要以血缘、亲缘关系为纽带，事缘、职缘关系为辅，具有一定层级性和职能性	法人组织。主要以地缘、业缘、情感为纽带，有较严格的科层治理体系	非法人。以血缘、亲缘关系为纽带，无科层关系
社会属性	行为主要受经济法则约束，利益最大化为根本	高度嵌入乡村熟人社会，除受经济法则约束，还受地缘、血缘关系、生命共同体的道德约束	嵌入乡村熟人社会，除受经济法则约束，还受地缘、血缘关系、生命共同体的道德约束	高度嵌入乡村熟人社会，行为主要受地缘、血缘关系、生命共同体的道德约束
优势领域及发展方向	农产品加工和流通环节，以及受自然条件影响不突出的农业产业中；应避免其争夺小农的利益	主要体现在生产环节，更能保障农民利益。同时具备小农户的优点，又克服小农户规模小的弱点。重点要引导农户发展现代农业。积极发展家庭农场联盟、家庭农场联合社，抱团发展	集中为农民提供产前、产中、产后各环节服务。充分发挥纽带和桥梁作用。发展成熟时可参与创办涉农企业，向农业产业链的纵深发展	主要优势在于农业生产环节。其产权明晰、内部治理结构简单、成员利益高度一致、劳动责任心强、主动性高、劳动监督成本低。需要提高组织化水平，依托组织克服自身的弊端

资料来源：高强．家庭农场的制度解析：特征、发生机制与效应［J］．经济学家，2013（6）：48-56．

1. 与专业大户的区别与联系

在农业经营方式上，家庭农场与专业大户之间并无本质区别。家庭农场通常由种养大户演变而来，并且在市场监管局进行登记注册，成为独立的农业法人实体。而专业大户的经营者身份更为广泛，可以是农民或其他身份的个体。家庭农场的经营者通常是农民家庭成员，而专业大户则可能包括运销大户、农机大户等。在生产经营方面，家庭农场的主要领域是种养业，而专业大户则更多从事某一行业或环节的专业经营。家庭农场一般以家庭成员为主要劳动力，辅以少量雇工；而专业大户对雇工人数没有限制，有些大户甚至不亲自耕种，而是依赖雇工完成生产过程①。此外，家庭农场更倾向于实行农业综合经营，例如种养结合和多元化经营，以实现资源的优化配置和收入的最大化。

2. 与合作社的区别与联系

家庭农场是以单户家庭为单位形成的新型农业经营主体。专业合作社是以多个农户自愿联合并实行民主管理的新型农业经营主体，对内部社员是以服务为目的，对外是以盈利为目的。在家庭农场与合作社的发展过程中，合作已经成为双方理性的选择。多个家庭农场可以在发起人的组织下，以产业为纽带，形成农民合作社。受限于农场成员的农艺素养、经营管理能力及自有资本约束，家庭农场的生产经营亟须从外部获取专业化的社会化服务。而合作社具有一定的专业服务功能，能够为家庭农场提供农资供应、信息、仓储等服务。

从合作模式看，有订单合作和“场社合一”两类，订单合作是双方的产权关系独立，仅通过缔结契约，在农资供应、产品销售、信贷、加工和储运等环节开展合作；“场社合一”又可分为两种模式：一种是由家庭农场主领办或参加合作社，家庭农场的产权和合作社的产权具有同一性；另一种是合作社的也可注册家庭农场，但合作社和家庭农场的经营是分开进行的。从经营目的与治理结构看，家庭农场经营的主要目的是通过交换获取收益，以家庭劳动力为主，雇工为辅；合作社有较完善的治理结构，设有社员（代表）大会、理事会、监事会，下设有各职能部门，并由理事会选取职业经理人进行经营管理，并对社员负责，合作社内部管理主要以核心成员为主，同时有较多雇工，具有较严格的科层管理制。而家庭农场的经营管理缺乏严格的科层治制。但合作社本身是一个自生能力较弱的组织，需要外部力量的支持（王勇，2014）。成员间的信任与向心力是合作社能否可持续经营的关键。

3. 与农业企业的区别与联系

农业企业的土地主要通过租赁或为农户提供托管服务而实现规模经营。从资金来源看，农业企业主要通过对外融资、股东入股方式获得，拥有明晰的资

① 孙中华．积极引导和扶持家庭农场发展［J］．农村经营管理，2013（9）：5.

本收益率和科层治理结构；农业生产以雇佣劳动为主，自有劳动为辅，通常聘请职业经理人开展生产经营管理，其优势主要体现在农产品加工和流通环节，以及受自然条件影响不突出的农业产业中。与科层制的农业企业相比，家庭农场主要是以血缘、亲缘关系为纽带联结在一起的农业经营组织，成员间一般无严格的科层等级，缺乏专业化分工和有效的组织设计，在克服农地涨价、设备昂贵、技术复杂、市场风险等方面的能力比较弱，但家庭农场内部具有成员目标利益一致、劳动监督成本低等特点，在生产环节具有明显的优势。对于农业企业来说，家庭农场是规模较大且稳定的原料供应商，这使得建立长期而紧密的利益连接机制变得更加容易。对各类农业社会化服务组织而言，家庭农场因其专业生产的特点成为重要的服务对象。同时，一些拥有农机具、农业技术和销售渠道的家庭农场也可以扮演农业服务提供者的角色（张红宇，2014）。

二、契约

契约首先是一个法律概念，它是附加了“债”的协议。最初是作为市场现场拍卖交易缺陷的补充而得以存在的（张东辉、王杰，2005）。一个契约是否成立，要符合契约自由原则和契约正义原则。经济学的契约概念来自法律，但含义要宽泛得多，既包括显契约，也包括隐契约（刘益，2008）。如果能以合适的方式界定契约，他就能产生可预测和可计算的结果，确保了经济活动按经营主体的预期来执行。学者们基于契约工具对经济组织的行为进行研究，主要体现在以下几个方面：将交易（或贸易、交换、契约）视为是分析的基本单位；因有限理性所有复杂的契约都是不完全的；许多契约会引起危险（因为纯粹的承诺没有可信的行为支持，不具有自我执行机制）；制度框架的建构是为了缓和危险而做出的反应，在该框架内决定契约的完整性；治理的每一个通用模式都有一个特定形式的契约法支持（Williamson，2000）。

契约经济学以交易为基本分析单位，并将所有交易视作一种契约，同时将治理看作一种手段，通过这个手段可以向企业注入秩序、缓和冲突，并实现互利（Williamson，2020）。市场经济中的一切交易行为都是契约行为，而交易本身可以通过契约来理解（Williamson，1985）。因此，实际的人都是“契约人”，他们无不处于交易之中，并用明的或暗的契约来治理他们的交易，他们的行为特征体现为有限理性和机会主义行为（费方域，1996）。而在有限理性和交易成本为正的现实世界中，所有复杂契约注定是不完全的（Williamson，2009）。如果契约是不完全的，就暗含了契约纠纷或违约契机（刘凤芹，2003）。契约规定的越具体并不一定越有利于事情的处理，相反却可能把事情弄得更糟（Klein，2000）。因为，条款规定的越详细，租金耗散性的搜寻和谈判费用就越高。

首先，作为“契约人”，缔约双方在交易时不可能预见到未来的所有偶发状况并以双方都没有争议且可被第三方证实的语言缔结契约，在契约中试图预见所有潜在的、偶发事件的成本是极为高昂的，这些交易成本包括与不确定环境相联系、与更详细地明确规定契约有关的搜寻信息和再谈判成本。在这种局面下，极易诱发缔约各方采取各种策略行为来谋取自己的利益，导致契约风险增加。其次，参与契约的各个行为主体，由于各自有不同的追租成本（例如地理上的便利、技术上的优势、心理上的约束等），对同一个公共领域里的资源有不同的评价（汪丁丁，1995），缔约后双方不可避免地出现拒绝合作、失调、成本高昂的再谈判等危及缔约关系持续地、适应性地发展下去的情况（聂辉化，2004）。最后，缔约各方的交易信息是非对称的，当契约人的行动不可观察时，隐藏行动的行为就会发生，从而使契约失败或违约发生（刘凤芹，2003），要降低这种风险需要支付高昂的信息搜寻费用（斯蒂格勒，1990）。

家庭农场本质上是农户经营的企业，具有企业契约的性质。它可以被看作是一个关系型契约的网络，这个网络中包含了多个与家庭农场产生交易的契约关系人。家庭农场的生存和发展离不开各个要素主体的关注和持续投入。在家庭农场生命周期的各个阶段，都需要与农地承包户、政府组织、村级集体经济组织、雇工、合作经济组织、农资供应商、农产品销售商等契约关系人进行要素、劳务或商品的交易。家庭农场的持续经营在很大程度上取决于这些契约关联方的合作效率。面对各种变化不定的物理、生物和社会物质性的要素，以及竞争激烈的市场环境，家庭农场需要不断进行内部调整与外部协调，从契约关联方获取物质与能量的支持，以降低各种不确定性对其生存的冲击。

三、效率

经营效率是指在技术水平和资源存量一定的条件下，通过资源的最优配置和使用，给经济组织带来的最大收益。制度经济学认为效率是指某项制度行为对总产出水平所产生的边际贡献。诺思（1990）指出制度有高效的制度和低效的制度之分，使私人收益率接近社会收益率的制度安排，能够促进资源的有效合理分配和提升人们生活水平，制度变革是经济绩效提升的关键。在经济组织内，规则结构或制度安排是决定其行为和效率的关键（Williamson，1979）。代理理论代表人物 Gerard（2000）认为，效率是建立在知识的最优使用基础之上，即效率主要取决于组织成员在决策制定时使用相关的知识、价值的能力[①]。

---

① 埃里克·布鲁索，让·米歇尔．格拉尚．契约经济学理论和应用［M］．王秋实等，译．北京：中国人民大学出版社，2011：193.

在企业管理中，经营效率测度是衡量企业运营状况的重要指标。对企业经营效率的衡量有四种方法：第一，生产率。生产率是指单位时间内生产的产品数量或提供的服务数量。生产率的优点是简单易行，可以直观地反映企业的生产能力。而生产率的缺点也很明显，它忽略了生产过程中的资源消耗和环境影响。因此，单纯依赖生产率来衡量企业效率可能会导致资源的过度开发和环境的破坏。第二，资源利用率。资源利用率是指企业在生产过程中对各种资源的利用程度。资源利用率的优点是可以反映企业在生产过程中的资源利用效率，有助于企业节约资源、降低成本。而资源利用率的缺点是忽略了生产过程中的技术创新和管理创新。因此，单纯依赖资源利用率来衡量企业效率可能会导致企业陷入低水平循环，无法实现可持续发展。第三，利润最大化。利润最大化是指企业在追求经济效益的过程中，力求实现利润的最大化。利润最大化的优点是可以直接反映企业的经济效益，有助于企业提高竞争力。而利润最大化的缺点是忽略了企业的社会责任和环境保护。因此，单纯依赖利润最大化来衡量企业效率可能会导致企业在追求利润的过程中损害社会和环境的利益。第四，综合评价法。综合评价法是通过综合考虑企业的生产、技术、管理、环境等多方面因素，对企业效率进行全面评价的方法。综合评价法的优点是可以全面反映企业的效率状况，有助于企业实现全面发展。然而，综合评价法的缺点是评价过程较为复杂，需要大量的数据和信息支持。因此，在实际应用中，企业需要根据自身的实际情况选择合适的效率测度方法。

从效率分析的侧重点和测量角度看，还有以下几个重要的概念需要考虑，包括全要素生产率、技术效率、规模效率、配置效率和经济效率。

第一，全要素生产率。全要素生产率是衡量生产过程中资源利用效率的指标。它表示在给定的生产要素（包括劳动力、土地、资本等）投入下，家庭农场所能实现的产出量。全要素生产率的提高意味着在相同的资源投入下能够获得更多的产出，反之亦然。第二，技术效率。技术效率是衡量经济组织在既定技术条件下的生产能力的指标。技术效率与生产可能性边界紧密相关。在一个经济体系中，达到最佳生产状态的经济主体的行为点分布在生产边界上，而其他主体则分布在生产函数的内部。它表示经济组织的产出与最大可能产出之间的差距。技术效率关注的是生产过程中资源的利用程度，而不考虑产出与成本之间的比例关系。第三，规模效率。规模效率是衡量家庭农场在给定规模下的生产效率的指标。它衡量企业实际产出与最优规模产出之间的差距。规模效率高的企业能够在适当的规模下实现最高的产出，而规模效率低的企业则可能处于规模过小或过大的状态。第四，配置效率。配置效率是衡量企业在资源配置上的效率指标。它表示在给定的资源下，各种生产要素的分配是否合理。配置效率高的企业能够将资源合理分配到各个生产环节，以最大化产出，而配置效率低的企业则可能存在资源浪费或配置不当的情况。第五，经济效率。经济效率是指在给定的资源投入下，实现最大的产出价值或最小的成本价值的程度。经济效率考虑了产出与成本之间的比例关系，即资源的利用是否在经济上合理。一家企业或组织在经济效率下运作时，它能够以最低的成本产生最大的经济价值。

这些概念之间的区别在于它们衡量的角度和侧重点不同。全要素生产率是一个整体指标，考虑了所有生产要素的综合利用效率；技术效率关注的是家庭农场在给定技术条件下的生产能力；规模效率关注的是家庭农场在给定规模下的生产效率；而配置效率则关注资源在生产过程中的分配效率。在实际应用中，评估家庭农场经营的全要素生产率、技术效率、规模效率和配置效率可以帮助农场主和政策制定者了解资源利用的效率和改进的潜力。通过识别低效率的因素，农场主可以采取措施来提高生产效率，从而提高农场的可持续性和竞争力。政策制定者也可以根据不同的效率问题制定相应的政策来支持农业发展。

四、效益

经营效益指的是从某项经营活动或决策中获得的收益或回报。效益通常与特定目标或价值观相关，并可以通过货币价值或非货币价值来衡量。在经济学中，效益可以被视为是一种衡量决策或活动价值或贡献的指标。效率反映的是投入产出的比例是否最优问题，提高效率的重点在于减少投入冗余。而效益更多反映的是效率的结果能否实现，衡量组织的盈利能力（陈军民，2017）。一般情况下，组织的经营效率和效益呈正相关，提高效率可以使得资源的利用更充分、更有效，从而实现更大的效益。例如，通过提高技术效率和经济效率，企业可以减少成本、提高产出，从而获得更高的经济效益。但有时也存在不一致，在某些情况下，提高效率可能并不一定能够带来更大的效益，因为效益还受到其他因素的影响，如市场需求、竞争环境、政策限制等。若产出不能及时实现价值，效率和效益就不一致，例如，农业中出现的农产品卖难或谷贱伤农等现象就是最好的例证。

五、绩效

绩效是管理学中的一个概念，涉及组织、项目或员工在特定时间段内的工作行为、方式、结果及其产生的客观影响。它不仅关注效率与效益的综合评估，而且涵盖了为达到目标所采取的行动及其最终结果的质量。其核心目的在于通过有效的管理和激励机制，不断提高工作的效率和质量，既实现组织目标的同时，也促进员工的个人成长和发展。对组织运行绩效的管理与分析通常包括设计组织运行的绩效评价标准、选择适当的绩效评价方法、对绩效的影响因素进行定性与定量分析、应用绩效结果以及提升绩效等。这些活动的根本目的，在于通过各级管理者与员工的共同参与，不断优化组织的资源配置，从而提升个人、各职能部门及整个组织的绩效水平，以实现组织的战略目标。

绩效的内涵是多维度的，既包括生产效率和经济效益的提升，也涉及政策扶持、社会发展与生态环境保护等多个层面，绩效高低整体反映的是企业的发展质量。基于契约经济学的理论，本研究认为家庭农场运行绩效的高低主要取决于与各种要素所有者或使用者之间契约关系的协调适应情况，在达成与履行契约过程中，发生的协调费用越低，家庭农场的运行绩效就越高。

第二节　理论基础

一、契约经济学的相关理论

契约经济学产生于 19 世纪 70 年代，它源于针对瓦尔拉斯市场理论的缺陷而出现的改进运动。契约经济学一开始是作为新制度经济学的一个分支，但由于契约本身是法律意义上的一个范畴，对契约的研究和评价又在哲学领域的覆盖之内，因此它兼顾三者的研究方法和研究领域于一身，有自己独特的研究领域和适用范围（张东辉、王杰，2005）。在过去的 50 年中，经济学界对使用契约视角的方法日益浓厚，相关研究包括强调事前激励安排的理论（如代理理论、团队理论和产权理论等），以及事后契约关系治理的理论。强调经济社会中的交易都是以契约为媒介来治理和实现的（费方域，2008）。契约的思想把它的注意力集中在基本的社会结构和双边关系的协调管理上，使我们能重新审视与经济协调相联系的困境的真正本质，并阐明了不同协调条款的细节，如惯例、动机、权威原则、保持压力的方法及冲突的解决等，阐明了代理人如何利用契约界定他们的行为准则和决策结构。契约理论将所有的市场交易，无论是长期的还是短期的、显性的还是隐性的，都看作是一种契约关系，并作为经济分析的基本要素（黄祖辉等，2008）。且重点关注两点：一是因为事前信息不对称引发的败德行为及行为人如何通过特定的契约安排来解决信息不对称问题；二是因为事后行动的不可观察性而引发的搭便车及其约束（罗必良等，2019）。目前契约经济学有三个主流理论，即委托代理理论、不完全契约理论和交易成本理论。

（一）委托代理理论

委托代理理论是契约经济学的核心内容之一，其研究源于 20 世纪 60 年代末至 70 年代初，当时的经济学家们深入分析了企业内部的信息不对称问题和激励问题。该理论探讨了在利益冲突和信息不对等的环境下，委托人如何设计出最优的契约来激励代理人。委托代理关系产生于生产力的大发展和规模化生产的兴起。随着生产力的进步，劳动分工越来越细致。权利所有者由于知识、能力和时间的限制，往往不能亲自行使所有的权利。同时，专业化的分工也孕育了一批具有专业知识的代理人，他们既有能力也有精力去代表委托人行使这些权利。然而，在委托代理关系中，委托人和代理人的效用函数并不一致。委托人追求的是财富最大化，而代理人则希望最大化自己的工资、津贴、消费以及休闲时间①。这种差异必然导致二者之间的利益冲突。如果没有有效的制度安排，代理人的行为可能会损害委托人的利益。因此，如何设计一个既能满足委托人也能激励代理人的契约，成为了该理论研究的核心问题。

无论是在经济领域还是社会领域，委托代理关系都是普遍存在的。因为我国的家庭农场是建立在家庭承包经营之上的次级制度创新，所以围绕农地产权的委托代理关系将涉及基层政府、村集体、村干部、原承包户、农场经营者等多层次的代理关系，而代理人和委托人之间效用目标函数的差异必将极大影响家庭农场的生成与运行。

（二）交易成本理论

经济学家从多种角度解释了交易成本的概念。科斯（1937）最早认识到交易成本在制度分析中的重要性，他将交易成本定义为使用价格机制的成本。Williamson（1971）关注契约的不完全性和机会主义行为，认为交易成本是经济系统运转所需支付的代价或费用。North（1990）将交易成本定义为规定和实施构成交易基础的契约所需的成本。Dahlman（1979）基于契约缔结过程，将交易成本概括为搜寻与信息成本、议价与决策成本以及执行与控制成本。弗鲁博顿和芮切特（1996）认为，交易成本本质上是专业化和劳动分工的费用，并根据交易成本产生的不同背景，将其进一步细分为市场型交易成本、管理型交易费和政治型交易费。从产权视角，Barzel（1997）将交易成本定义为与转移、获取和保护权利相关的费用。

国内学者汪丁丁（1995）从机会成本的角度，将交易成本理解为在不完备知识集合上选择制度的机会成本，并指出交易成本发生的前提是人们的利益分歧，这是交易成本产生的必要条件。卢现祥和李小平（2008）认为交易成本是为了处理人与人之间利益关系而产生的费用，包括为执行交易行为投入的劳动、土地、资本和企业家才能的耗费。张五常（2017）考察了交易成本的差异，认为交易成本之所以不同，是因为要素和产出的自然属性不同，制度安排不同，导致在契约执行与谈判过程中需付出的努力也不同。

---

① 朱雪娇．公司业绩，股权性质对高管变更的影响研究［D］．重庆：重庆理工大学，2024：11.

交易成本理论已广泛应用于产权结构、外部性、代理关系、寻租活动、集体行动、体制组织形态的发展、经济史、政治制度等多个研究领域。在本书中，交易成本主要指家庭农场经营过程中，涉及的土地、劳动力、资金等要素从原经济主体转移到家庭农场所需要承担的成本。这些成本包括寻找所需要素的交易机会、协商交易以及监督合同执行的总成本。降低交易成本将会极大促进家庭农场的生成及其运营的效率。

（三）不完全契约和关系契约理论

以 Williamson 和 Hart 为代表的经济学家认识到，由于有限理性或交易成本，现实中的契约通常是不完全的。Tirole（1999）认为契约不完全的原因是由预见成本、缔约成本和证实成本引起的。不完全契约理论主张不能规定各种自然状态下的权责，而主张在自然状态实现后通过再谈判来解决，因此重心就在于对事前的权利（包括再谈判权利）进行机制设计或制度安排（杨瑞龙、聂辉华，2006）。Hart 和 Moore（2007）指出，最佳契约形式需要在保护权利感受的刚性与促进事后效率的灵活性之间权衡。事后效率灵活性意味着契约应设定短期限以便于调整，以保持交易的灵活性；而保护权利感受的刚性则体现了主体希望其权利不被侵犯的需求，有效的期限约定可以抑制机会主义行为。Barzel（1997）认为，任何契约安排都存在非最优利用问题，没有一个单独的契约在所有的情况下都是最优的，随着情况的变化，契约形式也会发生改变。

关系契约与不完全契约紧密相连。由于契约条款的无法证实性、未来的不确定性以及自然状况难以描述，缔约双方只能签订具有灵活性和适宜性的不完全契约。因此，在很多情况下，契约安排既包括关系型契约也包括不完全契约。在关系交易中，人们可能会放弃追求短期最大效用，转而通过维持长期关系来取得整体动态利益最大化（罗必良等，2019）。那么如何解决契约的不完全性问题？Williamson（1979）提出通过“一体化”的治理结构降低交易费用，并减少机会主义行为。然而，Hart（1995）的研究证明，“一体化”并不能消除事后的机会主义。为此，Grossman 和 Hart（1986）提出了“剩余控制权”的概念，即在所有权的基础上存在的外部选择权。进一步地，Hart 和 Moore（1990）认为，应该将剩余控制权赋予能创造更多合作剩余的一方，以实现在次优条件下最大化总剩余的最佳治理结构。

不完全契约和关系契约理论现已成为了一种基础性理论，广泛应用于企业治理、金融资本管理、国内外贸易和公共服务规划等领域。我国的家庭农场生成是建立在农地流转的基础上，农地流转契约的缔结和履行是其能健康运营的基础，由于信息不对称、有限理性、不可预见性等因素，实践中家庭农场与农地转出户往往只签订一个具有灵活性和适宜性的不完全契约。

二、利益相关者理论

利益相关者理论是由弗里曼在1984年出版的著作《战略管理：利益相关者管理的分析方法》中首次提出，其核心观点为：任何一个公司的发展都离不开各利益相关者的投入或参与，企业追求的是利益相关者的整体利益，而不仅仅是某些主体的利益。利益相关者是能够影响一个组织目标的实现，或者受到一个组织实现其目标过程影响的所有个体和群体（Freeman，1984）。

（一）企业利益相关者的分类

Freeman（1984）根据利益相关者由于所拥有的资源不同，对企业产生不同影响，将企业利益相关者细分为：持有公司股票的一类人，称为所有权利益相关者；与公司有经济往来的相关群体，如员工、债权人、内部服务机构等，称为经济依赖性利益相关者；与公司在社会利益上有关系的利益相关者，如政府机关、媒体等，称为社会利益相关者。Frederick（1988）则从利益相关者对企业产生影响的方式将其分为直接的利益相关者和间接的利益相关者。美国学者Mitchell和Wood（1997）从合法性、权利性以及紧迫性对利益相关者进行评分，根据分值将企业的利益相关者分为三种类型：确定型利益相关者，包括股东、雇员和顾客。预期型利益相关者，如投资者、雇员和政府部门等。潜在型利益相关者，他们只具备三种属性中的其中一种。国内一些学者也从利益相关者的其他属性对其进行了界定和划分，例如万建华（1998）、李心合（2001）从合作性与威胁性两个方面入手，将利益相关者分为支持型、混合型、不支持型以及边缘型。陈宏辉（2004）则从主动性、重要性和紧急性三个方面，将利益相关者划分为核心型、蛰伏型和边缘型三种类型。

（二）家庭农场的利益相关者

借鉴Freeman（1984）和陈宏辉（2004）的观点，基于关联性和投资专用性，本书把家庭农场的利益相关者界定为：那些在家庭农场经营中进行了一定的专用性投资和服务，并承担了一定风险的使用者个体、群体和组织，其活动能够影响家庭农场目标的实现，或者受到家庭农场实现其目标过程的影响。在此概念框架下，我们把家庭农场的利益相关者分为直接利益相关者、合作型利益相关者、支持型利益相关者和关联型利益相关者（图2-1）。直接利益相关者是指家庭农场的创办者和经营者，他们对家庭农场的业务具有最终决定权，是关乎家庭农场发展壮大的核心；合作型利益相关者包括供应商和客户等；指导型利益相关者则包括政府、农技技术推广部门和合作社；关联型利益相关者包括社区、债权人和其他相关经济组织。这些利益相关者有的是家庭农场的投资者和惠顾者，有的是家庭农场的管理者和监督者，有的则在方方面面与家庭农场有着千丝万缕的联系，与家庭农场之间的利益关系和诉求决定了他们在家庭农场发展中可能产生的影响。

本研究认为家庭农场的生命力在很大程度受制于与各个利益主体之间所发生的经济关系，而每一种交易关系的形成都会发生实际的费用，这些费用的上升将会影响家庭农场的发展质量。家庭农场与所有利益相关者之间发生的交易，都需要缔结显性或隐性的契约，明确各自在交易过程中的权利和义务，故此在后续的研究中，本项目把利益相关者也称作契约相关者或契约关系人。

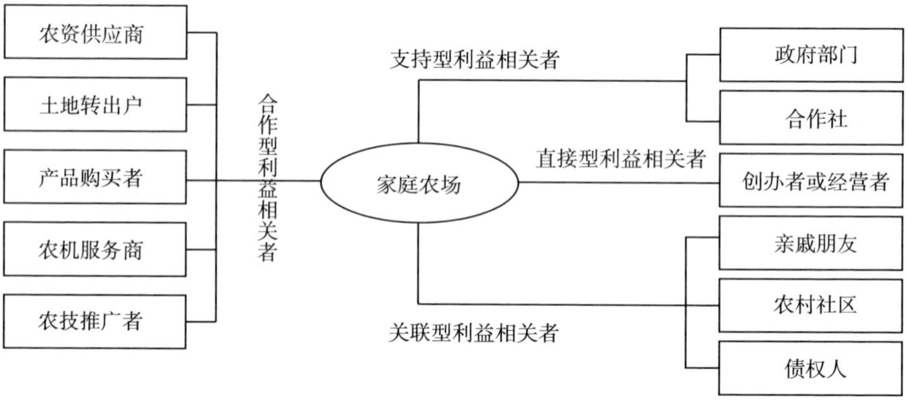

图 2-1　家庭农场的利益相关者

三、企业生命力理论

（一）理论内涵

企业的生命力是一个动态的立体的综合概念，不仅涉及企业内部，还关系到企业所处行业状态，以及企业所处的时间轴点。其内涵可概括为企业主动适应环境变化、不断进行新陈代谢、修正自身障碍，并通过有效利用自身和外部资源，实现长期存在和持续发展的能力。具体可分为竞争力、生存力、成长力。其中生存力是基础，成长力是核心，而竞争力是关键，这三种能力相辅相成，是企业实现良性可持续发展的保障。企业必须具备生存力，这是企业存在的底线，如果无法生存下去，企业在竞争中脱颖而出也只能是空话；在生存的基础上不断凝聚资源、调整修复自身的问题、实现新陈代谢，企业才能不断发展壮大，这能进一步巩固生存的基础。竞争力是企业必备的能力，只有具备竞争力，企业才能发展下去甚至才能生存。因此，研究企业的生命力必须树立系统的观念，不能仅从一方面孤立地去研究问题，而应从决定企业生存基础的内部要素结构，以及影响其成长的生产经营模式、企业在市场竞争中的状况及其历史状态进行系统分析。

（二）家庭农场的生命力

家庭农场本质上是农户经营的企业，具有企业生命力的特征，是一个具有生命力的有机体，同样以实现长期存在和持续发展为其第一目标。家庭农场将经历从诞生、发育、成长、成熟、衰退直至死亡的生命历程。具体包括两层含义：一是家庭农场寿命的长短，即家庭农场从诞生到消亡所经历的时间；二是家庭农场存在的过程，即家庭农场从诞生到消亡的整个过程。家庭农场的诞生、成长、衰退和消亡的过程，与生物体的诞生、成长、衰老和死亡的过程存在很多相似性。其生命体的运动方式取决于两方面的情况：一是主体与环境的交互作用；二是其自身的新陈代谢情况。家庭农场的生命力还具有成长性和持续性两大属性，成长性即指家庭农场在一定时期内利用其内外资源与能力所展现出的整体扩张壮大的演进态势，即由小变大、由弱变强不断演变的过程，这里的变化不仅指量上的变化，更强调结构的优化与创新。因此，家庭农场的生命力可以概括为其能够适应环境变化、进行新陈代谢、克服自身障碍的生存力，通过本体的协调来适应环境突变的应激反应，同时有效利用自身资源和外部资源来调控，并通过竞争掌握更多的外部资源，最终实现自身健康可持续发展。

第三节　国内外家庭农场研究现状

欧美等发达国家的家庭农场已有百年以上的历史，我国尽管在 20 世纪 80 年代就有与家庭农场相关的政策性文件①，但由于经济发展比较缓慢，家庭农场在当时并未迅速普及，至 20 世纪末，家庭农场开始在上海、江苏、浙江等城镇化发展较快的地区出现，并取得了良好的经济效益和社会效益。到 2008 年，党的十七届三中全会首次把“家庭农场”一词写入中央文件。2013 年的中央 1 号文件把家庭农场明确为新型农业经营主体的重要形式，赋予了家庭农场新的内涵和特征。随后各年的中央 1 号文件都把推进家庭农场的发展作为重要的议题提出来。随着国家政策导向性文件的陆续出台，学界对家庭农场的关注度自 2013 年以来呈现出前所未有的高度。本节试图围绕发展家庭农场的必要性、到底什么是家庭农场，家庭农场的生成机制及优势、契约选择及治理、制约因素、经营效率及发展趋势等方面的理论与实践经验进行系统总结，以期为家庭农场在更大范围内推行，向更优化的方向发展提供决策参考与理论支撑。

---

① 1987 年 1 月中共中央印发《把农村改革引向深入》中最早提出“要在发达地区兴办适度规模的家庭农场”。

一、国内研究现状

（一）发展家庭农场的必要性

随着农民进城和农业劳动力的减少，“谁来种地”的问题逐渐凸显。众多学者认为家庭农场是未来中国农业微观经营的主要组织形式，对我国从传统自给农业向现代化商品农业转化具有重要指导作用（潘义勇，1995；朱学新，2006；杜志雄，2016；张红宇，2017）。向国成等（2007）指出合作经济组织发展受困于内生交易费用的制约，而家庭农场是一种最少产生内生交易费用的团队组织，今后应把着力点放在家庭农场的发展上；杨成林（2015）则指出中国式家庭农场不仅使体制性小农经济的“制度溢出职能”保持下去，而且也实现了农业生产的适度规模经营，并使农民逐步成为“职业农民”。也有不少学者认为，规模化农业也不一定能够确保粮食安全，反倒是中国精耕细作的小农农业更能够获得比世界平均水平更高的粮食产出，确保粮食安全（贺雪峰，2017）。而兼种植和养殖小规模家庭农场的形式是解决农业当前隐性失业与务农收入过低问题的主要出路（黄宗智、彭玉生等，2007）。现在小农经济发展的核心问题在于农业生产基本条件的维持和村庄内部农业经营的适度规模化问题，推动家庭农场的发展实质应是重点推动村庄内部“中农”或者“大农”的发育和成长（贺雪峰、印子，2015）。同时他们反对“外来的”“人为推动的”社会投资，但并不反对“内生的”“自发出现”的资本积累（高原，2012）。

（二）家庭农场的形成机制

从家庭农场产生的动力机制来看，家庭农场的形成是在政府、资本和农户自身三者中相互催生的结果（余练，2020）。国家对实现农业规模经营、农业技术进步和农业专业化分工的追求，都是促进家庭农场生成的内在动因；而农户对外部利润的追求是其生成的外在动因，国家强制性制度变迁与农民诱致性制度变迁相结合，共同推进与实现家庭农场制的产生（伍开群，2014）。在开放市场条件下，具有农业比较优势的农户，面对土地资源的短缺，基于农业生产的增收目标，会倾向于依托市场转入土地来扩大经营规模，从而使自身经验能力与土地规模达成匹配均衡①。制度设计必须立足于满足农户在社会化进程中的利益诉求才能促进家庭农场的产生与发展（李俏、李辉，2014）。但家庭农场制度并不是一种静态的结构，而是一种结构化的过程，各行动者在与既有结构的不断互动中促使结构再生产，在不断互动与优化中，结构逐渐具备了稳定的特征，形成了家庭农场制度（董凌芳，2013）。根据家庭农场形成的动力机制不同，可将家庭农场划分为政策推动形成的家庭农场、资本破产形成的家

① 罗必良，等．农业家庭经营：走向分工经济［M］．北京：中国农业出版社，2017：284.

庭农场、中农[1]转化成的家庭农场和职业农民内生型家庭农场。

（三）发展家庭农场的比较优势

家庭农场融合了小农经济与集体农场的优势，同时有效克服了它们的缺点（胡书东，1996）。与其他新型农业经营实体相比，家庭农场特别适应农业的自然与社会特性，实现了农业生产特征与家庭特点的高度一致（朱启臻等，2017）。它具备内部治理结构简洁、成员利益高度一致、劳动者责任感强烈、监督成本低等优点（张红宇、杨凯波，2017），能够有效地解决合作、监督和激励问题，成为农业生产经营的理想组织形式，并实现了剩余控制权与剩余索取权的对称配置（王新志，2015）。家庭农场根植于农村，与农民保持天然的联系，在一定程度上仍维持互惠交换的关系。这对农村社会管理和政治稳定的影响是最小的，并且非常符合国家的乡村治理目标（马华、姬超，2015；王铁、寇垠，2013）。更为关键的是，家庭农场注重与各类中介组织的合作与联合，建立社会化连接机制，这极大地促进了农业产业的分工（蔡海龙，2013），提高了农业经济组织的多样性及农业经济活动的复杂性，从而提高了生产效率和农民收入（刘守英等，2021）。因此，家庭农场非常契合我国当前的发展阶段，能够有效支持中国农业和农村的现代化建设，具有核心的地位（杜志雄，2018）。由此可见，家庭农场在集约化经营、组织化管理[2]、科技介入、劳动监管、保持乡村社会稳定五大方面具有优势。

（四）家庭农场运行的制约因素

多数学者认为，土地能够顺利集中、高素质的专业农民、通畅的融资渠道、良好的社会服务及政府的政策支持是家庭农场能够健康发展的前提条件。王建华等（2016）和郭熙保等（2022）指出家庭农场的发展受内外两种因素的制约，其中内部因素包括农场主个人素质不足、经营管理能力欠缺、对外合作程度低、投资能力不足、技术水平不高等；外部因素主要包括土地产权和流转制度不完善、地权不稳定、融资难、融资贵、农业社会化服务体系不健全等。张明月和薛兴利（2016）将约束家庭农场发展的因素分为表层、中层和深层三个层次，其中农场带头人缺乏、市场竞争力弱是制约家庭农场发展的表层直接因素，农民培训滞后、农业基础设施不完善、土地流转障碍多、农场融资困难等是中层间接因素，而政府组织指导不当、配套扶持政策不完善、农村社会保障不够、社会化服务水平低等是深层根源因素。总之，作为生产方式的家庭农场，是一个不断变化的范畴，它的形成有其动力和阻力，其自身的效率发挥也

---

[1] 中农是指村庄内通过自发土地流转形成经营面积在 20～30 亩的农户（余练，2020）。

[2] 指家庭农场的一切经营活动都严格按照既定程序、规章、制度进行，符合理性原则且按照规则运行的行动模式。

受制于农业的根本特征、农业生产方式、农业生产规模、土地制度等诸多因素（杨成林、屈书恒，2013）。家庭农场发展壮大所需要的经营管理、信息提供、市场分析和粮食收储烘干等社会化服务依然短缺（张红宇、杨凯波，2017）。此外，家庭农场目前没有专门的法律进行规范管理，也没有独立体系的财务会计制度（占一熙、陈芬辉，2019）。

（五）家庭农场的经营效率分析

众多学者从经济效率、社会效率、生态效率、成本收益率等维度对家庭农场的发展质量进行了评价与分析。他们的研究发现，家庭农场的投入产出效率值均不高，存在投入冗余与产出不足的低效率（蔡键，2014；钱忠好、李友艺，2020）。而任重和薛兴礼（2018）的研究发现，家庭农场的经济效率水平较高、社会效率水平良好，但生态效率不够理想，三个方面的综合效率水平则处于中等偏上水平。张悦和刘文勇（2016）通过典型案例对比分析发现，家庭农场间成本收益率和人均年纯收入有较大差异，而这种差异主要是源于土地租赁和雇工费用上的差异。从规模与效率之间的关系看，家庭农场土地经营面积与家庭农场效率之间呈现出倒“U”形的关系，土地经营规模过小或过大都不利于家庭农场效率的提高（钱忠好、李友艺，2020）。随着劳动力市场和土地租赁市场的发展，家庭农场的经营效率随着家庭农场规模的扩大呈现递减式下降的“反向 IR 关系”（危薇、杜志雄，2019）。实践表明，适度规模的家庭农场而非小农户是当前最有生产效率的农业经营主体（王新志、杜志雄，2020）。

（六）家庭农场的经营效益分析

为弄清家庭农场经营效益到底如何，学者已从农场主经历、政府补贴、资源禀赋、是否加入合作社、农场的代际传递、合同农业等视角，利用调查数据，构建模型进行了实证分析。他们的研究发现：具有多元经历的农场主偏好投资规模大、收益高、见效快的综合类项目，经营绩效最优；有非农经历的农场主趋向于选择种养结合类项目，经营绩效次之；而纯务农经历的农场主则趋向于选择单纯种植或养殖类项目，经营绩效相对最差（兰勇等，2015）。家庭农场资源禀赋是影响其成长绩效的关键性因素（蔡文著、汪达，2020）。政府补贴能够显著提高家庭农场净收益和家庭农场人均净收益，但也会促使家庭农场主过度扩大土地面积并推动土地租金上涨，造成家庭农场亩均净收益下降（刘同山、徐雪高，2019）；合同农业在整体上能够显著提升家庭农场技术效率，进而促进家庭农场经营收入增加（郭熙保、吴方，2021）。加入合作社能够提升家庭农场人均净收益和亩均净收益（刘同山、孔祥智，2019；来晓东等，2021）。但父代与子代经营代际传递对家庭农场绩效存在显著的负效应（朱红根、宋成校，2021）。

（七）家庭农场的代际传递与持续发展

家庭农场继承是一个社会构建过程，不仅涉及农场的特征，还包括选择合适的继承人以满足家庭发展的预期。家庭农场表现出较强的经营代际传递性，其中大农场的经营代际传递性高于小规模家庭农场，低人力资本家庭农场的代际传递性强于高人力资本家庭农场（朱红根、宋成校，2021）。从家庭农场传承的障碍因素看，存在内部经济障碍和外部社会障碍，内部经济障碍包括家庭农场经营所产生的沉淀成本、违约成本、交易成本以及战略上的依赖关系，外部社会障碍主要涉及政府政策与制度、乡土风情和道德规范等，以及潜在承接者的承接意愿（陈金兰等，2021）。杨柳和万江红（2020）分析了制度支持机制、机会结构约束机制和收益风险约束机制对家庭农场主职业传递意愿的影响，发现政府开展人才培训、对农场的补贴会影响农场主选择子女作为传递对象；尤其在子女参与农场劳动的情况下，农场主会优先选择子女作为职业继承人。家庭农场的可持续发展，需要建立明确的家庭农场经营者进退机制、家庭农场管理考核机制、家庭农场农业经营收入增长机制，以及准入认定机制、扶持管理机制、合作与激励机制、社会化服务机制、职业农民培育机制等（王建华，2016）。

（八）家庭农场的契约选择及治理

我国的家庭农场是建立在农户经营权集中的基础上，地权契约的缔结是家庭农场生成的前提。按照风险与利益分配的不同，地权契约形式主要分为定额租契约和分成契约（张五常，1969）；从我国农地经营制度演变历史来看，地权契约可进一步细分为固定工资契约、分成契约、固定地租契约、自耕农四种形式（刘凤芹、谢适汀，2004）；从实践来看，中国农地的使用正日益分化为确权确地和确权不确地两种契约形式，前者的实质是分户使用的对内私人契约，后者的实质则是农地组织使用的对内公共契约（何晓星，2009）。洪名勇和王晓娟（2009）则从心理契约视角将农户农地流转契约形式分为交易型、关系型和发展型心理契约。

众多学者认为，交易成本和风险分散是影响地权契约缔结选择及履行的主要要素，交易成本不同则需要匹配不同的契约安排（张五常，1969；Allen 和 Lueck，2004；刘凤芹、谢适汀，2004；黄祖辉等，2008；管珊、万江红，2017）；而土地不均质和劳动不均质及要素属性的变化是农地契约履约交易成本大小的决定因素（桂华，2017）。也有学者认为，农场家庭关系网络、农场主对流转契约违约风险的感知对土地经营权流转契约选择有显著影响，其中违约风险感知越大，农场更愿意选择有政府参与的间接流转，而关系网络越发达农场选择直接流转模式的概率更大（兰勇等，2022）。此外，家族势力、组织资源、缔约公平性等政治资源，农村集体组织力量，农地流转交易市场发育程度，信任、声誉及文化等也是影响地权契约形式选择的重要因素（李尚蒲等，2013；孟召将，2012；洪名勇等，2016）。

由于缔约对象的亲缘性、缔约形式的非契约性以及农户“价格幻觉”等因素，农地契约关系具有不稳定性（罗必良、刘茜，2013）；而农地流转市场普遍存在无契约或者契约期限过短等现象（钟文晶、罗必良，2014）。为保障契约关系稳定，可赋予农户土地财产性权利、在时间维度上缔结长期契约、强化缔约的组织化、保障缔约的自主性及缔约程序的规制性（钟文晶、罗必良，2014）；而加强交易双方的关联博弈强度，当缔约受到伤害时，允许参与者有“退出的自由”，是契约能够继续有效执行的保障（伍开群，2013）；面对初始契约不稳定的状况，家庭农场可通过缔结后续契约来固化初始契约，即“以契约治理契约”的方式实现初始契约的稳定（万江红、杨柳，2018）。也可建立契约风险“第三者责任险”制度和完善法律保障机制增强订单农业契约的稳定性，降低契约风险（衡霞、杨明洪，2009）。

（九）我国家庭农场的发展趋势

对于未来家庭农场如何发展，发展方向是什么，学者们从不同的角度进行了研究。总体上，我国家庭农场呈现出从业人员不断减少、土地流转加速；发展数量快速增长、规模不断扩大；经营市场化、多元化程度不断提高的趋势（张红宇等，2017）。从性质上看，家庭农场逐渐演变为农业企业，经营管理日益企业化，生产上日益注重内涵扩大再生产，管理上逐步引进现代企业的管理方法和原理（高原，2018）。从组织模式来看，联户农场、农场合作社、农场联合公司等成为经营模式的主要选择，“家庭农场＋（双边）平台＋市场（消费端）”有可能成为未来重要的产业组织形式（高原，2018）。从生产模式看，大力推广种养结合、有机循环模式的家庭农场，最好能把优美的乡村自然景观和观光体验农业，把城市居民的参与、体验、休闲、尝鲜结合进来，“种养结合＋休闲观光”模式将成为我国家庭农场发展主流方向。丁声俊（2013）借鉴德国家庭农场的发展特点，认为我国家庭农场的未来发展应向形式普遍化、种类多样化、经营企业化、管理现代化、发展合作化五个方向发展。

从农业发展规模的角度出发，黄季焜（2022）指出中国特有的国情意味着农业发展无法采取大规模现代化生产方式，大规模和小规模的农业经营模式将长期共同存在。他基于对未来全国人口、劳动力数量和农业就业占比的预测，提出种植业必须逐渐地向“二八格局”转变，即20％的大农生产粮食等大宗农产品，80％的小农生产高值农产品。在此格局下，大农通过扩大耕地经营规模来提高农业收入，主要生产粮棉油糖等大宗农产品，保障粮食安全；小农在较小的耕地规模上通过更加密集的资本、劳动和技术生产更高价值的农产品，实现最大限度的增收。为此，黄季焜等（2022）基于共同富裕的目标，勾画了至 2050 年我国农业发展的“二八格局”愿景（表 2-4），理想中的大农小农刻画如下：大农的平均耕地经营规模为 385 亩（近 26 公顷），这在欧美国家只能算是中小规模农场；而小农的平均耕地经营规模只有 74 亩（近 5 公顷）。大小农户的劳动生产率趋同，实现共同富裕。

表 2-4　至 2050 年种植业趋向“二八格局”的理想愿景

指标	小农	大农
农场占比（%）	80	20
家庭农场（万个）	1 075	260
每个农场平均劳动力数（人）	2	3
劳动力总量（万人）	2 150	780
劳动力比例（%）	73	27
种植业增加值占比（%）	73	27
平均耕地规模（亩/农场）	74	385
耕地总面积（亿亩）	8	10
耕地面积占比（%）	44	56

资料来源：黄季焜．加快农村经济转型，促进农民增收和实现共同富裕［J］．农业经济问题，2022（7）：4-15.

总之，家庭农场的发展和经营模式是资源条件、经济水平、制度环境、经营主体等相互作用的结果，人多地少的基本国情决定了适度规模经营是我国家庭农场发展的基本方向和主要模式。

二、国外研究现状

国外的家庭农场发展历史悠久、成果显著，对中国家庭农场的经营管理有很大的借鉴，借鉴并不是拿来主义，仍然要根据中国的基本国情发展具有中国特色的家庭农场。

（一）家庭农场的内涵及特征

家庭农场是一种以家庭管理和经营为特点的农业组织形式，涉及农业、林业、渔业、畜牧业和水产养殖生产，主要依靠家庭劳动力，并融合了经济、环境、生殖和社会文化功能（联合国粮农组织，2014）。在美国，家庭农场主要是指以家庭成员为主要劳动力，自主从事农事和管理活动，必要时使用季节工或长期雇员，追求利润最大化的经济组织（USDA，1981；Raup，1986）。从资源基础看，家庭农场应具备足够的土地和资本以支撑家庭成员劳动，并能根据现有技术和资源扩大规模（Jesst，2021）。只有当农场主及家庭成员全职投入农场经营，很少雇工，拥有完整土地产权，且经营收入能够维持家庭成员体面生活和农场再生产时，才能称之为家庭农场（Brewster，1980）。巴西法律规定，至少要有一半的收入来自农场农业活动才能归类为家庭农场（Fuller，2021）。从功能定位看，家庭农场不仅是追求利润的经济组织，也是农民的生活居所，其价值远超经济层面（Ashok，2010）。与公司不同，家庭农场在不利年份没有分红压力，劳动力需求可灵活调整，年资产回报率可以较低，强大抗逆能力是家庭农场的显著特点（Fry，1980）。恰亚诺夫（1996）指出，家庭农场的特点是生产目的在于最大化家庭成员消费而非利润最大化，强调了家庭的重要性。可见，家庭农场的定义是一个多样性的概念，难以进行统一定义（Fuller 等，2021），但大多数定义都承认家庭劳动和管理在农场经营中的重要性。

（二）家庭农场发展的文化与情感因素

文化和情感在家庭农场的发展中扮演着关键角色。Jane（2010）研究了不同类型的资本在家庭农场面临不利冲击时的作用和影响。她发现，经济资本是导致农场经营困难的主要因素，而社会资本和符号资本则有助于家庭成员继续从事农场的经营。Geoff（2013）探讨了传统和农业文化对农民的职业选择、身份认同以及农场持续经营的影响。他认为，脱离家庭农场对于家庭来说是一个艰难的抉择过程，农民为此需要付出巨大的情感代价。Isteni 和 Hoevar（2013）将家庭农场分为有后继受益人和无后继受益人两类。他们发现，有后继受益人的家庭农场展现出更好的发展能力。这类农场更愿意对家庭成员进行教育培训投资，让年轻人尽早接管农场的管理，这可以更好地促进家庭农场的发展。但另一方面，长期从事农场工作的人社交圈主要在家庭成员和亲戚之间，社会关系相对单一，这可能会限制家庭农场的发展。

（三）家庭农场发展的政府政策因素

如何协调地方政府的发展规划、农村社区的福利与环境、土地保护与家庭农场的利益目标相容，是保证家庭农场健康发展首要考虑的问题。家庭农场常因为地方政府的规划条例限制而无利可图（Carter，2006），种植面积补贴和作物补贴会使家庭劳动力脱离农业生产，而农业环境保护补贴、农机购置补贴会激励家庭成员更多从事农场生产活动（Pierre 和 Laure，2015）。还有学者的研究发现，政府政策、教育培训、技术供给等多是针对男性特点而长期忽视妇女的特点，这不利于家庭农场的健康发展（Déade，2013）。通过财政补贴或税收优惠等措施，激励政府部门、学校、企业等单位将食品原料采购需求定向交给家庭农场生产供应，建立稳定的结对帮扶关系，这种结对合作可促进家庭农场的成长，并有助于提高国民营养安全（Schwartzman 等，2017）。

(四) 家庭农场的生存能力及可持续发展

家庭经营具有强劲的生命力，是最具有发展活力的农业经营主体（Todorovic 等，2009）。恰亚诺夫（1996）指出，家庭农业经营组织的优势建立在劳动的“自我剥削”基础之上。Chris（1990）在研究澳大利亚家庭农场生存状况时发现，那些有长远投资战略并始终保持合理投资水平的家庭农场更具生命力，且促进农场经营多样化，也有助于家庭农场摆脱困境。家庭农场的可持续性可以看作是一个由持续学习循环组成的进化过程（Groot 和 Rossing，2011）。强化农业从业者的职业特征与角色意识，增加农民对村社共同体的认同和责任（Ily，2012），将有助于提升家庭农场的可持续发展能力。但从经济维度看，生态型农场的资本收益率较低，而生态效益和社会效益明显（Fernandes 等，2008）。因此，推出更多新的、有利于环境与可持续发展的生产技术；使家庭农场经营者改变传统的角色认知，增加其对社会生态环境的责任感，是未来政府政策设计的重点（Ily，2012）。

(五) 家庭农场的继承与代际传递

家庭农场的代际传递指的是将管理责任、所有权和控制权转移给下一代（Mike，2011；Chiswell，2018），这个过程可能涉及一个或多个继承人（Joosse和 Grubbström，2017；Abdala，2021）。与其他职业相比，农业仍大多依靠继承。代际继承意味着家庭农场的更新，其顺利交接对于农场的持续生存和发展具有重要影响（Lobley 等，2010）。研究表明，经营者的教育水平、农场财产、经营规模和债务，农场未来收入潜力和居住环境，家庭成员非农就业人数，农业收入以及激励机制（包括父母偏好和政府政策），这些因素对家庭农场的代际传递起着关键作用（Ashok，2010；Stefan Mann，2007；Foguesatto，2020）。就规模而言，较大的农场能为不同代际提供合作机会（Lobley 等，2010），进而促进世代传承。从父辈的影响看，若父母对农业工作缺乏积极性，他们可能不会鼓励子女继承农场。满意的农场生活与工作的父母更可能影响潜在继承人接管农场的决定（Kerbler，2012）。多数农民认为，较高的财政补贴是促进家族农场传承的重要诱因（Foguesatto 等，2020）。就农场继承的阶段而言，家庭农场继承是一个长期且多维的过程，包括潜在继承、意愿继承和有效继承三个阶段。其中，个体和家庭因素影响潜在继承，而家庭因素在意愿阶段影响较小；环境和制度维度主要作用于意愿和有效继承阶段（Bertolozzi 和 Caredio，2020）。因此，政策支持的范围应扩大至农场继承发生的全过程。

(六) 家庭农场的经营绩效分析

Richard 等（2015）运用超对数随机生产前沿分析模型，对稻米家庭农场的经济绩效进行了实证研究。他们发现，农民从事非农就业可以促进农场规模扩张和技术效率的提升。Basu 等（2015）采用单阶段最大似然估计法，并将技术无效率纳入随机前沿生产函数模型，分析了食草肉牛饲养家庭农场的效率。他们发现，除了土地之外，其他要素投入的增加也会推动农场技术效率的提高。Tomāš 等（2014）、Allen（2010）结合参数与非参数模型，构建了基于 bootstrapped DEA 模型的方法，解决了传统 DEA 非参数法未考虑误差项的问题。他们比较分析了从事种植、养殖以及综合种养的家庭农场的效率，并发现经营者的受教育程度、农业经验等人力资本因素对家庭农场的经营效率和效益具有显著正效应。

（七）家庭农场参与契约农业的效应

在发展中国家，契约农业逐渐成为一种普遍的做法。它为农业生产者提供了必要的保障，帮助弱势农民维持持续经营，同时使农产品买家能够更好地管理供应并降低价格风险（Federgruen 等，2019）。Ruml 等（2022）的研究显示，参与销售契约和要素供应契约的农户家庭收入显著高于未参与契约的农户。然而，最佳的契约选择取决于具体的政策目标。如果主要的政策目标是帮助农民克服他们在获得信贷、投入和技术方面的限制，从而提高他们的农业收入，那么资源提供契约可能比销售契约更适合。相反，如果主要的政策目标是提高小农的福利，单纯的销售契约也可以达到目的。参与契约农业显著提高了劳动生产率和价格利润率。从农场规模分类看，与中型和大型农场相比，小型农场通过契约农业获益更多（Dubbert，2019）。然而，也有研究发现，契约农业对就业有显著负影响，签订合同的大型农场（大于 0.85 公顷）每公顷雇用的劳动力会显著减少（Mishra 等，2022）。

（八）国外家庭农场的发展趋势

国外家庭农场展现出以下经营特征：农产品生产高度专业化、经营规模日益扩大、土地自有、劳动力以家庭成员为主、经营组织向合作社一体化发展、生产方式集约化及生态化，以及收入来源的多样化。观察欧美国家，以及加拿大、日本、韩国、巴西、阿根廷等家庭农场发展趋势，我们发现小农场数量正逐渐减少，而农场规模在不断扩大。其经营方式也显示出集约化和多元化的趋势（Fuller 等，2021）。Douglas 和 Jackson（1999）的研究显示，家庭农场的平均规模在扩大，但农场主及其配偶从事农业的时间减少，非农劳动时间增加，且家庭收入中非农业收入的比重上升。例如，在美国，小农场的数量显著减少，农场规模不断集中，家庭农场逐步演变为拥有部分所有权的农业企业。自 1954 年以来，美国小农场数量减少了 79%，超大农场数量自 1970 年后有所上升。黄宗智（2013）指出，美国的家庭农场已经偏离了传统意义上的家庭经营模式。总体来看，家庭农场的总数持续减少，小型农场数量下降，中型农场有所增长，而大型农场数量则未见明显变化。

三、文献述评

已有文献对家庭农场的定义、生成机制、制度优势、经营绩效、制约因素、契约选择及契约性质、发展趋势等进行了大量的研究，取得了丰富的研究成果。但专门针对家庭农场要素投入契约关系及其影响的研究较少，且对要素契约的分析多集中在农地流转契约，对雇佣契约、融资契约及农业服务契约的选择及治理的相关研究不多；对家庭农场运行绩效的研究多集中在经济效益和效率的分析，而对家庭农场生命力及整体运行质量的分析较少。基于此，本书在系统梳理以往研究的基础之上，基于契约经济学的理论分析方式，并结合企业生命力理论、利益相关者理论、资源禀赋理论、自生能力理论、社会关系网络理论等，构建理论分析框架，然后运用调查数据对家庭农场生成与运行过程中涉及的要素契约的缔约选择、契约关系治理，及其对家庭农场运行的影响进行实证分析，从多维视角揭示制约家庭农场实现高质量发展的关键因素。

第三章

家庭农场的土地投入特征及约束

第一节　家庭农场土地投入的特征

家庭农场的所有生产与经营活动都以土地为基础。那么，家庭农场的土地经营规模究竟有多大，有多少土地是通过流转而来，涉及多少转出户来支撑一个家庭农场，这些土地是否跨越了不同的村庄或乡镇；家庭农场是如何获取这些土地的，土地转入的契约形式及其期限是怎样的，租金是如何支付的；以及农场主是否对转入的土地进行了整理，并如何高效利用这些土地，这些问题都亟须深入探究。鉴于不同类型的家庭农场因为投入生产要素的属性和农场主身份不同，其目标函数、组织结构和资源整合能力存在一定的差异，只有更好的了解和把握不同类型家庭农场对土地的诉求及使用特性，才能更好地服务家庭农场的发展。据此，根据其经营的项目，将家庭农场划分为粮食种植、经济作物①、瓜果蔬菜、禽类养殖、牲畜养殖、种养结合、粮经结合、粮蔬结合、多元经营（经营项目至少有 3 种类型）和渔业养殖十大类。在此基础上，对不同类家庭农场的土地需求及使用特征进行统计分组与对比分析。本章所用数据主要来源于 2021—2022 年课题组两次对河南省家庭农场的调查数据，剔除不合格样本，共有 846 个符合条件的家庭农场。

一、经营土地的规模特征

规模经营是农业走向现代化的关键途径。家庭农场由于其内在的家庭经营优势，一直是中央鼓励发展的经营主体，目前已成为我国最具代表性的新型农业经营主体。据表 3-1 可知，河南省家庭农场经营的土地面积平均为 102.05

---

① 指具有某种特定经济用途的农作物。根据河南省农业种植实际，本书界定的经济作物主要包括：纤维作物（棉花、麻类、蚕桑）、油料作物（花生、油菜、芝麻、大豆、向日葵等）、糖料作物（甜菜、甘蔗）、饮料作物（茶叶等）、嗜好作物（烟叶）、药用作物（中药材等）、苗木花卉等。

亩，约是普通农户的12倍①，但中位数仅有32亩，标准差则高达252.92亩，极差达2 999亩。这表明河南省家庭农场平均经营规模较大，各类农场的平均经营规模都高于本类别的中位数，呈现出明显的左偏分布，且多数农场的规模集中在50亩以下。分经营类看，多元化经营型家庭农场的平均规模最大，达到230.77亩，其次为粮经结合型197.60亩、粮食种植型195.04亩、粮蔬结合型172.61亩、种养结合型100.38亩，而其他各类型农场的经营土地规模均在100亩之下，且禽类养殖型和牲畜养殖用地面积仅为9.37亩和11.15亩。可见，不同经营类型的农场对土地的需求存在显著差异，土地规模并非是制约家庭农场经营的决定因素；即使较小的土地规模，若能选择合适的经营类型，再充分挖掘要素的生产效率也能实现规模报酬。最合适的农场规模是受多种因素影响的变量，农场主必须灵活调整其经营规模，以适应内在需求和外部条件的变化，以达到理想的经营规模（郜亮亮，2020）。政府要做的是为各类农场可以自由调整规模创造便利的制度环境，扫清家庭农场通过土地调整达到适宜规模的障碍。

表3-1　不同类型家庭农场的土地经营面积

单位：亩

经营类型	个案数	平均值	中位数	标准差	最小值	最大值
粮食种植	197	195.04	80.00	356.49	15.00	3 000.00
经济作物	46	85.77	50.00	126.76	2.60	600.00
瓜果蔬菜	160	62.46	30.00	93.71	5.00	670.00
禽类养殖	115	9.37	5.00	28.62	1.00	300.00
牲畜养殖	99	11.15	7.00	14.66	2.00	120.00
种养结合	136	100.38	40.00	227.47	2.00	2 000.00
粮蔬结合	33	172.61	85.00	398.36	16.00	2 350.00
粮经结合	30	197.60	54.00	440.13	20.00	2 400.00
多元经营	28	230.77	50.50	514.23	9.00	2 200.00
渔业养殖	2	26.00	26.00	19.80	12.00	40.00
总计	846	102.05	32.00	258.92	1.00	3 000.00

二、经营土地的结构特征

与其说家庭农场是一个农业生产主体，不如说它是一个把土地、劳动力、

① 据河南省公开数据2021年实有耕地面积1.222 9亿亩；2020年河南省人口普查数据显示，河南省农村家庭户数为1.529 992 1千万户，由此计算户均耕地面积约为7.99亩。由农场平均经营面积/户均耕地面积，计算得到该倍数。

技术等各种要素进行集中并开展农业生产的组织者，而且是处于某农业产业最前端的生产组织者（郜亮亮，2020）。家庭农场创办的首要任务就是流转集中土地。因此，家庭农场的土地来源涉及多少农户、多少村、流转方式等，是亟待回答和思考的问题。

（一）不同类农场的地块构成

地块零碎、流转涉户数多，且土地不平整是制约农业实现规模经营的主要障碍。两个经营规模相同的家庭农场，若地块数不同、地形构成不同、涉及的流转户数、农场所在位置不同，则它们的生产行为、生产方式和效率都会有巨大差异。根据样本数据统计显示（表 3－2），家庭农场经营的平均土地块数为 5.86 块，最多达 140 块，其中，74.06％的农场地块数在 5 块以下，42.14％的农场地块数不超过 2 块，多数家庭农场的土地细碎化问题已得到改善；从经营类型看，粮食类和经济作物类家庭农场地块数较多，平均约 10 块，最多达 140 块，这也与粮食类与经济作物类农场的经营特点有关，这类农场有更强的土地需求，经营规模大，相应的地块数也会较多，而养殖类、瓜果蔬菜类及多元化经营类农场对土地规模要求不高。从标准差看，流转地块数显示出较大的波动性，尽管平均值略高于中位数，但整体上家庭农场涉及的地块数量不多。这与农业经营的特点相符，即多数农场倾向于经营相对集中的地块，以便于管理。

（二）农场成立涉及多个小农户

规模经营的背后是多个小农户通过农地流转把土地集中到一个规模较大的经营主体手里。全国第三次农业普查数据显示，2016 年我国有 2.06 亿个农业经营户，耕地总面积为 19.18 亿亩，户均耕地面积仅 9.3 亩。由此可见，农户要想升级创办一个 100 亩的农场，平均至少需要 10 个小农户把农地转移出去。根据表 3－2 可知，家庭农场所流转的土地平均涉及 15.7 个农户，但中位数为 4 个，标准差为 62.4 户。这表明样本农场间的流转户数差异显著，且分布不均匀，少数农场涉及大量流转户数（如最大值为 980 户），说明个别农场具有超大的规模。

分经营类型看，平均涉及流转户数最多的是粮蔬结合类农场（41 个），其次为粮经结合类（37 个）和粮食种植类（30 个），然后，依次为多元经营类（17 个）、经济作物类（14 个）和瓜果蔬菜类（10 个），其他各类农场涉及流转户数均在 10 个以下。从中位数看，除粮食种植类农场平均涉及户数为 10 个外，其他各类农场涉及的流转户数都未超过 7 个；此外除渔业农场（该类农场数量仅有 2 个，不具统计意义）外，其他各类农场流转户数的标准差都在 15 个以上。这说明不同类别的家庭农场在流转户数上表现出显著的差异。粮蔬结合类家庭农场的平均流转户数最多，达到 41 户，而禽类养殖类家庭农场的平均流转户数最少，仅为3户。这反映了不同农场类型在规模和经营需求上的显著差别。

表3-2　不同类家庭农场的农地流转特征描述性统计

	流转户数（个）				土地块数（块）				涉及村庄数（个）			
	平均值	中位数	标准差	最大值	平均值	中位数	标准差	最大值	平均值	中位数	标准差	最大值
粮食种植	30	10	87	750	9.68	7	12.53	140	1	1	1	8
经济作物	14	5	41	280	9.37	3	17.7	100	2	1	1	7
瓜果蔬菜	10	5	25	230	4.12	3	3.4	20	1	1	1	5
禽类养殖	3	0	15	150	2.19	1	4.4	40	1	1	1	4
牲畜养殖	4	1	21	200	2.71	2	2.6	15	1	1	1	6
种养结合	9	4	18	150	6.44	4	8.96	60	1	1	1	7
粮蔬结合	41	7	169	980	4.88	4	4.49	20	1	1	1	3
粮经结合	37	7	110	600	8.63	6	6.77	24	1	1	1	4
多元经营	17	5	35	180	4.89	3	4.44	20	1	1	1	3
渔业养殖	1	1	0	1	1	1	0	1	—	—	—	—
总计	15.7	4	62.4	980	5.86	3	9.09	140	1.3	1	1	8

注：涉及村庄数在2022年度调研中未涉及该题项，故有效样本为636个；其他指标样本统计数为846个。

（三）经营土地的类型及位置

家庭农场经营的土地是否出村、外地人可否到本村经营、不同类型农场的转入地有何特点，经营的土地是否跨村，跨多少村，是值得关注的现实问题。根据表3-2的数据显示，家庭农场土地涉及的村数，平均约跨1.3个村。由表3-3可知，从家庭农场所在位置看，有85.5%在本村，10.5%在本乡外村，3.7%在本县外乡，0.2%在本省外县及0.1%在外省；从家庭农场经营的土地地形看，有85.1%为平地，14.9%为山地、丘陵及其他。这表明大部分家庭农场仅涉及一个村庄，经营土地的位置和地形特征可以概括为“基本不跨村，个别跨乡跨县，跨村跨乡渐成势”，经营土地多为平地。

表3-3　样本家庭农场的所在地及地形特征

项目	选项	计数（个）	占比（%）
农场所在地	本村	723	85.5
	本乡外村	89	10.5
	本县外乡	31	3.7
	本省外县	2	0.2
	外省	1	0.1

（续）

项目	选项	计数（个）	占比（%）
农场土地地形	山地	36	4.3
	丘陵地	63	7.4
	平地	720	85.1
	其他	27	3.2

三、经营土地的流转特征

家庭农场主要靠转入地来实现规模经营，土地流转的方式、期限、租金都对家庭农场土地的经营使用行为产生巨大影响。

（一）土地转入仍以直接交易、土地租赁等为主

中国农地流转市场存在亲属间流转盛行的特点（Gao 等，2012），流转方式多以农户间直接交易为主。但另一方面，随着农场经营规模的扩大，涉及农户数量的增多及交易边际的疏远，一对一或一对多农户间直接进行流转交易变得十分困难。不同农户对土地流转的需求和期望呈现出明显的异质性，导致达成一致的交易成本高昂。在此情况下，利用中介组织进行间接流转的交易方式日益受到供需双方的青睐。间接流转能在很大程度上降低交易双方信息搜寻与谈判的成本；同时，间接流转弱化熟人之间的情面，彼此之间的交易更具有市场性，能实现土地资源配置的优质优价。随着大量农村人口从农村转移，未来农村社会非熟人化特征日益显现，人情关系交易势必让位于市场交易，同时对专业化的流转中介组织需求增多，土地流转市场也会自发形成。根据在河南省进行的调查数据，846 个样本家庭农场中有 653 家进行了土地转入。其中，76.8%的农场是直接与农户谈判完成流转的，23.2%则是通过中介组织进行间接流转。在这些间接流转的案例中，64%是通过村民委员会完成的，16%通过土地合作社，20%则通过土地银行、农地流转交易平台、农业企业等其他途径。这些数据表明，尽管土地流转仍然以村内直接交易为主，但在间接交易中，村民委员会是最主要的中介组织。

从具体的流转方式看（表 3-4），土地租赁的比例最高，达到了 68.03%，其次是土地转包，占比为 36.93%。这表明，在各种类型的农场中，通过正式的租赁和转包进行土地流转是最普遍的做法，这可能与其能够明确权责、便于管理的特点有关。同时，有相当一部分土地是通过亲朋好友无偿转入的，占比 28.73%，反映出在农业生产中，人际关系和非正式网络仍然扮演着重要角色，这可能是由于这种流转方式更加灵活，且能降低交易成本。此外，采用土地代耕或托管的比例为 20.52%，农户间地块互换的比例为 18.57%，土地入股的

比例为 8.86％，以及其他方式占 1.73％。从不同类型农场的对比来看，各类农场获取土地的方式大致呈现出与整体样本一致的特征，但由于养殖类农场对土地规模的要求不高，参与土地流转的样本较少，因此在所有流转方式中的占比都较低。

表 3－4　不同类家庭农场的土地流转方式占比（％）

土地流转方式	种植类	养殖类	种养结合类	总计
亲朋无偿转入	16.85	4.97	6.91	28.73
土地租赁	44.92	9.29	13.82	68.03
土地入股	2.59	1.73	4.54	8.86
代耕或托管	14.04	2.38	4.1	20.52
地块互换	12.53	1.51	4.54	18.57
土地转包	27.00	4.75	5.18	36.93
其他	0.43	0.65	0.65	1.73
总计	118.36	25.27	39.74	183.37

注：该表中的经营类型，将原来的 10 类，重新归为三大类。其中，家禽养殖、牲畜养殖和渔业养殖归为养殖类农场；多元经营中含养殖项目的和之前的种养结合归并为种养结合类农场；其他统归为种植类农场。

（二）土地流转合同形式及内容逐步规范

书面合同在农地流转市场中的运用，不仅体现了市场的成熟度，也稳固了交易双方的预期，有效降低了利用不确定性进行投机行为的风险。调查数据显示，整体样本中采用书面形式的土地流转合同占到了 56.6％。深入分析不同类型农场的数据，可以看到，种植型农场中有 51.5％选择书面合同，种养结合型农场为 50.9％，而养殖型农场的比例则显著高于其他类型，达到了 70.5％。这一差异反映了养殖型家庭农场对书面合同的偏好，考虑到这类农场通常用地面积较小，但单位面积上投入的设施成本高，固定资产较为集中，书面合同能够为其提供更有力的权益保障，确保农场主的利益不受侵害，同时也维护了土地转出方的权益。从合同的订立及内容来看，大约 89％的农地流转合同是通过双方协商确定的，显示出谈判双方的地位大致平等。尽管签订了正式的书面合同，但涉及违约条款的内容却相对较少，仅有 19.3％的合同明确了违约条款。这一现象揭示了农业生产的高风险性和不确定性，以及签约双方基于社区熟人关系的特质，导致土地流转契约往往是一种基于关系框架的构建，缺乏强烈的强制性和法律属性。这种不完全的关系契约，其履行更多依赖于双方在乡村社会中的声誉，从而可能给后续履约带来较大的不确定性。

（三）转入土地的租期较短、租金上涨及书面租约为主

根据全国种植类家庭农场监测数据（表 3－5），小于 5 年的租期面积占比在 2015 年为 34.65%，之后有所下降，至 2018 年降至 33.06%。而 5～10 年的租期面积占比在这四年间呈现上升趋势，从 2015 年的 26.54%上升至 2018 年的 38.3%。10～30 年的租期面积占比在这四年中相对稳定，但在 2018 年有所下降，从 2015 年的 30.03%降至 2018 年的 20.46%。30 年以上的租期面积占比较小，且在这段时间内变化不大。种植类家庭农场在租期选择上更倾向于中长期租约，书面租约的占比在 2015—2018 年逐年增加，从 2016 年的 94.36%增加至 2018 年的 95.57%，显示出农场主越来越倾向于采用正式的书面租约来规范租赁关系。平均亩租金方面，从 2015 年的 511.25 元下降至 2017 年的 498.62 元，但在 2018 年有所上升，达到 526.11 元。

表 3－5　2015—2018 年全国种植类家庭农场农地租期、租约形式及亩租金

年份	样本（个）	平均转入面积（亩）	不同租期面积占比（%）				书面租约占比（%）	平均亩租金（元）
			小于 5 年	5～10 年	10～30 年	30 年以上		
2015	1 829	376.80	34.65	26.54	30.03	8.78	—	511.25
2016	1 883	335.09	30.76	37.97	24.27	7.00	94.36	501.78
2017	1 785	352.36	31.69	38.6	22.01	7.70	94.04	498.62
2018	1 780	331.05	33.06	38.3	20.46	8.18	95.57	526.11

数据来源：根据 2016—2019 年《中国家庭农场发展报告》整理，租期分组为上限包含。

根据本研究的调查数据显示（表 3－6），在河南省家庭农场的土地流转期限方面，5 年以内和无约定期限占比较高，分别为 50.21%和 34.51%，而 10 年以上的长期限仅占比 20.8%。针对不同类型家庭农场的分析发现，种植类家庭农场更倾向于短期流转，其中大部分（54%）土地流转期限为 1～5 年，同时无约定期限的土地也占有相当比例（29.78%）；养殖类家庭农场则有更高比例（54.07%）的土地流转没有约定具体期限。这可能反映了土地转出户的立场，他们通常不愿意让农场主在其承包地上进行养殖活动或建设养殖设施，因而不愿签订长期用地契约。对于种养结合的家庭农场，尽管也有 30.33%的无约定期限土地，但在长期流转（30 年以上）方面的比例（6.56%）相对较高。这一数据表明，在河南省家庭农场中，10 年以上长期限的土地流转并不普遍，明显低于全国种植类家庭农场的统计数据。进一步分析样本农场的土地租金情况，2021—2022 年河南省样本家庭农场的平均土地亩租金分别为 586.2 元和 659.7 元，呈现出明显的上涨趋势。此外，尽管样本农场中签订书面正式租约的占比达到 56.6%，但与表 3－5 中全国种植类家庭农场的这一数据相

比，还有较大的差距。

表 3-6　河南省不同类型家庭农场的土地流转面积期限占比

流转期限	种植类（%）	养殖类（%）	种养结合（%）	总计（%）
	N=450	N=135	N=122	N=707
无约定期限	29.78	54.07	30.33	34.51
1～5年	54.00	36.30	51.64	50.21
6～10年	32.22	15.56	32.79	29.14
11～15年	12.00	6.67	6.56	10.04
16～20年	2.89	3.70	0.82	2.69
21～30年	2.44	4.44	0.82	2.55
30年以上	5.11	5.93	6.56	5.52

注：N为各类家庭农场的有效样本量（剔除了缺失值），该题项在问卷中为多选项，各单元格数据为相应百分比，农场经营类型重新归类同表 3-4。

第二节　家庭农场土地投入的约束

在我国，家庭农场的稳定与规模化经营离不开长期稳定的农地流转。当前，我国家庭农场的土地主要通过流转方式获得，形成了其独特的运营特点。在具体操作中，家庭农场通常采用两种方式维持与小农户之间的农地流转关系：一是直接流转，即农场主依托个人影响力或通过亲友、邻里等熟人网络直接与农户协商流转；二是间接流转，主要通过中介组织、地方政府或村集体组织进行协调，并辅以财政补贴或福利政策来引导流转。然而，现行按人口均分的农地承包制度并不有利于农地流转的稳定性和规模化。此外，农业外部经济条件和资源禀赋也在一定程度上限制了农场扩大土地规模的能力。具体表现在以下几个方面：

一、农地产权分化形成的多层级代理关系

（一）农地产权分置形成的复杂契约与冲突

在土地要素投入方面，家庭农场经营模式呈现出一种相互制约、相互作用的复杂契约结构（王肖芳，2016）。中央推行的农地“三权分置”改革旨在明确产权界定，在这种制度框架下，农地交易容易受到政府、村集体、中介组织、土地转出户等多方主体的影响。尽管农村土地归全体村民所有，即名义上由村集体拥有，但实质上村委会和村干部承担起了管理和执行的职责。这种权力下放可能导致村委会的过度干预以及村干部的寻租行为，从而影响农地流转

的自愿性和家庭农场的稳定性。对于土地转出户而言，他们希望通过转让土地获得租金收入，并确保转出后能够顺利就业，保障家庭生计。而家庭农场则需要通过与土地转出户签订契约来获取农地使用权和经营权，以稳定经营并获取利润。这要求有一个清晰的产权结构来保障农场的经营主体地位不受干扰。地方政府在国家政策推动下，负有促进土地流转和发展规模农业的责任，因此会利用其职权推动农地流转。然而，有限理性和机会主义的存在，一旦家庭状况或外部环境（如土地价值提升、惠农政策加强）发生变化，就可能导致违约行为增加，进而引发合同纠纷，限制了家庭农场对土地的深度和广度利用。例如，一些转出土地的农户因外出务工失败，为维持基本生计则极有可能要回土地，从而对农场的发展产生不利影响。

（二）农地经营权细分中的多层级代理协调成本

在农地“三权分置”制度框架下，如何盘活农地经营权流转市场，是家庭农场生成和发展的基础。在家庭农场的日常经营活动中，农地经营权可以被进一步细化为决策权、管理权和生产操作权。这些权能可以被合理分配给合作社、职业经理人以及农业服务组织等专业服务主体（胡新艳，2015）。这种分配允许各方在其专业领域内发挥优势，共同促进农地产权中经营权的有效实施。但随着农地产权的不断细分和职能分工的日益深化，产权的委托代理层级也随之增加。这种层级的增加带来了权利主体之间协调与适应成本的提高，这种成本最终会体现在农产品的定价体系上，推高了农地流程的总成本。

二、农户地权空间分布细碎化的效率损失

实施家庭承包经营之初，我国大部分农村地区采用“地块均分、远近肥瘦搭配”的土地发包方式，造成农户的地块高度分散、细碎。据 2008 年农业部统计，我国农户户均耕地面积为 7.4 亩，户均地块为 5.7 块，到 2018 年全国土地承包信息的统计数据仍显示，全国户均耕地面积不到 7.5 亩，耕地地块依然达 5.5 块[①]，近 10 年间土地细碎化格局并未得到根本性改变。尽管有部分学者认为，农地细碎化能够较好地适应生态环境，为农民提供更多的就业机会，实现农作物多样化种植，从而有助于消除农业生产风险，提高农作物产出和经营效益（刘同山等，2024）。但大部分学者认为，农户地权空间分布细碎化增加了农地流转的集体协商成本，容易诱发农地利用冲突，也导致农业劳动、资本、生产时间的细碎化，提高了农户生产决策的信息成本，增加了劳动力投入与化肥使用，阻碍农业机械化的应用，限制农业现代化的进程。

---

① 数据来源于农业农村部政策与改革司的内部报告《关于“一户一块田”有关情况的报告》，2022-2-11。

假设某村有200个农户和2 000亩耕地，并按人口和地力肥瘦搭配将土地平均分配到户，形成户均10亩地，且地块分布分散。如果某农户希望流转300亩土地，则至少要与30个农户协商，且这300亩土地与其他1 700亩土地相互“插花”，并且已经土地确权固定边界。可以想象，这个过程中所产生的各种谈判成本足以高昂到令交易失败。另外，即使是流转成功，高度“插花”细碎的地权状态也会严重阻碍生产经营活动。2022年我们到河北省临城县A村访谈了种植大户小玲。她曾是村支书，在任期间通过流转承包了80亩土地，每亩租金600元，主要种植小麦和玉米，地块共5块，最大一块也不到20亩。小玲表示：“由于地块细碎，耕地与灌溉都不方便。如果能将80亩耕地集中为一大块，管理成本将大幅度下降，投入劳动可减少四分之一甚至更多。”

三、农地确权导致农户流转成本上升

过去30多年，我国农村土地承包经营制度改革一直沿着强化农户权利的方向推进，土地承包经营权从物权性质变成债权性质之后，农户对土地的经营控制权变成了一种能够对抗集体经济组织干预的排他性绝对权利（桂华，2017）。2008年国家进一步提出了保持农地承包权的长期不变，2013年中央1号文件提出利用5年时间全面完成农地确权工作[①]。随着一系列稳定农地产权制度的实施，农地产权个人权能不断提升，农地的价值也随之提升。地权的长期化在很大程度上削弱了农村集体经济组织对土地所有权的权能，这进一步锁定了地权均分制下土地细碎分散的格局，加剧了农地集中连片的协调成本。根据2011—2012年中国健康与养老追踪调查的农户数据显示，农地确权后使农户参与土地流转的可能性显著上升了4.9%，但使流转土地的租金率上升了3.3%[②]。土地按人头分配到各家各户，签订合同要找各家各户，加之农地确权后更强化了土地的财产权属性，有些农户宁愿土地抛荒也不愿意流转，导致土地集中连片困难。据调查，家庭农场签完土地流转合同的时间都在5个月以上，有的农户因与村支书之间有矛盾，凡是村支书要做的事，都反对，致使土地难以实现规模化流转（李小勤，2020）。

四、外部制度不健全与农民对土地的依赖

（一）土地仍承担着农民社会保障与失业保险功能

城镇就业市场的发展程度和吸纳力是影响农村土地流转和家庭农场集中土

① 所谓土地确权，主要是对农村土地承包经营权的确权登记颁证，即通过核发证书来确认承包经营权。

② 程令国，张晔，刘志彪．28省数据证实：农地确权促进流转提高土地价值［EB/OL］. http：//www.moa.gov.cn/hdllm/zbft/tdqq/xgxw/201609/t20160923_5283527.htm，2016-09-23.

地的重要因素。如果城镇就业市场能够提供稳定且收入可观的就业机会，农民更倾向于放弃土地，转向城镇工作。然而，如果城镇就业吸纳力不足，无法提供足够的就业机会或者提供的岗位收入不稳定，农民则可能不愿流转土地，会选择继续从事农业活动以保障基本生活需求。由于我国长期以来形成的城乡二元结构限制，在非农就业工作、户籍、社保、住房等都还没有解决之前，对农民而言，土地实际上还承担着社会保障和失业保险的功能。特别是对于缺乏充分社会保障体系的农民来说，保留土地意味着保留了一种生活保障和风险缓冲机制。

（二）土地依然是农民情感与身份认同的基础

土地对于农民不仅仅是生产资料，还承载着社会保障、文化情感和身份认同等多重价值。这种依赖性使得农民即使在面临潜在的经济利益时，也可能因为对土地的情感依恋和对未来不确定性的担忧而不愿意流转土地。作为理性人，农户总是按照利润最大化原则行事，农户只有从事农业劳动的边际收益低于其非农就业收入时，即务农的机会成本过高，才会促使农户脱离农村，转向经济收益更高的部门，才有流转农地的动力。在此情况下，家庭农场流转土地需支付的租金不能低于农户的期望，再加上因规模扩大对资本、技术、劳动等要素需求的增加，这会使绝大多数农场主面临巨大的融资和成本压力。

五、地权契约不稳固与流转价格上涨

（一）农地流转契约纠纷频发

据农业农村部统计，截至 2020 年底，全国已有农地流转服务中心 2.2 万个，省、市、县三级土地流转市场总数 1 589 个，土地流转市场已覆盖全国近 60%的涉农县①，农地流转市场的发育尽管有了明显进步，但远未达到预期的效果。2020 年我国在土地流转过程中仍发生 6.25 万件土地流转纠纷。农户间土地使用权转让关系缺乏稳定性，土地流转收益得不到保证，农民缺乏对承包经营土地的长期收益预期，许多农民不愿长期出租土地，致使家庭农场难以稳定地保持足够的土地经营规模（王铁、寇垠，2013）。

（二）农地流转价格走高

近年来，随着土地经营权流转规模的不断扩大，全国已经有超过三分之一的承包土地流转出去，每年新增流转面积 4 000 多万亩，涉及数以百万计的承包农户②。在政策效应推动与农地可流转资源存量不断减少的双重影响下，农

---

① 农业农村部政策与改革司．2020 年中国农村政策与改革统计年报［M］．北京：中国农业出版，2021：141.

② 张红宇．农业部相关负责人就《农村土地经营权流转交易市场运行规范（试行）》答记者问［EB/OL］．http：//www.moa.gov.cn/xw/qg/201607/t20160704_5195074.htm，2016－07－04.

村土地租赁价格不断走高，已严重制约规模经营主体的健康发展。根据对粮食主产区的调查，东北地区地租为 500 元/亩至 600 元/亩，中部地区省份为 400 元/亩至 600 元/亩，东部沿海某些省份的地租则达到 1 000 元/亩左右，流转土地经营权种粮的盈利空间进一步受到挤压①。此外，由于地形的不同与农地人为分割所形成的地界、垄沟等，土地转入后，农场经营者还需要投入大量资源去进行整治修匀，进一步增加了土地转入的使用成本。

（三）农地流转契约结构复杂

没有家庭农场地权的稳定，对土地稳定的投入和长远规划就不可能形成。家庭农场的土地流转方式呈多元化，以及流转过程中存在的差序格局，导致农场地权交易契约形式多样，契约结构复杂，如在同一个农场中会存在多个农地契约交易对象、不同的契约形式、不同的契约属性，这无疑会影响家庭农场地权的稳定性，不利于家庭农场可持续发展。家庭农场主普遍的愿望是“长久不变”，即承包期在 30 年以上。但实践中承包期为 1～5 年的家庭农场比例为 40.4%，承包期为 6～10 年的比例为 16.67%，承包期超过 30 年的比例仅为 1.38%，家庭农场地权稳定性很差，有 40.4%的家庭农场不到 5 年就要被调整一次土地，甚至一年一调整的比例达到 19.38%（朱启臻、胡方萌，2016）。

六、人地关系紧张与土地规模扩张受限

大国小农、农民众多、人均“一亩三分地”的基本国情决定我国家庭农场经营规模扩大的艰难性与有限性。2016 年第三次全国农业普查数据显示，我国现有耕地保有量 19.18 亿亩，2.07 亿个农业经营户，这意味着即使家庭农场平均经营规模扩大为 100 亩，约需 1 900 万个农户就够了，其他近 2 亿农户需另谋出路。农地经营规模的扩大，既是生产技术水平不断演进变革的过程，更是经济社会变迁、人口转移与农业生产要素协调匹配的过程。由上海市松江区家庭农场发展的成功经验表明，耕地经营规模的扩大，必须与农业劳动力转移的状况相适应，必须与农业社会化服务的能力相适应，必须与多数农民所期盼的收入水平相适应（陈锡文，2013）。

据统计（表 3 - 7），2011 年我国经营土地规模在 10 亩以下的农户占家庭承包户总数的 85.9%；2022 年仍高达 85.3%，仅比 2011 年下降了 0.6%；2011 年经营规模在 30 亩以上的农户占农户总数的 2.4%，到 2022 年也只有 4.2%（50 亩以上的规模农户占比仅为 1.7%）。由此可以看出，未来很长一段时期内中国农业仍将以小规模的农户为主。当前政策导向的逻辑应该以中国

① 中国农业大学国家农业农村发展研究院．2022 中国农业农村发展趋势报告［N］．经济日报，2022 - 01 - 21（11）．

“小而精”的农村自发形成的中农家庭农场为基础，然后随着时间及农业人口的减少而逐步增加规模。著名学者黄宗智（2012）指出，如果农场的经营规模能达到20～50亩，其实已经达到了自家劳动力的充分使用，乃是最符合中国国情的、最能够高效使用土地、最能够为农业从业者提供充分就业和“小康”收入的真正意义的家庭农场。

表3-7　2011—2022年全国不同经营规模农户占比（%）

年份	<10亩	10～30亩	30～50亩	50～100亩	100～200亩	>200亩
2011	85.9	11.7	1.3	0.8	0.2	0.1
2012	86.1	10.5	2.3	0.8	0.2	0.1
2013	86.0	10.3	2.4	0.9	0.2	0，1
2014	85.9	10.2	2.6	0.9	0.3	0.1
2015	85.7	10.3	2.6	0.9	0.3	0.1
2016	85.5	10.5	2.6	0.9	0.3	0.1
2017	85.3	10.6	2.7	1.0	0.3	0.2
2018	85.3	10.5	2.7	1.0	0.4	0.2
2019	85.2	10.7	2.5	1.0	0.4	0.2
2020	85.1	10.7	2.6	1.1	0.4	0.2
2021	85.2	10.6	2.5	1.1	0.4	0.2
2022	85.3	10.5	2.5	1.1	0.4	0.2

资料来源：2011—2020年数据转自黄季焜．加快农村经济转型，促进农民增收和实现共同富裕[J]. 农业经济问题，2022（7）：12；2021—2022年数据源自《中国农村政策与改革统计年报》。

第三节　化解家庭农场土地投入约束的措施

家庭农场等规模经营主体的生成是非农经济发展的函数，当多数农户能在农业外获得足够经济收入时，土地流转也就水到渠成，家庭农场也就有发展壮大的土地基础。因此，在现代农业建设过程中不能人为垒大户，违背农户意愿，强制流转农户的土地，要循序渐进，应根据当地经济社会发展条件，因地因时制宜动态推进。进一步稳定农地产权、完善农地市场和减少流转限制很重要，使家庭农场既能实现经营土地数量上的规模化，也能实现土地空间上的一体化。针对家庭农场地权集中与土地使用存在的问题，建议可从以下几个方面改善。

一、完善家庭农场的土地流转补贴体系

土地流转费用是家庭农场相对传统小农经营户独有的成本，随着土地流转规模的扩大，这笔费用在家庭农场的运营成本中占比已相当高，严重挤压农场经营者的利润空间，迫使农场主转向发展高效、资本主导型农业，这势必影响国家粮食安全的战略目标。因此，建立健全家庭农场农地流转补贴体系，不仅有助于激发家庭农场的经营活力，也是保障国家粮食安全的重要举措。具体而言，可从以下几个方面着手：

（一）进一步明确补贴的对象和标准

首先，需要界定关于家庭农场农地流转补贴的对象，包括进行土地流转的家庭农场、农户及其他农业经营主体。其次，确定补贴的标准，要根据土地流转的规模、期限及流转后的经营效益等因素，合理设定补贴的标准，确保补贴政策的公平性和有效性。最后，还要考虑地区差异，结合不同地区的经济发展水平和土地资源条件，制定差异化的补贴政策，以满足不同地区家庭农场的实际需求。如上海松江区为家庭农场流转土地提供每亩 150～200 元的补贴，还根据国家种粮补贴、粮食价格、生产效益等情况，细化奖励考核办法，有效降低家庭农场的经营成本。江苏省盐城市、徐州市、宿迁市等地探索推出家庭农场主养老补贴政策，以调动家庭农场的种粮积极性，以盐城市亭湖区、泰州市姜堰区、徐州市铜山区为例，对继续选择城乡居民基本养老保险的家庭农场主，年缴费档次超过 5 000 元的，按照每年 2 500 元定额补贴；泗洪县按照家庭农场主年缴费额的 50%～60%予以补贴、最高不超过每年 4 000 元/人，其中各县区将连续种植粮油作物 3 年以上，种植规模在 300～1 500 亩等作为获得养老保险补贴的基本条件①。通过优惠政策帮扶，降低从事农场经营的成本，吸引中青年家庭农场主安心经营，努力实现农业适度规模。

（二）完善流转补贴资金筹措与管理机制

进一步加大财政支持力度，设立专门的家庭农场农地流转补贴基金，由中央和地方政府共同承担补贴资金的筹措。拓宽补贴资金的来源，鼓励社会投资参与补贴基金的筹集，通过社会捐赠、企业赞助等方式拓宽资金来源。同时建立严格的资金监管机制，确保补贴资金专款专用，防止挪用和滥用现象的发生。简化家庭农场农地流转补贴的申请流程，减少不必要的行政环节和手续，通过信息化手段，实现补贴资金的快速发放，并公开补贴资金的申请、审核、

① 农业农村部农村经济合作指导司．江苏省探索推进家庭农场主养老保险补贴政策鼓励家庭农场多种粮种好粮［EB/OL］．http：//www.hzjjs.moa.gov.cn/nchzjj/202210/t20221017_6413372.htm，2022-10-12.

发放等流程，接受社会监督，提高补贴的透明度。

（三）推动补贴政策的长效、可持续

建立健全家庭农场农地流转补贴体系是一项系统工程，需要政府、农户、家庭农场以及社会各界的共同努力。通过明确补贴对象和标准、完善资金筹措机制、简化申请和发放流程、构建多元化补贴模式、强化监督与评估、注重宣传教育、加强法律法规支持以及推动持续发展等措施的实施，可以有效促进家庭农场农地流转的活跃度，提升家庭农场的经营效益，为农业现代化和乡村振兴贡献力量。同时，这也有助于保障农户的合法权益，提升家庭农场的经营能力，实现农村经济的可持续发展。此外，必须根据农业发展的新要求和家庭农场的实际需求，不断更新迭代补贴政策，保持其时效性和适应性；鼓励地方在中央政策的指导下，各地根据实际情况进行补贴政策的创新实践，探索更加高效的补贴模式；构建家庭农场农地流转补贴的长效机制，确保补贴政策的连续性和稳定性，为家庭农场的长期发展提供支持。

二、健全土地使用权流转的制度结构

有了健全的土地使用制度，尊重市场规律，提升农民对土地流转的认识，农地适度规模的形成则是必然的事。具体而言可以从以下几个方面增进土地流转的效能。

（一）健全土地使用权流转的配套制度

依据《农村土地经营权流转管理办法》，制定具体的操作指南，规范流转流程，防止违法行为的发生。从政策层面鼓励和引导农户土地优先流向家庭农场，鼓励土地流出户与家庭农场签订长期限流转合同；由政府部门统一设计，建立规范的土地流转合同模板，明确双方权益和责任，防止信息不对称和合同纠纷；政府可以制定土地流转的行业规范和标准，规定流转合同的内容、签订程序、解除合同的条件等，为农户提供参考和保障；建立土地流转监督和纠纷解决机制，加强对土地经营权流转过程的监督管理，确保流转活动公开、公平、透明，对可能出现的土地流转纠纷，建立有效的调解和仲裁机制，保护各方合法权益。建立健全土地流转监管机制，加强对土地流转市场的监督和管理，确保所有操作符合法律法规，防止权力滥用。定期开展土地流转政策的评估和效果评估，了解土地流转政策实施的情况，及时修正和改进政策措施。

（二）创新租地家庭农场的形成方式

在鼓励土地租赁的基础上，积极推广股份合作等方式。引导形成稳定地租，推广实物计租货币结算、租金动态调整、土地入股保底分红等利益分配方式，在保护流转双方合法权益的基础上稳定土地流转关系，最终稳定地租。支持家庭农场承担土地整理、土壤改良和小农水利建设等农田基建项目，引导其

"种地养地"，提高土地生态可持续利用水平。如延津县石婆固镇南秦庄村在推进田地调整的过程中，对于已不愿或无暇种田农户，可把其农地委托给村集体经济组织，在调田时村集体将这些田地进行集中，形成整块，并给予这些农户 1 000 元/亩的保底收益，然后村集体对这部分田地进行平整修匀后，再以竞标的方式让村民户竞标，建立家庭农场，或者不进行竞标仍由村集体经济组织进行统一管理。若村集体经济组织通过有效运营，增加出来的收益，再给参与入股的农户进行二次分红，2023 年村集体拿出 7 万元给入股合作社的农户二次分红。

（三）加强对农村土地流转政策的宣传和培训

政府可以通过各种渠道，如传统媒体、网络平台、农民线下培训等，广泛宣传土地流转政策和相关法律法规，向农户普及土地流转知识，让他们了解土地流转的意义、流程、权益和风险等方面的信息。培训重点包括《农村土地经营权流转管理办法》等相关法律法规，以及中央关于全面深化农村改革的精神和中国特色新型农业现代化的方向；培训过程要结合案例，给农户分享成功的土地流转案例，让农民看到实际效果，增强农民对政策的信赖和接受度。根据不同地区、不同群体的特点，采取差异化的宣传策略，提高宣传的有效性。此外，还应提升宣传培训人员的专业能力，促进宣讲人员深入农村实地调研，确保他们准确理解和掌握土地流转政策，能够正确传达给农民，提高宣传培训的针对性和实用性。注重示范引领和案例推广，选择条件成熟的地区建立土地流转示范点，展示村集体或合作社在土地流转中的成功经验，并对成功的土地流转案例进行总结和推广，形成可复制、可推广的模式。

（四）健全土地经纪机构或农村土地流转服务中心

设立专门的机构或中心，提供土地流转咨询、评估、撮合等服务。这些机构可以为农户提供专业的指导和帮助，包括土地流转的程序、合同签订、价格评估等方面的知识，以确保农户在土地流转中的权益得到保护。建立土地流转登记和信息公开制度。完善土地流转登记制度，确保土地流转交易的合法性和真实性。政府可以建立土地流转信息平台，提供土地流转的市场行情、流转项目、流转方信息等，对区域内农村耕地经营权、农村养殖水面经营权、四荒地使用权的流转价格进行统计汇总，计算土地经营权流转综合价格、编制价格指数，并定期在农村产权交易信息服务平台上发布，引导各地的土地有序有效流转，使广大农户和新型农业经营主体能够及时获得土地流转的相关信息。

（五）进一步完善村集体经济组织与合作社的协调作用

农村集体经济组织和农民合作社在土地流转中扮演着至关重要的中介角色，它们不仅是连接农户与市场的桥梁，还是推动土地合理利用和农业现代化的关键力量。建议：一是加强政策引导和支持，政府应出台专门针对农村集体经济组织和农民合作社在土地流转中作用的扶持政策，通过财政补贴、税收优惠等方式，降低农村集体经济组织和农民合作社的运营成本，鼓励其在土地流转中发挥作用。定期举办土地流转相关的培训和指导活动，提升农村集体经济组织和农民合作社的业务能力和服务水平。二是强化农村集体经济组织和农民合作社自身建设，通过内部管理改革，提高农村集体经济组织和农民合作社的管理效率和服务质量；重视人才队伍建设，吸引和培养一批懂技术、会管理、善经营的专业人才；不断完善和增加服务项目，满足农户多样化的土地流转需求。三是激发农户参与土地流转的积极性，通过多种渠道宣传土地流转的政策和好处，提高农户的认知度和接受度；确保农户在土地流转过程中的收益权和话语权，让农户成为土地流转的积极参与者和受益者；根据不同农户的需求提供个性化服务，提高农户的满意度和忠诚度。

三、推动多元主体协同治理农地细碎化

（一）推动多主体参与，协同治理土地细碎化

从实践来看，农地细碎化问题，仅靠农民自主治理，难以达成有效的互换并地行动、实现农地集中连片高效经营。解决农地细碎化问题，需要多主体协同治理，尤其是注重发挥政府的引导和支持作用（刘同山等，2024）。具体而言，一是充分发挥政府和市场两个积极性，做到“有为政府”和“有效市场”相结合，高度重视政府在农地集中过程中的引领作用，加大土地整治力度；出台激励措施，对土地流转行为进行规制，将是否减轻细碎化作为流转效果的重要评价指标，鼓励实现土地集中连片流转。二是高度重视和充分发挥中介组织在农地细碎化治理中的作用。农地细碎化治理项目，有的是自上而下的，有的是自下而上的，从民众到村集体，从地方政府到中央政府，还涉及多个管理部门，相互之间的行动协调十分关键。因此，建立有政府背景和支持下的管理或中介组织是非常必要的。这些管理或中介组织作为枢纽，能够起到科学规划、规范治理流程、协调各方利益和行为，帮助满足土地整治主体或土地转入方的资金和信贷需求等作用，从而提升土地整治或土地流转的效率。

（二）强化土地整治立法，保障农地治理有法可依

2023 年中央 1 号文件明确要求，探索在农民自愿前提下，结合农田建设、土地整治逐步解决细碎化问题。2023 年 7 月农业农村部印发了《关于稳妥开展解决承包地细碎化试点工作的指导意见》，建议采取“承包权不动，经营权连片”方式解决承包地细碎化，这种方式具有风险小、成本低、易操作、能回溯等优势，鼓励各地采取这一方式结合农田建设、土地整治等项目组织实施。我国虽有《中华人民共和国土地管理法》《中华人民共和国农村土地承包法》《中华人民共和国民法典》《农村土地承包合同管理办法》等法律涉及土地整治

或土地流转，但通过土地整治和土地流转来治理农地细碎化的立法工作较滞后。考虑到国内农地细碎化治理的外部条件越来越成熟，要加快制定适合中国国情的专门法律，用来规范农地细碎化治理的流程、划分各方的权利与责任，为解决农地细碎化问题奠定良好的法制基础，保证农地细碎化治理工作有法可依。

（三）制订土地并块方案，分类推进土地集中

鼓励有条件的地方将土地确权登记、互换并地与农田基础设施建设相结合，整合各类项目资金，建设优质高标准农田。结合村组实际制定试点土地并块方案，因地制宜，分类推进。对于多数农户仍直接耕种承包地的，可以探索将农户承包地经营权集中，实现按户连片经营，解决耕种不便等问题。对于多数农村劳动力已经转移到二三产业的，可以探索设置承包农户按户连片经营的自种区和新型农业经营主体集中连片经营的租种区等方式，满足不同主体解决承包地细碎化的多元需求①。以河南省虞城县为例，该县的农业办公室主任许英豪指出，过去他家拥有的六亩土地被分割成 29 个小块，这种零散的土地经营方式严重阻碍了土地的有效流转和规模化管理。为了解决这一问题，虞城县自 2009 年起开始实施“土地整合”政策，即将多个小块土地合并为大块土地。到 2014 年为止，全县共完成了 524 个村庄的土地整合工作，涉及约 20 万农户，覆盖耕地面积达 100 多万亩，占到全县耕地总面积的 67.6%。其主要做法是：坚持“人口增减不调整土地面积”的原则，基本上按照家庭原有的承包土地面积进行合并；实行机井和坟地补偿政策，在土地合并时考虑原有土地上机井和坟地的因素，确保公平交换；重新分配用于灌溉的水渠土地，取消不再使用的水渠，将其土地重新分配给农民；严禁在基本农田内种植树木，对于违规种植的，要求农民砍树种田。严禁农地建房和挖掘土壤的行为，对于非法占用或破坏耕地的行为，根据破坏程度调整相应的耕地面积。通过这些措施，虞城县的土地流转面积已经达到了 31.5 万亩，占全县总耕地面积的 22.5%，有效促进了土地资源的合理利用和农业的现代化发展。

四、健全农民自愿退出土地的保障制度

（一）提高政府奖补和社会保障力度

2023 年中央 1 号文件提出，鼓励进城落户农民依法自愿有偿转让合法土地权益。建议通过奖助、补贴、完善社会保障体系等方式，建立健全农民社会保险制度，包括养老保险、医疗保险、失业保险等，确保农民在退出土地后依

① 农业农村部印发《关于稳妥开展解决承包地细碎化试点工作的指导意见》[J]．农村工作通讯，2023（15）：32．

然能够享受基本的社会保障待遇，提高小农户退出土地的积极性。如法国设立了“非退休金的补助金”，对 55 岁以上一次性退出农地的农户给予“离农终身补贴”，日本除了给退出土地农户提供一次性 62 万日元的补贴外，还设立农民养老金制度，通过完善社会保障体系鼓励老年农户退出土地（刘同山、钱龙，2023）。我国上海松江区实施年老农民退养补贴制度，规定达到男 60 岁、女 55 岁年龄的农民自愿退出承包地的，在原来的养老金基础上再增加 150 元/月，总计退休金可达 590 元/月，从而使年老农民有长期保障，从事农业的职业农民可以放心扩大经营规模。

（二）完善土地产权制度和土地补偿制度

确保农民的土地产权得到法律保护，加强土地登记和确权工作，提供土地证书或合法的土地使用权证明，使农民的土地权益得到明确和有效的保障。另一方面，在农民退出土地时，确保他们能够获得公平合理的土地补偿。补偿标准应该考虑土地的质量、位置、农田改造成本和农民的劳动投入等因素，确保农民能够获得与其土地价值相符的补偿。以重庆梁平区为例，若农民要退地，首先要主动向村社集体提出申请，并经由集体经济组织成员讨论同意，公示备案，并交回《土地承包经营权证》；不影响农民基本生活，对于农民退地也设置了门槛，要求进城农民退地须同时满足有稳定职业或经济来源和有稳定住所两项条件，才能整户退地；退地补偿价格，则由集体经济组织与退地农户充分协商，根据当地经济发展水平及不同地类、地块位置，综合考虑土地承包期剩余年限和年均土地流转收益等因素，确定补偿价格，2016 年梁平区川西村 9 社 7 户农民申请退地，与村社签订退地协议，规定每亩补偿 1.4 万元①。

（三）为退出土地农民提供转移就业和职业培训支持

农民退出土地后，需要有其他就业机会和职业发展途径。政府可以积极推动农村产业结构调整，鼓励农民参与非农产业，提供转移就业机会，例如发展农村旅游、乡村电商、农产品加工等产业。同时，为农民提供职业培训和技能提升机会，帮助他们适应新的就业环境。如临沂市沂南县界湖街道建立社区公共就业服务平台，引导辖区内有一技之长、有务工意愿的农民和有招工需求的企业主动加入，并充分利用“沂南人社”“帮你找活”以及“界湖街道”微信公众号等，搭建起上下贯通的市县乡村四级就业服务标准化网络体系，为企业和农民搭建就地就近、双向奔赴的平台载体。

（四）健全农民参与乡村治理的渠道

在土地征收和农民退出土地过程中，加强信息公开和农民参与，确保农民

① 李松．有偿退出“变现”农村土地财富［EB/OL］．http：//www.moa.gov.cn/xw/qg/201612/t20161209_5403228.htm，2016－12－09.

能够充分了解相关政策和程序，并参与决策过程。政府可以建立沟通渠道，听取农民的意见和诉求，确保他们的合法权益得到尊重和保护。如可利用互联网、移动应用程序、社交媒体、电视和广播等多种媒介，及时发布土地征收、补偿方案、土地使用规划等相关信息；在土地集中和规划过程中，定期举办听证会和座谈会，邀请农民代表参与，直接听取他们的意见和建议；在乡镇设立土地流转等服务中心，提供政策咨询、法律援助和意见反馈等服务，帮助农民了解他们的权利和义务；强化村民代表大会的作用，确保村民代表大会能够有效行使职权，让农民通过这一平台参与到乡村治理和决策中来；设立农民权益保护机构，处理农民投诉和纠纷，确保农民在土地征收、流转和退出过程中的权益不受侵害；支持农民成立合作社、协会等组织，通过集体力量更好地维护自身利益和参与乡村治理。

第四章

家庭农场劳动力的投入特征及约束

与传统小农户相比，家庭农场的一个显著特征是其经营土地规模的扩大。这必然涉及人地比例的优化调整，即在规模扩大后，如何通过调整劳动力投入来实现最优要素组合，这是家庭农场面临的一个重要问题（郜亮亮等，2020）。已有研究主要关注家庭农场的土地和生产经营行为，而对家庭农场劳动力配置的研究相对不足。农场主、家庭成员和雇工是家庭农场生产经营中的关键劳动力。这些劳动力的配置对家庭农场的运营有着重要影响。那么，有多少家庭成员、常年雇工和临时雇工参与农场工作呢？谁有资格成为未来的经营者？这些问题都需要进一步研究。

第一节　家庭农场的劳动力投入特征

家庭农场的基本经济问题是如何有效地协调和组织全年的劳作，使各类生产要素的配置组合最优化。家庭农场的劳动力构成主要分为自有劳动力和雇佣劳动力。其中，自有劳动力是家庭农场日常生产经营的主要力量，这也是家庭农场的基本特点之一。但在实现利润最大化的生产规模扩张中，家庭农场会面临自有劳动力不足的硬性约束，需要通过雇用劳动力来加以补充。

一、家庭农场的常年雇工特征

（一）家庭农场常年雇工平均为 3～4 人

在农业机械化水平不够发达与某些生产环节不具备机械化可能性的情况下，家庭农场必然需要雇工来帮忙进行农业生产。根据雇佣期限，家庭农场的雇工通常可分为常年雇工和临时雇工两种。目前，学界对于常年雇工的界定标准并不统一。我国农业农村部印制的《2020 年中国农村经营管理统计年报》中将在农场工作不低于 9 个月的务工人员作为常年雇工的统计标准；有的学者把在农场务工 100 天以上的雇工称为长工（黄宗智等，2021）。根据河南省的实际，本研究把在家庭农场务工不低于6个月的雇工归为常年雇工。

据农业农村部对全国家庭农场的监测数据显示（表4-1），2014—2018年有常年雇工的家庭农场占比均在62%以上，常年雇工人数平均为4个，工资年薪2.5万元左右。若采用劳务净买比（农场常年雇工数量/家庭劳动力数量）来反映劳务净买程度，比值越高则说明家庭农场的雇佣程度越高，若比值大于1则会影响家庭农场基本性质；若比值为0，说明农场劳动力均为家庭成员，无常年雇工（陈德仙等，2021）。农业农村部对全国家庭农场的监测数据显示，2016年以来，全国家庭农场的劳务净买比超过了1.0，有的省份超过了2.0，如江苏省2018年达到了2.3。

表4-1　2014—2018年全国家庭农场劳动力配置特征

年份	有常年雇工的农场占比（%）	常年雇工平均值（个）	常年雇工最大值（个）	常年雇工年平均工资（元）	自有劳动力占家庭总人口比重（%）	自有劳动力投放均值（人）	自有投放劳动力最大值（人）	全国劳动净买比	河南省劳动净买比
2014	—	2.63	41	—	—	3.44	9	0.76	0.59
2015	—	2.92	50	—	—	3.68	8	0.79	0.52
2016	62.47	3.97	50	24 617.53	66.92	2.96	29	1.34	1.99
2017	63.83	4.2	50	25 485.29	56.4	2.76	12	1.52	2.49
2018	62.58	4.03	50	26 549.87	56.18	2.71	10	1.49	1.93

资料来源：根据2014—2019年《中国家庭农场发展报告》整理。

本研究的调查数据显示（表4-2），样本农场常年雇工平均为3.18人，最多达200人，进一步根据表4-2数据计算劳务净买比可以发现，样本整体的劳务净买比为0.92，均略低于2018年农业农村部的监测值。其中，经济作物类、种养结合类、瓜果蔬菜类、粮蔬结合类以及多元经营类的劳务净买比均超过1.0。表明这些类型的农场对常年工的需求较高，其劳动用工结构逐渐转向以雇佣劳动力为主，自家劳动力为辅，展现出非家庭经营的明显特点。而粮食种植类、粮经结合类及养殖类农场的劳务净买比低于1.0，说明这些农场的劳动用工结构仍然以自有劳动力为主。同时也表明，随着农地经营规模的扩大和农村劳动力的大量转移，家庭农场越来越需要通过雇常年雇工来弥补家庭劳动力的不足。农业雇佣劳动市场逐渐形成，日益成为家庭农场发展的关键要素。

表 4-2　不同类型家庭农场劳动力配置

经营类型	自有劳动力（人）				常年雇工（人）				单次临时最多雇工（人）			
	有效样本量	平均值	中位数	最大值	有效样本量	平均值	中位数	最大值	有效样本量	平均值	中位数	最大值
粮食种植	193	3.71	4	8	194	2.53	0	120	196	11.02	6	100
经济作物	46	3.78	4	8	46	4.91	2	70	46	14.61	10	100
瓜果蔬菜	160	3.53	3	7	159	3.70	2	50	156	12.01	6	200
粮蔬结合	33	3.82	4	8	33	4.64	2	30	33	10.79	8	50
粮经结合	30	3.77	4	6	29	2.59	1	15	30	9.27	5	50
多元经营	28	3.71	4	7	28	4.21	0.5	50	28	12.71	6	100
禽类养殖	114	2.99	3	8	113	2.81	0	200	102	3.10	0	150
牲畜养殖	99	3.46	4	7	98	1.48	0	20	95	2.88	0	100
种养结合	133	3.15	3	8	131	4.02	2	50	130	8.46	5	100
渔业养殖	2	3.50	3.5	4	2	1.50	1.5	3	2	1.00	1	2
样本总计	838	3.47	3	8	833	3.18	0	200	818	9.03	5	200

（二）不同类型农场常年雇工配置有显著差异

根据表 4-2 的数据，不同类型家庭农场在常年雇工的配置上显示出显著的差异。粮食种植类农场的常年雇工人数波动较大，平均为 2.53 人，中位数为 0 人，最大值为 120 人，表明大多数此类农场不依赖常年雇工，但有少数农场雇佣了大量劳动力。经济作物类和瓜果蔬菜类农场对常年雇工的依赖度较高，平均人数分别为 4.91 人和 3.70 人，中位数均为 2 人，最大值分别为 70 人和 50 人，反映出这些农场可能有较高的管理和技术需求。粮蔬结合类和多元经营类农场的平均常年雇工人数分别为 4.64 人和 4.21 人，中位数为 2 人和 0.5 人，最大值为 30 人和 50 人，显示出这些农场在劳动力配置上的灵活性。禽类养殖农场的常年雇工情况波动较大，平均为 2.81 人，中位数为 0 人，最大值为 200 人，而牲畜养殖型农场通常不需要大量常年劳动力，平均为 1.48 人。种养结合类农场可能需要更多常年劳动力来处理种植和养殖的复合任务，平均为 4.02 人，中位数为 2 人，最大值为 50 人。渔业养殖农场在常年劳动力的需求上相对较低，平均为 1.50 人，中位数为 1.5 人，最大值为 3 人。总体来看，经济作物和瓜果蔬菜型农场通常需要更多的常年劳动力，这可能与这些作物需要更密集的管理和照料有关。相比之下，如粮食种植和渔业养殖型农场则对常年劳动力的需求较低。这些数据揭示了不同农业经营模式下的劳动力需求和管理策略的差异。

二、家庭农场的临时用工特征

临时雇工主要用来解决农场的季节性用工问题。大部分家庭农场在农忙季节经常面临雇工难的困境，特别是一些劳动密集型生产项目，以及周边经济较为发达的乡村，这种现象更加明显。全国监测数据表明：我国家庭农场中有90%左右的农场雇用临时雇工，单次雇工人数最多时平均达 19 人；进行雇工的农场占比逐年下降，雇工的平均年龄逐年增加；粮食类农场的临时雇工明显年龄较大（郜亮亮等，2020）。由表 4-2 可知，家庭农场的单次临时雇工平均为 9.03 人，最多达 200 人，但中位数为 5 人，数据呈现出中度右偏分布；从各经营类型看，瓜果蔬菜和多元经营家庭农场在单次临时雇工上的需求最高，平均值分别为 12.01 人和 12.71 人，这表明这些类型的农场在特定时期（如收获期）需要大量短期劳动力。种养结合的家庭农场单次临时雇工人数也较多，平均值为 8.46 人，这可能与种植和养殖活动的季节性高峰有关。养殖型农场（包括禽类、牲畜和渔业三类）的临时雇工数量最低，仅 3 人左右。从实践看，家庭农场的临时劳动用工呈现以下特征。

（一）妇女、老人居多，且雇佣关系简单化

家庭农场的雇工多是留守农村中年龄较大的妇女、老人，40 岁以下的青壮年很少。他们家里的土地多数未完全流转，从事农业雇工的收入在他们的生活来源中并不占主导地位。尤其是青壮年雇工，他们往往还从事多种副业，并不是完全意义上的农业雇佣劳动者，与家庭农场没有形成一种相对稳定、主雇双方角色界限分明的契约关系。农场与雇工之间的雇佣契约确立较为简单，多数未签订正式劳动合同，工资、作业内容、劳动时间大部分以口头约定的形式存在，农场主在农业雇工劳动结束后支付一定报酬。乡村社会重人情、轻契约的思想根深蒂固，口头协议在乡村熟人社会显得更为便捷和可靠。据课题组对河南省 838 个样本农场数据统计显示，有 90.7%的农场雇用临时工，其中仅有 8%的农场反馈与临时工签订正式雇佣合同；86.7%的农场雇用长期工，但也仅有 20.5%签订正式劳务合同。

（二）农业雇佣市场缺乏组织性、多为季节性兼业工

家庭农场的用工通常是自发组织的，很少受到相关政府部门或中间组织的干预，农业劳动雇佣市场缺乏组织性。随着工业化发展的进程，农业雇工的工资逐渐上涨，同时雇工的劳动管理也面临诸多挑战。因此，许多农场主对雇佣工人持谨慎态度，尽量减少雇工的使用，但在农忙季节往往不得不依赖雇工来完成农业生产任务。农业雇工主要在农忙季节从事灌溉、播种、锄地和收获等工作。由于农业生产具有明显的季节性特征，许多农场在农忙时期常常面临劳动力短缺的问题。即便是那些平时劳动力略有富余的家庭农场，在农忙时也需

要临时雇用工人以确保农作任务能够及时完成。目前，农村中纯粹的雇工较为稀缺，更多的是季节性兼业工（王先明、牛文琴，2006）。总的来说，农场雇工呈现出“来源范围小，雇佣时间短、兼业化劳动”的特点。

（三）无人身依附关系，按劳取酬

从历史的视角来观察，当前中国的农业雇工与过去相比，最根本的差异在于他们与雇主之间不存在任何人身依附关系。除了雇佣和被雇佣的经济联系外，雇工与雇主在其他方面享有平等的权利（鲁先凤，2008）。在中国农村的集体土地所有权结构下，农业雇工（主要是本地居民）具有双重身份：一方面，他们是劳动力的提供者，在生产活动中以出售劳动力的形式处于一种依附地位；另一方面，他们作为农民集体的一员，在生产过程中享有土地所有者的权力与地位。通常情况下，对于临时性的雇佣，由于雇佣关系的短期性和季节性，雇工通常只负责生产活动，按照农场主的要求完成作业任务，并在规定的时间内获得工资。至于农场的经营状况如何，雇工往往不会过于关心，因为这是农场主的责任。关于雇工费用，通常在当地都是统一的标准，无须雇主和雇工进行讨价还价。然而，由于雇佣期限的长短和农业生产任务的繁重程度的不同，这些费用可能会有所不同（王颜齐、郭翔宇，2012）。

三、家庭农场的自有劳动力特征

俄国学者恰亚诺夫（1996）指出，经营规模的上限取决于家庭中能够从事生产的成员数量，而下限则必须满足家庭维持生存所绝对必需的物质数量。因此，家庭人口的结构和数量决定了家庭经济活动的上限和下限。家庭农场的自有劳动力使用呈现出以下特征：

（一）家庭成员从事农场工作平均超过 3 人

根据表 4-2 的数据显示，样本农场平均自有劳动力投入为 3.47 人，中位数为 3 人，最多为 8 人；分经营类型看，大多数类型的家庭农场自有劳动力的中位数接近或等于平均值，其中经济作物和粮经结合类型的农场自有劳动力均值较高，超过 3.75 人，这可能反映了这些农场的经营复杂度较高，需要更多的家庭成员参与。禽类养殖和种养结合类的自有劳动力均值较低，可能因为这些类型的农场可以通过技术或设备减少对人力的依赖。这表明家庭农场的自有劳动力配置因经营类型而异，其中经济作物和粮经结合类型的农场倾向于使用更多的自有劳动力，而渔业养殖和禽类养殖则相对较少。这些差异可能与各类型农场的生产特点、技术应用和劳动强度有关。

（二）农场主的文化素养较高

家庭农场的高质量发展依赖于高文化水平、高技能、爱农业、懂农业的新型农业人才。据农业农村部 2019 年对全国 2 950 个家庭农场的监测数据显示，农场主受教育程度达到初中及以上的比例为 94.51%，比全国农业从业人员的相应占比 56.55%，高出 37.22 个百分点，其中，50.11%的家庭农场主拥有高中及以上学历[①]。针对河南省 846 个样本农场的调查数据显示，样本中具备初中学历的占到 46.22%，具备高中以上学历的农场主达到 28.25%，二者之和也远高于全国农业从业人员的相应比例。

（三）农场主的从业经历丰富

根据表 4－3 的数据显示，家庭农场主的背景呈现出多样化的特点。其中，有 75.1%的农场主是从普通农民转型而来，占比最高。其次，有务工返乡者经历的农场主也有较高的比例，达到了 23.4%。除此之外，还有 16.1%的家庭农场主拥有经商的经历。在从业经历方面，农机手转型为农场主的比例为 10.3%，合作社负责人和村干部分别占 9.1%和 4.8%，大学毕业生和退伍军人则分别占 3.7%和 3.0%。另外，其他背景的农场主占比 12.5%。这种多元化的从业经历不仅为家庭农场的经营带来了丰富的资源和独特的优势，也使得家庭农场主群体更加丰富多彩。为了更好地推动家庭农场的发展和农业现代化进程，应当根据每位农场主的特定背景为其提供定制化的支持和服务。同时，鼓励农场主之间的交流与合作也是至关重要的，这样他们可以共享经验、资源，共同解决面临的问题，从而共同促进农业产业的进步。这不仅有助于提升个体农场的效益，更能为整个农业产业链带来长远的发展和繁荣。

表 4－3　样本家庭农场中农场主的从业经历

从业经历	频数	相应占比（%）	样本占比（%）
是否曾经商	136	10.2	16.1
是否是务工返乡者	198	14.8	23.4
是否退伍军人	25	1.9	3.0
是否担任村干部	41	3.1	4.8
是否毕业返乡大学生	31	2.3	3.7
是否合作社负责人	77	5.8	9.1
是否农机手	87	6.5	10.3
是否普通农民	635	47.5	75.1
其他	106	7.9	12.5
总计	1 336	100.0	157.9

① 农业农村部政策与改革司，中国社会科学院农村发展研究所．中国家庭农场发展报告（2019年）[M]．北京：中国社会科学出版社，2020（1）：27－28.

（四）农场主年龄平均为44.7岁，且年龄与务农意愿呈正相关

根据表4-4，取年龄分组的组中值乘以频数计算加权平均数，得样本农场主的平均年龄为44.7岁。其中年龄41～50岁的农场主占44.2%，50岁以上占到28.5%，40岁以下占27.3%。从农场主务农意愿看，反映比较愿意和非常愿意的占到46.4%，务农意愿一般的占42.3%，明确表示不愿意和非常不愿意的约占10.3%。进一步利用卡方检验（交叉分析）去研究年龄对于务农意愿的差异关系，发现年龄对于务农意愿呈现出0.01水平显著性（chi=44.200，$p=0.001<0.01$），通过百分比对比差异可知，31～40岁意愿一般的比例为51.23%，明显高于平均水平42.32%。60岁以上选择比较愿意的比例为42.50%，明显高于平均水平32.74%。60岁以上选择非常愿意的比例为22.50%，明显高于平均水平14.66%。计算列联相关系数及显著性检验（phi=0.229，$p=0.001<0.05$），表明年龄与农场主务农意愿之间存在显著正相关关系，即年龄越大的农民务农意愿越强烈，而年轻人的务农意愿较低。

表4-4　农场主年龄与务农意愿交叉频数分布

题目	名称	年龄（%）						总计
		18～21岁	21～30岁	31～40岁	41～50岁	51～60岁	60岁以上	
务农意愿	非常不愿意	2（15.38）	4（7.15）	6（3.70）	6（1.60）	5（2.49）	1（2.50）	24（2.84）
	不愿意	4（30.78）	7（12.50）	13（8.02）	25（6.68）	13（6.47）	1（2.50）	63（7.45）
	一般	5（38.46）	21（37.50）	83（51.23）	154（41.18）	83（41.29）	12（30.00）	358（42.32）
	比较愿意	2（15.38）	18（32.14）	40（24.69）	127（33.96）	73（36.32）	17（42.50）	277（32.74）
	非常愿意	0（0.00）	6（10.71）	20（12.35）	62（16.58）	27（13.43）	9（22.50）	124（14.65）
总计		13	56	162	374	201	40	846

注：单元格内为频数和百分比，其中括号内为百分比。

（五）家庭农场主须具备多种能力与素质

家庭农场主须具备多种能力与素质，这些特征不仅涵盖了专业技术能力、经营管理能力、市场洞察能力，还包括个人特质，如创新精神、风险承受能力以及社会责任感等多方面的要素。通过对相关文献的梳理可知（表4-5），家庭农场主应具备以下基本素质和能力：第一，经营和管理能力。家庭农场主作为所有者、劳动者和经营者的统一体，需要具备企业管理的基本能力，包括成本核算、财务管理、人力资源管理等，从而确保农场的生产经营活动有序进行。第二，专业知识和技术应用能力。成功的家庭农场主应具备懂农艺、会算账、善管理等能力，这要求他们不仅要有丰富的农业知识，比如作物栽培技术、畜牧养殖技术等，还需要掌握现代农业技术，如智能化农业设备的应用，

以提高生产效率。第三，市场适应与开拓能力。家庭农场主需具备适应市场需求变化的能力，并能积极开拓市场，实现产品的规模化、集约化和商品化生产经营。第四，持续学习和技能更新。鉴于农业技术和市场需求的快速变化，家庭农场主需要重视知识的更新，通过参加农业技术培训、阅读农业相关书籍和资讯等方式，不断提高自身的技术水平和市场竞争力。第五，内在特质和创新能力。在对家庭农场主的胜任力评估中，个人特质和创新能力具有重要影响，这包括坚定的信念、开拓进取的精神、执着和坚韧、善思与尚学等个性特质。第六，社会资本的积累与利用。家庭农场主往往需要利用自己的社会资本，包括人际网络、农村社区资源等，来促进农场的发展。第七，综合素养和责任感。家庭农场主应具备良好的社会责任感，注重可持续发展，关注环境保护，服务乡村公共事业。

总之，家庭农场主的能力与素质要求是多方面的，不仅包括管理能力、市场洞察力、技术创新能力，也包括谋略胆识、持续学习的态度和较强的社会责任感。这些能力与素质共同构成了家庭农场主成功经营的基石，使他们能够在复杂多变的农业环境中立足，引领家庭农场走向繁荣。

表 4-5　家庭农场主的特征

农场主的特征	文献依据
家庭农场主为了实现盈利目标，充分运用结构中的各种规则和资源，通过自己的能动性行为，为自己的利益创造更大的空间	王肖芳（2016）
家庭农场主是所有者、劳动者和经营者的统一体	孔祥智，高强（2013）
规模农场主从万千普通农户中脱颖而出的核心动力恰恰来自他们个人的内在特质，主要包括坚定的信念、开拓进取的精神、执着和坚韧、善思与尚学、竞争性与亲和力等	滕明雨（2015）
农场主性别呈“男九女一”特征；农场主平均年龄 47 岁；在农场主学历教育水平方面，50%～60%为初中及以下，至少 1/3 为高中（中专或职高），10%左右为大专及以上；九成农场主接受再教育培训，平均每年接受 3 类培训；农场主平均有 5～7 年的规模经营经历；近六成农场主有 1 种以上从业经历；八成农场主是本村的，九成是本乡的	郜亮亮，杜志雄，谭洪业（2020）
在家庭农场的运营中，个人的特质、专业知识与技能以及管理能力是构成其胜任力的核心要素。评估家庭农场主的胜任力时，个人特质相较于管理、技能和知识等方面，通常被赋予更高的权重，表明其在胜任力评价中占据较为重要的位置。具体到影响因素层面，创新的能力、辨识风险与机遇的能力、情报搜集能力、信息分析能力、战略决策能力、规划与控制能力、对农民职业的认同感、坚定的信念以及抗压能力等，都被认为是对农场主胜任力影响较大的因素	胡艳（2018）

（续）

农场主的特征	文献依据
有文化、懂技术、会经营的职业农民	高原（2018）
家庭农场主主要由村干部和农民企业家构成，培育机制源于其拥有的人力资本、物质资本和社会资本	江永红，戚名侠（2018）
家庭农场主只有具备较高科技文化素质、科学管理水平和市场洞察能力，才能成功经营家庭农场	Robert Napier（2000）
家庭农场主的企业家能力主要包括专业技术能力、管理能力、生产经营能力、销售能力和人际交往能力	杨灿君，曹鹏，姚兆余（2016）
具备市场经济条件下市场风险规避、家庭农场管理、提高农产品附加值、农业产业链延伸等相关的知识和技能。一个人能否成为合格的新型职业农民，学历等基本素质不会起到决定性作用	王乐杰，沈蕾（2014）
一名成功的农场主，应具备懂农艺、会算账、善管理、信息灵、有理想	谢艳丽，杨洪博（2015）
农场主年龄结构老化、职业能力虽有提升但总体较低、职业认同逐渐形成但仍然脆弱、合作意识有待提高等问题	路幸福，梅晶哲，杜凤（2019）
农场主是活跃在农业生产领域的民营“企业主”，是新的社会阶层的成员，也是中国特色社会主义事业的建设者	郭亚萍，罗勇（2009）

第二节　家庭农场劳动力投入的约束

D. 盖尔·约翰逊（2000）指出，纵观人类社会全部历史，生产的主要限制因素是人的劳动而非土地，而劳动者新知识的增加是生产力提高之源。家庭农场绝不是小农经济的简单扩大，而是在生产方式上发生质的飞跃，这包括经营者的能力、资本投入、管理方式创新、机械化充分运用、科技应用等方面，否则将难以达到设想的生产效率和经营效益[①]。尤其在家庭农场的运行与未来发展中，劳动用工是一个关键性因素，劳动者的数量与质量在不同程度上都对家庭农场的健康发展构成了约束。

一、家庭农场主自身禀赋限制

家庭农场主是家庭农场的所有者、劳动者和经营者的统一体，既是农场生

① 魏延安．家庭农场的几个问题［EB/OL］. https：//www.zgxcfx.com/Article/57231.html，2013-6-28.

产发展最重要的决策者，又是各种生产要素的组织者（郜亮亮等，2020），是决定家庭农场经营成败的关键人物。从发展实践来看，目前我国家庭农场主的禀赋主要存在以下不足。

（一）家庭农场主的职业认同较脆弱

农场主的职业认同被认为是影响家庭农场可持续发展的关键因素之一。舒尔茨（1968）认为，农民在经济活动中表现出精明、实效和精于计算的特点，并且一旦有真正的高收益，他们就会积极回应。只有当农场主从农业中获得的收入不低于外出打工可能获得的工资时，他们才可能会安心专注于农业，成为真正的职业农民。相关研究显示，当前家庭农场主对其职业地位的认同程度普遍偏低（路幸福等，2019）。家庭农场能否盈利是其继续存在的主要原因。然而，随着经营成本的上升（包括人力、土地流转、机械化等）、难以避免的自然风险和市场风险，以及逐渐减少的补贴政策等因素，都可能使农场主刚建立起来的职业认同感受到打击。农场主对自身职业的社会地位认同感低，这在一定程度上影响了他们的职业认同，并严重威胁了家庭农场的可持续发展。

（二）家庭农场主的企业家能力不足

现实的经济过程是由预见未来的行动构成的，而未来总是存在不确定因素的，企业家需要通过识别不确定性中蕴含的机会，并通过对资源整合来把握和利用这些机会获得超额利润（龙登高、彭波，2010）。创办家庭农场是一个投资极大、风险极高的领域，需要农场主具有一定的资金实力和风险承担能力（纪志耿、黄婧，2014）。我国的家庭农场主大多是由农村种田能手、致富能人等转化而来，他们农业生产经验丰富，但受到文化程度、视野等方面的约束，大多缺乏现代化的经营理念（郭熙保、冷成英，2018），其信息采集能力、创新能力、决策管理能力、抗风险能力和市场谈判能力都非常有限。在调研过程中，我们发现农村中有租地意愿的农民不在少数，但一旦土地集中，创办规模农场，往往考虑不周，经营管理粗放，没有规范的财务收支记录，缺乏质量管理和农产品品牌建设意识，也没有明确的发展规划；往往头两年信心十足，而一旦遇到自然灾害歉收或产品销售不畅，农场就会难以为继，无法正常运营，甚至连租金都无法支付。以河南省首家经注册登记成立的“洛阳河之南家庭农场”为例，2013 年，洛阳的农民陆利峰以每年每亩 500 元的价格承包了本村的 500 亩土地，承包期为 20 年，并一次性支付了 3 年的承包费。但由于缺乏投资规划以及对政策的不熟悉，仅运营一年便陷入困境。

根据研究设计，本研究采用李克特量表对家庭农场主的企业家能力进行评分，结果显示（表 4－6）：农场主在资源利用（平均分 3.19）、市场中的议价（平均分 3.15）、市场信息获取（平均分 3.09）、拓展销售渠道（平均分 3.08）、应对资金短缺（平均分 3.01）以及抵抗市场风险（平均分 3.01）方面的能力处于中等稍偏上水平，而在抵抗自然风险（平均分 2.89）、创新经营（平均分 2.95）以及农产品品牌建设（平均分 2.92）方面的能力较为薄弱。此外，各项能力的标准差均显示出个体之间存在较大的差异，这可能意味着家庭农场主之间的能力发展不均衡，需要通过针对性的支持和培训来提升他们的整体竞争力。综上所述，家庭农场主在资源利用、议价和拓展销售渠道方面的能力较强，而在品牌建设和创新方面有待提高。

表 4-6　河南省样本家庭农场主的企业家能力特征描述统计

企业家能力项目	样本量	最小值	最大值	平均值	标准差
抵抗市场风险能力	837	1	5	3.01	0.759
抵抗自然风险能力	837	1	5	2.89	0.829
市场信息获取能力	837	1	5	3.09	0.729
应对资金短缺能力	837	1	5	3.01	0.773
资源利用能力	837	1	5	3.19	0.726
在市场中的议价能力	837	1	5	3.15	0.726
拓展销售渠道能力	837	1	5	3.08	0.756
创新经营能力	837	1	5	2.95	0.795
农产品品牌建设能力	837	1	5	2.92	0.813

注：此表采用李克特量表 1～5 级对农场主各项能力由低到高进行评分，剔除缺失值后有效样本为 837 个。

（三）家庭农场主的自立能力不足

家庭农场主的自立能力是家庭农场发展的核心驱动力。自立能力包括对农场经营与管理的主动性、创新思维、应对市场和自然风险的能力，以及在政策和市场变化中求稳定、求发展的能力。这种能力不仅关系到日常运营的效率和效果，还影响到家庭农场能否适应市场与政策的变化，抓住发展机遇，实现可持续性增长。在发展过程中，必须把是否具备市场自生能力①，作为检验家庭农场等新型农业经营主体成败的关键标准。而家庭农场自生能力的根本在于农场主的自立能力，切记要防止形成家庭农场主的“政策依赖症”。但在土地、资本、劳动、企业家庭才能等多重因素的制约下，我国的家庭农场主很难实现经济或人格意义上的自立。根据对河南省的调研数据统计，农场主对问卷中“若没有政府补贴，是否愿意投资农业?”的回答时，有 53.9%的农场主表示不愿意投资。有学者指出，在当前农村环境中，不稳定的土地转包租约、有限

① 经济学家林毅夫认为自生能力是指企业通过正常的经营管理在自由、开放和竞争的市场中赚取社会可接受的正常利润的能力。它是衡量一个企业在市场经济中是否能够独立生存和发展的重要指标。

的资金实力、不够充足的季节性劳动力、不能承受各类经营风险，共同造成当前家庭农场主的自立能力不强（纪志耿、黄婧，2014）。

（四）外生农场主的身份“歧视”

农场主是本村人还是外村人的身份不仅影响农场的经营组织结构，也关系到他们在村庄生产时能否获得低成本资源。属于本村的家庭农场主通常不会面对村民的歧视，而外来农场主则可能遭遇更多的偏见。由于农民间存在内外有别的交往模式，外来家庭农场主不仅面临更高的租金成本，而且在雇佣劳动力时还需加强监管，导致管理层次增多。因此，外来农场主往往需要指派代理人来监督劳动过程，从而增加了劳动成本。根据课题组对河南省新乡市新乡县翟坡镇A村的访谈调查，2015年，该村支书王某以每亩约1 000元的价格流转了本村北部约2 000亩土地。但由于经营规模较大，超过自家所能经营的规模边界，连续两年经营不善。为降低经营风险，2019年，王某缩小自己的种植规模，将其中200亩转包给一位来自安徽的农场主杨某种植樱桃，另外100亩转包给来自东北的农场主张某养殖鹅鸭。到2021年，樱桃获得丰收，农场主杨某聘请本村的村民进行日常打理，开始吸引游客前来采摘。然而，由于樱桃园位于本村，管理员又都是本村村民，有些村民摘完后不付钱或付很少的钱，管理员往往碍于情面很难完全坚持按市场原则处理，导致樱桃园收益损失；另外，樱桃的大量成熟需要及时采摘冷藏保鲜，但农场主没有自己的冷库，此时，合作社提高了冷库的使用费用，致使农场主得不偿失。结果到第二年，该农场主不再续租，并将樱桃树全部砍掉后离开。同样，养鹅场也面临着作为外来人员的压力，需要遵守比本村经营者更严格的环境保护规定，粪污处理成本极高。

二、家庭农场未来接班人缺乏

与其他许多职业相比，农业在很大程度上仍然是一个依赖继承的职业。在这一领域中，家庭农场的控制权和所有权能否顺利过渡到下一代，是其发展过程中的一个关键阶段。然而，受传统文化观念的影响，对于有志于社会阶层上升的农村青年及其家庭来说，从事农业生产往往不是首选。在很多年轻人看来，农业并不被视为一份体面的职业。根据对农场主子女务农意愿的调查发现（表4-7），有111人表示“非常不愿意”务农，占总数的13.2%，而“不愿意”务农的人数为321人，占总数的38.1%。这两部分加起来占据了51.3%的比例，说明超过半数的家庭农场主的子女对从事农业活动持反对态度。有334人对务农持“一般”态度，占总人数的39.6%。表明这部分子女对是否务农没有明确的倾向，他们可能对农业既非特别感兴趣也非特别反感，或者他们对其他职业也没有明确的兴趣。而表示“比较愿意”和“非常愿意”务农的子女分别有 54 人和 23 人，占总数的 6.4%和 2.7%。由此可见，家庭农场主的子女中有超过一半的人不愿意从事农业工作，这与农业工作的辛苦、收入水平以及年轻人对城市生活的向往有关。此外，不少种植大户表示，现在没啥其他手艺的，才会回家种田，有本事的人，都在城市打工，以后肯定不会让子女种田。

表 4-7　样本家庭农场主的子女务农意愿

子女务农愿意	频数	百分比（%）	有效百分比（%）	累积百分比（%）
非常不愿意	111	13.2	13.2	13.2
不愿意	321	38.1	38.1	51.2
一般	334	39.6	39.6	90.9
比较愿意	54	6.4	6.4	97.3
非常愿意	23	2.7	2.7	100.0
总计	843	100.0	100.0	

三、家庭农场农业雇工质量与成本约束

目前，可用的农业雇工普遍年龄偏大、文化程度低，且主要以本村、本乡或邻乡（县、市）失地农民、进城务工返乡农民、已婚妇女、中老年村民、城市失业人员居多（尚旭东、韩洁，2016）。同时，在数量增加的同时，青壮年劳动力雇佣难，供需不平衡导致雇佣成本高。此外，雇工群体的农业技能水平普遍偏低（王颜齐等，2017），与发展现代农业的需求之间存在一定的差距。

（一）雇佣青壮年劳动力难

农村剩余劳动力的转移对现代家庭农场和农村资源配置结构产生了持续的冲击，这也是制约现代家庭农场发展的一个关键因素（王铁、寇垠，2013）。家庭农场经营规模的扩大需要季节性农业工人的支持。然而，近年来农村劳动力快速向城市转移，适龄劳动人口减少，导致农村季节性劳动力相对匮乏，从而影响季节性劳动力市场的形成，这成为当前家庭农场发展过程中的一个重要制约因素。余练（2020）对萍乡市家庭农场的调研表明，雇佣工人大多年龄超过 50 岁，尤其是 60 岁以上的人员占比较高。郜亮亮等（2020）根据 2014—2018 年全国家庭农场监测数据的分析显示，家庭农场常年雇员的平均年龄从 2014 年的约 50 岁上升到超过 50 岁。同时，60 岁以上的常年雇员比例从 2014 年的 2.55%增长到 2018 年的 7.77%，几乎翻了两倍。在临时用工方面，60 岁以上的人员比例从 2014 年的 2.55%迅速增至 2018 年的 11.89%，接近四

倍的增长。此外，30—40 岁的人员占比从 2014 年的 27.89%下降到 2018 年的 13.65%。这些数据反映了家庭农场在人力资源配置上面临的挑战。

（二）雇工成本日益上升

随着我国农业劳动力的工业化配置、人口红利的消失以及农民收入增长导致的闲暇需求上升等因素的交汇影响，农业劳动供给的“量”短缺和“质”弱化问题日益突出。这导致农业雇工的影子工资水平持续攀升，相对价格远高于其他生产要素。与此同时，农业生产的固有特性使得劳动分散在广阔的田野上，且农业生产是人力劳动过程与生物自然生长过程相互交织渗透的复杂过程。这使得劳动努力和报酬获得之间的计量联系困难，农业雇工必然要面对高昂的劳动监督及衡量等交易成本。此外，劳动者单位时间内的劳动供给是刚性的，他们无法在既定的工资水平上出售任意数量的劳动时间，而农业生产又具有季节集中性，这会使得农忙时节通过农业雇工确保获得充足的劳动力存在不确定性，从而产生“时间挤兑”问题（胡新艳等，2017）。受上述因素影响，农业生产中的劳动力雇工市场相对“稀薄”。在许多地区，由于农业劳动力的大量外流，农村雇工多局限于亲友邻居间的换工方式，并且换工机制也越来越难以维系。

在此背景下，并不是所有的农场都能雇到常年雇工和临时雇工，也并不是任一家庭农场都可以如愿以偿地雇到所期望素质的劳动者。当弱势的农业价格遇到强势的工业定价时，雇工工资逐年上涨。根据对江西省某位种植大户的调研，2021 年农业用工男工工资达 140～150 元/天，女工达 110 元/天；而 2022 年男工工资达 180～200 元/天；女工 130～150 元/天，每亩需 2.5 个用工，种植户每亩比去年需增加开支 100 多元（李昌金，2022）。农业雇佣工人缺乏导致家庭农场的人工成本不断攀升，且农忙季节面临着人手不足的风险。据有些种植大户反映，虽说日常管理农场的工作可以由农场主一人承担，但一到农忙时分，总免不了请人。“双抢”期间，农场主临时雇了十几个人，每人每天的费用高达 150 元（颜珂，2013）。劳动力短缺和雇工成本上升给家庭农场带来了双重压力。此外，随着雇工数量的增多，为提高雇工劳动的质量和效率，防止雇工的投机和偷懒行为，监督成本也必然随之增加。

四、农业高素质人才供给不足

虽然我国家庭农场的发展速度较快，但农村现有的经营人才与农业适度规模经营的实际需求相比，仍然是一个明显的短板。据统计，2019 年我国农业从业人员中具有大专及以上学历的只有 1%，而这些高素质的农业从业人员主要是在政府机构、事业单位和涉农企业工作，真正在村庄从事农业生产的少之又少；初中及以下（初中、小学及以下）学历的比例则高达 92%，这与农业现代化对农民素质的要求相差甚远（黄季焜，2022）。目前，我国高素质农民总数仅为 1 520 万人，仅占 5 亿务农农民总数的 3%①。我国高等农业院校共有 41 所，每年招生约 6 万人；高等职业学校有 38 所，每年招生约 6 万人；中等职业学校有 270 所，每年招生约 19 万人；每年毕业人数总计约 30 万人，其中在涉农领域就业的有 60%左右，但真正到“三农”一线工作的仅有 20%左右②。这充分说明涉农专业毕业生脱农化现象日益严重。此外，从从业人员的年龄结构看，据中国社科院发布的《中国乡村振兴综合调查研究报告 2021》显示，全体人口中 60 岁及以上人口的比重达到了 20.04%，65 岁及以上人口的比重达到了 13.82%，完全达到了“老龄化社会”的标准，而全部老龄人口中有近 1/3 的全职务农。农村社会精英人才的流失与农业劳动力老龄化对农业构成潜在威胁，高素质的职业农民供给不足，已严重制约了家庭农场的创新和发展。

第三节　破解家庭农场劳动力投入约束的措施

经济增长理论表明，劳动力是不可或缺的生产要素，特别是凝结在劳动力身上的知识、经验、技能等人力资本要素对创新发展至关重要。在不断变化的市场条件下，家庭农场若要持续保持其灵活性和弹性的优势，需要家庭农场的成员通过定期的培训和教育掌握最新的技术和知识，以便抓住机遇，方能在不断变化的市场条件下保持竞争力。另外，相比土地、技术等其他要素，劳动力要素是最活跃的要素，是对其他要素具有组合配置功能的要素，是一种具有黏合效应的要素。只有搞对了劳动力的激励问题，才能为家庭农场的高质量发展注入持续的创新驱动力（杜志雄，2022）。

一、健全农场从业人员职业技能培训体系

（一）进一完善家庭农场从业者职业能力体系

首先，从生产经营入手，紧扣家庭农场全链条工作和关键职业活动，先分析农场生产经营的主要工作领域，再分解不同领域所涉及的工作任务，进而设计每项工作任务中有代表性的职业能力，从而建构出家庭农场从业者“工作领域——工作任务——职业能力”的职业能力体系。然后，基于中央农业广播电

①② 韩俊．坚持农业农村优先发展促进乡村全面振兴［EB/OL］. https：//www.zgxcfx.com/jinritoutiao/116405.html，2019－12－27.

视学校研制的《家庭农场从业者职业能力体系》[①]，设计针对农民教育培训的目标规格、课程体系、课程开发、教材建设、课程实施与评价等，制定培训计划，确保培训内容的实用性和前瞻性。

（二）因地制宜、因业制异，提高家庭农场从业人员的岗位能力

我国家庭农场的产业领域广泛，生产规模和经营水平差异大，涉及岗位能力繁杂，从业人员的工作侧重点不一。农业规模化经营对经营者在农资购买、田间管理、农机操作、病虫害防治、高产稳产、市场营销等农业生产各环节提出更高要求，农业雇工掌握的传统农业生产经验已无法满足现代农业生产需要。因此，改善农业雇工生存和就业状况，最主要是提高农业雇工技能水平。各地应结合当地实际情况，找出适合当地发展的生产领域，利用当地资源禀赋实现规模化发展，经营主体应在专业技术人员指导下开展科学生产与管理，并通过专业技术人员带动作用，对“低技能”农业雇工加以培训。一方面，在专业人员指导下，向农业雇工提供生产新技术，改变其传统生产观念，提高培训积极性；另一方面，加强农业雇工在机器操作和田间管理领域的工作能力，消除技术壁垒。通过技能培训，使雇工的农艺素养与农业规模化发展相适应、相协调。

二、建立健全农村劳动力中介市场组织

建立健全农村劳动力中介组织是一个系统工程，需要政府、社会各界和农村劳动力本身的共同参与和努力。通过研究与规划、政策支持与法规建设、政府与社会协同、培训与教育、信息平台建设、服务质量与标准化、跨地区合作以及监督与管理等措施，可以有效地促进农村劳动力中介组织的建设和完善。

第一，要基于当地农村劳动力流动的趋势、特点和问题，深入调研，为中介组织的建立提供丰富的数据支持，并基于调研结果，制定详细的发展计划，包括中介组织服务的范围、目标群体和运作模式等。第二，应加强顶层制度设计，为农村劳动力中介组织的建立和运行提供法律保障。第三，明确中介组织的功能定位，即是介于政府和社会之间的组织，参与社会管理，提供必要的中介服务，如提供职业技能培训，帮助农村劳动力提升技能，增加就业机会；普及劳动法律知识，增强农村劳动力的法律意识，保护自身权益等。第四，建立完善农村乡镇层面劳动力市场中介信息平台，农业生产经营者和农民通过中介平台发布相关雇佣和觅工信息，为劳动力匹配合适的工作。如各乡镇、村可通过 QQ 群、微信群等媒介将农业劳动统一组织起来，增进供需双方信息交流，

---

① 该职业能力体系由中央农业广播电视学研制，于 2021 年 11 月 20 日印发，主要用于农民职业教育专业教学和各类新型农业经营主体的职业培训。

从而破解农场用工难题；中介组织平台通过提供全方位、多样化就业信息，还可为农村剩余劳动力提供更多就业机会，提高人力资源利用效率，降低就业成本和不确定性。第五，鼓励家庭农场与社区农户形成紧密的劳动协作关系，稳定雇工工资，解决家庭农场因临时雇用不稳定性而导致雇工成本上升的现实问题[①]。

三、完善制度环境促进家庭农场主身份职业化

家庭农场类似于小型的企业，除土地外，企业家才能也是农场重要的生产要素。为推进农场主的职业化，提升其企业家能力。一是政府部门应注意培养和吸引具有企业家能力和农业知识的复合型人才，加强对农场知识产权的保护，提升其创新发展能力，为其发展提供良好的政策环境。二是建立严格的农业职业准入制度，通过立法使农业劳动力更加正规、有序，从农业经营者的农民身份、主要收入来源、劳动力构成及土地规模等方面对家庭农场设立规定条件，统一确定准入审核主体。三是营造良好的政策环境，鼓励和引导各类能人积极创办家庭农场、成为农场主，例如可利用财政专项补贴和贷款贴息等政策鼓励大学生、返乡创业农民工、退伍军人等高素质人才领办家庭农场；积极推进家庭农场主教育培训工作，着重从种养技术、财务管理、品牌建设、生产标准化及产业链提升等方面加强对农场主的业务能力培训，使家庭农场不但能建起来，还能不断发展壮大。

四、鼓励发展多元混合型家庭农场

混合型农场指的是家庭农场主在有限的土地上既种植多种农作物，也进行养殖活动。他们通过利用不同作物的生长周期和特性，以及动植物间的相互依存关系，合理安排时间和劳动，旨在实现收益的稳定性。虽然多样化种植不一定能够实现收益的最大化，但它的主要优势在于降低种植过程中的风险，增强经济安全。从经济收入的角度来看，多样化种植确保了即便某种作物因天气或市场波动导致产量下降，也不会对家庭农场的总体收入造成严重影响，有助于实现家庭经济的“增减平衡”。就经济开支而言，合理地利用各种作物的不同生长周期，可以最大限度地发挥家庭劳动力的作用，避免在单一作物种植中“忙碌至极”与“无所事事”的极端情况。这样一来，就可以用农户持续而高强度的劳动来取代农忙时期短期集中雇工难题，正如农民自己所言：3—10 月“从早干到晚，一天都不歇”，这样做有助于确保家庭农场的成本最小化和收益稳定。

---

① 杜志雄．新时期中国家庭农场研究［M］．北京：中国农业出版社，2022.

五、推动家庭农场实现自动化与智能化

自动化设施可替代大量人工劳动，减少人力成本，尤其是在播种、施肥、收割等环节实现机械化作业，可显著提高农作效率。如通过引入植保无人机进行自动喷洒农药或生物防治剂，可极大降低人工投入成本。课题组对河南省鹤壁浚县某农场调研时，农场主 A 某反馈，当前农场请工人的成本高昂，而且难以找到人手，因为年轻人更倾向于外出打工。为此，他向县农机局的专家咨询了机械化操作流程，并参加了由政府组织的无人机技术培训。农场主表示："一架无人机一天能完成的工作量，相当于 20 个人的一天工作量，还避免了炎热天气下找不到工人的尴尬局面。"但自动化设备和高科技产品的初期投入成本高，对于一些小规模或经济条件较差的家庭农场来说，可能难以承受。同时，自动化、智能化设备需要农民掌握相应的知识和操作技能，这对于普通农民而言有较大难度，需要政府部门或农业企业等提供资金补贴和技术培训，帮助农民克服资金和技术壁垒。

第五章

家庭农场的融资特征及约束

作为具有较大规模的经营主体，家庭农场创办与经营过程中所需的大量资金从何而来、究竟有什么样的融资需求，在融资过程中面临的主要约束有哪些？金融机构如何根据家庭农场的需求特点来调整融资服务措施，如何根据家庭农场等新型农业经营主体的需求有针对性地推出金融产品？本章试图回答家庭农场融资实践中面临的这些问题。

第一节　家庭农场的融资特征

对于家庭农场的建设而言，资金投入是一个主要问题。在运营过程中，涉及土地流转、地块整理、农机维修保养以及支付工人工资等多方面的支出，这些都需要大量的资金支持。以租金和农资为例，经营一个约 100 亩的家庭农场通常需要 10 万～15 万元的流动资金。如果再加上购买农机具等其他费用，所需的资金投入会更高。因此，资金不足的农户难以转型为家庭农场。为了扩大农业生产规模，建立活跃的农村信贷市场显得尤为重要。本节结合课题组对 2021—2022 年河南省家庭农场的调查数据，对家庭农场的融资特征进行了全面分析。

一、融资来源以自有资金为主，金融借贷等为辅

（一）家庭农场的融资来源及额度

家庭农场的资金来源主要以自有资金为主，亲朋合伙出资、正规金融借贷等为辅。调查数据显示（表 5－1），家庭农场的资金来源分布如下（根据个案百分比）：个人出资占样本总数的 92.2%，亲朋合伙出资为 30.8%，银行贷款为 28.5%，民间借贷为 6.9%，成员入股为 6.3%，关联企业投资为 2.1%。从融资金额来看，家庭自有资金投入平均为 40.87 万元。其次是银行贷款，平均每笔为 21.14 万元。亲朋合伙出资平均每笔为 5.96 万元，

关联企业出资为 2.83 万元，成员入股为 1.74 万元，而民间借贷为 0.96 万元。这些数据表明，自有资金是家庭农场融资的主要来源，银行贷款次之。尽管选择从亲朋处获得融资的比例较高，但实际能获得的融资额度有限。

表 5-1　样本家庭农场的融资来源统计

融资来源	响应		个案百分比（%）	平均出资额（万元）
	个案数	百分比（%）		
个人出资	764	55.3	92.2	40.87
亲朋合伙出资	255	18.5	30.8	5.96
银行贷款	236	17.1	28.5	21.14
成员入股	52	3.8	6.3	1.74
关联企业出资	17	1.2	2.1	2.83
民间借贷	57	4.1	6.9	0.96
总计	1 381	100.0	166.6	

注：剔除缺失值，有效个案数为 829 个。

（二）家庭农场的贷款渠道选择

由图 5-1 可知，在家庭农场融资过程中，选择农村信用社作为融资渠道的比例最高（45%），其他途径为亲朋临时借款（35.7%），中国农业银行（33.8%），工商银行、中国银行及建设银行（16.5%），其他商业银行（如邮政储蓄、村镇银行和各地市商业银行等）（14.7%），政府专项资金（9.0%），民间高利贷（2.1%），互联网金融平台（0.9%），以及其他（如资金互助社和小额信贷公司）占 13.7%。分经营类型看（农场类型划分同表 3-4），各类型农场首选都是农村信用社，其次为亲朋好友临时贷款，然后为中国农业银行，而选择其他途径融资的比例均低于 20%。其中，选择在工行、中行或建行贷款的占比相对较低，尤其是种养结合类农场，只有 11.9%选择了这一渠道；政府专项资金在种养结合类农场中的占比相对较高，达到了 15.6%，而在养殖类农场中的占比最低，只有 6.0%；互联网金融平台在各类农场中的占比都非常低；选择其他融资渠道的占比也相对较低，但在养殖类农场中这一比例相对较高，达到了 16.7%。

综合来看，家庭农场的融资渠道选择反映了对传统贷款机构的依赖，同时也显示出对非正式融资途径如亲朋好友借款的广泛使用。政府专项资金和少数其他渠道也在特定类型的农场中扮演着重要角色。而高成本的融资方式如民间高利贷则普遍不受欢迎。互联网金融平台和其他现代融资渠道的低使用率可能反映了这些渠道在农村地区的局限性或者家庭农场对这些新型服务的认知和接受度不足。

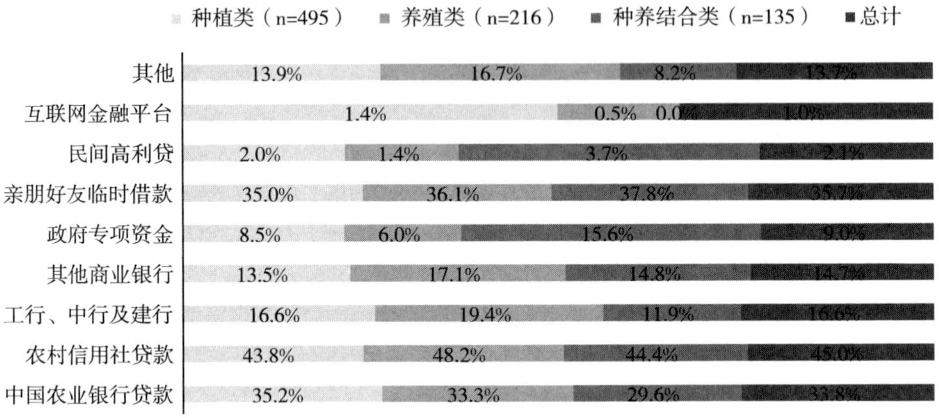

图 5-1　样本家庭农场的融资渠道选择

二、期望融资以中等额度为主，类型间差异明显

（一）大多数农场的融资需求集中在中等额度

根据表 5-2 可知，整体来看，有 15.0%的家庭农场期望获得 5 万元以下的贷款，35.3%期望在 5 万～10 万元，33.8%在 11 万～50 万元，8.7%在 51 万～100 万元，而 7.1%的家庭农场期望获得超过 100 万元的贷款。对于大多数家庭农场类型，期望贷款额度主要集中在“5 万～10 万元”和“11 万～50 万元”这两个区间。这表明多数家庭农场需要的贷款额度适中，但也有一定比例的家庭农场需要较大额度的贷款来支持更大规模的运营。

（二）不同类型的家庭农场期望融资差异明显

表 5-2 中的数据显示，不同类型的家庭农场因其生产特点和资金需求的不同，对贷款额度的期望也存在差异。其中粮食种植农场中期望贷款额度在 5 万～10 万元的比例最高，其次是 11 万～50 万元，这反映了粮食种植对资金的需求较为中等。与其他类型相比，经济作物农场中期望贷款额度在 100 万元以上的比例较高，这可能是因为经济作物种植需要更多的前期投入和市场风险。瓜果蔬菜类农场中期望贷款额度在 5 万元以下的比例相对较高，这可能是因为瓜果蔬菜种植周期短、周转快，因此需要的贷款额度较小。粮蔬结合、粮经结合、多元经营，这三种类型的家庭农场在期望贷款额度上分布较为均匀，反映了这些农场的经营多样化和资金需求的复杂性。禽类养殖、牲畜养殖、种养结合，这三种类型的家庭农场在期望贷款额度上也有较高的比例在 5 万～10 万元和 11 万～50 万元，但与种植业相比，它们在

100 万元以上的比例也相对较高，这可能是因为养殖业需要更多的设施投资和运营成本。渔业养殖农场样本量很小，只有 2 个，因此难以得出有统计意义的结论。

综上所述，家庭农场的期望贷款额度主要集中在 5 万～50 万元，这与家庭农场的经营规模和资金需求相匹配。不同类型的家庭农场在期望贷款额度上有所差异，这可能与它们的经营模式、生产周期和市场风险等因素有关。金融机构在设计贷款产品时，应考虑到这些差异性，提供多样化的贷款方案以满足不同家庭农场的需求。政策制定者在制定支持措施时，也应考虑到不同类型家庭农场的特点和需求，以更有效地促进家庭农场的健康发展。

表 5－2　不同类型家庭农场的期望贷款额度

类型	样本量（个）	期望的贷款额度（%）				
		5 万元以下	5 万～10 万元	11 万～50 万元	51 万～100 万元	100 万元以上
粮食种植	197	12.7	38.6	33.5	7.6	7.6
经济作物	46	13.0	39.1	32.6	4.3	10.9
瓜果蔬菜	160	18.8	33.8	30.6	11.9	5.0
粮蔬结合	115	7.8	42.6	37.4	7.8	4.3
粮经结合	99	17.2	32.3	33.3	11.1	6.1
多元经营	136	15.4	28.7	37.5	9.6	8.8
禽类养殖	33	21.2	30.3	30.3	9.1	9.1
牲畜养殖	30	20.0	33.3	40.0	0.0	6.7
种养结合	28	21.4	32.1	25.0	7.1	14.3
渔业养殖	2	0.0	100.0	0.0	0.0	0.0
样本总计	846	15.0	35.3	33.8	8.7	7.1

三、融资期限以中短期为主，期望与实际差异显著

（一）实际融资期限主要为中短期

在样本家庭农场中，共有 192 家曾从金融机构获得过贷款，占样本的 20.4%。这些农场的平均融资期限是 5.63 年。由图 5－2 可知，44%的农场融资期限为 1～3 年；34.9%的融资期限是 4～5 年；20.3%的农场拥有超过 5 年的长期融资；而仅有 0.8%的农场融资期限不足 1 年。分经营类型看，多元经营类农场获得 5 年以上的长期融资占比最高，为 42.86%，其次为瓜果蔬菜类

的31.43%，经济作物类的28.57%，然后依次为粮食种植类的20.83%，种养结合类的20.59%，粮蔬结合类的14.29%，牲畜养殖类的10.53%，禽类养殖的5.263%。值得注意的是，粮经结合类农场没有获得过超过5年的贷款。粮蔬结合、禽类养殖、牲畜养殖类农场在1～3年的融资期限比例较高，分别达到71.43%、63.16%和57.89%。其他类型的农场在这一期限内的比例也都超过了30%。而在4～5年的融资期限区间内，只有粮经结合类农场的比例超过了50%。进一步，经过独立性检验（使用皮尔逊卡方检验的统计量$\chi^2=24.336, p=0.443$），发现不同类型的家庭农场在实际融资期限方面并没有显著的统计差异。

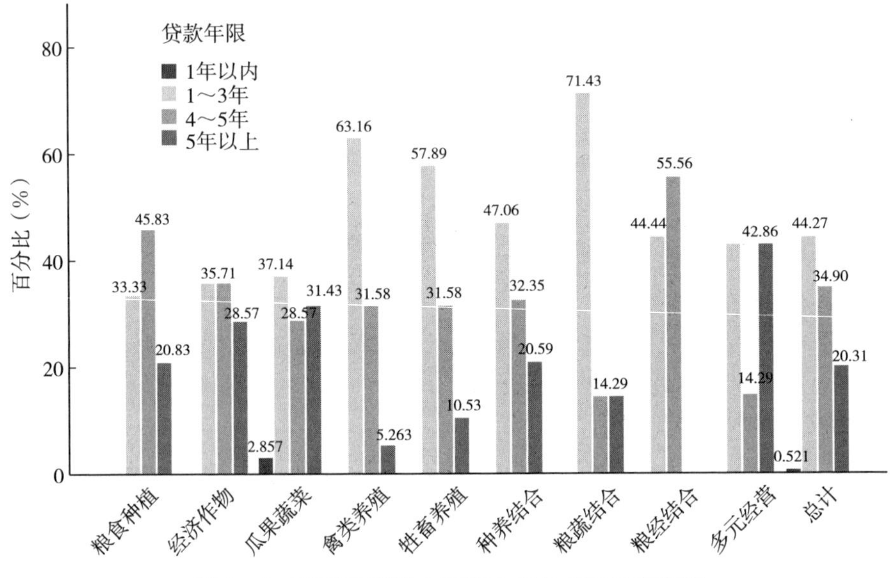

图5-2　不同类型样本家庭农场的实际融资期限

（二）期望融资期限与实际相比差异明显

全部样本的期望融资年限与实际融资期限相比有较大变化。如图5-3所示，期望融资期限在1年以内的占16.9%，1～3年的占31.2%，4～5年的占23.6%，5年以上的占28.3%。与实际融资期限相比，5年以上的融资期限增加了6.3%，1～3年的减少了12.8%，4～5年的减少了11.3%，1年以内的增加了16.1%。从这些数据可以看出，在全样本中期望得到长期融资的农场比例上升，同时1年以内的短期融资也有所增加。这说明家庭农场的贷款期限潜在需求呈现多层次特征。不同类别的家庭农场在融资期限上的差异呈现出统计显著性。期望期限与实际期限的差异反映出，农村金融机构未能充分针对家庭农场的特点设计相应的金融服务，无法满足其多样化的融资需求。实际上，在家庭农场的生产周期内，每个环节都有各自的融资需求，并且每个环节所需的融资期限不尽相同，既包括中长期也包括短期，因此，需要金融机构创新金融服务和融资方式。

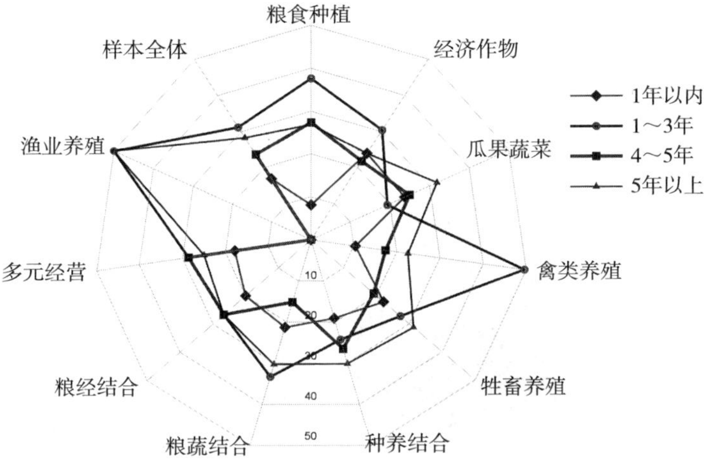

图 5-3　不同类型家庭农场的期望融资年限

四、融资方式主要通过信用、担保和抵押贷款

在获得贷款的农场中，42.2%是通过信用贷款，而 30.7%选择了担保贷款，剩下的 27.1%是通过抵押贷款（图 5-4a）。抵押贷款方面，最常见的抵押物是土地承包经营权证，占比达到 38.8%。紧随其后的是房屋产权证，占 18.8%，以及宅基地使用权证，占 11.8%。农业生物资产和农业设施及其他各占 10.6%和 8.2%，而农业设施资产则占 3.5%（图 5-4b）。在担保贷款的选择上，大约 50.6%的农场主选择亲戚朋友作为担保人，而农业企业和政府部门各占 15.3%。贷款担保公司的比例为 8.2%，其他渠道占 7.1%，农场员工则是 3.5%（图 5-4c）。这些数据表明，家庭农场更倾向于采用无抵押和无担保的信用贷款方式。随着我国《农村土地承包经营权抵押贷款办法》《关于开展农村承包土地的经营权和农民住房财产权抵押贷款试点的指导意见》等政策的推行，越来越多的农场主开始选择通过土地承包经营权抵押贷款、农民住房财产权抵押作为从银行获得抵押贷款的首选方法。在担保人的选择上，农场主仍然更多是依靠亲戚朋友作为主要担保群体，依靠其他群体作担保依然较低。特别是通过信贷担保公司来降低农场融资风险的模式，目前还未得到广泛推广。

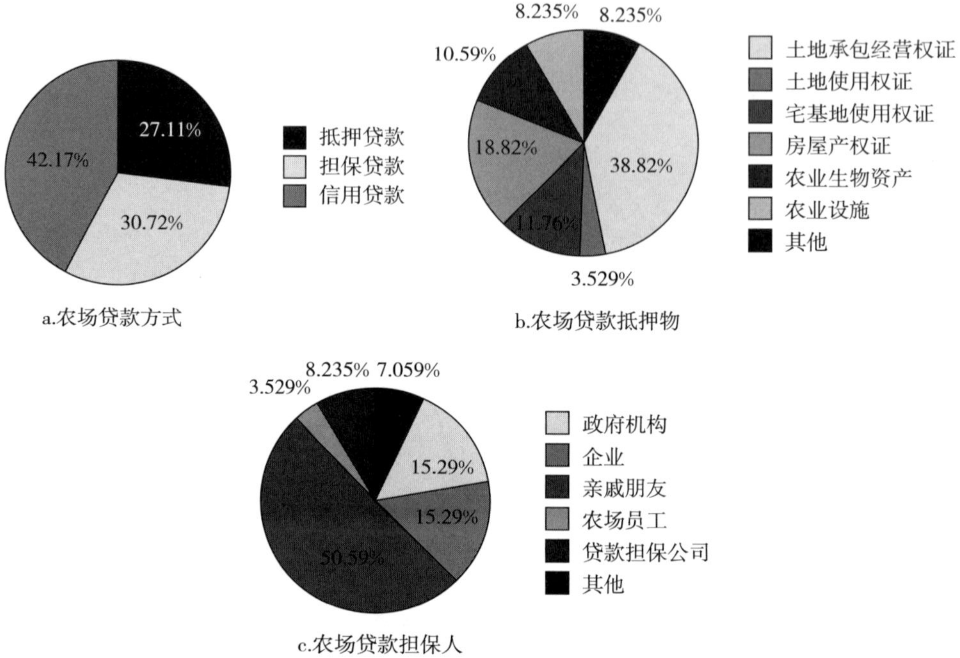

图 5-4 样本家庭农场的融资方式

五、融资主要用于设施建设、设备及农资采购

根据表 5-3 的数据显示，种植类农场、养殖类农场及种养结合类农场在资金使用上表现出不同的偏好。具体来看，农田基础设施建设是各类农场共同的重要支出领域，尤其在种植类农场中，这一项目占投资总额的 66.9%。同时，农业大棚设施建设也是各类农场的重点投资方向，占总计融资的 42.9%，显示了现代农业设施对提升农业生产效率的重要性。购买农机和农资也是各类农场的主要融资用途之一，尤其在种植类农场中，购买农机的占比高达 50.7%。这反映了通过引入机械化设备来提高作物生产效率的趋势。而在养殖类农场，进城购房的支出显著高于其他类型农场，占总投资的 14.8%，可能与养殖户的生活品质改善有关。支付土地流转费在种植类农场中较为常见，占 30.3%，体现了为了扩大生产规模或改善生产条件而进行的土地调整。教育医疗支出在养殖类农场中达到了 15.3%的占比，这可能反映了养殖户加大在人力资源方面的投入，注重家庭成员的教育和健康。偿还借款、农业服务购买以及其他类别的支出虽然在总投资中所占比例较小，但它们的存在说明了家庭农场在财务管理、生产服务外包以及应对其他复杂情况时的多元化需求。总的来说，家庭农场的融资用途主要集中在提高农业生产效率和扩大生产规模上，同

时也涉及提升生活质量和社会福利等方面的投资，显示了现代家庭农场发展的综合化趋势。

表 5-3　不同类家庭农场融资用途比较

融资用途	种植类		养殖类		种养结合类		总计	
	样本量（个）	占比（%）	样本量（个）	占比（%）	样本量（个）	占比（%）	样本量（个）	占比（%）
农田基础设施建设	331	66.9	73	33.8	79	58.5	483	57.1
农业大棚设施建设	217	43.8	90	41.7	56	41.5	363	42.9
购买农机	251	50.7	87	40.3	63	46.7	401	47.4
农业服务购买	86	17.4	21	9.7	18	13.3	125	14.8
购买农资	205	41.4	83	38.4	55	40.7	343	40.5
支付土地流转费	150	30.3	20	9.3	24	17.8	194	22.9
偿还借款	34	6.9	24	11.1	13	9.6	71	8.4
进城购房	24	4.8	32	14.8	5	3.7	61	7.2
教育医疗支出	24	4.8	33	15.3	3	2.2	60	7.1
其他	33	6.7	25	11.6	4	3.0	62	7.3
总计	495	100.0	216	100.0	135	100.0	846	100.0

第二节　家庭农场融资约束的表现及成因

相较于普通农户，家庭农场具有规模化经营、专业化生产、企业化管理等特征，在其经营过程中需要更多的资金投入，其信贷融资需求更强烈。但现实中，农村金融市场的系统性缺陷及金融机构的信贷配给矛盾，导致农村地区信贷可获性较低，家庭农场从金融机构贷款难，成为制约其生产经营的重要因素（葛舒梦等，2021）。

一、家庭农场融资约束的表现

（一）家庭农场从金融机构融资金额有限

金融机构的逐利性难以满足农贷的新变化、新要求和新特征。这导致农村金融服务供不应求，金融排斥现象愈发明显。这种现象限制了农户从金融机构融资的能力。根据中国人民银行发布的《中国农村金融服务报告（2020）》显示，截至 2020 年底，中国金融机构本外币农村贷款余额达到 32.3 万亿元，占总贷款余额的19.0%。其中，农户贷款余额为11.8万亿元，仅占总贷款余额的6.9%；农林牧渔业贷款余额为4.27万亿元，占比2.5%；涉农贷款余额为38.9万亿元，占比22.9%。这表明，当前金融对农业农村的信贷支持不足，尤其是对农户的支持。家庭农场获得大型商业金融机构贷款的机会非常有限。表5-4数据显示，全国约348万个家庭农场中，只有1.6%获得了金融机构的信贷支持。在这些获得支持的农场中，63.6%的农场获得的贷款金额不超过20万元，而能获得50万元以上贷款的仅有11.7%。据农业农村部2019年全国家庭农场监测报告，2 826个样本农场中有83.2%的家庭农场存在融资需求，但仅有46.4%的家庭农场得到了贷款支持。这一情况说明，金融系统的信贷供给与家庭农场的金融需求之间存在严重的不匹配。

表5-4　2020年全国家庭农场发展数据及金融支持情况

指标名称	单位	数量	占比（%）
1. 全国家庭农场总数	个	3 480 624	100.0
（1）经注册登记的家庭农场	个	860 992	24.7
（2）县级以上示范家庭农场	个	112 933	3.2
2. 获得贷款支持的家庭农场数	个	56 017	1.6
（1）20万元以下	个	35 636	63.6
（2）20万～50万元	个	13 807	24.7
（3）50万元以上	个	6 574	11.7
3. 获得贷款资金总额	万元	1 738 899	100.0
4. 购买农业保险的家庭农场数	个	769 896	22.1

资料来源：农业农村部政策与改革司．2020年中国农村政策与改革年报［M］．北京：中国农业出版社，2021．

（二）信贷担保手续繁琐、机构少、费用高

作为理性人，若无法事先验证贷款人的资质和信用，金融机构必然要求贷款人提供有效担保才能发放贷款。传统农业信贷的担保方式主要依靠抵押和保证，但这两种方式往往不能满足不同类型贷款人的需求，且担保方式单一，担保手续繁琐。例如，在采访河南省舞阳县的农场主时，他在谈及融资贷款时表示："尽管可以使用土地流转合同进行质押贷款，但需要有国家公职人员、吃国家公粮的干部、教师等作为担保人，每人只能担保5万元，我若要贷款40万元，则需要找到8名国家公职人员，到哪里找这些人啊？"海润宝联合家庭农场的农场主反映道："年初贷款40万元，并支付费用让8人提供担保，形成互保，年利率为0.013 7%，共12个月还清。前3个月偿还本金，不计利息，

从 4 月至 12 月共计 9 个月，每月需还款本息合计约 49 000 元。我在前六个月每月均还款一半，但在后六个月我仍需支付 40 万元的利息，这种做法似乎不太公平。”

为弥补农村金融市场抵押物不足，扶持农业适度规模经营主体的成长，国家于 2015 年启动了全国农业信贷担保体系建设工作，成立了国家农担公司，各省建立省级农担公司。这既在政策层面建立了由财政出资的农业信贷担保体系，也旨在解决农业经营主体融资难的问题。然而，政策性担保支农运行仍存在发展不均衡、服务对象不够精准以及一定风险隐患等问题①。样本调查数据显示（图 5－5），对于信贷担保政策，农场主反映的主要问题有：贷款手续过于复杂繁琐，多数农场主不知如何办理（41.7%）；其次是担保费率过高（38.3%），然后依次是担保物要求太高（35.3%）、担保机构太少（34.8%）、担保品种太少（32.0%）、政府给予的担保补贴不足（33.2%），以及政策性担保不足（20.3%）。这些数据表明，我国的信贷担保政策尚未成熟，对具有较大经营规模的农场进行信贷担保依然困难，对普通农户而言，有效的信贷担保更是难以实现。

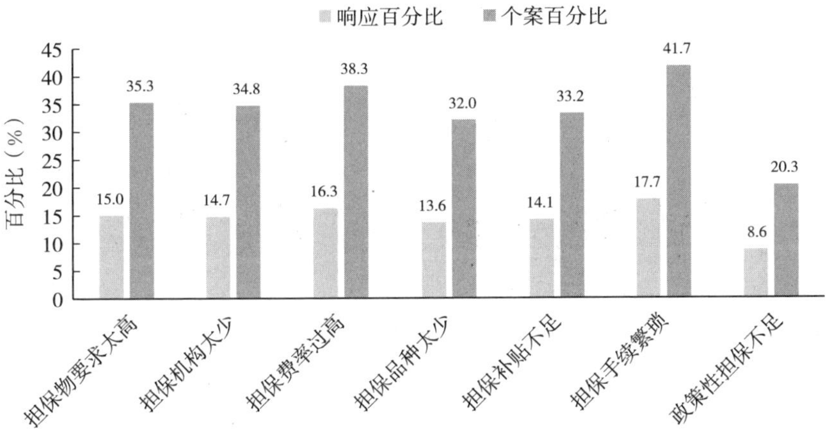

图 5－5 家庭农场主对担保支农政策的看法

据调查，当问及“若向银行申请过贷款，但没被批准的原因”，受访对象回答第一位的原因是信贷担保人不符合要求，其次为贷款项目经营风险太高，然后依次为贷款使用方案不合理、提供的抵押物不合格、缺乏配套自有资金等（图 5－6）。

① 财政部，农业农村部，银保监会，人民银行．《关于进一步做好全国农业信贷担保工作的通知》[EB/OL]. http://www.mof.gov.cn/gkml/caizhengwengao/，2020－07－07.

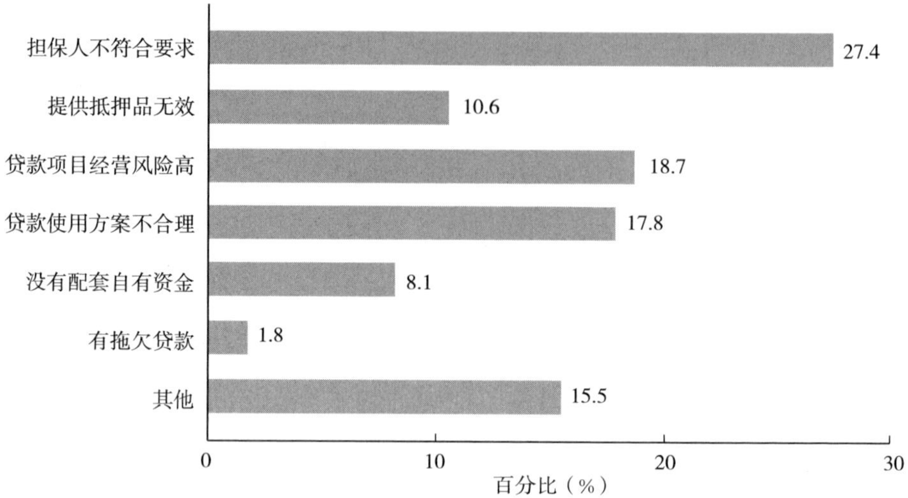

图 5-6 家庭农场向银行申请贷款未批准的原因

（三）融资贷款手续复杂、利率高、缺乏抵押物

家庭农场就像一个“微型企业”，除了固定资产、生产资料、基础设施建设及机械化投入外，还有一个巨大的刚性投入，就是地租。相对于普通农户，家庭农场具有强烈的融资需求。其中，通过向金融机构贷款是其筹资的主要方式之一。针对河南省 846 个样本农场的调查显示（图 5-7），复杂的借贷手续是家庭农场通过金融机构融资面临的最主要障碍，占样本的 59.8%。其他问题包括：贷款额度太小（14%）、贷款利率太高（8%）、融资期限太短（13%）、缺乏有效抵押物（11%）、贷款种类不足（10%）以及提供贷款的机构数量有限（6%）等。关于抵押物，由于农户通常没有固定工作和稳定收入，他们的房子也大多建在村集体用地上，没有完全产权证，因此在市场上难以有效流通。这导致农村宅基地无法用于抵押，房屋作为抵押物也存在变现处理困难。此外，农业机械由于损耗较大，并且存在政府补贴，一旦无法偿还贷款，处置起来相当麻烦，所以很多金融机构不认可这些作为抵押物[①]。

（四）金融服务家庭农场存在供给抑制

根据现代货币经济理论，金融已经成为了资源配置的重要机制。出于对利润最大化经营目标的考虑和对农业经济高风险特征的规避，大型商业银行为农业贷款服务的积极性不高，存在贷款审批程序复杂、贷款额度低等问题（李存、祝国平，2019），大型金融机构呈现出对农业经营主体供给性抑制，而金

① 杨璇铄．如何破解农业生产贷款难题？［EB/OL］．https：//china.cnr.cn/yaowen/20230327/t20230327_526197157.shtml，2023-03-27.

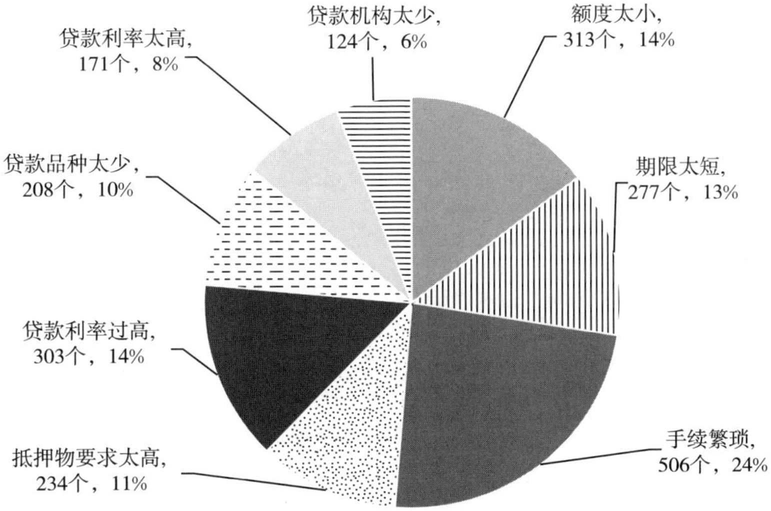

图 5-7　家庭农场从金融机构融资面临的主要障碍

融抑制的存在则直接导致了农村资金外流、农业经营主体的发展融资得不到满足。加之没有完善的风险管控机制作为支撑，金融机构为规避风险而惜贷。而以中国农村商业银行、农村信用合作社、村镇银行和新型农村合作金融机构为主的农村金融机构尽管发展迅速，但总体上规模小、市场竞争力不足，系统性风险高，不良贷款居高不下。以服务“三农”的主力军农村商业银行为例，2022 年全国农村商业银行四个季度的不良贷款余额平均达 7 549.75 亿元，不良贷款率平均为 3.295%，其中不良贷款率远高于其他金融机构，不良贷款余额仅次于大型商业银行（表 5-5）。家庭农场在生产经营活动中由于存在自然风险、收益不稳定等农业生产经营特性，贷款风险和不可控性远高于其他项目，并且存在规模小、经营风险大、财务信息披露不够等问题，让银行难以对家庭农场进行资产核算摸底和评估，自然在放款中选择谨慎的态度（毛宸，2021）。

表 5-5　2022 年四个季度全国金融机构不良贷款余额及不良贷款率

单位：亿元

金融机构	一季度		二季度		三季度		四季度	
	不良贷款余额	不良贷款率	不良贷款余额	不良贷款率	不良贷款余额	不良贷款率	不良贷款余额	不良贷款率
大型商业银行	11 593	1.35%	11 873	1.34%	12 043	1.32%	12 113	1.31%
股份制商业银行	5 074	1.35%	5 144	1.35%	5 164	1.34%	5 120	1.32%
城市商业银行	4 721	1.96%	4 702	1.89%	4 803	1.89%	4 776	1.85%
民营银行	137	1.43%	153	1.50%	159	1.47%	166	1.52%

（续）

金融机构	一季度		二季度		三季度		四季度	
	不良贷款余额	不良贷款率	不良贷款余额	不良贷款率	不良贷款余额	不良贷款率	不良贷款余额	不良贷款率
农村商业银行	7 497	3.37%	7 544	3.30%	7 615	3.29%	7 546	3.22%
外资银行	102	0.65%	123	0.80%	127	0.83%	109	0.72%

资料来源：中国银保监会官网．http：//www.cbirc.gov.cn/cn/view/pages/ItemDetail.html？docId=1054678&itemId=954&generaltype=0，2023-02-15.

二、家庭农场融资约束的成因

在市场经济条件下，由于农业信贷的特殊性（低收益、高风险、高交易成本等），商业性农业信贷供给往往不足，农户从金融机构融资受限，其主要原因有以下四个方面：

（一）制度约束与信贷有效抵押物缺乏

在实际信贷契约签订时，金融机构通常要求家庭农场提供抵押物，以防其无法还本付息时，用抵押物清偿。尽管国务院、中国人民银行等机构已出台多项政策措施，包括《关于开展农村承包土地的经营权和农民住房财产权抵押贷款试点的指导意见》《农村承包土地的经营权抵押贷款试点暂行办法》及《关于做好家庭农场等新型农业经营主体金融服务的指导意见》等，以拓宽抵押物的范围。但在现有中国土地制度下，农场所拥有的依法可抵押的土地承包经营权、林权等面临处置及变现难题，家庭农场所拥有的宅基地及房屋等，受法律限制以及评估机构缺失的影响，难成为有效抵押物，这阻碍了金融机构的信贷投入。将农村耕地、宅基地及房屋作为抵押物在实践中可能会面临一系列问题。首先是权属障碍问题，如使用权证书的缺失或者使用权范围的不明确等情况，这些都会影响抵押物的有效性和实现抵押的可能性。此外，还需要考虑到保障农民居住权益的问题，慎重推进相关制度的改革和完善，确保不会因此损害农民的基本生活条件和农业生产需要。

家庭农场即使可以通过土地经营权来抵押贷款，它也只能满足农户的小额贷款资金需求。以粮食种植为例，每亩地的收益本来就不高，能够评估出来的信贷额度也非常小；此外，家庭农场主要通过出租方式流转土地，尽管其期限较长，但租金大都一年一付，即年初支付当年的流转租金，银行只能认定经营者仅获得的是当年土地的经营权，因为一旦经营者无法按时还款，此时经营权作为抵押物的价值往往已经丧失[①]。由于法律的滞后性，地方政府行动迟缓，

① 李伟伟．农村承包地经营权抵押贷款应破解三大难题［N］．中国经济时报，2016-09-02.

农村土地承包经营权、农村宅基地、农村房屋等抵押担保在县域仍无部门承担抵押登记（陈雷，2016）。全国各地实行的土地承包经营权抵押，实际上是通过信用贷款或者依靠其他担保物完成[①]。银行为了降低自身的风险，往往会要求增加抵押物或联合抵押，如将地上附着物（如大棚、作物）和土地经营权“捆绑”抵押，但评估价值以地上附着物为主；由政府部门或担保公司进行“信用担保”[②]。这实际上已经不是真正意义上的土地经营权抵押贷款。课题组对河南省的调查数据显示，约有1/3的家庭农场主反映缺乏有效抵押物是其不愿从银行贷款的主要原因。

（二）农场主自身金融信贷知识匮乏

家庭农场多由传统小农户发展而来，很大程度上仍保持着传统小农经济的乡村社会行为和思维方式。在这种思维惯性下，农场主的学习能力以及接受新事物的能力不足，对有关金融信贷政策和知识关注不够、理解不充分。主要体现在以下两个方面：一方面，家庭农场主的信用意识淡薄，不清楚自己的信用状况，也不知道怎样维护好信用，而金融机构放贷资金时非常关注农场主的信用。根据河南省的调研数据显示，在创办以来获得过金融信贷支持的166个家庭农场中，约有23%的农场因信用与银行等金融机构发生贷款合同纠纷。家庭农场主信用意识薄弱，这在很大程度上影响其从金融机构融资的难易程度及额度。另一方面，家庭农场主对金融服务和金融产品的了解度不够，过小或过老的家庭农场主可能对金融产品之间的差异不敏感或者根本不了解，无法很好地利用资源来使自己的收益最大化（王源、石业辉，2020）。这些问题使家庭农场无法在金融机构获得正向的经营成果考核评价，使其难以满足申请银行贷款的基本条件。

（三）家庭农场自身资质与信用不足

金融机构对信贷对象的要求非常严格，必须充分了解其资产规模、发展规划、成本收益、盈利模式和未来前景。但由于许多家庭农场由传统农户转变而来，它们的实力和管理能力通常有限，发展水平普遍不高。同时，农场的经营规模和类型多种多样，发展阶段各异，这导致金融机构在办理农场贷款时难以全面掌握相关信息，从而增加了评级、放贷和贷后管理的难度，限制了家庭农场的融资能力。此外，很多家庭农场未在农业部门备案或在市场监管局注册为法人，金融机构难以掌握这些农场的资质信息，这增加了金融机构放贷的潜在风险，加剧了贷款管理的难度。根据河南省的调查数据显示，仅有45.6%的

① 桂华．集体农地制度改革的回顾、反思与展望［EB/OL］．https：//www.zgxcfx.com/zhubiantuijian/90979.html，2016-09-27.

② 李伟伟．农村承包地经营权抵押贷款应破解三大难题［N］．中国经济时报，2016-09-02.

农场经农业主管部门认定备案，37.8%的农场在市场监管局登记注册，而示范农场的比例仅为11.6%。从财务管理方面看，只有8.7%的农场拥有持证专职会计人员，而有74.3%的农场未建立规范的会计核算方法。另外，家庭农场的产业化链条较短，农业生产的标准化水平较低，缺少农产品品牌，产品附加值低，市场竞争力有限。样本中仅有27.1%的农场拥有商标，通过“三品一标”认证的农场也只有35.5%。可见，多数家庭农场发展质态不佳。

（四）金融产品供给不适应家庭农场的需求特点

家庭农场能否获得信贷支持是供需是否均衡的结果。目前家庭农场对金融服务的需求强烈，他们期望获得金融机构的贷款支持（姚林华，2013）。根据供需规律，农户的金融需求旺盛，而供给不足，银行系统本应有利可图。但实际上供需缺口巨大，主要原因在于供给方面的问题，在商业银行体制改革之后，其信贷产品和信贷管理体制未能适应农村复杂的财产关系（陈锡文，2009）。家庭农场需要多种金融服务，除传统的存贷款业务，还包括理财、支付结算、代理、汇兑、金融租赁、期货、灵活的ATM、电话银行等服务。要获取关于金融知识、信息和政策等的综合金融信息服务。由于金融机构业务和技术创新必然面临较高的“拓荒成本”，仅靠金融机构本身难以承担这些成本。尽管家庭农场在我国快速发展，但它们仍处于初期阶段，鼓励金融机构为家庭农场提供服务和技术创新的相关政策尚未完全建立。农村金融系统尚未根据家庭农场的特性设计专门的金融服务，无法满足其在不同融资阶段的需求。

第三节　破解家庭农场融资约束的措施

家庭农场融资难成为普遍现象，金融机构对其支持力度也不够。为了解决二者之间匹配度不够的问题，在本章前两节的研究基础上，本节从金融机构、政府部门、农业价值链、家庭农场自身四个方面，提出破解农业信贷融资约束的策略。

一、创新农场贷款抵押担保的体制机制

（一）推动金融机构数字化建设，建立信息共享机制，发展信用担保

应用数字技术提高金融机构的风控能力，减少对传统担保的依赖。构建家庭农场信用信息库，依托新型农业经营主体信息直报系统，为信用评估提供数据支撑。借助全国家庭农场名录管理系统，掌握农场主身份，农场劳动力构成、经营规模、注册登记、经营收益等基础信息，并将家庭农场的示范等级评定等业务嵌入名录管理体系，提升数据的及时性、准确性。获得授权的金融机构可以通过系统全面了解家庭农场的信用情况，以解决信息不对称的问题，对

入库家庭农场的信用进行评级，对示范性家庭农场和经营业绩较好、信誉良好的家庭农场发放信用贷款，无须不动产抵押。在充分掌握家庭农场资质信息的情况下，可极大提升金融机构资金投放的审批效率，保证农村金融机构的债权能够得到有效保障。

（二）创新政府、金融机构与担保公司合作机制与风险管理制度

建立“农政银担”合作机制，通过政府、金融机构和担保公司的合作，建立覆盖全省的服务网络体系，制定详细的业务流程和风险防控体系。鼓励政府支持的担保公司为家庭农场提供手续简单且费用较低的贷款担保。中央和地方政府应提供资金支持用于各级农担公司的注资，同时给予担保费用补助和业务奖补，以降低农业融资成本和提高风险代偿能力。风险管理方面，需要督促各级农担公司加强风险防控意识，大力支持发展农业保险，金融机构可以通过提供保费融资服务，帮助家庭农场购买农业保险，从而降低信贷风险。如吉林延边州，为解决家庭农场规模扩大遇到的资金难题，自 2012 年起，该州尝试实行土地收益保证贷款的融资模式；此模式在确保不改变土地所有权属性和农业用途的基础上，允许农户将一部分土地的承包经营权自愿转让给政府设立的公益性平台公司，并与其签订经营转让合同，该公司再将土地转包给农民经营，并向金融机构出具共同偿还借款的承诺；然后，金融机构按照统一的贷款利率，向农民提供贷款；统计数据显示，这一新模式实施以来，已经累计发放 32 笔贷款，共计 1 132 万元，占全部家庭农场贷款的 57%，有效缓解了农场融资难题①。

（三）围绕家庭农场，开发多样化的信贷产品

金融机构可以根据家庭农场的特点，设计专门的信贷产品，满足其资金需求。包括为家庭农场提供短期流动资金贷款、中长期投资贷款以及设备购置贷款等。拓宽抵押物范围，如允许家庭农场运用存货抵押、保单质押、应收账款质押，以及将宅基地使用权、房屋产权、大型农用机械、仓库厂房、温室大棚、运输工具、活体畜禽、养殖圈舍等列为抵押物。推动家庭农场采用无形资产抵押质押融资，如通过完善商标、专利等知识产权的作价、评估机制，探索形成农业产业化联合体成员利用无形资产进行抵押质押。鼓励家庭农场与担保公司的合作，支持和引导担保机构优先为家庭农场提供担保贷款，以降低金融机构的融资风险，同时提高家庭农场的融资效率。

（四）推动家庭农场抱团发展，采用信贷联保制

联保方式要求所有成员不能同时贷款，只有前一个小组成员还款后，下一个小组成员才能获得贷款。在家庭农场中，这种方式使得小组成员间相互监

---

① 宗巍．家庭农场加快土地流转 催生融资新模式［EB/OL］．http：//www.moa.gov.cn/xw/qg/201401/t20140115_3739507.htm，2014-01-15.

督、相互制约，并且小组成员间关系比较密切，可以使得家庭农场与金融机构之间的不对称信息尽可能减少。除此之外，金融机构在前期可以根据农场主的如期还款次数来适当地扩大之后的贷款金额。如江苏省针对家庭农场融资难、融资贵，通过立法明确地方各级人民政府应当鼓励和支持金融机构针对家庭农场开发和推广低门槛、低成本、易申请、高效率并与农业生产周期相匹配的流动资金贷款产品、中长期贷款产品，完善信用建档评级，增加对家庭农场的首贷、信用贷，县级以上地方政府应当统筹安排相关资金和发挥乡村振兴投资基金作用，支持家庭农场发展。

二、完善政府支持家庭农场信贷的制度体系

完善农业信贷支持的制度体系是加快转变农业发展方式、促进现代农业发展的关键措施。

（一）完善政策性农业信贷担保体系，降低金融机构的信贷风险

利用财政政策引导金融机构增加对农业领域的信贷投放，通过建立信贷担保体系降低银行的风险，提高其支持农业的积极性。设立专门的农业信贷风险基金，为金融机构提供一定程度的风险补偿，鼓励其向新型农业经营主体发放贷款。通过信贷担保体系的建立，提高财政支农资金的使用效率和效果，促进资金流向更为关键和有效的农业投资项目。推动政府、金融机构、农业企业和第三方机构等多方面合作，共同推进农业信贷支持体系的发展。此外，还应加强农业信贷担保的风险管理，建立完善的农业信贷风险评估体系，定期进行风险评估和管理，防范潜在风险；建立信息共享平台，收集和分析借款人的信用记录，减少信息不对称带来的问题。如江苏省为了更好地满足种养大户、家庭农场等新型农业经营主体的融资需求，组织全省银行业开展了信用建档评级工作和首贷扩面专项对接活动。截至 2023 年 6 月末，已有 75 164 户新型农业经营主体完成信用建档评级，完成率达到 100%。同时，走访对接了 12 025 户无贷款的新型农业经营主体，授信总额达 8.3 亿元。在“苏易融”普惠金融品牌下，还创新推出了“新型农村经营主体信贷产品便捷通”，该平台汇集了包括“兴农支付贷”“农机云贷”等在内的 365 款信贷产品，以满足新型农业经营主体的融资需求①。

（二）规范土地流转，强化土地经营权可抵押担保权能

为解决土地使用权抵押问题，国家需针对土地使用权流转出台专项法规，并完善规范的流转平台，以便土地流转信息能够广泛且便捷地传播。如利用现

---

① 曹丽珍，罗东波．“新型农村经营主体信贷产品便捷通”推出 365 款信贷产品满足融资需求[N]．南京日报，2023-08-10.

代信息技术提高土地流转的透明度和效率，建立电子化土地流转平台，便于监管和服务。同时，应明确土地使用权流转享有法律保护，禁止任何干扰土地使用权交易的行为。建立健全土地流转纠纷的调解、仲裁和诉讼等多元化解决机制，及时有效解决土地流转过程中的争议。确保承接农地使用权的主体得到充分的法律权益保障。

（三）优化金融支农政策，调动金融机构支农的积极性

面对金融机构对农村业务缺乏积极性的现象，应该提高金融机构对家庭农场发展前景的认识，通过政策引导和财政补贴降低金融机构的业务成本和放贷风险（毛宸，2021），并且保障金融机构的放贷利益，以此调动金融机构对涉农业务的积极性，开发针对家庭农场的多样化信贷产品。第一，鼓励金融机构接纳多样化可用于抵押的资产，允许不同类型的家庭农场选择不同的抵押物品，如种植型的农场可以选择的抵押物为生产工具、土地承包经营权等金融产品，养殖型的家庭农场可以选择的抵押物为订单合同、厂房等金融产品。第二，根据不同类型和不同经营范围家庭农场的生产周期特性，推出针对性的专项短期和中长期贷款产品。第三，可由政府农业主管部门对区域内家庭农场进行摸底调查，建立完备的信息数据库，包括家庭农场规模、经营类型、经营效益、成立年限、资产构成、农场主个人素养等，对家庭农场的经营管理进行监测，为金融机构对不同资质的农场放贷提供信用依据，以降低金融机构识别家庭农场资质而产生的交易成本。

（四）加强对家庭农场金融支持的地方立法建设

加强对家庭农场金融支持的地方立法建设，需要从多个维度入手，以形成有力的法律保障和政策环境。首先，应通过地方法规明确家庭农场的法律地位，并制定相应的支持政策，如税收优惠、财政补贴等，鼓励其发展。其次，完善金融服务体系，推动金融机构提供多样化的金融产品与服务，满足家庭农场的特定需求，并简化服务流程，降低其获得金融服务的门槛。同时，建立风险分担机制和信用体系，减少金融机构的信贷风险，提高家庭农场的信用水平。此外，强化法律法规的执行力度，通过宣传、培训提升家庭农场主的法律意识，确保政策的落实。还要注重提升家庭农场的自身管理能力和市场竞争力，鼓励其规模化、集约化经营。地方立法时，需充分考虑地方实际情况与中央政策的衔接，确保法律法规的针对性和有效性。最后，关注法律法规的时效性与可持续性，定期进行审查和更新，以适应农业发展的新趋势。

三、推动核心企业发展农业产业价值链金融

基于农业价值链上不同主体之间交易关系的价值链金融，是家庭农场生产

性融资的重要来源。农产品生产、加工、包装、储运和分销等环节构成了农业价值链。价值链上的不同主体之间基于商品交易关系，可形成金融交易关系，为家庭农场提供融资。具体可通过两种途径：

（一）鼓励农业价值链上的核心企业等主体为农场直接提供融资服务

直接融资服务主要指价值链上的核心企业或合作社通过赊销、预付等方式，为其上下游的农业经营主体提供短期的流动资金，也称为商业信贷或贸易信贷（孔祥智等，2023）。如以温氏集团为例，该集团通过紧密型“公司＋农户”产业链接模式，对上游农户赊销生产资料（鸡苗、饲料等），同时给予一定的养殖技术指导，在农户将鸡苗饲喂到一定标准出栏后，再进行回购，回购过程中由温氏集团扣除相应的生产资料款和利息。为鼓励农业价值链上的核心企业等主体为家庭农场直接提供融资服务，应进一步加强农业产业化联合体建设，鼓励农业价值链上的核心企业与家庭农场之间建立稳定的合作关系，形成产业联盟，实现资源共享、利益共赢；建议政府可通过税收减免、贴息贷款等方式为核心企业提供财务支持。例如，对于向家庭农场提供融资服务的企业，可在一定期限内提供税收优惠或直接补贴；政府设立融资担保基金，降低核心企业为家庭农场提供融资时的风险损失。

（二）推动金融机构与农业价值链上核心企业合作为农场提供间接金融服务

大力推动金融机构与农业龙头企业、合作社、中间商等合作，结合“公司＋农户”“公司＋中介组织（如合作社、基地、经纪人）＋农户”的模式，利用订单预期收益和核心企业担保等方式控制风险，并为上下游主体提供贷款（孔祥智等，2023）。目前，农业价值链金融常见的产品包括应收账款质押、预付账款质押、仓单质押、订单融资、核心企业担保、信用评分等（表 5－6）。例如，醴陵市以湖南神农米业、醴陵市粮油购销总公司等稻米加工企业为龙头，建立了“企业＋基地＋大户＋农技社会化服务组织”的水稻产业化经营体系。形成了规模种植 500 亩以上的农业公司和农民专业合作社共 15 个，以及约 200 亩的家庭农场 36 个。该体系充分利用了优质水稻产业的成片优势，并以龙头企业为担保，发放了 22 笔贷款，累计放贷金额超过 600 万元，支持了 8 个家庭农场的发展[①]。

总之，农业价值链金融改变了银行等金融机构针对家庭农场等农业经营主体的单一授信模式，而是从整个农业产业链入手，从农业生产资料供给到农产品的生产、销售各环节，为产业链的整体运行提供金融支持。在这种模式下，各农业经营者不再是分散孤立、高风险、低收益的客户群体，而是与农业核心企业利益共享与风险共担的优质客户，该模式可以有效缓解农业农村金融抑制

① 凌光武．金融支持家庭农场发展的路径［N］．金融时报．2016－1－18.

加剧的现状。

表 5-6　常见的农业价值链金融产品

产品大类	具体产品	内容描述
应收账款类	应收账款质押	为核心企业上游供应商提供短期融资服务，上游供应商一般拥有对核心企业的应收账款。金融机构可以与核心企业 ERP 系统直接对接获取真实交易数据以及应收应付关系，从而提供批量、自动、便捷的信贷产品
预付账款	预付账款质押	对于向核心企业支付预付款而提前订货的下游经销商，银行可以提供预付账款质押融资
仓单/库存	仓单质押	对于下游经销商以及进行了仓储的经营者而言，可以基于仓单质押提供贷款
未来收益	订单融资	银行为核心企业的长期贸易合作供应商提供以订单为基础的短期融资服务
担保类	核心企业担保	核心企业利用信息优势为上下游提供担保，核心企业可以实现全流程控制，降低风险
信用评分	信用评分	依据交易信息等评分，比如阿里巴巴等利用交易信息进行信用评分，然后提供贷款

资料来源：孔祥智，马九杰，朱信凯．农业经济学［M］．北京：中国人民大学出版社，2023.

四、推广由政府监督、行业协会参与的融资模式

行业协会是由同业组织自愿形成、自律管理的社会团体。除了通过商业融资之外，家庭农场的发展还需要其他资金来源。从 21 世纪开始，我国开始实施“工业反哺农业、城市支持农村”的战略，逐渐增加了对农业农村的财政资金支持。因此，可以推广由政府监督、行业协会参与的融资模式。在这种融资模式下，行业协会将政府的部分财政补贴资金和会员的入会费进行整合作为家庭农场的融资担保金，为那些需要融资的家庭农场做担保。这样，政府便能够更好地监管家庭农场的进展，同时行业协会也可以在农场无法偿还贷款的时候用担保资金优先返还贷款。如果农场主申请贷款，行业协会作为媒介，应该先调查其家庭情况、经营状况、未来发展前景，进而确定合适的贷款额度。为了解决不同试点县发展不均衡的问题，以及发放贷款审核环节繁琐、担保和抵押物不足等问题，安徽省已提出试点设立融资风险补偿基金。该基金将由政府、银行、担保及保险机构、农民合作社以及家庭农场共同按比例承担风险。这一方法将财政投入方式由以往的直接补助，改进为运用市场化手段投入，发挥财

政资金“四两拨千斤”的作用，收到良好效果，为农民合作社和家庭农场融资提供了便利渠道①。

五、加强对农场经营者的金融素养教育

（一）全面提升农场主及家庭成员的金融素养

实施农场主金融素养提升计划。政府机构应当定期举办金融知识培训班或研讨会，专门针对家庭农场经营者的需求设计课程内容，包括基础的金融知识、信贷产品介绍、贷款申请流程等。通过系统的学习，提高农场主对金融服务的认知水平和应用能力；积极向家庭农场经营者普及有关小额贷款税收优惠、财政支持等政策措施，帮助他们更好地了解和利用这些优惠政策，降低融资成本；定期组织家庭农场成员培训，宣传介绍优秀家庭农场的发展案例，在培训中要让农户了解家庭农场的经营管理和金融信贷的知识，对家庭农场经营中可能发生的风险及可行性规避途径进行深入解读，让农场主更加清楚家庭农场的发展方向与经营策略；建立政府主导的家庭农场信息服务平台，提供金融市场动态、信贷产品信息、法律法规等相关内容，方便农场主获取最新、最全面的金融信息；培养农场主品牌经营意识，提升其创建农产品品牌的能力，积聚品牌资本，形成品牌效应，从而向金融机构传递和显示家庭农场的优良经营资质。

（二）提高农场经营者金融信贷的数字素养

持续推动农业农村数字化建设，提升农场主的数字知识积累，建立针对家庭农场的交易信息数据库，增强金融机构利用数据对家庭农场的信用识别能力。农村经济主体大多缺乏信用记录，还款能力难以甄别，传统金融行业难以对其进行精准的信用评估，从而不易提供恰当、有效的金融服务。同时，受限于农村经济主体难以提供传统金融机构认可的抵押担保物，金融机构往往也难以覆盖“三农三牧”的融资需求，传统农牧区、农牧民“融资难、融资贵”问题仍然存在。在数字经济时代，结合数字经济平台，农户、农牧企业通过线上购买、数字支付、线上借贷等数字化方式，能够积累大量、连续的基础数据。金融与科技的融合使得金融机构能够在大数据挖掘和分析的基础上，结合农牧业行业发展现状、市场需求等因素对不同客户进行精准画像，并汇集客户交易的行为、财务及信用评分数据，对家庭农场和小农户客户进行合理的风险定价，继而进一步提高普惠金融的覆盖面。

（三）持续推进农村社会信用体系建设

推进农村信用体系建设，建立信用采集和评价制度，鼓励金融机构结合信

---

① 安徽：首批15个试点县发放贷款超2亿元［N］. 安徽日报，2015-11-25.

用评价与信贷投放，支持守信家庭农场融资。通过新闻媒体或在农村金融机构内放置宣传页，广泛开展诚信法治宣传，向农户进行信用意识教育，提高农户的信用观念。通过树立信用典型，宣传守信者的先进事迹，使守信者得到尊重和回报，提升农场主的信用认知和诚信素养。推进整村授信，全面铺开“一村一座谈”活动，逐村宣讲信贷政策、逐户开展评级授信。以河南省新乡县东大阳堤村为例，该村为“全国乡村治理示范村”，为帮助村民获得信贷支持，每年 12 月开展“诚信建设万里行活动”，举办“整村授信”活动，被授信的村民无须个人担保便可获得 5 万～30 万元的信贷；组织诚信座谈会，参加者包括在外工作学习的各级领导、企业家、教师、律师、务工人员以及在校大学生，激励村民外出做人做事要以诚信为本，并为本村未来的发展建言献策。2019 年，东大阳堤村成为河南省农村信用社在新乡市的第一个整村授信村。

第六章

家庭农场要素契约的选择及实证

家庭农场的发展依赖于土地流转、劳动雇佣、融资和服务等关键要素契约关系的缔结与治理。这些契约使家庭农场能够获得发展所需的土地、劳动力、资本和服务等核心资源。在农业经济体系中，土地、劳动力、信贷资本和社会服务之间的联系构成了一个相互关联的市场契约网络①。这四大要素的所有者在农地市场、农业劳动力市场、农业资本市场和农业服务市场上都会发生互动。每种农业要素市场的组织结构都对应着一系列相关的要素契约，而每种要素契约的选择和治理对家庭农场的运营效率具有重要影响。家庭农场通过与这些要素所有者建立契约关系，可以实现资源的优化配置，并获得规模经济效益。

第一节　家庭农场农地契约选择及稳定性治理

我国的农地家庭承包经营是一个农地所有权集体占有、农地承包权村民垄断与农地经营权流转受管制的契约安排，尤其是农地所有权与承包权在法律上禁止交易（罗必良等，2017）。因此，农地市场的发展主要集中在土地经营权的租赁市场上。对于租赁农户土地的家庭农场而言，理想情况下的租地契约应该既稳定又具可扩展性。这样的契约不仅需要有足够长的租期来控制租金上涨，避免增加农场的生产经营成本，同时也要确保家庭农场能够随着业务的发展顺利扩大土地租赁的规模。农地契约的稳定性是转入方经营权稳定性的直接决定因素（耿鹏鹏，2021）。如果地权契约不够稳定，家庭农场可能无法对所使用的地块进行长期经营的预期，这将影响其可持续发展。然而，从产权稳定性的角度看，农地转入方仅获得了农地的经营权，并未改变土地承包权仍归转出方所有的事实。这意味着转入方获得的农地经营权在严格意义上并不稳定。

① 罗必良，等．农地流转的契约性质［M］．北京：中国农业出版社，2019.

随着流转规模的扩大和缔约户数的增加，由于缔约交易成本的增加，违约和利益纠纷已成为突出问题（胡新艳等，2015）。基于此，深入研究家庭农场农地契约形式及治理结构，保障地权契约结构的稳定性，对促进家庭农场的可持续经营具有重要意义。

一、文献回顾

众多学者认为，交易成本、风险分散是影响地权契约选择和履行的主要因素。不同的交易成本需要匹配不同的契约安排（Cheung，1969；Allen、Lueck，2004；刘凤芹、谢适汀，2004；黄祖辉等，2008；管珊、万江红，2017）。土地的不均质性、劳动的不均质性以及要素属性的变化决定了农地契约交易成本的大小（桂华，2017）。家族势力、组织资源、缔约公平性等政治资源，农村集体组织力量，农地流转市场的发育程度，信任、声誉及文化等因素也对地权契约的形式选择及其稳定性产生影响（李尚蒲等，2013；孟召将，2012；洪名勇等，2016）。

对农民而言，土地不仅是生产要素，还关系到生存依赖、福利保障、身份表达和农耕情感等方面。这决定了农地流转不仅是产权交易，而是一种包含经济利益、政治利益、安全保障与情感收益等多重福祉的选择性交易（罗必良等，2019）。农地契约关系的不稳定性源于缔约对象的亲缘性、非契约形式的缔约方式及农户的“价格幻觉”等因素（罗必良、刘茜，2013）。此外，农地流转市场普遍存在无契约或契约期限过短的现象（钟文晶、罗必良，2014）。地权的不稳定意味着农户的土地未来可能易手他人。清晰且排他的土地产权制度能提高农民的投资预期，而地权不稳定则像对农户投资征收随机税一样，降低其投资积极性（姚洋，1998）。为保障契约关系稳定，可以赋予农户土地财产性权利，缔结长期契约，强化组织化的缔约过程，保障缔约的自主性和程序规制性（钟文晶、罗必良，2014）。加强交易双方的关联博弈强度，允许在受到伤害时“退出”，是契约有效执行的保障（伍开群，2013）。实践中，通过后续契约固化初始契约，即“以契约治理契约”来实现稳定（万江红、杨柳，2018），或通过集体组织与农户议定契约，在政府、村社集体与农户间形成阶梯型契约，明晰农地集体所有权和代理权，实现承包权利益置换，保障家庭农场经营权（刘守英等，2021）。应充分利用乡村社群关系填补契约不完全的漏洞，促进农地承包经营权的契约形成和执行（熊云波、唐清利，2012）。邹宝玲等（2016）研究发现，农地契约的完备性与契约期限正相关，即契约越完备，农户越可能签订长期契约。

综上所述，目前利用契约经济学的分析范式，对农地契约进行的研究多是基于土地转出户立场，鲜有基于家庭农场等土地转入方对农地契约选择的考量，且对农地契约稳定性的衡量多以短期和长期契约或正式契约和口头契约等二分类变量为响应变量，与实践中家庭农场土地缔约对象的异质性、契约选择的多样性不契合。基于此，本书将契约稳定性划分为契约期限、契约形式及契约纠纷三个方面，基于“契约人”假定及契约不完全性理论，构建资产专用性、不确定性和交易频率三维度理论分析框架，深入解读交易成本因素对家庭农场地权契约稳定性的影响。

二、理论分析与研究假设

威廉姆森的交易成本理论能够很好地满足缔约主体在农地流转中的“契约人”假设，能够有效辨识交易成本的不同方面以促进交易的微观分析，同时揭示交易特性、交易形式与组织制度之间的关联性（Williamson，1979；邹宝玲，2019；罗必良等，2010）。本书基于 Williamson（1979）对交易成本的分析范式，从资产专用性、交易不确定性和交易频率三个维度检验交易成本大小对农地契约稳定性的影响。

（一）资产专用性

资产专用性是指特定交易所要求的专用投资形成的资产可改作他用的程度。这包括各种形式的资产，如实物、人力、地点、品牌名称和时间等。这些因素是衡量双方依赖关系的标准。如果交易一方进行了专用投资，而另一方出于自身利益采取机会主义行为终止交易，这将给投资方带来巨大的沉没成本，即所谓的“套牢”效应。Klein（1996）提出了“可挤占租金”的概念，明确了机会主义的诱因是对可挤占租金的争夺及敲诈。他认为，一旦资产专用性投资达到一定水平，并且由此产生的未来租金足够多时，机会主义导致的敲诈行为可能性将超出契约控制的范畴，从而削弱交易合作的稳定性。Williamson（1979）分析了企业纵向一体化如何替代市场过程，认为企业选择纵向一体化而非市场机制的主要目的是减少因高资产专用性带来的交易成本，并解决被“锁定”的风险。在我国，由于农地所有权属于村集体，法律禁止买卖，家庭农场不能通过市场购买农地来实现纵向一体化，只能通过租赁市场来租赁农户的经营权。因此，在地权交易方面，市场与企业间的契约转换受到限制，农地市场的成熟度更多地依赖于租赁契约的稳定性（胡新艳等，2015）。

在家庭农场农地流转交易中形成的专用性资产，可以划分为以下四类：地理位置专用性、实物资产专用性、生物资产专用性和人力资本专用性。首先，地理位置资产专用性是指农地资源具有特定的地理区位、肥力和水源等条件，适用于特定的农业生产用途。由于农地的空间不可移动性，使其具有地理资产专用性。这种专用性的高低取决于农地的价值以及能否被替代。农地的专用性越强，其获取专用租金的能力越强，竞争力也越强，易引发农户的机会主义行为。其次，实物资产专用性。对于农地转入方而言，对转入的农地进行专用性投资（如地力培育、土地平整、修建农田水利设施、农业机械等）会提高生产率，带来投资收益。然而，这种收益的可得性实际上取决于交易关系的相互依赖性及其契约稳定性。一旦农地转出方违约，转入方的投资将成为沉淀成本。再次，生物资产专用性。农业生产的对象是具有生命的动植物和微生物，它们有自己的生命特征及生长周期。不同的生物对农业技术的要求不同。若无法建立信任，土地租赁经营者可能选择种植易于管理和低技术要求的农作物，如水稻、小麦等，避免劳动复杂、周期长的项目。在这些生物的生命周期内，经营者可能因土地转出方的退出威胁而重新议定契约。最后，人力资本专用性。家庭农场是从事农业规模化、商品化和专业化经营的新型农业经营主体，其规模通常是普通农户的 10～15 倍。作为较大规模的经营主体，需要农场主不断通过实践学习和参与农业技能培训等方式进行人力资本投资，以匹配从事农业规模经营所需的能力素质。这种从事规模农业的人力资本越强，农场主务农就越有信心，越倾向于缔结正式长期稳定的契约。

假设（6-1）：位置资产专用性特征及其风险引发的交易成本增加了契约稳定的维护成本。

假设（6-2）：所形成的实物资产数量越多，价值越大，家庭农场越易于被套牢，越期望缔结正式长期稳定的契约。

假设（6-3）：不同类型的生物资产对家庭农场的契约选择及稳定性影响有显著差异，对于坚果、果树、牲畜等生长周期长，技术要求更复杂的动植物，家庭农场更可能签订正式书面契约和更长流转期限的契约。

假设（6-4）：农场经营者一旦形成较强的农业人力资本，从事农业经营的能力和信心就愈强，更愿意以农为职业进行长远打算，期望缔结正式长期的契约。

（二）交易不确定性

由于主观和客观条件的不断变化，交易双方在交易过程中存在极大的不确定性。在农地流转过程中，缔约行为的不确定性主要来源于转出户与家庭农场之间的信息不对称，而这种不对称性会影响双方对未来潜在风险的判断。依据经济学的供求原理，农户的土地供给是相对缺乏弹性的一方。对于许多农户来说，土地不仅仅是生产要素，还承载着家族传统、情感依恋等非经济价值，他们可能不愿意仅仅因为价格上升就出售土地。农地流转更多是由需求带动。这意味着农地流转的交易成本主要是由农地流入方主体来承担（蒋永甫、张小英，2016）。农地流转的不确定性因素对家庭农场等转入主体的影响更大。Arrow（1985）将信息不对称分为隐藏信息和隐藏行动两种类型，他反复强调每次交易中都含有某种信任的因素，每一份合同都会在某种程度上含有一些道德因素，没有它们，什么市场都不起作用。因此，为降低信息不对称性，需要缔约各方彼此间建立信任。

在乡土社会，农户间的信任机制主要有三种类型：首先，是基于乡村社会村民间的血缘、亲缘、友缘关系而形成的关系信任。家庭农场多源于本村，对土地信息和人际关系较为熟悉，因此其他农户对他们有较高的信任度。利用地缘和亲缘优势，农场主可以节省获取、甄别、选择农地流转的信息成本，同时减少土地集中、签订合同以及确保合同执行的费用。Williamson（1979）认为，紧密的关系有助于交流，从而降低因信息不对称引起的不确定性。其次，是基于开放市场社会而形成的商业信任。如果经营主体在市场上展现出强大实力和可观利润，形成了值得信赖的声誉，即使交易双方不是非常亲密，随着交往增多也能建立起良好的信任。家庭农场与土地转出户之间的关系越紧密、越熟悉，信任就越强。如此，一系列短期、非正式的契约就足以维持契约关系。因此，交易双方的亲疏关系在很大程度上反映了农地契约的可执行性和预期稳定性，同时也描绘了农户转出农地过程中的不确定性程度。最后，是源于正式规则的制度信任。国家为了规范农地承包经营权流转，出台了《农村土地经营权流转管理办法》《农村土地承包合同管理办法》等一系列政策文件，支持农地流转和规模经营主体的发展。这些制度规则的强制性约束有助于降低交易双方的机会主义行为，为缔约提供稳定的预期。例如，在《农村土地经营权流转管理办法》中，对流转合同的签订方式和内容进行了明确规定，要求明确载明契约双方的权利和义务、流转价款及其支付方式和时间、违约责任等，并由农业农村部提供标准的土地经营流转合同示范文本。农地流转行为的不确定性反映了可能发生的机会主义行为，而不同渠道的信任机制对契约的选择与执行将产生不同的影响（罗必良、李尚蒲，2010）。

假设（6-5）：在关系信任机制下，家庭农场更可能缔结口头契约或短期契约，甚至无任何承诺的空契约，相应的契约纠纷也会上升。

假设（6-6）：在商业信任机制下，家庭农场为保持自己的市场竞争力，更愿意缔结长期、正式的契约，契约纠纷也会减少。

假设（6-7）：在制度信任机制下，政府对家庭农场发展的支持，有助于增强农场主持续经营的预期，降低家庭农场缔约的成本，家庭农场更可能缔结长期、正式的契约，在制度的约束下也有助于降低契约纠纷的发生。

（三）交易频率

交易频率主要指家庭农场在土地流转过程中与农户就契约内容进行交易及协商的频次，如果双方经常进行交易，他们可以构建一个专门的治理结构来分摊多次交易的成本。相反，一次性或偶尔的交易建立专门治理机构的成本通常过高。在资产专用性强、不确定性高的情况下，频繁的交易使得建立专门的规制结构更具经济性。在相同的交易环境下，农地交易频率高的一方更倾向于内部化交易，并建立起不同于简单流入、流出的规制结构，目的是降低交易成本。在我国农地流转中，交易通常首先在亲戚、熟人之间进行，随着交易范围的扩大，可能通过中介组织或村集体完成（罗必良、李尚蒲，2010）。

农地流转交易的频率可以通过三个主要角度来衡量。首先，是流转规模，即家庭农场租入的土地量。通常情况下，家庭农场租入土地的规模越大，其交易频率也越高。这会导致契约冲突和再调整的次数增加，从而使得交易成本上升。其次，是涉及的转入户数。显然，当涉及的户数增多时，谈判和缔约的次数也随之增多。最后，是农户承包地的地块数量。地块数越多，农地经营权的可分性越强，这意味着转出户在选择时拥有更大的弹性。因此，一旦出现获取更高回报的机会，农地转出户会有违约的动机，从而倾向于选择短期、灵活的契约。

假设（6-8）：农地流转交易涉及的交易对象、交易地块数越多，转入土地的规模越大，缔约的交易成本越高。在其他条件不变的情况下，这些变量的增加将引发契约结构的调整与冲突的上升。

综上所述，在“契约人”约束下，采用威廉姆森分析范式，从资产专用性、交易不确定性、交易频率三个维度测度家庭农场农地契约缔结的交易成本及影响，可以构建以下分析框架，如图6-1所示。

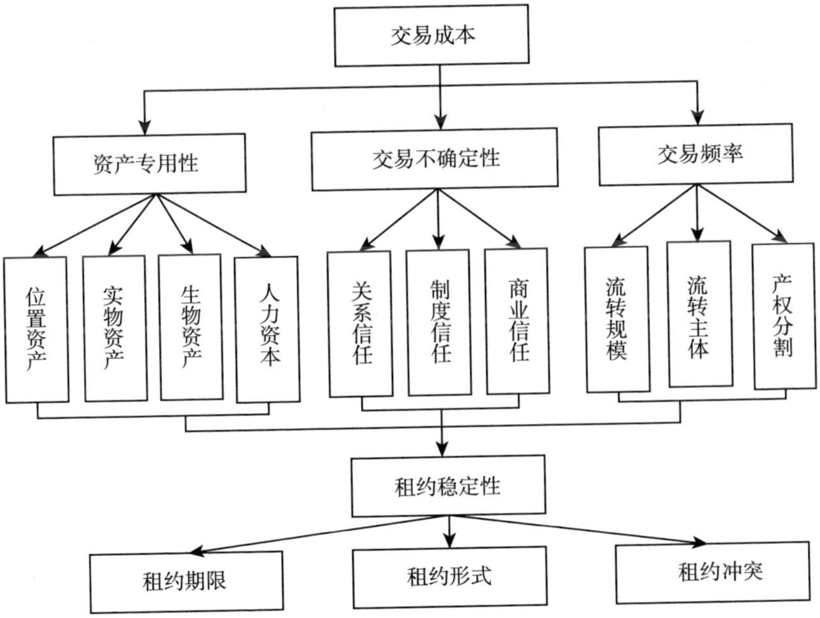

图6-1 农地流转交易成本对家庭农场农地契约稳定性的影响

三、研究设计

（一）变量选择

1. 因变量

农地契约稳定性是一个多维概念，通常表现为多个契约条款与内容的集合。契约稳定性并不完全由某一个单一条款的选择而决定，农地契约中的租期、契约形式、租金及契约对象，都是反映农地契约是否稳定的重要方面。参考已有的研究，本节从契约期限、契约形式和契约纠纷三个维度衡量农地契约的稳定性。其中：①契约期限只是契约稳定性在时间维度的表征。契约期限的长短及其所决定的行为预期将对契约的稳定性及其实施产生重要作用。作为一种长期契约，对“注定不完全”契约的规制或制度安排或许有一些较好的方法，但对短期契约来说，对于因信息不对称所引发的隐藏知识和隐藏行动的行为、界定或完善契约条款的成本过高及由资产专用性引发的“敲竹杠”问题，不完全契约理论并没有给出一个较好的解决方案（刘凤芹，2003）。②书面正式契约具有更强的约束力，同时政府部门统一制定了格式合同文本。出现契约纠纷时，处理方法因有先例，更容易获得第三方机构（如法庭）的裁决，从而在一定程度上降低不确定性。由此可见，书面契约比口头契约更具稳定性。③契约纠纷反映了在契约履行过程中交易双方发生的纠纷，而纠纷次数越多，表明农地契约的稳定性越低。

2. 自变量

参考已有对农地契约稳定性的研究，基于威廉姆斯的交易成本分析方式，选用土地地形、灌溉方式衡量家庭农场位置资产专用性；选用家庭农场农机设备的价值、农业设施的价值衡量实物资产专用性；选用是否粮食作物衡量生物资产专用性；选用农场主务农年限、务农兴趣、农业技能水平三个观察项衡量人力资本专用性。关于交易不确定性的测量，选用与土地流转户关系紧密程度衡量关系信任，用政府监管力度衡量制度信任，用是否注册登记、是否拥有品牌、是否拥有“三品一标”三个观察项衡量家庭农场的商业信任，这些信任机制的建立可降低缔约各方的信息不对称性，增强交易预期的确定性。对交易频率的测量，分别用流转土地占比衡量交易规模、涉及流转的农户数衡量交易主体、流转涉及的地块数衡量农地产权的空间分割。全部变量的定义、赋值、描述性统计及预期影响方向见表 6 - 1。

表 6-1 变量选择、定义及描述性统计

变量		定义	平均值	标准差
因变量	契约期限	流转期限在 6 年以上的土地面积/转入土地总面积	0.286	0.411
	契约形式	书面正式合同=1；口头合同=0	0.592	0.492
	契约纠纷	0 次=0；1 次=1；2 次=2；3 次=3；4 次及以上=4	1.620	1.062
自变量				
位置资产	土地地形	山地=1；丘陵=2；平地=3	2.907	0.411
	灌溉方式	漫灌、沟灌=1；喷灌=2；滴灌、渗灌=3	2.093	1.102
实物资产	农机设备	实际投入（万元）	7.884	15.37
	农业设施	实际投入（万元）	27.573	79.018
生物资产	是否粮食作物	粮食=1；其他作物=0	0.513	0.500
人力资本	务农年限	从事农场经营年限	3.557	0.976
	务农兴趣	很不愿意=1；不愿意=2；一般=3；较愿意=4；很愿意=5	2.312	1.234
	农业技能	近三年参加政府组织的农业技术培训的次数	8.080	6.631
关系信任	交易关系	不紧密=1；较紧密=2；很紧密=3	1.741	0.530
制度信任	政府监管	非常小=1；比较小=2；一般=3；比较大=4；很大=5	3.251	0.723
商业信任	是否注册登记	是=1；否=0	0.395	0.489
	是否拥有品牌	是=1；否=0	0.333	0.472
	有无三品一标	有=1；无=0	0.363	0.481
交易频率	交易规模	流转面积/农场种植面积	0.671	0.323
	交易户数	实际户数	18.821	70.898
	交易地块数	实际地块数	6.545	10.936

3. 数据来源与描述性统计

数据来自 2021 年 7—10 月对河南省家庭农场的问卷调查。调查内容包括农户家庭基本情况、家庭农场基本特征、生产要素投入、经营管理、环境条件、耕地质量保护六个方面共 97 个项目。样本选择主要采用两种方法：一是组织在校大学生深入家乡对本村符合家庭农场统计条件的农户进行一对一问卷调查；二是利用各地举办的青年农场主培训、职业农民培训等活动集中发放问卷进行调查。调查共发放问卷771份，其中集中发放问卷102户，组织在校大学生分散入户调查669份；剔除缺失值较多的问卷133份，有效问卷638份，有效率83%。进一步从样本中筛选出发生土地流转的家庭农场474个，作为本部分的分析样本。

根据表6-1，家庭农场转入土地的契约期限超过6年的占28.6%，签订书面合同的比例为59.2%。土地流转纠纷的平均次数为1.62次，这表明尽管有超过半数的正式契约，但租入土地的契约期限多数较短，且土地流转纠纷频发。土地地形与灌溉方式的均值分别为2.907和2.903，显示家庭农场转入的土地多为平地，主要采用节水灌溉技术。农机设备和农业设施的平均投入分别为7.884万元和27.573万元，反映出家庭农场的实物资产价值较大。种粮的家庭农场占51.3%，而非粮经营占48.7%，说明家庭农场在经营项目选择上呈现出非粮化倾向。农场主平均从事农场经营3.557年，对农业认同度较低，务农意愿的均值只有2.312，多数农场主参加过至少3次农业技术培训，形成了一定的农业技能。政府对农地流转交易的监管力度较大，平均值为3.251。相比之下，农户间的交易关系紧密度一般，均值为1.741。此外，已在市场监管局登记注册、拥有品牌、并经过“三品一标”认定的样本占比接近总体的三分之一。这一比例也反映出，大多数家庭农场的经营管理水平仍有提升空间。从交易频率来看，转入土地的规模占到农场种植面积的67.1%。在农地流转方面，平均每笔交易涉及18.821户，且平均涉及地块数达到6.545块。这些数据充分说明，我国家庭农场的形成主要基于农地流转，涉及的农户和地块数量较多，在土地集中过程中面临较大的交易成本制约。

综上，家庭农场较多采用书面正式契约，流转期限多不足6年，存在一定程度的契约纠纷。农场多分布在丘陵和平地，使用喷灌方式进行灌溉。实物资产投入差异较大，生物资产以粮食作物为主。经营者从事农业时间不长，对农业兴趣一般，但参与技术培训较为积极。信任机制中，商业信任建设较弱，交易频率波动大，涉及众多交易户和地块。

（二）模型设定

本书将农地契约稳定性分为三个维度来考量：

1. 契约期限

家庭农场土地来源涉及的户数众多，各缔约方的诉求也呈现出多元化。在同一个农场内，可能包含多种不同期限的农地契约。本节将农地契约期限分类为：无约定期限契约、1～5年、6～10年、11～15年、16～20年、21～30年以及30年以上。为了衡量契约期限结构的稳定性，我们考察了6年及以上土地流转面积占全部流转面积的比重。该比例越高，表明农地契约的稳定性越强。由于这个比值的取值范围为［0，1］，属于受限因变量，因此，我们采用Tobit模型来进行计量分析。模型的形式如下：

$$\begin{cases} condate_i^* = \beta_{i0} + \sum_{j=1}^{16} \beta_{ij} x_{ij} + \varepsilon_i \\ condate_i = condate_i^* \quad if \quad 0 < condate_i^* \leqslant 1 \\ condate_i = 0 \quad if \quad condate_i^* < 0 \\ condate_i = 1 \quad if \quad condate_i^* > 1 \end{cases} \tag{6-1}$$

其中，$condate_i^*$ 为潜在的家庭农场农地长契约期限占比，$condate_i$ 为第 i 个家庭农场的长契约期限占比；x_{ij} 为影响家庭农场的长契约期限占比的因素；β 为回归参数向量；ε_i 为独立的随机扰动项；$i=1,2\cdots,n$ 为样本家庭农场的个数，$j=1,2\cdots,16$ 为解释变量的个数；随机扰动项 $\varepsilon_i \sim N(0,\sigma^2)$。

2. 契约形式

农地契约形式属于二元选择问题，适合采用Logit模型。模型基本形式如下：

$$conform_i = \ln\left(\frac{p_i}{1-p_i}\right) = \beta_0 + \sum \beta_j x_{ij} + \varepsilon_i \tag{6-2}$$

式中，$conform_i$ 表示第 i 个家庭农场的农地契约形式选择，其中选择书面正式契约记为1，口头契约记为0；p_i 表示家庭农场选择书面正式契约的概率，$1-p_i$ 表示选择口头契约的概率；变量和待估参数与式（6－1）中相同。

3. 契约纠纷

本书将农地流转契约纠纷按发生次数分为0～4个层级，各层级之间存在明显递增关系，故采用有序Logit模型分析交易成本对农地契约纠纷的影响。模型基本形式如下：

$$\ln\left[\frac{p(y \leqslant k)}{1-p(y \leqslant k)}\right] = \alpha_k + \sum_i^n \beta_j x_j + \varepsilon \tag{6-3}$$

式中，k 表示契约纠纷的5个层级，y 为家庭农场所选择的契约纠纷层级，x_j 表示影响家庭农场农地契约纠纷的第 j 个变量，α_k 表示截距项，β_j 表示回归系数，ε 为独立同分布的误差项。

在此基础上，采用OLS模型对每个设定模式的实证结果进行稳健性检验。

四、实证结果分析

本书采用stata17软件进行建模分析，经VIF检验，模型变量的方差膨胀因子均小于1.90，均值为1.29，说明模型不存在严重的多重共线性问题；为抵消异方差，所有模型采用异方差稳健标准误回归，以增强结果的稳健性。计量结果见表6－2。

表 6-2 模型参数估计结果

变量	契约期限	契约形式	契约纠纷	契约期限	契约形式	契约纠纷
	Tobit	Logit	Ologit	OLS	OLS	OLS
土地地形	0.018 7	−0.159	−0.189	0.019	−0.036	−0.091
	(0.43)	(−0.65)	(−0.90)	(0.42)	(−0.64)	(−0.76)
灌溉条件	0.048***	−0.106	−0.193*	0.048**	−0.025	−0.092*
	(2.63)	(−1.09)	(−1.81)	(2.58)	(−1.08)	(−1.78)
农机设备	0.002*	−0.005	0.002	0.002	−0.001	0.003
	(1.67)	(−0.84)	(0.22)	(1.64)	(−0.81)	(0.60)
农业设施	0.001*	0.004*	−0.001	0.001*	0.001**	−0.000 1
	(1.87)	(1.75)	(−0.66)	(1.83)	(2.10)	(−0.11)
是否种粮	−0.061	0.345	−0.027	−0.061	0.086	0.004 3
	(−1.50)	(1.52)	(−0.11)	(−1.47)	(1.62)	(0.04)
务农兴趣	0.050***	0.119	−0.270**	0.050**	0.026	−0.106**
	(2.60)	(1.07)	(−2.40)	(2.55)	(1.01)	(−1.97)
农业技能	−0.006	−0.198**	−0.011	−0.006	−0.044**	−0.001
	(−0.34)	(−2.18)	(−0.12)	(−0.34)	(−2.14)	(−0.03)
务农经验	0.006**	−0.002	0.005	0.006**	−0.001	0.006
	(2.13)	(−0.12)	(0.30)	(2.09)	(−0.15)	(0.78)
交易关系	0.032	−0.523**	0.095	0.032	−0.120**	0.015
	(0.90)	(−2.53)	(0.46)	(0.88)	(−2.56)	(0.15)
政府监管力度	0.123***	−0.004	−0.320*	0.123**	−0.000 4	−0.125*
	(4.28)	(−0.02)	(−1.95)	(4.20)	(−0.01)	(−1.66)
是否注册登记	0.115 6**	0.639**	−0.161	0.115**	0.147**	−0.064
	(2.37)	(2.32)	(−0.62)	(2.33)	(2.37)	(−0.51)
是否有品牌	0.041	−0.017	0.538**	0.041	−0.000 2	0.226
	(0.76)	(−0.06)	(1.97)	(0.75)	(−0.00)	(1.60)
是否获“三品一标”认证	0.044	−0.063	0.723***	0.044	−0.015	0.268**
	(0.93)	(−0.25)	(2.78)	(0.91)	(−0.26)	(2.01)
交易规模	0.166**	0.663**	−1.022***	0.167**	0.155**	−0.439***
	(2.50)	(2.00)	(−3.24)	(2.46)	(2.00)	(−2.80)

（续）

变量	契约期限	契约形式	契约纠纷	契约期限	契约形式	契约纠纷
	Tobit	Logit	Ologit	OLS	OLS	OLS
交易户数	−0.001*	−0.004**	0.001	−0.001*	−0.001**	0.000 1
	(−1.71)	(−2.15)	(0.72)	(−1.68)	(−2.24)	(0.18)
交易块数	−0.000 2	0.024**	0.009	−0.000 2	0.004***	0.005
	(−0.14)	(2.08)	(1.12)	(−0.14)	(2.64)	(1.04)
常数项	−0.712***	0.980		−0.712***	0.730***	2.879***
	(−3.67)	(0.93)		(−3.60)	(3.02)	(5.51)
有效样本	423	441	441	423	441	441
R^2				0.198	0.072	0.090
伪 R^2	0.208	0.056	0.060			
F	5.651			5.437	2.828	3.141
Wald		34.24	62.26			

注：***、**、*分别表示在1%、5%和10%水平上显著；括号内为 t 统计量。鉴于篇幅限制，未列出有序 Logit 模型 4 个切点的值。

1. 对契约期限的影响

通过 Tobit 模型分析，我们发现位置资产中的灌溉条件在 1%的显著性水平上具有正向影响，表明灌溉条件越好的家庭农场，越愿意与土地转出户签订长期限的契约。这可能是因为河南省大部分农地位于平原，且样本中转入的土地主要是平地，导致地形方面的样本构成缺乏异质性。

从资产的专用性角度分析，两个观察项目均通过了 10%的显著性检验，并正向影响家庭农场的农地契约期限选择。这表明随着家庭农场在农业设施和设备上的投资价值增加，他们更倾向于签订长期的契约。

在衡量生物资产专用性的变量中，相对于种植经济作物和劳动更为复杂的瓜果蔬菜，粮食农场在一定程度上更倾向于选择短期契约，尽管这一变量未通过显著性检验，其影响方向却与预期相符。

从人力资本的专用性来看，农场主的务农兴趣通过 1%的统计显著性检验、务农经验通过 5%的显著性检验，这说明有较强务农意愿和对农业有深入了解、长期从事农业生产的农场主更倾向于签订长期契约。但农场主的农业技能并未通过显著性检验，且与预期影响方向相反。可能的解释：本节采用农场主近三年参加政府组织的农业技术培训次数衡量其技能，存在较大偏差，政府提供的培训不符合农民的实际需求。

观察反映不确定性的项目发现，三种信任机制的增强都提升了家庭农场选择长期契约的意愿。政府的监管力度在1%的水平上显著，表明政府部门在农地流转中的重要作用，政府的监管有助于减少农地流转过程中缔约双方机会主义行为的发生。商业信任中，“是否注册登记”通过了5%的显著性检验，表明规范发展的家庭农场更容易获得土地转出方的信任。而反映关系信任的交易关系虽未通过显著性检验，但对契约期限仍有一定的正面影响。

交易频率方面，交易规模对家庭农场选择长期契约具有显著的正向影响。但交易涉及户数的增加则使得签订同一期限契约变得更加困难，这一点在邹宝玲等（2016）的研究中也得到了证实。交易地块数的影响未通过显著性检验。

最后，稳健性检验模型显示，除回归系数标准误略有差异外，OLS回归分析中各变量对契约期限的影响与Tobit模型的结果完全一致。

2. 对契约形式选择的影响

契约形式的Logit回归结果显示出与契约期限模型较大的差异。这种差异可能源于实践中家庭农场转入土地的规模较大且涉及户数多，导致在同一家庭农场可能存在书面正式契约、非正式口头契约或无任何约定的空契约。本研究在设计时未充分考虑这些异质性特征。具体来说，本书中的契约形式作为二分类变量，并未考虑每个家庭农场转入的土地中不同类型契约（口头契约、空契约与正式契约）的面积占比，这可能是造成实证结果出现较大差异的原因。

总体而言，在契约形式的Logit模型中，农业设施、是否登记注册、交易规模和交易地块数均显著，并且这些因素对家庭农场选择缔结书面正式契约具有正向效应。这与理论预期相符，也与契约期限模型的影响基本一致。这表明，具有更强农业设施资产专用性、经过市场监管部门登记注册、转入土地规模更大以及涉及地块数更多的家庭农场，缔结正式书面契约的概率更高。

交易关系和交易户数两个变量在5%的水平上显著，但对家庭农场契约形式的选择产生负向效应。关系信任表明，交易双方的关系越紧密，家庭农场选择非正式口头契约的概率越高，这与预期相符。而交易户数的影响与契约期限模型的方向一致，即户数越多，缔结非正式契约的概率越大，这与预期不符。这或许解释了为何家庭农场的土地主要来自本村，在乡村社会中，人情关系和社会生活相互依赖性使得农地契约中口头契约或空契约较多。农业技能对契约形式选择的负向影响与期限模型中的解释一致。

其他变量未能通过显著性检验，且部分变量的影响方向与预期不符。此外，稳健性检验显示，契约形式的OLS模型结果与Logit模型的影响方向大体一致。但在OLS模型中，农业设施和交易地块数量的显著性有所增强。

3. 对契约纠纷的影响

契约期限和形式是缔约方基于信息、信任和利益等因素预先决定的。理论上，契约越完善，其稳定性就越强。契约纠纷通常反映了契约履行过程中的稳定性问题。有序 Ologit 模型的分析结果显示，灌溉条件、务农兴趣、政府监管力度、品牌拥有情况、是否认定“三品一标”以及交易规模等变量都通过了显著性检验。

灌溉条件的显著性水平为 10%，表明专用性资产较强的灌溉设施投入有助于提升农地质量，对土地转出户有利，因此违约的概率也较低。务农兴趣通过了 5%的显著性检验，说明以农业为职业的新型农民更有可能维护和增进农地质量，从而降低因自身履约问题引发的契约纠纷。政府监管力度在 10%的水平上显著，且回归系数为负，这意味着政府对农地流转的监管与帮助可以降低交易双方间的不确定性，进而增强农地契约的稳定性。

两个反映商业信任的变量即是否拥有品牌和是否经过“三品一标”认证对农地契约纠纷的发生产生显著正向影响。这意味着拥有品牌、获得“三品一标”认证的家庭农场更容易发生契约纠纷。可能的原因：品牌化和商标化是家庭农场高水平经营的体现，但当家庭农场因良好经营而实现利润增加时，会引起只获得固定租金的农户“眼红”，导致他们采取机会主义行为，如退出契约以迫使农场主增加租金，从而引发纠纷。

在交易频率方面，交易规模通过了 1%的显著性检验，且产生显著负效应，即交易规模越大反而会降低契约纠纷，这与假设不符。可能的解释：当发生较大规模的土地流转时，家庭农场更倾向于通过政府部门、村集体或合作社等中介来获取土地。这样可以通过一份统一的契约避免与众多农户进行个别谈判，减少交易次数。通过中介组织的协调，各方的利益能够得到有效保障，降低契约纠纷发生的风险。样本数据显示，在 474 个转入土地的家庭农场中，有 110 个（占 23.21%）通过村集体等组织进行土地流转；而在经营规模超过 100 亩的家庭农场中，这一比例达到 41.77%。

土地地形、农机设备、农业设施、是否种粮农场、农业技能、务农经验、交易关系、是否注册登记，以及交易的户数和地块数变量未通过显著性检验。这意味着这些因素对农地契约纠纷的发生没有显著影响。

契约纠纷的 OLS（Ordinary Least Squares）模型结果表明，各变量的显著性水平和影响方向与 Ologit 模型的结果基本一致，这说明 Ologit 回归模型具有良好的稳健性。

五、研究发现

本节利用河南省家庭农场的调查数据，实证分析了资产专用性、交易不确定性和交易频率对农地契约期限、契约形式及纠纷的影响。主要结论如下：

第一，随着农机设备和农业设施资产价值的增加，为避免被“套牢”的风险，家庭农场更倾向于与土地转出户签订长期限的农地契约。第二，具有浓厚务农兴趣和丰富经验的农场主更愿意长期经营农事，更有动力选择长期农地契约。政府组织的农业技术培训仍需进一步改进，以增强培训的针对性。第三，政府部门对农场经营管理的监管，对农地契约稳定性具有重要促进作用，有助于降低双方的机会主义行为，减少契约冲突，促使双方缔结长期限、正式书面契约。第四，经登记注册和“三品一标”认证、拥有品牌的家庭农场更值得土地转出户的信任。这些是形成声誉的资本，可降低信息不对称带来的不确定性，有助于建立长期合作关系、缔结长期限契约。第五，交易规模与户数对农地契约期限产生相反影响。转入土地规模越大，为保持地权稳定，该家庭农场越倾向于长期契约。但规模较大时，涉及的缔约对象越多，形式和期限选择就越难统一。若缔约对象中亲缘关系户数占比较高，非正式契约占比将增加。第六，农业设施资产专用性越强、经市场监管部门登记注册、转入土地规模越大和涉及地块数越多的家庭农场选择正式书面契约的概率更高。而交易双方关系越紧密，选择非正式口头契约的概率越高。交易规模扩大并不必然导致纠纷上升。当转入土地面积较大时，该家庭农场通常通过村集体、合作社等中介组织获得土地，与中介组织签订一份契约，避免与众多农户“一对一”谈判带来的风险，减少了契约冲突。第七，拥有品牌和经过“三品一标”认证的家庭农场发生契约纠纷的概率更高。这与租金支付形式有关。固定现金契约虽保证了土地转出户获得稳定收益，但当该家庭农场经营良好、利润丰厚时，若农户无法获得分红，易引发机会主义行为，导致纠纷上升。因此，保持契约租金支付适当的灵活性，采用“保底收益＋分红”等形式可能更符合土地转出户对增值收益的渴望，有利于契约关系的稳定性。

值得进一步思考的是，农地流转交易深植于乡土熟人社会，在同一个家庭农场中，农地契约既存在无任何约定的空契约、口头契约，也存在正式书面契约，契约的期限也有长期和短期并存的现象。普通农户是土地的供给方，对农地具有天然的“身份垄断”特征，其供给选择富有弹性；而作为需求方的家庭农场，对土地的需求相对而言缺乏弹性。因此，问题在于如何设计既能节约交易成本又能确保治理结构稳定的农地契约。农地契约的初次缔结一般是在家庭农场成立之初，此时农场的实物资产专用性的影响还未充分显示，初次契约的稳定性取决于双方的关系信任、政府制度的信任以及对未来的预期。随着家庭农场投入的增加，契约数量也会随之增加，各类资产专用性对农地契约稳定性作用的显现日益明显，保持地权稳定，缔结长期限契约，减少契约冲突对发展的影响就显得尤为重要。从长远和契约的延续性来看，实现家庭农场可持续稳定发展需要构建一套与土地转出户、村集体等利益相关者之间具有共容利益的契约体系。

本部分的政策启示是，由于租赁经营是我国家庭农场的主要特征之一，因而在初始缔约阶段，应充分发挥政府在农地流转协调、流转信息披露、标准化农地流转合同范本方面的规范作用；考虑到家庭农场是乡村熟人社会的一部分，政府部门应着力推动构建以家庭农场发展为目标，政府组织、村集体等中介组织为依托，普通农户等利益相关者参与的组织场域。通过合理的收入分享机制激励村集体和其他中介组织促进农户参与流转，构建村社统一的集体土地流转契约结构，然后通过竞争机制确定土地流转对象，缔结农地契约，从而实现通过以“中介组织契约来治理流转契约”，以降低交易的不确定性和交易次数，实现农地契约的稳定性。在契约的执行过程中，政府应加强对家庭农场帮扶与监管，保障农地的质量，鼓励家庭农场建设高标准农田，增强对农场经营人员培训的针对性，提高家庭农场的经营管理水平，鼓励家庭农场进行示范农场建设、农产品品牌创建、农产品“三品一标”认证，逐步构建家庭农场的商业信誉体系。从契约的可持续性来看，构建一套家庭农场、土地转出户、村集体之间的共容利益机制，是实现契约稳定可持续的关键。

第二节　家庭农场雇工缔约动因、问题及治理

随着农地流转的加速与农业经营规模的扩大，雇佣经营日益成为我国农业发展的客观现象和新趋势（王颜齐等，2017）。作为新型农业经营主体的主力军，家庭农场的劳动力结构也发生了转变，从以家庭自有劳动力为主或少量雇工转变为主要依靠雇工（尚旭东、朱守银，2015）。根据农业农村部2019年对全国样本家庭农场的监测数据，有常年雇工的家庭农场占比为62.58%，常年雇工人数平均是4.03人，最多雇佣达50人。有研究证明，家庭农场劳动力结构中雇工的比例普遍偏高（兰勇，2015；赵军洁等，2018）。雇佣生产可以解决农村劳动力不足和农业规模经营之间的矛盾，让生产要素和资源能够充分结合，提高农业的生产效率。但雇工增多的同时，也带来了雇工生产固有的委托代理问题。由于信息不对称，雇佣双方都拥有另一方不知道的信息，逆向选择和道德风险时常发生。如何确保作为代理人的雇工能完全按照农场主的要求完成工作任务，降低雇工过程中（包括雇工的挑选、激励及监督）产生的交易费用，在家庭农场的发展中具有重要意义。本书将研究焦点放在农场主与雇工之间的劳动雇佣契约关系上，重点分析在不同约束条件下家庭农场对农业雇工契约的选择，并探讨如何通过激励机制设计来提高雇佣契约的效率。

一、文献回顾

已有针对家庭农场劳动雇佣的研究，主要集中在以下几个方面：

（一）关于家庭农场雇工的争议

判断家庭农场的性质，雇工的数量是一个关键因素。根据马克思的政治经济学理论，农业经营性质的判定依据是雇工的比例。在我国，关于家庭农场的认定规则还没有统一的立法规定。2013 年，农业部发布的《农业部办公厅关于开展家庭农场调查工作的通知》指出，被纳入调查的家庭农场应当没有常年带薪工人，或者其数量不得超过从事农业劳动的家庭成员人数。学界对于是否应该限制雇工数量存在争议。至于什么是“常年雇工”，我国目前也没有一个明确的定义（蔡颖萍，2019）。尽管有学者对家庭农场的雇工规模，尤其是长期雇工的数量持保留意见，担心规模过大可能偏离家庭经营的本质，但普遍认为适度的雇工有利于家庭农场的发展，雇工数量不应成为家庭农场的一个硬性门槛（盛小伟，2013；王勇，2014）。通过分析宏观和微观数据，黄宗智和高原（2012）估计，总体上，农业雇工仅占中国农业全部劳动力投入的 3%，其中短期工仅占 0.4%。余练（2020）根据农场雇工在每亩水稻种植上的劳动日数与农场家庭一对夫妻投入的劳动日之比，估算我国家庭农场的雇工比例为 20%～30%。特别是那些由“中农”转型和职业农民内生型的家庭农场，展现出了强烈的“自我剥削”精神，这类农场的雇工比例非常低。

现实中，一些从事大规模农地经营的家庭农场已经突破了常年雇工的限制，其劳动力结构转变为主要依赖雇工（尚旭东、朱守银，2015），这使得家庭经营在形式上已难以维持。陈义媛（2013）基于湖南的调查资料，详细考察了当地家庭农场的发展情况，并认为当前政府推动下的家庭农场呈现出“资本主义式”的特征，家庭经营的核心已经发生了本质的变化。此外，有学者明确指出，家庭农场的劳动组织方式呈现出多样化特征，其性质并不局限于传统的家庭经营模式（管珊，2016）。

（二）雇工成本对家庭农场经营的影响

与家庭劳动力相比，雇工的监督成本要高得多。雇工的交易成本、工资成本和监督成本迅速上升，这些成本的增加可能抵消甚至超过了规模化经营带来的其他成本节约。Yamauchi（2016）分析印度尼西亚农户调查数据后发现，农业劳动力工资的快速上涨导致农场耕地转入规模增大。类似地，Wang 等（2016）通过分析中国 6 省农户面板调查数据表明，非农就业的工资显著促进了农场规模的扩张，而农业劳动力的工资则对扩张产生了负面影响。与早期研究相反，这些研究曾认为提高非农工资会扩大农场规模，Lacy（2022）发现非农就业机会实际上可能导致农场规模缩小。但许多经验事实都足以证明，农场规模越大，雇佣的工人越多，管理者在有效组织和激励工人方面面临的困难就越大（张忠根、黄祖辉，1995）。

（三）家庭农场雇工的选择与使用

家庭农场主与雇工之间的关系被视为是一种基于购买劳动力的契约交易。农场主采用多种方式如招工、请工、临时与长期用工及生产外包来建立多样化的“委托—代理”关系。鉴于种植技能和经验的重要性，他们倾向于选择本村或邻村的熟人作为代理人。对于需要专业技术的生产，则更倾向于聘请外部专业技术管理人员（杨柳、万江红，2019）。互联网的快速发展极大提升了农民的信息获取能力，这种变化显著影响了家庭农场劳动力资源的配置，降低了务农人数的比重，推动劳动力向非农行业转移（朱红根、宋成校，2020）。根据国外学者的研究，不同类别的农业补贴政策对家庭农场农业劳动力的投入选择具有显著影响（Dupraz 和 Latruffe，2015）。受外部约束和农场主动控制的影响，家庭农场主要依靠中老年“留守妇女”作为劳动力（贺亮、张翼，2021）。

综上所述，以往研究主要集中在农场雇工经营的效率、其是否符合农业生产规律以及雇工对规模扩张的影响等方面。相对而言，对农业雇工的劳动过程和工作境遇的研究则较少。本书将农场的农业劳动雇佣契约细分为生产型、技术型和管理型三类，并试图以契约经济学理论为基础，深入分析家庭农场雇佣劳动力的配置及管理情况，以降低因“委托—代理”问题而引起的雇工违约风险。

二、家庭农场雇工缔约的动因

农业劳动力市场的发育，是农户进行规模经营转型并过渡到大规模经营的前提条件（罗必良等，2017）。契约经济学认为，任何交易都涉及契约的缔结与选择。选择农业雇工是家庭农场根据自身发展与外部环境的约束做出的缔约选择决策。这一抉择取决于以下诱因：

（一）不同农业资源禀赋特征对劳动的要求

从劳动对象看，土地特征和经营项目对家庭农场的生产作业及雇工需求有较大的影响。在丘陵、山地、坡地为主的地区，由于农业机械化水平较低，小型农机具辅以人力的“精耕细作”模式更为实用。而在地广人稀的北方地区，大型机械的普及能够更大程度上节约人力。从生产环节来看，如间苗、除草、浇地等环节很难实现全面机械化和自动化。此外，与粮食类农场相比，瓜果蔬菜、规模养殖类农场等劳动密集型产业需要更多的劳动投入。因此，受农业机械水平、土地类型、产业类型的影响，在那些尚无法实现农业机械的产业和区域，或者实现成本较高的情况下，农场只能依靠增加劳动力数量、劳动时间、劳动强度来提升生产力。以粮食种植农场为例，在一年两熟的地区（如河南省），考虑身体状况、劳动强度和生产工具，50 亩达到甚至超过了两个家庭劳动力所能经营的上限。再扩大规模势必需要雇工或采用大机械，而采用大机械还面临购置、闲置、维修及地形约束等一系列问题。对于劳动密集型产业，对雇工的要求更高。以河南省舞钢市富民烟叶家庭农场为例（表 6 - 3），作业内容包括除草、打杈、收获、烧烟叶（又分上炕、烧炕、出炕）、捡烟、分等级、卖烟，工作程序复杂繁琐，不同环节的劳动强度也不同，对雇工的要求也不一样。例如，烟叶除草采用人工加机械的方式，用工 3～4 人；经营瓜果蔬菜等经济作物或养殖等劳动密集型项目，即使规模较小也需要雇工。以茶叶采摘为例，根据调查，1～2 亩规模的茶园可以依靠家庭劳动力经营，而规模在 3 亩以上的茶园，就需要雇佣劳动力了（王颜齐、郭翔宇，2011）。

表 6 - 3　河南省舞钢市家庭农场用工情况统计

家庭农场	种植作物	种植规模（亩）	短期工（人）	长期工（人）	工资	用时（天）
富民家庭农场	烟叶	850	3～4（除草）	0	50～80 元/（人・天）	—
			50 左右女工（掐烟杈）	0	50～80 元/（人・天）	25
			男工（上杆）	0	2 元/杆	—
			4 男工（上炕、烧炕、出炕）	0	100 元/（人・天）	75～90
			12 女工捡一炕好烟	0	50～80 元/（人・天）	1
			12 女工捡一炕杂烟	0	50～80 元/（人・天）	1
			2 男工卖烟装车	0	60～70 元/（人・天）	—

资料来源：马华，姬超．中国式家庭农场的发展［M］．北京：社会科学文献出版社，2015.

（二）区域经济社会环境的发展变化

从经济社会环境看，一是由于城镇化和工业化的快速发展，城市对农村产生了巨大的“虹吸效应”，青壮年劳动力大量进城务工，农村日益呈现“空心化”现象，使得农场主在农忙时往往无人可雇，农业发展难以为继，农场主只能选择市场化的雇佣方式来缓解人力缺失问题。二是随着市场经济的发展，农民的观念在不断改变，市场意识逐渐增强，雇主求工不如雇工。因为求工要供饭供酒，还要欠人情，花销不小，不如雇人干省心，花费相差无几（鲁先凤，2008）。三是家庭农场需要根据变化的市场需求调整生产结构和产品种类，这可能会导致劳动力需求的变化。例如，如果市场对于有机农产品的需求增加，家庭农场可能需要雇佣更多懂得有机农业生产技术的员工。

（三）农业数智化对新型劳动力的需求

伴随着现代农业科技的发展，机器人、物联网、自动化设备等新型生产工具已成为农业生产的重要载体，这对劳动力提出了更高的要求。农机与农艺相互适应、促进并深度融合，是建设现代农业的内在要求和必然选择（王新志，2015）。联合国粮农组织在《2022 年粮食及农业状况》中将农业自动化划分为五个阶段：手动工具（约公元前 1 万年）、畜力牵引（约公元前 4000 年）、机动机械化（20 世纪初）、数字设备（20 世纪 80 年代）以及人工智能机器人（21 世纪初）。2019 年农业农村部印发了《数字农业发展规划（2019—2025）》，旨在全方位提升我国农业生产的数字化和自动化水平。智能化的农业机械装备能够实现自然人体力与脑力的解放，例如智能作物监控、无人机耕作、智能牲畜监测、自主农业机械、智能设施农业与设备管理等，已经逐步成为重要的生产方式①。但农业数智化发展势必会替代薪酬较低的低技能劳动者在农场的就业，同时也会需要更多能够操作智能农机装备，知识型、技能型和创新型的新型劳动者。例如，浙江临海市的冯桔家庭农场，种植面积达 142 亩，主要种植涌泉蜜橘。由于地处山地，该农场经常面临劳动力短缺和人工成本高的问题。为了摆脱这一困境，农场主冯贻法在农场实施了智能化管理，用机器替代人力，将果园管理人员减少至 2～3 人，有效降低了劳动力成本。同时，农场还实现了节水、省药和精确施肥，从而提高了果品的品质②。

三、家庭农场雇工缔约的成本

威廉姆森（2002）指出缔结一份有效契约，应坚持从缔约前信息搜寻、缔约谈判及缔约后执行的全过程进行考量。农业生产是一个完整且连续的生物过程，而农业劳动具有明显季节性，劳动过程易受多种因素影响，这给家庭农场与雇工之间契约的缔结与执行带来诸多问题，抬高了农业雇佣契约的交易成本。

（一）缔约前的信息搜寻成本

契约经济学认为，行为主体作为具有有限理性和机会主义特点的“契约人”，其决策受这些特性的影响。有限理性导致即使是精心制定的契约也可能是不完全的；而机会主义则表现为个体会不断根据自己的喜好行事，在交易中追求自身利益最大化。在缔约前，他们是否会说实话、是否透露所有相关事实，以及是否会以负责任的态度可靠地履行已达成的契约，这些往往都是难以预料的。组织交易，以节约有限理性资源，同时保护交易免受机会主义的危害，这需要主雇双方都有较强的信息搜集能力和计算能力，明确各自的成本效益，并给予对方可信的承诺。对于农场主而言，签订雇工契约之前须承担多项信息搜寻成本，农场主必须调研当地工资水平，确保提供有竞争力的薪酬以吸引优秀的雇工；审查潜在雇工的信誉、技能与资质，挑选出值得信赖且能干的员工。特别是外来农场主，在缺乏本地社会网络的支持下，招募工人时往往面

① 罗必良．论农业新质生产力［J］．改革，2024（4）：20.

② 郑文莹，泮昊．家庭农场，如何助推台州传统农业提质增效？［EB/OL］．http：//zjnews.china.com.cn/zj/taizhou/2024-01-04/406610.html，2024-01-04.

临更高的信息成本。此外，农业生产易受自然灾害、病虫害等诸多不确定性因素的影响，家庭农场在雇佣工人时不能准确预测未来一年的农业种植和养殖的具体工作量，因此，契约往往只能大致规定工作范围和时间。在规避这些风险的假定下，农场主需投入更多资源来获取相关信息，以加强对雇工生产活动的控制，但这样做的代价往往非常高。

（二）缔约过程中的谈判成本

由于农业生产环境的复杂性和易变性，主雇双方很难准确预见未来情况，也难以计算可能发生的各种变化并将其纳入契约。同样，双方也很难准确描述各自的权利和义务，特别是对于关键性条款的清晰说明。家庭农场在与雇工进行谈判的过程中必须投入大量的时间和精力，包括明确工作职责、工资标准、工作时间和福利等方面的谈判。但农业劳动种类多、过程长，难以标准化，不同种类的动植物工作要求也不同。若针对不同的雇工制定不同的契约条款，会大大增加缔约谈判成本。如果契约仅在劳动数量上提供正向激励（如按播种面积计酬），结果可能只会使雇工更加努力地增加工作量，而忽视工作质量。如果交易双方想纠正事后不合作的现象，就需要进一步磋商，由此发生讨价还价的成本。此外，在与雇工进行缔约谈判时，家庭农场还需要考虑信誉成本。如果在谈判过程中表现得过于苛刻或不公平，会损害农场在当地的声誉，降低未来吸引优秀工人的能力。处理不当甚至可能引起员工的不满和流失，导致人才成本的增加。许多雇工除了在家庭农场工作外，还要照顾自家的农务，在农忙时节肯定是优先完成自家的生产作业；如果农场主强迫雇工将农场生产置于优先位置，就需要与雇工进行谈判，支付额外的高成本。而在农忙时节，每次谈判的延期或冲突都可能带来生产进度的延误，进而影响整个季节的农作物。例如，错过种植或收获的最佳时机可能会减少作物产量或质量，直接影响家庭农场的收益。

（三）缔约后的劳动计量证实成本

一种经济组织是否有效，取决于它如何衡量组织中人们的努力与报酬（刘守英，1993）。在农业生产中，生产者通常只有在农作物成熟并收获后才能评估其劳动成效，整个生产过程中的劳动质量只能与最终产出间接相关。为了确保产出的成效，需对生产过程的每个环节实施持续监督与有效激励。然而，由于农田面积广阔，加上农忙季节紧迫的用工需求，这种监督成本极为高昂。此外，农业生产具有连续性和周期性，且受自然环境不确定性的影响，即便雇工完全按照规定操作，也难以精确评价其劳动成效。在实践中，多个生产者通常需要共同完成农业任务；即使采用基于产出的薪酬制度，也很难精确量化每个生产者的具体贡献。例如，负责修剪苹果树的工人可能表面上遵循了农场主或管理者的指示，但如果因努力不足而导致收成不佳，就很难确定责任所在（吴锐敏，2021）。

（四）农场雇佣契约执行的其他成本

在农业劳动合同中，其特点通常只构建了基本的合作关系框架，明确了合作的主要目标，而对于工作的具体执行细节、未来的薪酬以及冲突的管理方法往往缺乏明确的规定。在这样的契约下，雇员需要在合理的范围内运用自己的脑力和体力来完成雇主所分配的任务。由于这种契约往往较为模糊，农场主在签订雇佣合同后经常面临几种成本。第一，不适应成本，即当交易行为逐渐偏离了初始的合作方向时所产生的成本。例如，雇工可能没有完全按照农场主的要求进行农业生产，或者农场主可能在约定的工作时间内频繁要求雇工进行高强度劳动，这些都可能导致合作双方的不适应，从而产生冲突。第二，启动及运转成本，即为了解决可能出现的合同纠纷而建立相应的治理结构并维持其运转所需的成本。这包括了设立相关的管理机构、制定规则以及持续的监督和管理等。第三，保证成本，这是为了确保合同中的各项承诺能够得到履行而付出的成本（威廉姆森，2002）。例如，可能需要通过法律途径或第三方的介入来确保合同条款得到遵守，或者需要设立担保机制来保证合同的执行。

四、家庭农场雇工缔约的问题

（一）主雇双方的权益存在无保障风险

在大多数情况下，农场与雇工之间多是口头契约或无契约，这导致缺乏足够的约束力。若因工作原因引发疾病或意外，雇工往往难以获得适当的补偿。通常农业劳动报酬的支付形式多样，包括按月、按日结算或计件工资等，若缺少正式书面合同可能导致承诺不被履行。一旦雇主毁约，农业雇工便缺少有效途径和证据来维护合法权益（肖倩雯，2016）。从受雇者的人身安全来看，由于留在乡村从事农业生产的大多为 60 岁以上的老年人，且农场的雇工需求多发生在农忙时期，工作时间集中、劳动强度大。加之农业劳动的工作条件有限，雇工的安全意识低，极容易诱发身体疾病或工伤事故。农场主出于节省成本考虑，一般不会为雇工购买工伤保险。在此情况下，一旦发生事故，不仅对雇工造成伤害，对农场也会造成损失，较为严重的事故甚至可能导致家庭农场破产。如 2022 年在河南省新乡市获嘉县调研时我们了解到的一个案例。农场主 A 某对我们说："2020 年收获玉米的时候，他雇了一名 56 岁的农民。该农民在玉米收割机上，负责看护秸秆粉碎机。结果他一不小心，右脚滑进了粉碎机里，被绞坏了。农场前后花费了 5 万元为其治疗，治好后还赔偿了该农民 2 万元。真是得不偿失。"

（二）雇工兼业化对农场生产的不利影响

作为受雇者的农民通常具有兼业特点。有些农民将自家的部分承包地流转给农场，同时被农场雇用；有些则不流转土地，而是同时经营自家土地和在农场兼职；只有少数农民会将全部土地流转出去，成为纯粹的雇员。在家庭农场的农忙季节，许多农民需要同时照顾自家的耕地，因此无法全力投入到家庭农场的工作中。在农闲时期，他们还会寻找其他经营活动或外出工作。家庭农场农业生产经营各环节没有达到像工商企业那样的流水操作，农业产业链条过短，无法支撑多数季节工转为常年工。雇工的收入通常由三部分组成：土地租金、农场务工收入和外出务工收入。由于雇工倾向于兼业，家庭农场在急需用工时往往难以找到合适的工人，尤其是那些需要特定农艺技能的岗位。以河北省临城县的A村为例，该村共有179户农业经营户（不包括那些户口仍在农村但已全家迁往城市的农户），总耕地面积约为2 450亩。其中，有8户种植规模为50～160亩（这些土地多数通过自发协调或亲友间转让进行流转，并且由于2022年粮价上涨，每亩的流转租金提高到了1 000元），有7户种植面积为20～49亩，130户种植面积为10～19亩，以及34户种植面积不足10亩。除已全家迁居城市的农户外，其他农户大多只流转部分土地，并保留一部分自种。因此，并没有农民完全成为农场的雇员。村里的老人和妇女在完成自家农活后，会利用空闲时间到农场劳动以赚取额外收入，他们成为家庭农场的主要雇工来源。

（三）农场雇工人力资本投入不足

雇工的劳动质量深受其农业专用人力资本的影响，而这种资本的积累需要较长时间。由于人力资本的特殊性，短期劳动合同往往无法激励雇主和雇员进行此类投资，因为双方都担心一旦合同终止，可能会损失投资。具体原因在于，许多农场主未能认识到对人力资本长期投资的潜在收益，因而不愿投入培训或发展雇工。他们可能更倾向于投资立竿见影的领域，如更新机械设备，而非长期的人力开发。信息不对称也是一个障碍，雇工可能不清楚自己需要哪些具体技能提升，农场主也可能不知道如何有效地提供培训。此外，农场主担心培训后的雇工离职，导致投资打水漂。经济条件是决定性因素，许多盈利能力有限的家庭农场更注重短期回报。而在资源匮乏的乡村地区，缺乏专业培训进一步限制了技能提升。因此，这些因素共同作用，导致短期劳动关系下人力资本的投资不足，这限制了农业经营主体的技术进步和效率提高。在短期契约下，雇工可能只关注可被直接评估的任务，而忽视其他任务，这影响了整体的劳动成效。

（四）雇工生产性努力不足，投机性努力突出

与自有劳动力不同，雇工则是拿着工钱为他人追逐利润服务，自然不会像家庭成员那样愿意付出很多，其精细度也自然不如家庭成员高（袁赛男，2013）。当农业生产的每个环节都与时间和工资收入挂钩时，当农民从土地的

照料者转变成土地上的“打工者”，农民在劳作时就会出现偷懒或注重效率忽视劳动质量等机会主义行为。当生产者预期其努力工作的收益将小于支付的成本时，理性生产者有激励去“搭便车”和“偷懒”，引起雇工的机会主义行为。课题组在对河南省新乡县某粮食种植家庭农场调研时发现，农场主反映雇工喷洒农药时会图省事，喷洒不均匀，使病虫害难以有效控制；收获时，会偷偷背玉米回家；在某樱桃种植农场，农场主反映雇工在采摘售卖樱桃时会对亲朋过分照顾，不收费或少收费等，针对这种情况很多农场主也是倍感无奈。

五、家庭农场雇工缔约类型与激励设计

契约激励设计在一定程度上决定了雇工的劳动效率。在理想状态下，具有不同能力和素质的雇工被安排从事能充分发挥其特点的农业生产经营活动。一般而言，农场雇工从事的劳动主要有三类：一般生产性劳动、技术性劳动和管理性劳动，相应地，在契约中对其进行的激励设计也不相同。

（一）生产性劳动与固定工资契约

家庭农场对一般生产性劳动力（如打药、施肥、除草、采摘等）的要求相对较低。这些工作主要是体力劳动，技术含量不高，因此，任何具有正常民事行为能力和相应劳动能力的人都可以成为劳动力。这包括短期临时工和一些常年工。短期生产性雇工通常基于一种即时交易的雇佣模式，这种模式下很难建立起雇主与雇员之间的相互信任，也难以促进雇工对农场的投入和忠诚（郭亚萍、罗勇，2009）。对于短期工而言，家庭农场很难衡量他们劳动的边际贡献，或者说，监督成本过高。因此，农场通常按照生产过程中的某个环节而非最终产量来评估工作量。为了追求效益和管理方便，采用固定工时契约即按时间计算工资，这是一个较低交易费用的选择（张五常，1969）。

常年生产性雇工主要协助农场主或代理人进行田间生产管理。他们的工作内容同样具有一定的模糊性，农场主通常也是通过“计时”的方式来要求他们在雇佣期间每天完成一定时间的工作量，而具体的工作任务则根据农时和实际情况来确定（杨柳、万江红，2019）。大多数农场主会根据出工的时间或固定的薪酬来支付报酬。有的农场主还会采用联产计酬的方式，如果农场有多个常年工，可以将土地划分为几块，由各个雇工负责，并根据其负责地块上的产出按约定比例支付报酬。除了固定薪酬外，部分农场主还会通过年终奖或红包的形式给予奖励。

（二）生产性劳动与作业承包契约

生产性劳务外包是一种将部分生产环节转移至外部完成的管理方法或分工形态。通过这种方式，家庭农场可以将农田生产劳动的工作以承包形式交给固定的一群人。这些工人组成了有一定组织结构的队伍，在“队长”的带领下，

承担家庭农场的田间工作（管珊，2016）。此模式有助于克服交易成本的限制，并减少因雇主管理不善带来的问题。随着家庭农场规模的增长和农村临时劳动力市场供应的不足，采用劳动承包的方式变得更加有利。农场将原本自行承担的耕种、植保、收割等工作委托给有组织的劳动队伍。这种分包模式显著提升了农业分工的效率，同时也解决了交易成本高的问题。

在山西等地，有一种成熟的农业承包制度被称为“扎工队”制度（尚海涛、龚艳，2009）。这一制度由专人负责组织，农民自愿加入，将乡村中有劳动能力的人组织起来，形成农业劳动队伍。他们负责对外揽活，与家庭农场等经营主体对接作业需求，并签订承包合同。通过劳动承包，农场主能在农忙季节有效解决急需劳动力的问题。采纳“扎工队”制度后，工头负责队伍的内部管理和劳动监督。为了持续获得工作，“扎工队”注重提高劳动质量，从而大幅降低了农场主零散雇佣工人的交易和管理成本。同时，对雇工而言，加入“扎工队”也使得他们的劳动权益更有保障。

（三）技术性劳动与绩效分成契约

农业生产和工业生产不一样，“人误地一时，地误人一年”，农时不等人。现代农业要求专业人做专业事。当家庭农场发展到一定规模时，便需要一部分拥有一定生产经验的技术工。家庭农场的技术性劳动雇工主要有两类：一类是农机操作型技术雇工，规模化经营离不开现代化设备的投入和使用，要求有一定技能的雇员进行操作，以减少工具滥用的损耗。另一类是农艺型技术雇工，利用其掌握的先进农业技术，针对农作物生长的不同阶段进行科学养护，从而为农场生产提质增效。相对于一般性生产雇工，技术型雇工在农村相对稀缺。农场主主要有三种途径选择技术型雇工：一是通过发布招聘信息，利用市场进行甄别达成，但这种方式存在交易信息不对称、搜寻和甄别成本较高的弊端；二是聘用政府涉农部门、高校等单位的农业技术人员或科研人员作为家庭农场农业生产经营的场外指导，这种方式带有公益性质，所聘用的农业技术人员并非为某个农场单独服务，针对性和实时性欠缺，且政府等机构一般不提供农机操作服务；三是农场主雇佣一般雇员，通过培训将其培养成技术人员，这种途径对农机操作型技术雇工培训较容易，但对农艺技术人员的培训比较困难，不仅耗时长，且容易陷入被农艺技术人员“敲竹杠”的风险。

为了稳定这些工人并提高他们的积极性、降低监管成本，可以采用绩效分成制契约。在这种契约下，雇主和工人共同为约定的生产目标投入资源，并按比例分享产出和投入资源的回报。这种契约体现了基于绩效的合作关系。实践中，一些家庭农场创新出“二八种地”模式，尤其适用于引进或培养的技术工人。在这种模式下，雇主不仅提供必要的生产资料，还会分配一部分土地给工人，使其从中获得收益作为工资的一部分。这种做法能显著提升工人的工作热情和忠诚度，是现代家庭农场雇佣制度的核心。

（四）管理性劳动与分成契约

管理性劳动主要是指从事农场的生产要素组织调度、劳动过程监督、财务管理等的劳动。当农场规模较大时，若农场主无法独自管理或因第二职业而无暇顾及农场，便需雇佣一名管理者作为代理人。这名管理者主要负责代表农场主进行日常经营和管理，通常居住在农场内。管理者指导雇工劳动，工资由农场主支付。选择代理人时，农场主通常优先考虑忠诚度，其次是能力。在农村，确保代理人忠诚的一种普遍做法是采用“自家人”原则，即选择农场主的亲戚或熟人担任代理人（杨柳、万江红，2019）。据课题组 2022 年对河南省周口市一家种植葡萄的家庭农场的实地调查时发现，该农场的所有管理人员均是农场主的亲戚。他们负责农场的日常事务，尤其是临时用工的生产安排和监督。这种安排的优势在于亲情关系的稳定性和信任度。

张五常（2014）指出，由于农业生产的不确定性，管理人员的工作内容较为模糊，因此通常签订长期雇佣契约。除了基础工资外，薪酬应更多地依据工作业绩，并可包括分红、股权等条件。类似于现代企业的员工持股制度，可以与管理者签订“人身定股”契约。在这种制度下，家庭农场允许管理人员以自己的劳动入股，并根据工作业绩、工作年限以及农场的实际经营效益共同决定其分红。初始协议规定，除基本工资外，管理者每年可根据农场收益的比例获得额外分红（蔡科云、王若蒙，2017），并且该分红应逐年递增。经过 3～4 年后，一旦农场经济效益提升，便可给予管理者一定数量的土地产品收益（郭亚萍、罗勇，2009）。此外，也可考虑建立“保底工资＋提成”机制，对技术性雇工给予优厚的福利待遇，例如对其负责的地块实施超产提成奖励。

六、研究发现

随着经营规模的扩大和农村劳动力的大量转移，采用雇工进行农业作业已成为大多数家庭农场弥补劳动力不足的主要方式。然而，这也带来了雇佣劳动的委托代理问题。如何确保雇工能按照农场主的要求高质量地完成工作，同时降低效率损失，这对家庭农场的运行具有重要的现实意义。本节通过梳理相关文献，并结合典型案例对这一问题进行了探讨。研究发现：第一，由于农业生产的特性，现实中的农业劳动雇佣契约往往是不完全的。在短期雇工方面，农场主通常采用口头契约，有时甚至不签订契约；而在雇佣常年工时，则更多使用正式的书面契约。第二，农场主采用雇工生产不可避免会产生因“委托—代理”问题而带来的效率损失，由于主雇双方的利益目标函数不一致，在有限理性和机会主义的约束下，家庭农场采用雇工面临高昂的信息搜寻成本、缔约再谈判成本及缔约后雇佣劳动成效的计量监测成本。第三，契约激励设计对雇工的劳动效率有重要影响，农场经营者应根据生产性劳动、技术性劳动和管理性劳动的不同，采用不同的契约治理。对生产性雇佣劳动通常采用固定薪酬契约或生产外包契约；对技术性雇佣劳动、管理性劳动可采用绩效分成，如“二八种地”模式，通过合理的契约设计，可以降低监管成本，提高工人的工作积极性和忠诚度。

对农场雇工管理的启示：在设计契约时，要考虑到雇工的需求和期望，以及农场的经营目标，以达到双方的利益最大化。坚持依据农场的实际需要和雇工的能力，选择合适的契约形式。对于常年工，使用正式的书面契约，明确规定工作内容、工资、工作时间等条款，以减少因信息不对称带来的效率损失。对于一般生产性劳动，可以考虑采用固定工资契约或作业承包契约，以降低监管成本。对于技术性雇佣劳动和管理性劳动，可以采用绩效分成契约，让工人分享一部分产出，以提高其工作积极性和忠诚度。根据农场的经营状况和雇工的表现，适时调整契约激励设计，以保持雇工的积极性和创新性。与优秀的雇工建立长期稳定的合作关系，减少频繁更换雇工带来的成本和效率损失。

第三节　家庭农场雇工契约选择的实证分析

契约经济学认为，经济组织的问题其实就是一个为了达到某种特定目标而如何签订合同的问题（威廉姆森，2002）。家庭农场是基于一系列契约，由各类生产要素的所有者组合起来形成的农业经营组织。随着农业经营规模的扩大，雇工日益成为家庭农场解决自有劳动力不足的主要途径。劳动雇佣契约的目的是通过不同资源拥有者的分工合作以提高经济效率（赵小仕，2009）。在这个过程中，人力资本与非人力资本的良好匹配对于实现双方主体的利益目标至关重要。但目前，农场雇工现象尚未引起足够重视。政府部门尚未出台专门针对农业雇工的政策文件，导致农业雇工缺乏保险和合同，其选择和使用呈现临时性、短期性和人员非固定性的不稳定特征。在此情况下，一旦出现纠纷，雇主与雇工的经济利益、雇工的人身安全等还不能确保得到有效的保障。因此，家庭农场如何采用雇工与规制对其健康运行具有重要的现实意义和作用。正式的雇佣合同不仅是双方维护各自合法权益的重要法律依据，也是对双方的一种保障和约束。雇佣契约中的长期契约是以一个期限较长的契约替代若干个期限较短的契约，能够节省签订每个短期契约所花费的交易成本。在家庭农场实践中，并不是所有的家庭农场都选择了较为稳定的书面雇佣契约或者雇佣常年工的形式。究竟哪些交易条件会促使家庭农场选择更为稳定的雇佣契约形式？这是本书要探讨的主要问题。

一、文献回顾

契约经济学认为劳动力的挑选、激励、监督都是在信息不对称的情况下进行的，因此劳动雇佣契约往往是不完全的。在劳动力市场中，由于信息不对称，雇佣双方都有另一方不知道的信息，逆向选择和道德风险时常发生。雇工会竭尽全力展示自己符合雇主要求的能力；雇主则需要搜集雇员的信息，雇用后还得通过监督、激励等手段来提高雇工的劳动能力（孙维远、许玉贵，2020）。因此，农业中对雇佣劳动力的管理激励是一个难题。并且雇佣契约往往是不稳定的，这种不稳定性很大程度上来源于雇工内部的异质性（如在雇工群体中有的积极，有的不积极；有的能力强，有的能力弱）所带来的劳动能力强且态度积极的雇工相对剥夺感增强（杨柳、万江红，2019）。

契约激励设计在一定程度上决定了雇工的劳动效率。在理想状态下，具有不同能力和素质的雇工被安排从事能充分发挥其特点的不同农业生产经营活动。从雇佣期限看，雇佣契约主要包括固定期限、无固定期限和完成一定工作（计件）为期限的契约安排；从与生产要素的结合方式角度来看，大致可分为工资契约、分成契约和固定租赁契约（张五常，2017）。经验研究表明，租赁契约下雇工承担全部的风险，分成契约下风险由双方共同分担，工资契约下雇工不承担风险，因此，在这三种农业生产契约下，雇工的收入依次递减。相反，地主的收入在这三种契约下则依次递增（陈钊，2005）。从雇工经营模式看，家庭农场的劳动雇佣契约可分为：代管模式、企业模式、联合经营、分包模式、家庭模式。在这五种雇佣契约类型下，契约关系属性各不相同，它们代表了从情感性关系到制度化关系转变的连续谱（管珊，2016）。

已有研究表明，交易成本和代理人的机会主义行为是影响雇佣契约稳定性的主要原因（孙维远、许玉贵，2020）。为解决农业雇佣过程中的信息不对称问题并保持契约的稳定性，可以采取雇佣监工或让雇主投入更多时间和精力来监督工人信息等措施。此外，对于易于观测、计数和审核的劳动进行事后评估，有助于克服工人在多项任务间努力的替代性问题（王颜齐、郭翔宇，2011）。具有强烈创业动机的农场主通常希望保持较大的农场规模，并且非常重视与工人之间的契约关系的稳定性。因此，他们倾向于提供更高的工资以激励工人履行契约。当前，家庭农场的雇佣契约结构受到农场主参与生产管理程度的不同而呈现多样化，这决定了雇佣契约的具体形式（杨柳、万江红，2019）。在实践中，通过熟人网络、加强私人关系，以及隐性竞争等方式实现“以关系治理契约”，可以有效提升家庭农场雇佣契约的效率。

以往研究为理解家庭农场的雇工决策提供了丰富资料，但在考察家庭农场的雇工及契约规制时，往往简单地构建单一方程模型，如 Logistic、Probit

等。这些文献多聚焦于家庭农场是否雇用工人。实际上，家庭农场选择雇佣短期工还是常年工，以及是否采用正式雇佣契约治理，是基于多方面考虑的结果。一些观察不到的变量不仅影响家庭农场是否雇用工人，还影响其雇工形式和治理方式。家庭农场的雇工决策行为并非独立，而是具有一定的相关性。单一方程估计可能导致结果出现偏误。因此，本书运用 Biprobit 模型分析家庭农场的雇工行为，通过是否雇佣常年工和是否签订正式雇佣合同来建立方程，并利用联立方程模型进行联合估计。这样，可以在估计过程中考虑到不同方程之间干扰项的相关性，并通过调整两个方程的干扰项协方差矩阵来提升估计的有效性。

二、理论分析与研究假设

交易成本经济学认为，选择何种契约由交易特性所隐含的交易成本决定。从交易成本角度研究农业生产雇佣契约的决定机制是一种恰当的方法。Williamson（1996）提出了一个衡量交易成本的方法，即根据交易特性进行估计。他特别指出，在"有限理性"和"投机"这两种行为假设下，可以将交易特性划分为资产专用性、不确定性和交易频率三个维度，并依据不同的交易特性组合来选择契约治理结构，目的是最小化交易成本。本书将农业劳动雇佣中缔约前的寻工、缔约谈判以及缔约后履约的交易成本归因于资产专用性、交易频率和环境不确定性，并对这三个方面进行量化分析，以检验它们对劳动雇佣契约的选择和稳定性的影响。

（一）资产专用性

资产专用性是指为支撑某种具体交易而进行的耐久性投资（威廉姆森，2004）。投资所形成资产的专用性越强，所需的专用知识和对特殊技能的要求越高，行为主体越易受到交易对象投机行为的不利影响。为保护专用性资产所有者的利益免受要挟，客观上需要一种以一体化为基础的长期契约来取代基于供求关系市场交换所形成的短期契约。对农场绩效起到重要作用的专用性人力资本通常体现为劳动者具有的某种专门技术、工作技巧或拥有某些特定的信息（赵小仕，2009）。家庭农场的农用设备（如无人机、水肥一体化喷洒机、田间气象检测仪器等）操作需要人机配对以充分发挥机械效能，并降低设备的滥用、误用。此外，果蔬、烟叶、养殖等产业对雇工的农艺技能有较高要求（例如烤制烟叶，需要掐烟杈、上杆、上炕、烧炕、出炕、捡炕等多道工序），而这些技能的获取往往需要劳动者通过实践学习或雇主与雇员共同投资培训。这种人力资本的形成需要一个长期的过程，在短期的劳动契约下，雇主和雇员都可能缺乏对人力资本投资的激励，因为他们担心一旦劳动关系终止将面临投资损失的风险（沈士仓，2003）。因此，短期劳动关系下的人力资本投资往往不足，无疑会制约企业的技术进步和效率改善。长期雇佣契约通过“锁定效应”保护了专用性人力资本的沉淀价值，同时增加了雇佣双方长期合作的激励。因此，长期雇佣成为劳动契约的内在属性（赵小仕，2009）。当交易涉及专用资产投资，如专用设备资产和专用人力资产时，经营者选择维持持久合作的长期契约，形成较强的双边依赖关系，无疑是一种理性选择。

假设（6－9）：设备固定资产专用性越强，家庭农场越愿意雇长期工、选择正式雇佣契约。

假设（6－10）：动植物等活物资产的生产过程越复杂，家庭农场越需稳定雇佣关系而选择正式契约。

（二）交易频率

交易频率指在一定时间内交易发生的次数，涉及交易的范围经济与规模性。高交易频率意味着更多的交易在分摊固定的交易成本，如市场准入费用、交易系统的搭建与维护费用，从而降低了单笔交易的平均成本。农业经营的范围经济和规模性是指某些农业资源，无论使用多还是少，都需要一个很大的平均产量水平和活动空间以及一定的资本设备支撑条件下才能正常运转（罗必良等，2017）。农业经营规模越大，需要获取的劳动力就越多，劳动雇佣交易发生的次数也必然会增加。若交易次数越多，每次交易的对象也不确定，则在主雇双方之间就难以发展信任，雇佣交易面临的风险就越大，为保障双方权益就需要提供各种安全措施，如在契约中加入对雇工劳动进行监督、对人身事故进行预防等措施。为了保证劳动质量及效率，农场往往会选用固定的常年工，用长期契约“锁定”雇佣关系，这种锁定客观上使得双方建立起信任和自我约束机制，同时也进一步强化雇工与农场主及其他雇工之间的关系。即便常年雇工发生履约困难，如其中某个雇工不能如约到农场劳动或中途回家处理事情等，农场主优先采取的处理策略也往往不是更换雇工，而是采取其他雇工以替代中途离场雇工的工作，直到他再返回（杨柳、万江红，2019）。这种封闭的私人关系使得雇工之间也建立了稳固的关系，从而增加了履约的可靠性。

家庭人口规模也影响农场的雇工决策。较大的家庭往往意味着有更多的潜在劳动力。在农业活动中，家庭成员可以承担更多的劳动任务，从而减少对外来劳动力的需求。相反，如果家庭人口较少，尤其是在青壮年劳动力不足的情况下，家庭农场可能更倾向于雇佣外部工人来补充劳动力。有研究表明，农场自有劳动力投入比例越高，雇佣劳动力的次数就越低，且家庭农场越不倾向于选择常工形式（管珊，2016）。在我国农地均分制下，农户平均不到 10 亩地。这一制度结构导致大多数农民依赖传统经验耕种，缺乏主动了解和应用先进农业科技的动力，同时对大型农业机械化、自动化设备等缺乏操作技能。此外，留守在农村的多为妇女和老人，而许多家庭农场则需要引进和培训能与先进农机相适应的人才。在此情况下，为降低交易成本，农场主愿意完善和规范正式合同，采用长期工代替不稳定的临时工，减少重新寻找和更换工人的次数。基于上述分析，提出如下假设：

假设（6－11）：农业经营规模越大，为减少雇工的流动与变更，家庭农场越需建立长期稳定的雇佣关系。

假设（6－12）：自有劳动力投入越高，家庭农场越倾向于减少临时用工的次数，同样也会减少雇常年工。

（三）环境不确定性

在现实世界中，当面临未来不确定性和复杂的交易环境时，理性人可能变成有限理性的机会主义者，这给契约双方的交易带来了巨大干扰。劳动雇佣契约中的不确定性主要指家庭农场主在雇佣周边劳动力时所掌握的信息状况，尤其是与雇工之间的信息不对称问题（管珊，2019）。市场上关于雇工价格、努力程度、绩效和供求匹配等方面的不确定性增加了交易的难度。为减少市场变化的影响，双方会尽量了解合同细节并预测潜在风险，如生产工具的过度使用或破坏、偏重效率忽视质量的投机行为以及可能的安全事故。为了降低不确定性带来的负面影响，行为主体不得不依赖不同期限的契约进行治理。在短期非正式契约下，雇工可能会频繁更换工作岗位，而其提供的劳动质量只有在收获季节才能显现。相比之下，正式长期契约能稳定双方关系，减少信息不对称的风险，提升雇工的责任和忠诚度。实践中，如果家庭农场位于外地，即农场主是外来人员，他们面临的不确定性更大，雇佣难度和成本也更高。研究表明，本地农场主由于其在社区的身份，较少遭受村民歧视；而外来农场主则更易受到歧视。农民交往内外有别，外来农场主不仅面临更高的租金成本，而且在雇佣劳动时需要更多监督，导致管理层级增加，例如设置当地代理人监督劳动过程，进而提高劳动成本（杨柳、万江红，2018）。另外，收益高且规范发展的农场为了保持竞争力，更加注重甄选和使用雇工，采取措施降低雇佣市场的非对称性。

假设（6－13）：外来农场主面临较大的不确定性，越期望通过长期契约形成稳定的雇佣关系。

假设（6－14）：经营管理规范的家庭农场，更注重维护声誉和保障产品质量，他们倾向于保持雇工队伍的稳定性，更有可能雇常年工，签订正式书面契约。

三、研究设计

（一）变量选择（表6－4）

1. 被解释变量

农业雇佣契约稳定性是一个多维概念，通常表现为多个契约条款与内容的集合。这种稳定性并非仅由单一条款决定，而是受到契约类型、形式、期限等多个重要因素的影响。根据已有的研究，本书从三个维度探讨雇佣契约的稳定性：雇佣类型、雇佣期限以及雇佣形式。①家庭农场是否采用雇工是评估雇佣关系稳定性的前提。考虑到整个雇工过程涉及的寻工、洽谈、缔约、劳动监督及支付工资等交易成本，再加上农业生产本身的不确定性，许多家庭农场主对于雇用工人持谨慎态度。他们担心工人无法全身心投入生产劳作，因此，在何种情况下家庭农场会选择雇工，是我们需要首先讨论的问题。②是否雇佣常年工也是反映农场主和工人之间关系稳定性的一个主要方面。在本研究中，所指的常年工是指在家庭农场工作时间超过六个月的工人。通过长期合作，双方可以通过重复互动建立信任，并形成一种自发的劳动约束机制，从而提高履约效率。根据农业农村部 2019 年的全国家庭农场监测数据，为了解决临时雇工和劳动力监督的高成本问题，大约有 60%的家庭农场选择雇佣常年工。③是否签订正式雇佣契约。签订正式雇佣合同是与履约阶段执行成本密切相关的选择。当雇佣常年工时，选择合适的契约形式至关重要。正式的雇佣合同有助于保障双方权益、规范工人行为，并对按要求完成生产任务产生较强的约束与激励效果。

2. 核心解释变量

基于威廉姆森对交易特性的分析框架，本研究从专用资产、交易频率和交易的不确定性三个方面选取了影响家庭农场劳动力契约稳定性的 6 个变量：①选择农机设备价值和是否为粮食作物来衡量雇工劳动过程的资产专用性。一般而言，农机设备的价值越高，越需要由专业人员进行管理和维护，以确保人机匹配。为此，农场主通常希望用长期契约锁定专人负责，以防设备误用带来的损失。粮食生产易用机械化替代人工，属于土地密集型作物，而经济作物、畜牧养殖等经营项目多为劳动密集型，对劳动力技能的要求相对较高。因此，在雇工选择方面，非粮食类农场更倾向于雇用经验丰富的工人，并通过长期契约与雇工建立稳定的关系。②通过考察农场的经营规模和家庭的人口规模来衡量交易频率。鉴于不同类型家庭农场对土地的需求差异较大，为准确评估规模效应，本研究参考了 2022 年的《河南调查年鉴》，计算得出每亩年收益约为 2 100 元。随后，将非粮食类农场的总年收益除以每亩收益，进而估算出基于土地面积的经营规模。③交易不确定性通过家庭农场所在地和示范家庭农场级别来衡量。那些非本村在外地的家庭农场，农场主面临的信息不对称程度更大，在较为陌生的环境下，建立信任往往需要多次互动，而长期契约有助于降低认知限制和机会主义风险。通常，示范性家庭农场的级别越高，表明其管理越规范、经营效益越好，这些农场更加注重维护声誉，并致力于进一步规范管理，稳定和培训雇工队伍。

3. 控制变量

为降低遗漏变量对模型的影响，本书在雇工契约选择模型中引入了农场主的学历、是否具有经商经历等个人特征变量，在样本选择模型中加入了农场主是否担任村干部、近三代是否在本村生活以及来往频繁的亲朋数量等社会资本作为控制变量。一般来说，教育程度越高、有经商经验的农场主更富有契约精神，更倾向于与雇工签订书面契约。农场主若在村庄中拥有较多关系资源，则在经营过程中更容易得到帮助。例如，如果亲朋资源丰富，在农忙时期可以无偿获得额外的劳动援助，进而减少对雇工的需求。而且这些关系资源也有助于降低双方的信息不对称性，并减少了违约的可能性。

表 6-4　变量选取与定义

变量		变量赋值
被解释变量	是否有雇工	是=1，否=0
	是否雇有常年工	是=1，否=0
	是否签书面契约	是=1，否=0
核心解释变量		
专用资产	设备资产	农场设备资产对数
	生物资产	粮食作物=1，非粮食作物=0
交易频率	经营规模	家庭农场经营土地面积对数
	家庭规模	人数
不确定性	农场所在地	本村=1，本乡外村=2，本县外乡=3，本省外县=4，外省=5
	农场示范级别	非示范=1，县级=2，市级=3，省级=4，国家级=5
控制变量	是否村干部	是=1，否=0
	农场主年龄	18～20岁=1，21～30岁=2，31～40岁=3，41～50岁=4，51～60岁=5，60岁以上=6
	农场主学历	文盲=1，小学=2，初中=3，高中或中专=4，大专=5，本科=6，研究生=7
	是否有经商经历	是=1，否=0
	经常来往亲朋	5家以下=1，6～10家=2，11～15家=3，16～20家=4，21家及以上=5
	近三代是否在本村生活	是=1，否=0

（二）模型的构建

1. 基准 Probit 模型

本书旨在估算交易成本因素对家庭农场雇工行为及契约选择的因果效应。家庭农场的雇工决策过程通常包括三个环节：首先，决定是否使用雇工；其次，如果决定使用雇工，则须考虑选择短期工还是长期工；最后，若选择长期工，需决定是否签订正式契约以规范雇工的行为。这些抉择均属于二分类属性，因此本书首先采用二分类 Probit 模型进行估计。由于该模型的一般形式较为常见，故不在此赘述。

2. 似不相关 Biprobit 模型

家庭农场雇工决策的各环节并不独立，存在较强的内生性问题。Biprobit 模型能在估计时考虑不同方程之间干扰项的相关性，通过修正两个模型干扰项协方差矩阵来提高估计效率（王亚运、蔡银莺，2017），这既解决了家庭农场雇工行为的内生性问题，又能解决开关模型所固有的"遗漏问题"，故本书选用 Biprobit 模型进行分析。参考石敏和李琴（2014）的研究，构建的模型如下：

$$\begin{aligned} &W_i^{l^*} = \alpha_i + X_i^1\beta + \mu_i, \text{若 } W_i^{l^*} > 0, \text{则 } W_i^l = 1, \text{否则 } W_i^l = 0 \\ &C_i^{l^*} = \delta_i + X_i^2\lambda + \varepsilon_i, \text{若 } C_i^{l^*} > 0, \text{则 } C_i^l = 1, \text{否则 } C_i^l = 0 \end{aligned} \qquad (6-4)$$

式中，$W_i^{l^*}$ 表示家庭农场雇常年工意愿的潜变量，W_i^l 表示家庭农场是否雇常年工的决策变量；$C_i^{l^*}$ 表示家庭农场雇常年工有意签订雇佣契约的潜变量，C_i^l 表示家庭农场采用正式契约锁定常年工的决策变量。X_i^1 和 X_i^2 为影响家庭农场雇常年工和采用正式雇佣契约的向量。α_i 和 δ_i 分别为雇常年工方程和雇佣契约方程中的个体效应，反映个体的异质性；μ_i 和 ε_i 分别为雇常年工方程和雇佣契约方程的特质随机干扰项，为保证方程的可识别性，X_i^1 和 X_i^2 均为外生变量，且 X_i^1 和 X_i^2 至少有一个变量不同。假设特质随机干扰项服从二元正态分布，即：

$$(\mu_i, \varepsilon_i) \sim N(0, \theta), \theta = \begin{pmatrix} \sigma_\mu^2 & \rho\sigma_\mu \\ \rho\sigma_\mu & 1 \end{pmatrix} \qquad (6-5)$$

除此之外，还假定 α_i 和 δ_i 的期望为 0，且分别与误差项 μ_i 和 ε_i 、解释变量 X_i^1 和 X_i^2 正交。令 $\pi = [\alpha, \delta, \beta, \lambda, \sigma_u, \rho]$ 表示待估计的参数族。采用极大似然估计法可得参数族的极大似然估计量。

四、数据来源与样本描述

（一）数据来源说明

本章数据仍用 2021—2022 年课题组对河南省各地家庭农场的问卷调查，共计 846 份有效问卷。

（二）样本描述

为深入了解家庭农场的雇工特征，问卷中设置了关于家庭农场是否雇工、是否雇常年工、是否签订雇佣合同、年雇工费用、常年工月工资、临时用工日工资、雇工管理方式等题项。由表 6-5 可知，76%的家庭农场有雇工，且50%雇常年工，但与常年工签订正式用工合同的占 21%，与临时工签订用工合同的仅占 8%；平均每个农场常年雇工有 3.13 人，最多达 200 人；单次临时用工平均 8.73 人，最多达 200 人。从雇工发生的直接费用看，家庭农场平均年雇工工资支出达 4 万元，最多达 200 万元；常年工月工资平均为 2 553.47 元，最多达 7 500 元；临时用工日工资约为 94 元，最高达 200 元。23.5%的家庭农场曾与雇工发生过 1 人次以上的纠纷，平均发生纠纷次数为 1.44 次，最高达 6 次。由此可见，随着家庭农场经营规模的扩大，雇工经营已成为农场主弥补自有劳动力不足的主要渠道，但多数农场对雇工的管理缺乏规范性，易发生劳动纠纷。

表 6-5　样本家庭农场雇工特征描述性统计

变量	样本量	均值	标准差	最小值	中位数	最大值
是否雇工	846	0.76	0.43	0	1	1
是否雇常年工	846	0.50	0.50	0	1	1
常年工是否签订合同	728	0.21	0.41	0	0	1
年度雇工费用（万元）	820	4.00	13.75	0	0.5	200
常年雇工人数（人）	846	3.13	9.92	0	0	200
常年工月工资（元）	403	2 553.47	990.63	800	2 500	7 500
临时用工（人）	846	8.73	16.83	0	4	200
日工资（元）	573	93.63	43.78	15	80	300
临时工是否签订合同	762	0.08	0.27	0	0	1
发生劳动纠纷次数（次）	846	1.44	0.94	1	1	6

根据表 6-6 的报告，家庭农场的农机设备资产平均值为 16.77 万元，其最大值可达 1 000 万元，但中位数仅为 5 万元，其中，超过 50 万元设备资产的家庭农场仅占 5.91%，而多达 51%的农场其设备资产不足 5 万元，这表明大部分家庭农场的设备资产相对较低。在生物资产方面，约 60%的家庭农场主要以粮食作物为主。这些家庭农场的平均经营土地面积为 102.5 亩，但中位数只有 32 亩，且标准差高达 258.92 亩，反映出土地经营规模的较大差异。从人口规模来看，家庭农场平均有 5.4 人，远超全国家庭户均 2.62 人的规模。地理位置上，85.35%的家庭农场位于本村，10.13%位于本乡外村，本县外乡的约为 3.96%，而仅有 0.55%位于本县之外。示范农场的数量分布显示，有 79 家县级示范农场，14 家市级示范农场和 5 家省级示范农场，非示范农场的比例为 88.43%。年龄分布方面，农场主中 50 岁以上的占 28.49%，31～50

岁的占 63.36%，30 岁以下的占 8.16%。学历构成上，小学及以下学历的农场主占 25.11%，初中学历占 45.48%，高中及以上学历的占 29.41%。与第三次农业普查公布的农业生产经营人员年龄结构和文化程度相比，家庭农场主的年龄结构更为合理，受教育程度也更高。社会关系方面，仅有 7%的农场主担任村干部，87%的农场主近三代居住在本村，家庭常来往的亲朋数量多在 6～15 家。此外，有 16%的农场主有过经商的经历。

表 6-6　模型中解释变量描述性统计

变量	样本量	均值	标准差	最小值	中位数	最大值
设备资产（万元）	846	16.77	46.05	0	5	1 000
生物资产	846	0.59	0.49	0	1	1
经营规模（亩）	846	102.05	258.92	1	32	3 000
家庭规模（人）	846	5.40	1.48	2	5	12
农场所在地	846	1.19	0.51	1	1	5
农场示范等级	846	1.14	0.44	1	1	4
农场主年龄	846	3.96	1.01	1	4	6
农场主学历	846	3.10	1.05	1	3	7
是否曾经商	846	0.16	0.37	0	0	1
是否担任村干部	846	0.07	0.25	0	0	1
常来常往亲朋（户）	846	2.54	1.05	1	2	5
近三代是否在本村生活	846	0.87	0.34	0	1	1

注：此表中设备资产和经营规模是原始数据，未作任何处理。

以上分析表明，农场间的设备资产、经营规模存在较大差异；人口较多的家庭更愿意经营家庭农场；目前，农户到本村以外创办家庭农场的还很少；多数家庭农场发展不规范、运行质态不佳，未获得示范认证；农场主以 50 岁以下的青壮年为主，但多数农场主的文化程度在初中及以下。

五、实证结果分析

首先，采用普通 OLS 回归，然后进行 BP 异方差检验，结果表明存在较显著的异方差；各模型中解释变量之间的方差膨胀因子均小于 2，表明不存在严重共线性问题。为消除异方差的影响，所有模型均采用异方差稳健标准误进行回归。其次，建立关于家庭农场是否雇常年工与是否签订正式雇佣契约的全样本 Biprobit 方程，得到模型 D 和模型 E。模型 D 和模型 E 的误差项相关系数为

0.807，且在1%的水平上显著，说明模型的误差项显著相关，适合采用似不相关回归。方程的似然比卡方检验的值为135.25，且在1%的显著水平上拒绝原假设，可见Biprobit模型整体回归拟合效果较好，具有统计学意义。最后，作为对照，分别单独建立关于家庭农场是否雇工、是否雇常年工、是否签订正式雇佣契约的全样本二元Probit模型，得到模型A、模型B和模型C（表6-7）。

表6-7　家庭农场雇工行为及契约选择的回归结果

变量	Probit模型			Biprobit模型估计	
	A	B	C	D	E
	是否雇工	是否雇常年工	是否签合同	是否雇常年工	是否签合同
设备资产	0.162***	0.128***	0.175***	0.195***	0.185***
	(0.043)	(0.036)	(0.047 7)	(0.042 5)	(0.048 0)
生物资产	0.698***	−0.003 00	−0.046 3	0.052 2	0.000 970
	(0.107)	(0.097)	(0.117)	(0.104)	(0.116)
经营规模	0.180***	0.087*	0.142**	0.203***	0.147***
	(0.053)	(0.046)	(0.058 3)	(0.051 0)	(0.054 0)
家庭人口	0.135***	0.130***	0.096 3***	0.063 3*	0.093 1***
	(0.039)	(0.033)	(0.037 2)	(0.034 3)	(0.035 5)
农场所在地	0.309*	0.196*	0.160	0.086 4	0.171
	(0.167)	(0.105)	(0.100)	(0.107)	(0.104)
示范农场等级	0.318**	0.472***	0.355***	0.401***	0.342***
	(0.157)	(0.127)	(0.129)	(0.136)	(0.129)
是否村干部	0.429*	−0.088 0		−0.342*	
	(0.248)	(0.189)		(0.175)	
常来常往亲朋	−0.058 0	−0.146***		−0.105**	
	(0.052)	(0.047)		(0.043 1)	
近三代在是否本村生活	0.184	−0.202		−0.394***	
	(0.148)	(0.135)		(0.151)	
年龄	−0.156***	−0.124***	−0.055 4	−0.064 5	−0.043 8
	(0.053)	(0.046)	(0.059 7)	(0.047 6)	(0.056 3)
学历			0.074 4		0.062 5
			(0.057 3)		(0.051 6)
是否曾经商			0.277*		0.207
			(0.148)		(0.130)

（续）

变量	Probit 模型			Biprobit 模型估计	
	A	B	C	D	E
	是否雇工	是否雇常年工	是否签合同	是否雇常年工	是否签合同
Constant	−1.558***	−1.558***	−3.022***	−1.125***	−3.072***
	(0.491)	(0.491)	(0.478)	(0.402)	(0.460)
对数似然值	−362.989	−361.626	−307.840	−666.623	
$Wald\chi^2$	134.57***	89.28***	80.75***	137.73***	
伪 R^2/ρ	0.167	0.085	0.132	0.807**	
Observations	794	794	684	684	

注：***、**、*分别表示在1%、5%和10%水平上显著，括号内为稳健标准误。

（一）结果分析

由 Biprobit 模型（D 和 E）的估计结果发现：

第一，农机设备资产专用性对家庭农场雇佣常年工和采用正式的雇佣契约均具有显著正效应，且在1%的水平上具有统计显著性。这表明设备资产越多的家庭农场，越愿意雇佣常年工并用正式契约稳定雇工关系，以防止人员流动对设备利用的不利影响。生物资产对家庭农场雇常年工及是否采用契约的影响未通过显著性检验，这意味着粮食类农场与其他各类农场在是否雇常年工和是否签订雇佣契约方面并无显著差异，可能的解释是粮食类家庭农场农业机械化水平更高，规模以上粮食类农场大多配备各类农机，以减少对临时用工的依赖，但大型农机需要熟练有技术的雇工进行操作，以提高人机的匹配性；非粮食农场由于对农艺技术有更高要求，亦需雇常年工以保障田间劳动的质量。

第二，衡量交易频率的两个变量对家庭农场雇常年工及采用正式雇佣契约均具有正效应，其中经营规模在 D 和 E 中通过1%的显著性检验，家庭人口数量在模型 D 中通过10%的显著性检验，而在模型 E 中通过1%的显著性检验。这表明经营规模越大，家庭农场越需要采用常年工和正式雇佣契约以稳定雇佣关系，以减少雇佣临时用工的次数、降低雇工频繁流动对家庭农场田间劳作及经营管理的不利影响；家庭人口规模也对家庭农场雇常年工产生较显著的积极效应，且更愿意进一步采用正式契约锁定雇佣关系，家庭人口多意味着农忙时农场有较多自有家庭劳动力和半劳动力可利用，从而减少临时用工的数量，但对于农艺和经营管理要求较高的劳作，则需雇专业的人才予以匹配。

第三，家庭农场所在地在所有模型中均未通过显著性检验，但在影响方向上与预期一致，即具有正效应，意味着外来的农场主更有可能受到村庄内非熟人的"歧视性"对待，故在雇工选择上更愿意雇常年工及通过正式契约进行规制，以建构起较熟悉彼此信任的雇佣关系。家庭农场的示范等级均通过1%的统计显著性检验，且对家庭农场的雇常年工和采用正式雇佣契约具有显著正效应，这充分说明资质越好、发展越规范的家庭农场更愿意雇常年工，并用正式契约对雇工进行约束与激励，以保障雇工的劳动效率和质量。

第四，控制变量的影响。在模型D中，农场主是否为村干部、经常来往的亲朋好友数量以及近三代是否在本村生活，对家庭农场雇用长期工人产生显著的负效应。其中，经常来往的亲朋好友数量和近三代是否在本村生活都通过了1%的统计显著性检验，而农场主是否为村干部通过了10%的统计显著性检验。这表明，农场主拥有的社会关系资本越多，在农场经营过程中越容易获得帮助，从而减少或无须雇用长期工人。在模型E中，农场主的年龄、经商经历和学历均未通过显著性检验。

（二）稳健性检验

采用两阶段Heckprobit估计法，验证家庭农场在雇工抉择及契约选择过程中是否存在样本选择偏误，除核心解释变量外，同样在雇工契约决策方程中引入家庭农场主的年龄、学历、是否经商作为控制变量，在是否雇常年工选择方程中引入农场主年龄、是否为村干部、家庭常来常往亲朋数量、近三代是否在本村生活等社会资本作为控制变量，计算选择方程与决策方程的误差相关系数得：$\rho=0.186$，$Wald\chi^2=0.15$，$p=0.7013$，相关系数的似然比检验结果表明模型不存在样本选择偏误，因此本书略去Heckprobit估计结果，单独建立关于家庭农场是否发生雇工、是否雇常年工和是否签订正式雇佣契约三个二元Probit模型作为参照（表6-7）。其中，模型A是对家庭农场是否发生雇工的探究，该变量序列包含了无雇工、雇短期工、雇常年工所有样本个体，从估计结果看，交易成本各因素均对家庭农场的雇工行为具有较显著的影响，鉴于有些农场既有短期雇工又有常年雇工，这些影响其实体现的是对家庭农场雇工的综合效应。

本研究重点用模型B和模型C的结果验证模型D和模型E的稳健性。从统计显著性与影响方向看，模型C的结果与模型E的结果基本一致，但模型B与模型E的结果存在一些差异，其中经营规模、家庭人口数量和家庭农场所在地三个变量的统计显著性和回归系数在两个模型中有较大变化，经营规模在模型D中更显著，影响效应也有较大的提高；而家庭人口数量在模型D中的显著性和影响效应均有所降低；农场所在地在模型D中未通过检验，在模型B中通过10%的统计显著性检验。由Biprobit模型考虑到两个方程之间误差项的相关性，且在1%的水平上显著相关，因此采用Biprobit模型提高了估计效率，估计结果更具可靠性。

六、研究发现

基于846个家庭农场的调研数据，本研究运用Biprobit模型分析了家庭农场的雇佣行为。结果显示，拥有更多专有农机设备的家庭农场更倾向于雇用常年工，并采用正式雇佣合同以确保人机配合。同时，规模较大的农场也更可能雇用常年工，并通过正式合同维持稳定的雇工关系，以减少员工流动的不利影响。此外，等级较高的示范家庭农场重视生产经营质量，愿意雇用常年工，并利用正式合同规范雇工行为，减少投机行为的负面影响。研究还发现，挖掘和利用农场主的社会网络资本可以减轻对临时工的依赖，降低监督管理成本，保持家庭经营的特点。

针对以上发现，建议：第一，随着家庭农场数量和经营规模的增加，政府应建立和完善农业劳动力市场信息服务平台，为家庭农场提供雇佣信息，包括可用的临时工和常年工人力资源信息，减少雇佣过程中的信息不对称问题，降低招聘及合同执行的监督成本，确保家庭农场能及时获得劳动力；进一步完善农机购置补贴政策，鼓励家庭农场投资于专有农机设备，这不仅可以提高农业生产效率，还有助于促进常年工的雇佣和正式雇佣合同的使用。第二，鼓励家庭农场成立区域协作联盟，共同出资聘请具备专业技能的人才或管理人员，实现资源共享和成本共担。例如，家庭农场可以联合成立农机互助合作社，成员以自有农机入股，聘请专业操作员，为成员和非成员提供农机作业服务，共享收益。第三，通过制度建设规范雇主和雇员的行为，制定农业雇佣政策法规，并提供标准化的农业劳动合同模板，并通过法律宣传和教育，引导和帮助家庭农场采用正规的劳动合同，确保雇员权益，减少劳动争议，并提高工作稳定性和员工忠诚度。第四，加强规划指导，通过补贴、税收优惠、奖励等激励措施，推动家庭农场向规范化、标准化方向发展。鼓励符合条件的家庭农场申请成为示范性农场，形成自我发展的良性循环，规范用工行为。第五，鼓励和支持农场主参与地方农业组织，以建立更广泛的社会网络。这种社会资本可以帮助农场主在需要时更容易找到可靠的临时工，同时降低监督管理成本。

第四节　自生能力视角家庭农场融资的实证分析

融资难、融资贵一直是困扰我国家庭农场发展的现实问题（董明，2020；赵翠萍、郑艳玲，2020；张德元、潘纬，2015）。农业生产具有周期长、比较效益低、回报见效慢等特点，家庭农场经营过程中需要的各种投资又很大，在发展过程中对政策诉求最大的就是贷款政策（中国家庭农场发展报告，2019）。

为解决家庭农场融资难、融资贵等问题，中央政府及银行先后出台了《关于财政支持建立农业信贷担保体系的指导意见》《农村承包土地的经营权抵押贷款试点暂行办法》《中国农业银行专业大户（家庭农场）贷款管理办法（试行）》等金融支持政策，尤其是 2019 年 2 月 11 日，人民银行、银保监会、证监会、财政部、农业农村部联合发布《关于金融服务乡村振兴的指导意见》，明确提出重点做好家庭农场等新型农业经营主体和小农户的金融服务，有效满足其经营发展的资金需求。但长期以来，由于我国家庭农场缺少合格的抵押品、金融政策缺位、农场信贷资质不佳等问题，家庭农场难以从正规金融机构获得生产所需的资金，严重阻碍了家庭农场发展。因此，厘清家庭农场融资约束的因素，有针对性地制定政策，对缓解家庭农场融资难题具有重要的现实意义。在市场中，自生能力强的家庭农场更容易受到金融机构的青睐，而自生能力不足是家庭农场无法获得金融信贷支持的关键因素，本节将对此命题进行验证。

一、文献回顾

针对家庭农场的融资问题，现有研究主要集中在以下几个方面：

（一）农场主个体及农场特征对其融资的影响

融资需求在不同的家庭农场之间存在较大差异，受教育程度较高，有过企业管理层、村干部、大学生村官从业经历等个体特征的农场主，以及经营规模较大、雇佣农业劳动力较多、拥有农业机械价值较大、种植粮食作物的家庭农场产生融资意愿的概率更大（李莉等，2020）。金融素养高的农场更容易得到金融机构的信贷支持（胡振、苏玉文，2022），同样有过贷款经历的家庭农场更容易获得金融机构的贷款支持（高勇，2019）。屈海娜等人（2020）的研究证明，家庭农场经营规模、是否示范性农场、农场主受教育程度、资源配置能力、市场环境、融资环境和政府专项扶持政策是影响家庭农场从金融机构贷款的关键因素。郭熙保和吴方（2020）证明经营规模对家庭信贷可得性有显著正效应。家庭农场的人力资产专用性越强，从外源融资的比例越低（李欣怡，2021）。从经营类型看，禽类养殖农场与其信贷可获得性和信贷数量之间存在显著正相关，而果蔬类家庭农场相关性均不显著。

（二）家庭农场融资约束的原因

在农村金融市场上信贷供给远小于需求（Jaffee、Modigliani，1969），家庭农场面临较严重的信贷配给问题，其根本原因在于信息不对称导致的逆向选择与道德风险（张德元、潘纬，2015；Fazzari、Michelle，1987）。姚丽娟（2021）采用 ISM 递阶结构模型从家庭农场的财务、外部环境和农场主个体三个维度设置了 12 个指标，分析了家庭农场融资的约束因素，发现资产负债率、成长机会、盈利能力、行业类型、发展阶段和信用状况是表层直接因素；对融资政策的了解、社会关系、文化程度和农场主的个人因素是中层间接因素；社会外部环境中的各地法律环境和经济发展水平是深层根源因素。

（三）融资约束对家庭农场经营的影响

有学者研究了金融约束对家庭农场经营规模（郭熙保、龚广祥，2018）、数字金融对家庭农场采用绿色技术（Yu 等，2020）、信贷对家庭农场土地和劳动生产率（Garcias、Kassouf，2016）、信贷对家庭农场经营绩效（Chen，2022）等方面的影响。他们的研究发现信贷支持能够显著提升家庭农场的经营规模和生产效率，提升了家庭农场的经营绩效，数字金融能促使农场采用绿色生产技术。

综上所述，现有文献主要围绕农场主的年龄、性别、学历、工作经历、金融素养等个人特征，及家庭农场的经营规模、示范等级、经营类型等农场自身特征，采用 Logistic、Probit 和 Tobit 模型实证分析了这些因素对家庭农场融资选择的影响。还有一些学者研究了融资约束对家庭农场经营的影响。但现有研究鲜有从企业自生能力视角对家庭农场信贷约束与可得性的探讨。基于此，本研究从自生能力的角度深入考察家庭农场融资约束的实质。

二、家庭农场的自生能力评价

（一）家庭农场自生能力的内涵

为衡量企业的发展质量，经济学家林毅夫（2002）首次提出了企业自生能力的概念，即一个企业通过正常的经营管理能够在自由、开放和竞争的市场中赚取社会可接受的正常利润，那么这个企业就具有自生能力，否则这个企业就没有自生能力。借鉴林毅夫对企业自生能力的定义，本研究将家庭农场的自生能力定义为：在自由、开放和竞争的市场经济环境中，家庭农场能通过自身的努力整合资源，创新经营模式，不过度依赖政府的帮扶和保护即可抵御经营风险，实现自我可持续发展，并赚取社会认可的正常利润，至少不低于当地农民外出务工的平均收入。

（二）家庭农场自生能力评价体系构建

借鉴朱建民和施梦（2016）等学者对自身能力的界定，本研究将家庭农场的自生能力分为三个方面：自我恢复力、经营能力和创新能力。创新能力是衡量家庭农场自生能力的基石，它不仅为家庭农场带来实用价值，还提升了整体技术水平。经营能力使家庭农场能够适应经济环境和市场竞争。而自我恢复力则确保了家庭农场在面对自然和市场风险时的生存能力。这三个方面相互补充，缺一不可。评价指标的选择与定义见表 6-8。

表 6-8　家庭农场自生能力评价指标体系

一级指标	二级指标	三级指标	测指标变量定义
恢复力	抵御自然风险能力	农业水利设施状况	很差＝1，较差＝2，一般＝3，较好＝4，很好＝5
		农田灌溉是否便利	是＝1，否＝0
		田间道路是否便利	是＝1，否＝0
	抵御市场风险能力	是否有农业保险	有＝1，无＝0
		是否建有粮仓	是＝1，否＝0
		是否建有冷库	是＝1，否＝0
		是否建晾晒场地	是＝1，否＝0
经营能力	规模扩张能力	农场经营规模	经营土地面积对数
		农机设备资产	购买价值的对数
		农业设施资产	投入价值的对数
	竞争能力	农场示范等级	非示范＝1，县级＝2，市级＝3，省级＝4，国家级＝4
		是否“三品一标”认证	是＝1，否＝0
		登记注册形式	未注册＝0，个体工商户＝1，个人独资企业＝2，合伙企业＝3，有限责任公司＝4
		是否有品牌	是＝1，否＝0
创新能力	管理创新能力	资源利用率	对外服务项目数（个）
		财务管理规范性	是否有规范会计核算方法：有＝1，无＝0
		交易合作方式	市场随机＝1，长期订单合作＝2，入股共营＝3
	组织创新能力	是否农超对接	是＝1，否＝0
		是否农社对接	是＝1，否＝0
		是否开展农地托管	是＝1，否＝0
	技术创新能力	劳动生产率	元
		土地生产率	元

注：表中所有指标均预期为正向指标；鉴于不同类型家庭农场对土地的要求差异较大，为较准确衡量规模的影响，本书根据 2022 年《河南调查年鉴》中粮食类农场两季小麦和玉米的单产和市场平均价格计算亩收益，约为 2 100 元/年，然后以本研究调查所得非粮食类农场年总收益除以亩收益，从而计算出按土地面积为基准衡量的经营规模（下同）。

1. 自我恢复力

恢复力是指当家庭农场在经营中遇到挑战（如天灾导致的绝收或减产、产品滞销等）时所展现的韧性。这种韧性是家庭农场能够持续运营的基础，主要体现为其抵御自然和市场风险的能力。

（1）抵御自然风险的能力。农业生产周期较长，市场价格波动大，既受自然环境限制也面临市场变化的冲击。例如，2023 年河南省麦子收获前遭遇连续降雨，导致小麦发霉，价格大跌，进而可能引发农业产出下降甚至绝收，损害农民收益。作为规模经营的主体，若农场经营者缺乏持之以恒的决心和信心，未采取有效措施应对自然灾害并从不利情况中快速调整恢复，家庭农场可能面临解散的风险。课题组 2023 年 7 月在周口市商水县高标准农田建设管理中心进行调研发现，得益于政府部门的大力推进，商水县的高标准农田区实现了多项现代农业技术应用，如灌溉自动化、水粪一体化、农药无人机喷洒等，良种率达到 100%，且农田两侧设有泄洪沟，确保了农业生产的旱涝保收。这些措施使得高标准农田区的家庭农场小麦平均亩产能达到 750 千克，最高可达 852 千克。故本书选取农业水利设施状况、田间道路是否便利以及农田灌溉是否便利作为衡量其抵抗自然风险能力的指标。

（2）抵御市场风险的能力。农作物直接物化成本较高且收益不确定性较大，“丰产不丰收，谷贱伤农”成为农业经营者常面临的困境。在自然和市场风险的双重制约下，家庭农场的经营往往难以为继。通过改善农业农村生产和生活条件，促进农村经济社会化分工与生产专业化，可以增强家庭农场在面对不确定风险时的韧性，从而提高其自生能力。家庭农场可采用农产品价格保险、农作物完全成本保险等多种保险品种，来规避价格波动对农场经营造成的损失；也可以通过建立粮食仓储或烘干晾晒设施来便于农产品存储，避免因大量上市而导致的价格下跌。因此，本书选取是否有农业保险、是否建有仓储设施、是否建有晾晒场地作为衡量其抵抗市场风险能力的指标。

2. 经营能力

在激烈的市场竞争中，家庭农场要持续提升经营能力，这已成为其生存和发展的首要任务。这种能力主要体现在规模扩张能力和竞争能力等方面。

（1）规模扩张能力。家庭农场需要达到一定规模以融合现代农业生产要素，并具备产业化经营的特征。农场主为了获得不低于外出务工或其他行业的平均收益，有动力扩大经营规模以取得规模经营效益。因此，经营规模在一定程度上反映了家庭农场的经营能力，银行等正规金融机构或亲朋好友等可以据此判断农户的偿还能力（郭熙保、吴方，2020）。其次，家庭农场购置的农机及设备资产以及建设的农业设施资产的价值，反映了家庭农场的实力。这些资产量越大，家庭农场越有可能进一步拓展业务，并促使其不断发展壮大。故选用农场经营规模、农机设备资产、农业设施资产来衡量规模扩张力。

（2）市场竞争能力。市场竞争能力是企业在市场经济的竞争环境中，相对于其他竞争对手所表现出来的生存能力和持续发展能力的总和①，是企业获得盈利和自身发展的综合素质（金碚，2001）。要评估家庭农场的竞争力，可以从经营管理的规范化、标准化、示范性和品牌化等显性指标入手。一般而言，那些拥有规范的内部管理和严格控制的生产过程的家庭农场，不仅更具竞争力，而且更容易得到金融机构的支持。例如，在全国第二批典型家庭农场中，河南省浚县的易丰家庭农场便是一个例证。该农场遵循规模化、标准化、产业化和品牌化的现代农业发展理念，坚持科技引领，引进优质种子，实行生态种植，并通过扩大规模提高效率。通过积极发展订单农业，该农场在2020年取得了显著成绩，销售额超过500万元，净利润达到50余万元②。故选用家庭农场示范等级、注册登记形式、是否拥有品牌、是否经"三品一标"认证来衡量家庭农场的竞争能力。

3. 创新能力

根据现代企业治理理论，创新是企业可持续发展的核心，是确保企业拥有自身能力的必不可少要素。对家庭农场而言，创新能力是在生存的基础上，通过学习模仿吸收先进的经验与方法，充分利用内外资源，创新经营、不断适应环境，对外部威胁及时做出反应，从而实现资本的持续积累与增值。这一能力为经营提供资源保障，是农场持续发展和创造未来价值的源泉。家庭农场创新能力主要体现在管理创新、组织创新和技术创新等方面。

（1）管理创新能力。主要体现在对人、财、物等要素的配置与运营上。农业生产具有明显的季节性，在生产过程中农忙、农闲交替出现，导致劳动强度分配不均。在农闲期间，如何降低资产闲置产生的浪费，对家庭农场的经营效益提升至关重要。建立规范清晰的财务管理制度使家庭农场能及时掌握收支状态、资金用途、经营收益和资产负债情况，这有利于加强成本控制，挖掘增收渠道，明确经营方向，提升市场信任度。同时，这也便于与金融机构对接获得信贷支持，帮助家庭农场做出正确的经营决策，推动高质量发展。此外，通过与客户建立紧密的交易合作关系，形成利益共同体，共同应对市场风险，提高适应市场变化的能力。因此，本书采用资源利用率、财务管理的规范性以及交

① 刘吉超．竞争力［EB/OL］．https：//www.skctk.cn/html/1441/1441－58497－1.html，2017－10－10.

② 农村合作经济指导司．全国家庭农场典型案例（2021）——提高经营管理水平［EB/OL］．http：//www.hzjjs.moa.gov.cn/nchzjj/202201/t20220125_6387589.htm，2021－01－25.

易合作方式作为衡量家庭农场管理创新能力的指标。

（2）组织创新能力。有效率的组织是实现经济增长的保证。家庭农场是以“土地出租者—家庭农场主—农业工人”为典型结构（曹林奎，2013）。在经营过程中如何把三者进行有效整合，实现各方利益的最大化，需要进行组织设计与创新。实践中，涌现较多的有农社对接、农超对接、公司＋农户、生产托管等基本组织模式，以及在此基础上的进一步拓展。首先，可采用农社对接，即家庭农场通过加入合作社，利用合作社的资源和支持进行农业产业化经营。这种模式中，家庭农场与合作社建立密切的合作关系。以山东寿光文家街道游林家庭农场为例，成立于 2013 年，专门种植花卉，农场主游林采用“家庭农场＋基地＋合作社”的模式，联合相近农业生产类型的农户形成利益共同体，实现专业化、企业化管理及社会化服务①。其次，可采用农超对接模式，即家庭农场与超市建立长期供应契约，减少流通环节，降低成本，稳定收入；该模式下家庭农场与消费者直接建立联系，可快速获得市场反馈，加速产品的更新与质量提升。最后，也可采用农业生产托管模式，若以土地流转的方式获取土地，家庭农场则必须预先支付给土地转出户租金，而且流转的地块往往难以集中连片，给家庭农场的生产经营带来较大的困难与风险，特别是面临自然灾害时，风险几乎全部由家庭农场承担；而开展土地生产全过程托管或部分托管服务，可在规避因租赁土地给家庭农场带来巨大租金成本和分散经营风险的基础之上实现农地规模经营，通过专业分工把小农户纳入到统一经营体，实现了互利共赢。故本书选用家庭农场是否与合作社对接、是否采用农超对接、是否开展农地托管服务来衡量其组织创新力。

（3）技术创新能力。农业科技是农业发展的第一推动力。家庭农场要获取持续的竞争优势，形成核心竞争力，就需要先进农业技术的支撑，加速农业技术进步，提高创新能力。经济学家林毅夫（2017）指出，现代经济的增长基于劳动生产率的持续提高，而生产率的提升依赖于技术创新和产业升级。技术创新使劳动者能生产出更多更优质的产品，推动新产业和新产品的涌现。这些新产品具有更高的附加值，有助于劳动力及生产要素从低附加值产业向高附加值产业的转移，从而提高劳动生产率和人均收入水平。家庭农场的技术创新力主要体现在新技术的采纳、产业模式的创新等方面。生产效率是衡量家庭农场技术创新效果的关键指标，故本书采用土地生产率和劳动生产率作为衡量家庭农场技术创新能力的指标。课题组在周口市商水县的 10 万亩高标准农田示范区调研时发现，该示范区引入了包括农业物联网控制中心、大数据存储分析、田

① 郑小菲．文家街道游林家庭农场：汇聚“美”力量　成就“新农业”[N]．寿光日报，2023－7－19.

间安全生产应急管理和气象预警四个平台，以及水肥一体化、智能灌溉等八大应用，形成了一个综合的农业智慧平台。这个平台为种植户提供了全方位的农业技术服务，显著推动了农业增长和农民收入增加。2022年示范区内小麦的平均亩产量超过750千克，峰值达到852千克，大幅超出商水县平均水平的570千克。还有济南市长清区的安亮家庭农场，该农场采用工厂化育苗、精细化播种、生态化栽培等技术，实施“早春大白菜＋初夏大白菜＋香菜＋青蒜苗”的种植模式，实现了四季不断的产品供应，不仅节约成本，提高效率，年纯利润也达到了300万元以上①。

（三）家庭农场自生能力的评价

1. 数据来源说明

本节仍采用2021—2022年对河南省846个家庭农场调查数据，设定指标体系，评价家庭农场的自生能力，并深入分析自生能力对家庭农场融资需求的影响。

2. 计算方法

本书采用因子分析法对家庭农场的自身能力进行综合评价，并计算每个家庭农场的自身能力得分。对自生能力各维度的评价设置了22个测量指标，而这些指标即变量，可能存在一定的相关性。由此，通过对原始变量相关矩阵或协方差矩阵内部结构关系的研究，利用原始变量的线性组合形成几个综合指标（主成分），在保留原始变量主要信息的前提下起到降维与简化问题的作用。然后根据每个因子对自生能力变差解释贡献确定其权重，再乘以因子得分得到每个样本个案自生能力综合得分。通过因子旋转，明确了因子与各测量变量之间的关系，以验证其聚合效度并计算因子得分。

为进一步比较家庭农场自生能力大小，本研究用TOPSIS法（逼近理想解排序法）计算样本农场的自生能力得分。该方法常用于研究与理想方案相似性的顺序选优技术，通俗理解即为数据大小有优劣关系，数据越大越优，数据越小越劣，因此结合数据间的大小找出正负理想解以及正负理想解距离，并且最终得到接近程序C值，并且结合C值排序得出优劣方案排序。首先，运用TOPSIS法计算m个指标和n个样本的可行解$Z_i = (Z_{i1}, Z_{i2}, \cdots, Z_{im})$，其中$i = 1,2,3\cdots n$，并设规范化加权目标的正理想解为$Z^+$和负理想解为$Z^-$；其次，确定评价对象与正、负理想解的欧式距离。计算公式如下：

$$S_i^+ = \sqrt{\sum_{j=1}^{n} W_i (Z^+ - Z_{ij})^2}, i = 1,2,\cdots m; j = 1,2\cdots,n \qquad (6-6)$$

---

① 农村合作经济指导司．全国家庭农场典型案例（2021）——提高经营管理水平［EB/OL］. http：//www.hzjjs.moa.gov.cn/nchzjj/202201/t20220125_6387589.htm，2021-01-25.

$$S_i^- = \sqrt{\sum_{j=1}^{n} W_i (Z_{ij} - Z^-)}, i = 1,2,\cdots,m; j = 1,2,\cdots,n \qquad (6-7)$$

最后，计算贴近度，计算公式：$C_i = \frac{S_i^-}{S_i^+ + S_i^-}$。贴近度的计算值在 $0 \leqslant C_i \leqslant 1$，其值越接近于 1，表示被评价对象越接近于理想水平。

3. 计算步骤

首先，利用 SPSS 软件，使用因子分析进行信息浓缩，检验研究数据是否适合进行因子分析，从表 6－9 可以看出：KMO 为 0.694，大于 0.6，且数据通过 Bartlett 球形度检验（$p<0.05$），意味着数据适合进行因子分析研究。

表 6－9　KMO 和 Bartlett 的检验

KMO 值		0.694
Bartlett 球形度检验	近似卡方	2 436.303
	df	210
	p 值	0.000

其次，采用主成分法提取公因子，使用最大方差旋转方法（varimax）进行旋转，以便找出因子和研究项的对应关系。经多个重复循环，删除不合理项，保留特征根大于 1 的因子，取 8 个公因子，此 8 个因子旋转后的方差解释率分别为 11.266%、9.101%、8.746%、6.729%、6.683%、6.600%、5.734%、5.646%，信息提取量分布较为均匀，旋转后累积方差解释率为 60.504%（表 6－10）。

表 6－10　方差解释率表格

因子编号	特征根			旋转前方差解释率			旋转后方差解释率		
	特征根	方差解释率（%）	累积（%）	特征根	方差解释率（%）	累积（%）	特征根	方差解释率（%）	累积（%）
1	3.328	15.849	15.849	3.328	15.849	15.849	2.366	11.266	11.266
2	1.873	8.917	24.767	1.873	8.917	24.767	1.911	9.101	20.367
3	1.496	7.125	31.892	1.496	7.125	31.892	1.837	8.746	29.114
4	1.456	6.935	38.827	1.456	6.935	38.827	1.413	6.729	35.842
5	1.273	6.063	44.890	1.273	6.063	44.890	1.403	6.683	42.525
6	1.120	5.332	50.222	1.120	5.332	50.222	1.386	6.600	49.125
7	1.114	5.303	55.525	1.114	5.303	55.525	1.204	5.734	54.859
8	1.046	4.980	60.505	1.046	4.980	60.505	1.186	5.646	60.504

然后，确定因子与各测量指标的直接对应关系，验证其与理论预期的一致性，并对因子重新进行命名和解释。

表 6-11 旋转后因子载荷系数表格

名称	因子载荷系数								共同度
	因子 1	因子 2	因子 3	因子 4	因子 5	因子 6	因子 7	因子 8	
示范农场等级	0.455	0.253	0.130	−0.051	0.246	−0.082	0.332	0.006	0.467
是否有注册商标	0.791	0.141	0.058	0.096	−0.029	−0.002	−0.043	−0.094	0.670
是否获“三品一标”认证	0.676	0.001	0.070	0.068	−0.031	−0.098	−0.090	0.109	0.497
财务管理规范性	0.623	0.023	0.231	0.059	−0.062	0.169	0.110	−0.006	0.490
注册形式	0.678	0.223	−0.050	−0.019	0.093	−0.174	0.116	0.032	0.566
经营规模	0.169	0.824	0.094	−0.015	0.075	0.016	0.052	0.006	0.725
农业设施资产对数	0.149	0.719	−0.010	0.084	−0.048	0.172	−0.022	−0.049	0.582
交易合作方式	0.192	0.121	0.529	0.327	−0.021	−0.170	−0.093	0.028	0.477
农业设备资产对数	0.172	0.185	0.515	−0.052	−0.064	0.053	0.091	−0.044	0.550
资源利用率	0.175	0.045	0.629	0.000	0.215	0.137	0.147	0.196	0.553
是否开展农地托管	−0.001	−0.042	0.812	−0.058	−0.022	0.076	−0.029	−0.070	0.677
农田灌溉是否便利	0.103	−0.047	−0.014	0.748	0.016	0.045	0.172	0.007	0.605
农业水利设施状况	0.028	0.067	0.057	0.752	0.022	−0.128	−0.154	−0.025	0.616
土地生产率	0.043	−0.226	0.078	0.056	0.818	0.086	−0.052	−0.010	0.742
劳动生产率	−0.064	0.446	−0.025	−0.039	0.733	−0.030	0.043	−0.011	0.745
是否建有粮仓	−0.196	0.147	0.304	−0.004	−0.064	0.676	0.031	−0.083	0.622
是否建有晾晒场地	0.024	0.070	−0.081	−0.081	0.109	0.832	−0.043	0.073	0.729
田间道路是否便利	−0.023	0.041	−0.131	0.346	−0.173	0.192	0.594	−0.098	0.568
是否参与农业保险	0.077	0.010	0.107	−0.121	0.059	−0.109	0.764	0.011	0.632
是否农超对接	0.107	−0.170	−0.041	−0.018	0.073	−0.003	−0.115	0.679	0.522
是否农社对接	−0.076	0.116	0.086	−0.005	−0.089	0.011	0.072	0.795	0.672

从表 6-11 可知，所有研究项的共同度值均超过 0.4，表明研究项与因子间有较强关联，因子可以有效地提取信息。通过观察旋转后的因子载荷系数（绝对值大于 0.4 即表示存在对应关系），提取的各个因子与测量指标之间的对应关系基本符合理论预期。其中，示范农场等级、注册形式、“三品一标”认

证、商标注册及会计规范性这 5 个指标与因子 1 关联最密切，它们主要反映家庭农场的经营综合竞争力，因此，因子 1 被命名为“综合竞争力”。经营规模、农业设施资产、农机设备资产与因子 2 的关联较强，与理论预期一致，因此，维持“规模扩张能力”这一命名。交易合作方式、资源配置及托管服务这三个指标与因子 3 的关系最为密切，体现了家庭农场的管理创新能力，因此命名为“管理创新力”。农田灌溉是否便利、农业水利设施状况与因子 4 的关联最强，这与理论预期一致，在一定程度上反映了家庭农场抵御自然风险的能力。土地生产率和劳动生产率与因子 5 关联最强，且完全符合理论预期，这反映了家庭农场的技术创新力。是否建有粮仓、是否建有晾晒场地与因子 6 的关联最强，这两个指标反映了家庭农场通过储存来平抑季节性波动的能力，因此被命名为抵御市场风险的能力。田间道路是否便利、是否参与农业保险与因子 7 的关联最强，这两个指标也是家庭农场应对风险的重要方面。其中，参与农业保险能够有效应对自然灾害、意外事故以及价格波动等给农场经营造成的损失。目前，中国农业保险已基本形成了以成本保障型产品为主，产量保险、收入保险和指数保险等各类创新性产品共同发展的农业保险产品供给体系①。便利的交通条件也是促进农作物能否得到及时收割、农产品销售的环境基础。鉴于这两个指标对应对自然风险和市场风险都有作用，故将该因子命名为抵御综合风险的能力。是否开展农超对接、农社对接与因子 8 的关联最强，这两个指标反映出家庭农场在生产经营过程中的组织创新能力，这与理论预期相符。

再次，利用载荷系数等进行权重计算，分为三步：第一，计算线性组合系数：因子载荷系数/对应特征根的平方根；第二，计算综合得分系数：∑（线性组合系数×方差解释率）/∑（方差解释率），即线性组合系数分别与方差解释率相乘后累加，然后除以累计方差解释率；第三，计算三级指标权重：将综合得分系数进行归一化处理，以得到各指标权重值（见表 6－12 最后一列）。第四，计算各因子权重和每个样本家庭农场自生能力的综合得分，公式为：∑（因子得分×因子权重）。计算出 8 个因子的权重分别为：18.63%、15.04%、14.46%、11.12%、11.04%、10.91%、9.47%、9.34%（见表 6－13 第四列）。鉴于采用因子分析进行综合评价，需要对变量进行标准化处理，计算每个样本自生能力得分有正有负，所有样本自生能力均值为 0，标准差为 1，这样只便于对家庭农场自生能力大小进行排序，而不便于直接比较各家庭农场自生能力。

① 汪文正．农业保险为农民撑起防护网［N］．人民日报海外版，2022－06－21．

表 6-12　线性组合系数及指标权重结果

名称	因子 1	因子 2	因子 3	因子 4	因子 5	因子 6	因子 7	因子 8	综合得分系数	权重（%）
特征根（旋转后）	2.366	1.911	1.837	1.413	1.403	1.386	1.204	1.186		
方差解释率	11.27%	9.10%	8.75%	6.73%	6.68%	6.60%	5.73%	5.65%		
示范农场等级	0.296	0.183	0.096	−0.043	0.208	−0.069	0.302	0.006	0.136	6.75
是否建有粮仓	−0.128	0.106	0.224	−0.003	−0.054	0.575	0.029	−0.076	0.077	3.80
是否建有晾晒场地	0.016	0.050	−0.060	−0.068	0.092	0.706	−0.039	0.067	0.084	4.17
田间道路是否便利	−0.015	0.030	−0.097	0.292	−0.146	0.163	0.541	−0.090	0.065	3.21
是否有注册商标	0.515	0.102	0.043	0.081	−0.024	−0.002	−0.039	−0.086	0.112	5.54
是否获得“三品一标”认证	0.440	0.000	0.051	0.057	−0.026	−0.083	−0.082	0.101	0.085	4.23
是否参与农业保险	0.050	0.008	0.079	−0.102	0.050	−0.093	0.696	0.010	0.073	3.61
交易合作方式	0.125	0.088	0.390	0.275	−0.018	−0.144	−0.085	0.026	0.100	4.97
是否农超对接	0.069	−0.123	−0.031	−0.015	0.062	−0.003	−0.105	0.623	0.043	2.13
是否农社对接	−0.049	0.084	0.063	−0.004	−0.075	0.009	0.066	0.730	0.079	3.93
财务管理规范性	0.405	0.017	0.171	0.050	−0.052	0.143	0.100	−0.006	0.127	6.30
农田灌溉是否便利	0.067	−0.034	−0.010	0.630	0.013	0.039	0.157	0.006	0.097	4.81
农业设备资产对数	0.112	0.351	0.380	−0.044	−0.054	0.045	0.083	−0.041	0.127	6.28
经营规模	0.110	0.596	0.070	−0.013	0.064	0.013	0.047	0.005	0.132	6.56
土地生产率	0.028	−0.164	0.057	0.047	0.691	0.073	−0.047	−0.009	0.073	3.62
劳动生产率	−0.042	0.323	−0.018	−0.033	0.619	−0.025	0.040	−0.010	0.103	5.10
资源利用率	0.114	0.032	0.464	0.000	0.181	0.117	0.134	0.180	0.155	7.71
登记注册形式	0.441	0.161	−0.037	−0.016	0.079	−0.148	0.106	0.030	0.105	5.19
设施资产对数	0.097	0.520	−0.007	0.071	−0.041	0.147	−0.020	−0.045	0.109	5.39
是否开展农地托管	−0.001	−0.030	0.599	−0.049	−0.019	0.065	−0.026	−0.064	0.073	3.62
农业水利设施状况	0.018	0.048	0.042	0.633	0.018	−0.109	−0.140	−0.023	0.062	3.07

表 6-13　因子旋转重新命名后家庭农场自生能力评价指标及权重

一级指标	权重（%）	二级指标	权重（%）	三级指标	权重（%）
自我恢复力	31.5	抵御自然风险力	11.12	农田灌溉是否便利	4.81
				农业水利设施状况	6.28
		抵御市场风险力	10.91	是否建有粮仓	3.8
				是否建有晾晒场地	4.17
		抵御综合风险力	9.47	田间道路是否便利	3.21
				是否参与农业保险	3.61

（续）

一级指标	权重（%）	二级指标	权重（%）	三级指标	权重（%）
经营能力	33.63	竞争能力	18.63	示范农场等级	6.75
				是否有注册商标	5.54
				是否获得“三品一标”认证	4.23
				财务管理规范性	6.3
				登记注册形式	5.19
		规模扩张能力	15.04	经营规模	6.56
				农业设施资产对数	5.39
				农业设备资产对数	3.07
创新能力	34.84	管理创新能力	14.46	资源利用率	7.71
				是否开展农地托管	3.62
				交易合作方式	4.97
		技术创新能力	11.04	土地生产率	3.62
				劳动生产率	5.1
		组织创新能力	9.34	是否农超对接	2.13
				是否农社对接	3.93

最后，本研究在利用因子分析法计算得到8个二级权重的基础上，进一步采用TOPSIS法计算每个家庭农场的自生能力得分。鉴于样本量较大，每个样本的TOPSIS评价计算结果在此略去（重新命名后的评价体系及指标权重见表6-13）。

4. 结果分析

（1）指标影响权重分析。根据表6-13，在一级指标中，各维度对家庭农场自生能力的影响较均衡，平均重要性均超过30%，其中创新能力对自生能力的重要性略高于其他两项能力；在二级指标层面，竞争能力对家庭农场自生能力的提升最为关键，其次是规模扩张能力、管理创新力、抵御自然风险能力、技术创新能力、市场风险应对能力和综合风险管理能力，以及组织创新能力。至于三级指标，资源配置程度显得尤为重要，其权重为7.71%。接下来是经营规模、示范农场等级、财务管理规范性、农业水利设施状况、设施资产、注册形式、是否有注册商标和劳动生产率，这些指标的权重都超过了5%。而其他的三级指标权重则均在5%以下。

（2）家庭农场自生能力的整体比较。由表6-14的描述性统计可知，总体而言，家庭农场的自生能力偏低。自生能力得分平均值为0.412 5，其中最高得分为0.799 8，最低得分为0.273 8。从不同类型家庭农场的自生能力均值和中位数比较看，各类家庭农场的自生能力值比较接近。其中，种养结合类家庭农场自生能力较高，其次为种植类家庭农场，最低为养殖类。

表6-14 不同类型家庭农场自生能力比较

经营类型	个案数	平均值	标准差	中位数	最小值	最大值
种植类	453	0.414 5	0.035 5	0.409 7	0.273 8	0.799 8
养殖类	199	0.403 6	0.025 0	0.400 1	0.352 1	0.557 4
种养结合类	119	0.419 6	0.030 2	0.416 3	0.360 4	0.564 6
总计	771	0.412 5	0.032 8	0.408 6	0.273 8	0.799 8

注：根据TOPSIS法计算样本家庭农场的自生能力得分，剔除缺失值后有效样本为771个。

按照自生能力综合得分本书将家庭农场划分为五组（表6-15），可以看出56.3%的家庭农场自生能力得分为[0.400 1，0.500 0]，33%的在区间[0.300 1，0.400 0]，而自生能力得分在0.500 0以上的仅占1.8%，这表明目前多数家庭农场在开放的市场环境中缺乏自生能力。

表6-15 样本家庭农场的自生能力评分频数分布

	组别	频数（个）	百分比（%）	有效百分比（%）	累积百分比（%）
有效	<=0.300 0	1	0.1	0.1	0.1
	0.300 1～0.400 0	279	33.0	36.2	36.3
	0.400 1～0.500 0	476	56.3	61.7	98.1
	0.500 1～0.600 0	14	1.7	1.8	99.9
	0.700 1+	1	0.1	0.1	100.0
	总计	771	91.1	100.0	
缺失	系统	75	8.9		
总计		846	100.0		

尽管各类家庭农场的自生能力均值比较接近，但建立经营类型对自生能力影响的单因素方差分析模型。结果发现（表6-16）：经营类型在1%的显著性水平对家庭农场自生能力产生显著影响，且Levene方差齐次性检验表明（基于平均值的Levene统计量=2.801，P=0.061、基于中位数的Levene统计量=2.503，P=0.083），在5%的显著性水平上不拒绝原假设，满足方差齐同性假定。这说明不同类型家庭农场之间的自生能力存在显著差异。

表 6-16　经营类型对家庭农场自生能力影响的单因素方差分析

差异源	平方和	自由度	均方	F	显著性
组间	0.024	2	0.012	11.331	0.000
组内	0.803	768	0.001		
总计	0.826	770			

（3）家庭农场自生能力的构成比较。根据因子分析重新命名后，本书计算了 8 个维度的能力得分（图 6-2），值得注意的是，在因子分析过程中，数据经过了标准化处理，因此各因子得分及自生能力综合得分的均值为 0，方差为 1。结果显示，种植类家庭农场的规模扩张能力低于所有农场的平均值，而养殖类和种养结合类家庭农场都高于均值。具体到养殖类家庭农场的能力得分，除了规模扩张能力外，其他各项能力得分均值都低于全体家庭农场的该项能力得分平均值。相比之下，种植类家庭农场除了规模扩张能力之外，其他各项能力得分均值都在均值之上。种养结合类家庭农场在组织创新能力、抵御市场风险能力、技术创新能力、管理创新能力、竞争能力和规模扩张能力维度上的得分均高于该项能力得分的平均值。尽管其在规模扩张能力上低于养殖类农场，在抵御自然风险能力和抵御综合风险能力上低于 0 值，但其他各项能力得分高于其他类型的农场。

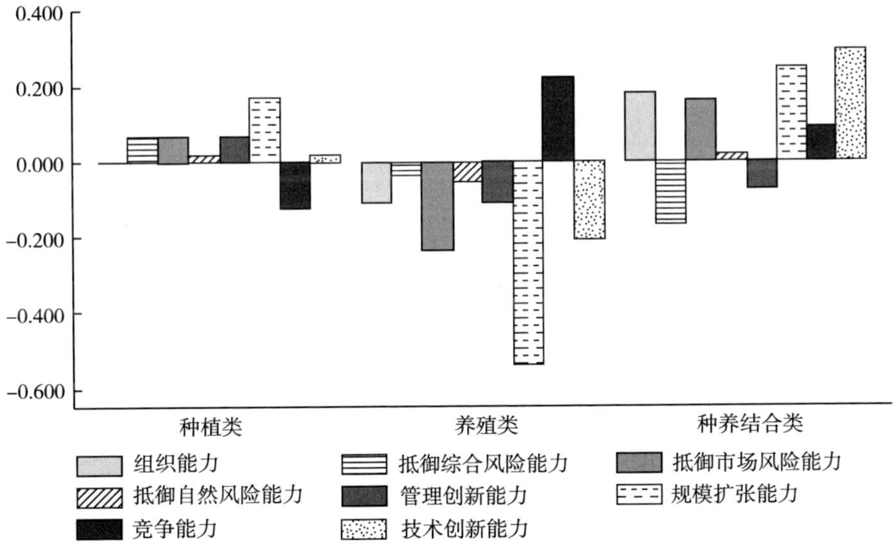

图 6-2　不同类家庭农场自生能力分维度对比

三、自生能力对家庭农场融资的影响机理

家庭农场的自生能力是指其在没有外部支持情况下，依靠自身资源和能力

维持和发展生产的能力。这种能力不仅关系到家庭农场的可持续发展，而且显著影响其融资需求和条件。鉴于我国家庭农场多数源自传统小农户，其发展历史较短，多数农场主缺乏规模经营的经验，不完全具备自生能力，发展过程中离不开政府的帮扶。根据对河南省家庭农场的调查数据显示，在问及“若无政府补贴也愿意投资农场吗?”时，有54.32%的受访对象回答不愿意。尽管家庭农场相对普通农户而言有较大的规模，但其经营中仍显示出经营规模小、盈利能力较差、市场抗风险能力弱、核心竞争力不足等问题，自生能力整体较弱。在此情况下，商业性金融机构对家庭农场未来的收益“不放心”，金融机构在家庭农场具备明确偿还贷款的能力时才愿意放贷。

自生能力强的农场通常资源自给程度高、收入稳定，并能有效地进行风险管理，这样的农场往往拥有更高的信用评级和偿债能力，使得它们能够以更优惠的条件获得融资，并有更多的融资渠道选择，也更容易获得银行贷款。自生能力强的农场在融资成本、融资速度以及融资额度上都更具优势。在融资结构方面，这些农场倾向于使用长期融资，在制定融资策略时，它们能够更精准地把握融资时机，选择合适的伙伴，并根据实际需要挑选最佳的融资产品。而在融资后的管理上，这类农场注重提高资金使用效率，制定合理的偿还计划，并通过良好的还款记录增强再融资能力。

根据上述对家庭农场自生能力的理论建构，家庭农场的自生能力可细分为抵御自然风险力、抵御市场风险力、抵御综合风险力、竞争能力、规模扩张能力、管理创新能力、技术创新能力和组织创新能力八个方面。这些因素同样对家庭农场的融资产生积极影响，首先，强大的抵御自然和市场风险的能力减少了经营不确定性，降低了金融机构的贷款风险，使融资更加可行。其次，综合风险管理提高了家庭农场面对多变情况的准备程度，降低了潜在损失，从而吸引更多的贷款和投资。此外，竞争能力和规模扩张能力显示了家庭农场的盈利前景和增长潜力，增加融资的吸引力。同时，管理创新和技术革新提升了运营效率和生产质量，改善了财务状况，为融资提供了有力保障。最后，组织创新能力增强了家庭农场适应外部变化的能力，拓宽了融资渠道。

总体而言，自生能力通过提高家庭农场的稳定性、盈利能力和成长性，形成了一个有利于其获得资金支持的影响机制，不仅改善了融资条件，扩大了融资途径，也降低了融资成本，使其更有可能在金融市场中获得融资。

四、研究设计

（一）变量选择与定义

1. 被解释变量

本节将家庭农场的融资契约选择细分的融资意愿（是否有贷款需求：是＝

1，否=0）、融资可得性（农场创办以来是否得到金融机构的信贷支持：是=1，否=0）、融资额度（创办以来从金融机构获得的贷款金额，单位万元；为降低数据量级的影响，对融资额度进行对数化处理后作为被解释变量）三个维度。

2. 核心解释变量

以上述因子分析法计算的每个家庭农场自生能力综合得分为解释变量；进一步采用因子分析旋转后提取的 8 个重新命名的公因子为解释变量，分别建立计量模型。

3. 控制变量

根据以往研究来看，农场主个人特征、家庭特征等因素也会影响家庭农场的融资，故本文引入农场主学历（文盲=1，小学=2，初中=3，高中或中专=4，大专=5，本科=6，研究生=7）、性别（男=1，女=0）、年龄（21 岁以下=1，21～30 岁=2，31～40 岁=3，41～50 岁=4，51～60 岁=5，60 岁以上=6）、农场成立年限（实际年限），以及农户家庭人口（人）、亲朋是否任村干部（是=1，否=0）、银行是否有熟人（是=1，否=0）、是否愿意长期投资农业（是=1，否=0）等变量。

（二）模型选择

为了验证以上假说，本书采用双变量 Probit 模型来验证家庭农场融资意愿和融资可得性的影响因素，进一步采用 Tobit 删失模型来验证融资规模的影响因素及方向。

1. 融资意愿及融资可得性双变量 Probit 模型

家庭农场首先得有融资需求意愿，才会进一步向银行等金融机构申请贷款，金融机构根据家庭农场的申请进行资质考核后再决定是否放贷。而这种意愿的发生与能否得到金融机构的贷款都会受到家庭农场自生能力影响。故家庭农场融资需求决策的各环节并不独立，可能存在较强的内生性问题。Biprobit 模型能在估计时考虑不同方程之间干扰项的相关性，通过修正两个模型干扰项协方差矩阵来提高估计效率（王亚运、蔡银莺，2017），故本书采用双变量似不相关 Probit 模型进行分析。本研究构建如下模型：

$$\begin{cases} Loan_d^* = \beta'_1 X_1 + \varepsilon_1, \text{若 } Loan_d^* > 0, Loan_d = 1; \text{否则 } Loan_d = 0 \\ Loan_s^* = \beta'_2 X_2 + \varepsilon_2, \text{若 } Loan_s^* > 0, Loan_s = 1; \text{否则 } Loan_s = 0 \end{cases}$$
$$E(\varepsilon_1) = E(\varepsilon_2) = 0, Var(\varepsilon_1) = Var(\varepsilon_2) = 1, \operatorname{cov}(\varepsilon_1, \varepsilon_2) = \rho \tag{6-8}$$

式中，$Loan_s^*$ 代表金融机构资金供给意愿的潜变量，$Loan_s$ 代表是否愿意提供资金的决策变量，即家庭农场的信贷是否可得；$Loan_d^*$ 代表家庭农场融资意愿的潜变量，$Loan_d$ 代表家庭农场是否愿意向金融机构申请贷款的决策变量，即家庭农场的融资意愿；X_1 为影响家庭农场融资意愿的解释变量，X_2 为影响信贷可得性的解释变量。假定随机干扰因素 ε_1 和 ε_2 服从二维联合正态分布，它们各自的期望为 0，方差为 1，相关系数为 ρ 。

只有当家庭农场有融资意愿（$Loan_d = 1$）且金融机构愿意提供贷款（$Loan_s = 1$）时，交易才会发生，才能实际观测到家庭农场的融资行为，这是样本所能提供的最大信息。将融资行为记为 $Loan$ 。

$$Loan = \begin{cases} 1 & \text{若 } Loan_d = 1, Loan_s = 1 \\ 0 & \text{否则} \end{cases} \tag{6-9}$$

式（6-9）是个典型的 Biprobit 模型，观测值具有部分可观察性的特征。这类模型最早是由 D. J. Poirer（1980）所提出的，模型估计采用最大似然估计法（MLE）[①]。其对数似然函数如下：

$$\begin{aligned} LnL(\beta_1, \beta_2, \rho) &= \sum_{i=1}^{N} [Loan_i \ln P(Loan_i = 1) + \\ &\quad (1 - Loan_i \ln(1 - P(Loan_i = 1))] \\ &= \sum_{i=1}^{N} [Loan_i \ln\phi(X_1\beta_1, X_2\beta_2; \rho) + \\ &\quad (1 - Loan_i)\ln(1 - \phi(X_1\beta_1, X_2\beta_2; \rho)] \end{aligned} \tag{6-10}$$

该模型能够有效地利用 ε_1 和 ε_2 之间的相关性，从而得到更准的估计。在此基础上进行分析还需对原假设 $H_0: \rho_{ij} = 0$ 进行检验，以判断是否要使用 Biprobit 模型，若结果拒绝原假设，则必要。

2. 融资额度 Tobit 计量分析模型

由于融资额度需求没有低于 0 的样本，但考虑到样本中有很多家庭农场没有从金融机构贷款，即贷款额度为 0。在此种情况下，如果使用最小二乘法（OLS）来估计，无论是使用整个样本，还是去掉 0 值后的子样本，都难以得到一致的估计结果。这是因为忽略了非线性项，这些项被纳入了扰动项中，导致它们与解释变量相关联，因此 OLS 无法给出一致的估计[②]。此时使用 Tobit 模型更加合适，该模型用于解决“删失/受限被解释变量”这种问题。模型形式如下：

$$y_i^* = x'_i\beta + \varepsilon_i, \varepsilon_i \mid x_i \sim N(0, \delta^2)$$

$$y_i = \begin{cases} y_i^*, \text{若 } y_i^* > 0 \\ 0, \text{若 } y_i^* \leqslant 0 \end{cases} \tag{6-11}$$

式中，y_i 为被解释变量，即家庭农场的融资额度；y_i^* 为潜在变量，x_i 为解

① 李锐，朱喜．农户金融抑制及其福利损失的计量分析［J］．经济研究，2007，(2)：147.

② 陈强．高级计量经济学及 stata 应用（第二版）［M］．北京：高等教育出版社，2014.

释变量向量，即影响家庭农场融资额度的因素；β 为待估参数向量；ε_i 为随机干扰因素。

五、结果分析

1. 融资需求及可得性估计

表 6-17 显示了家庭农场融资需求与融资可得性的计量结果。从模型的极大似然值来看，模型是稳定的。二者的沃尔德检验 *chi*（2）值均在 1%的水平上强烈拒绝了 $H_0: \rho_{ij}=0$ 的原假设。因此，融资需求方程和融资可得性方程之间存在相关性，有必要使用似不相关双变量 Biprobit 模型。回归结果表明：

①总体上，自生能力对家庭农场的融资意愿及融资可得性都有显著正效应，并通过了 1%的显著性检验。这意味着家庭农场的自生能力越强，其融资意愿越强烈，能从金融机构获得信贷支持的可能性就越大。②抵御自然风险的能力通过了 5%的显著性检验，但却产生了负效应。也就是说，抵御自然风险能力较强的家庭农场，向金融机构融资的可能性更低，可能的原因是具有良好农业生产基础条件的家庭农场面临的风险较小，收益相对有保障，因此较少依赖金融机构贷款。③规模扩张能力通过了 1%的显著性检验，并且对家庭农场的融资需求意愿产生了显著正效应。这说明随着家庭农场的发展扩大，如大规模流转土地、购置农机设备、建设农业设施等，它们更迫切地需要向金融机构申请贷款，而且由于可用于抵押的资产增多，也更容易得到贷款支持。④竞争能力也通过了 1%的显著性检验，并对家庭农场的融资意愿产生了显著正效应，但对融资可得性的影响并未通过显著性检验。可能的解释是，家庭农场在实现规范管理、专业化和标准化生产，认定“三品一标”，并在市场监管局登记注册的过程中需要投入大量资金。在自有资金不足的情况下，向金融机构进行融资成为重要的选择，融资需求因而旺盛。然而，由于借贷双方存在信息不对称问题，即使家庭农场具有较强的竞争能力，如果不能有效向金融机构展示其良好资质，也难以及时获得金融机构的贷款支持。⑤技术创新能力在 10%的水平上对家庭农场的融资需求产生负效应，而对融资可得性的影响未通过检验。在本研究中，技术创新能力是以货币化后的家庭农场土地生产率和劳动生产率来衡量的；技术创新能力的提升意味着家庭农场的经营收入增加，通常情况下，随着家庭农场收入的提升，他们向金融机构融资的需求会减少。⑥抵御市场风险的能力在融资可得性方程中通过了 1%的显著性检验，充分显示了抗市场风险能力较强的家庭农场更容易得到金融机构的贷款支持。⑦管理创新能力在融资需求意愿模型中通过 1%的统计显著性检验，且对家庭农场的融资意愿具有显著正效应。这说明家庭农场对外提供服务的项目越多、与客户合作越密切、财务管理越规范，融资需求意愿越强烈。但管理创新力在融资可得模型

中未通过检验。⑧抵御综合风险能力和组织创新能力未通过显著性检验。

从控制变量的影响来看，男性农场主获得银行融资贷款的可能性较低。随着政府对家庭农场支持力度（主要包括各种补贴）的增加，家庭农场面临的资金困境得以缓解，进而降低了他们寻求从金融机构融资的意愿。然而，其他变量对融资意愿的影响并没有显著性。在信贷可得性方面，农场主的年龄越大，获得金融机构贷款的可能性越小；相对而言，农场成立的时间越长，其获得贷款的可能性则越大。此外，农场主的学历似乎对融资可得性有轻微的负面影响。

表 6-17　家庭农场融资需求意愿及融资可得性回归结果

变量	综合效应模型		分项效应模型	
	融资需求	融资可得性	融资需求	融资可得性
抵御综合风险能力			0.060 1	−0.058 4
			(0.048 2)	(0.051 5)
抵御市场风险能力			−0.063 0	0.107**
			(0.047 3)	(0.049 8)
抵御自然风险能力			−0.120**	0.030 8
			(0.050 5)	(0.050 2)
竞争能力			0.231***	0.032 1
			(0.050 0)	(0.052 5)
规模扩张能力			0.151***	0.352***
			(0.052 4)	(0.055 9)
管理创新能力			0.130***	−0.017 8
			(0.049 4)	(0.049 7)
技术创新能力			−0.116*	−0.020 3
			(0.069 5)	(0.056 2)
组织创新能力			0.010 9	0.047 0
			(0.050 9)	(0.048 4)
年龄	−0.037 2	−0.105**	−0.015 7	−0.122**
	(0.052 8)	(0.050 6)	(0.053 6)	(0.053 5)
学历	0.038 1	−0.097 7*	−0.001 89	−0.112**
	(0.050 2)	(0.052 4)	(0.050 3)	(0.054 5)
性别	−0.194*	0.181	−0.213*	0.135
	(0.116)	(0.122)	(0.120)	(0.126)

（续）

变量	综合效应模型		分项效应模型	
	融资需求	融资可得性	融资需求	融资可得性
家庭人口	0.077 6**		0.063 2*	
	(0.032 4)		(0.033 7)	
是否愿意长期投资农业	0.059 9		0.048 5	
	(0.119)		(0.125)	
政府支持力度	−0.191**		−0.194**	
	(0.082 0)		(0.083 2)	
自生能力	0.409***	0.467***		
	(0.149)	(0.137)		
农场成立年限		0.021 1***		0.018 1***
		(0.006 47)		(0.006 58)
亲朋是否任村干部		0.131		0.194
		(0.114)		(0.118)
银行是否有熟人		0.190		0.239
		(0.243)		(0.258)
Constant	−0.458	−0.246	−0.333	−0.119
	(0.396)	(0.309)	(0.400)	(0.327)
athrho	0.210***		0.204***	
	(0.066 6)		(0.067 5)	
模型相关性检验	*Chi2* (1) =9.953 9		*Chi2* (1) =9.147 6	
	Prob>*chi2*=0.001 6		*Prob*>*chi2*=0.002 5	
极大似然值	−897.300 6		−855.641 6	
Observations	771	771	771	771

注：***、**、*分别表示在1%、5%和10%水平上显著，括号内为误差项的稳健标准误。

2. 融资额度的估计

从表6-18可以观察到，在综合效应模型中，自生能力的回归系数为2.091，且在1%的水平上显著。这表明自生能力能显著正向影响家庭农场的融资额度。具体来说，自生能力每增强一个层级，家庭农场能从金融机构获得的贷款支持金额将增加209.1%。观察自生能力的各个构成要素，其中：抵御市场风险的能力通过了5%的显著性检验，其回归系数为0.408，这意味着该能力每提升一个层级，家庭农场得到的融资额度将增加40.8%；规模扩张能力的回归系数为1.567，且在1%水平上显著，表明该能力每提升一个层级，家庭农场的融资额度将增加 156.7%；其他能力未通过显著性检验。这些结果说明，在自生能力的各项构成中，家庭农场的规模扩张能力和应对市场风险的能力是获得金融机构信贷支持的关键因素。

关于控制变量，农场主的学历在两个模型中均显著，但呈现出显著的负效应。这可能因为高学历的农场主具备更强的经营管理能力，使得家庭农场经营利润丰厚，因此他们更少依赖外部贷款。性别在综合效应模型中通过 10%的显著性检验，显示男性农场主能够获得更多的贷款。农场主的年龄在分项效应模型中在 10%水平上显著，并呈现负效应，表明年长的农场主获得的贷款数额较少。家庭农场的成立年限在两个模型中都在 1%水平上显著，说明成立时间越长的家庭农场发展更成熟，积累了较好的信誉，从而能从金融机构获得更多的贷款支持。

表 6-18　家庭农场融资额度 Tobit 回归结果

变量	综合效应模型		分项效应模型	
	Coef.	Robust St. Err	Coef.	Robust St. Err
抵御市场风险力			0.408**	0.170
抵御自然风险力			0.141	0.171
抵御综合风险力			−0.173	0.183
规模扩张力			1.567***	0.188
竞争力			0.213	0.182
管理创新力			−0.12	0.171
组织创新力			0.138	0.157
技术创新力			−0.157	0.183
年龄	−0.287	0.188	−0.340*	0.186
学历	−0.446**	0.201	−0.489***	0.190
性别	0.815*	0.465	0.537	0.434
农场成立年限	0.096 7***	0.024 3	0.076 3***	0.022
亲朋是否任村干部	0.494	0.433	0.769*	0.403
银行是否有熟人	0.892	0.903	1.087	0.880
自生能力	2.091***	0.507		
Constant	−1.392	1.200	−0.592	1.174
Log pseudolikelihood	−877.311		−843.315	
Pseudo R^2	0.023 7		0.061 6	
Prob > *chi2*	0.000 0		0.000 0	
Observations	771（非删失数据 218）		771（非删失数据 218）	

六、研究发现

本节构建了家庭农场自生能力的评价指标体系，并结合因子分析法和TOPSIS法确定了各级指标的权重，计算了每个家庭农场的自生能力得分，根据方差贡献率提取了8个公因子并对其重新进行命名，然后分别采用双变量Probit模型、Tobit模型实证检验了自生能力及自生能力构成的八个维度对家庭农场融资需求、融资可得性及融资额度的影响。研究发现：

第一，家庭农场的自生能力普遍偏低，平均指数仅为0.412 5。第二，在对比不同类型家庭农场时，种养结合型家庭农场展现出最强的自生能力，其次是种植业家庭农场，而纯养殖类家庭农场的自生能力则相对较弱。具体来看，种植型家庭农场在规模扩张方面的能力不足，而养殖型和种养结合型家庭农场在这方面表现更佳。养殖型家庭农场在多数能力指标上的得分都低于平均水平。相反，除规模扩张外，种植型家庭农场的其他各项能力普遍高于均值。种养结合型家庭农场在抵御自然风险和综合风险的能力略低于整体平均水平，但在其他方面展现出显著的优势。第三，家庭农场的自生能力对于融资需求、获得融资的可能性以及融资额度均产生明显的积极影响。在众多能力中，尤其值得一提的是，规模扩张能力是家庭农场产生贷款需求、获得金融机构信贷支持和获取更高额贷款的关键因素。此外，提升家庭农场抵御市场风险的能力也有助于显著提高其融资可能性和扩大融资额度。第四，在考虑融资需求意愿时，政府的支持程度和农场主的性别可能会降低家庭农场对贷款的兴趣，而家庭成员数量的增加则有助于激发这种意愿。第五，对于贷款的可得性而言，农场主的年龄和教育水平与融资信贷的可获得性呈现负相关，但农场的成立年限则与其呈正相关。第六，在融资额度方面，教育水平产生了显著的负面效应，而农场的成立年限则表现出显著的正面效应。除此之外，拥有亲友在村委任职等社会关系网络也能在一定程度上促进融资效果。

本节的政策启示：第一，政府可以通过提供技术培训、市场信息、管理知识等服务，帮助家庭农场提高生产效率和产品品质，从而增强其自生能力。同时，鼓励家庭农场采用现代化农业技术和设备，提高农业生产的科技含量。第二，大力支持种养结合类家庭农场发展，鉴于种养结合类家庭农场在抵御自然风险和综合风险方面存在不足，政府应提供相应的风险管理和保险服务，降低自然灾害和市场波动的影响。第三，通过健全土地流转政策、财政补贴等方式，帮助有意愿和能力的家庭农场扩大经营规模，提高规模经济效益。第四，政府应建立农产品销售平台，提供市场推广和品牌建设支持，帮助家庭农场拓展销售渠道，提高产品的市场竞争力。积极培养规模适中、设施完善、管理规范、效益显著且具有示范作用的家庭农场。引导这些示范性家庭农场带动当地家庭农场运营水平的整体提升。第五，积极改善家庭农场的融资环境，政府可以通过设立农业信贷担保基金、提供贷款贴息、简化贷款程序等措施，降低家庭农场的融资成本和门槛，增加其融资可得性和融资额度。第六，在制定融资政策时，应考虑到农场主的年龄、学历、农场成立年限等因素对融资可得性和融资额度的影响，为不同特征的家庭农场提供差异化的服务和支持。充分考虑农场的社会关系资源，政府可以鼓励和引导家庭农场通过亲朋任村干部等关系资源，获取更多的社会资本和信息资源，以促进其发展和融资。关注性别和家庭人口规模的影响，政府应通过宣传教育和政策引导，消除性别偏见，鼓励女性参与家庭农场经营；同时，对于人口较多的家庭农场，提供更多的支持和服务，以满足其更大的融资需求。

综上所述，政府应从多方面入手，综合考虑家庭农场的特点和需求，制定综合性的政策和措施，以促进家庭农场的可持续发展和金融服务的可得性。

第五节　家庭农场农业服务契约选择的实证分析

农业社会化服务在保障粮食和重要农产品稳定安全供给、促进小农户和现代农业发展有机衔接、推动农业现代化发展等方面具有重要的引领支撑作用[①]。研究家庭农场的农业生产性服务需求对于推进农业社会服务供给侧结构性改革，提供更准确、更有效的农业服务具有极其重要的意义。这有助于解决农业生产性服务的供需矛盾，并推动农业分工与专业化、现代化的发展。有研究指出，通过将农业的分工活动从农业内部延伸到外部，比如采用工厂化育苗、代耕、代种、代收等迂回投资方式，结合多环节甚至全链条的服务外包与生产托管，可以有效降低一系列高成本的投资和交易活动，实现社会化分工（罗必良，2022）。将农业生产的部分或全部环节外包给专业化、社会化服务提供者，能够改善经营规模、降低生产成本，从而提升农业生产的效率。

然而，分工可能会导致交易费用的增加。选择合适的契约及其治理是降低交易费用、保障分工效率的重要机制。在农户经营向分工经济转变的过程中，不同规模的经营者在选择外包生产经营环节时面临着不同的约束。特别是在农户经营规模有限、农业分工及服务市场尚不成熟的情况下，竞争性和可得性问

① 农业农村部新闻办公室．全国农业社会化服务工作座谈会在福建厦门召开［EB/OL］．http：//www.moa.gov.cn/xw/zwdt/202312/t20231214_6442814.htm，2023-12-14.

题尤为显著（罗必良等，2017）。鉴于农业生产的地域性特征和分散性，农业社会化服务的市场范围应当是有限的，表现出一定的社区性。因此，拥有较多社会资本的农户在获取服务方面会具有竞争优势。本节重点讨论家庭农场所拥有的社会网络资源，分析这些资源如何影响家庭农场各生产经营环节的服务契约选择。

一、文献回顾

围绕家庭农场的农业服务选择，现有研究主要集中在以下方面：

1. 家庭农场的农业服务需求特征

家庭农场普遍且紧迫需要农药改良、化肥改良、道路维护、播种、收割、供求信息等社会化服务（沈茹、王树进，2014）。然而，家庭农场在不同生产环节对农业生产性服务的需求存在显著差异。种植不同作物类型、位于不同地区、处于不同生产阶段以及经营规模各异的家庭农场，对农机作业服务的需求各不相同。因此，在制定宏观政策时，应特别关注农业服务组织与家庭农场之间的盈亏平衡和成本管理（黄大勇，2020）。

2. 家庭农场农业服务外包的制约

家庭农场采用某项服务的关键，在于农业服务组织能否有效提供家庭农场在生产环节所需要的服务，同时降低成本并增加产量。研究表明，经营年限、种植规模、合作社参与度、技术培训、订单农业以及政府补贴力度等因素正向影响家庭农场采用农业生产性服务的意愿。相反，户口所在地和劳动规模则具有负向影响（张化楠等，2023）。例如，产前服务主要受家庭人口规模和农场主年龄的影响；产中需求则受到耕地面积、地块数量和家庭收入的影响；产后需求则与销售途径和农场主的教育水平相关（沈茹、王树进，2014）。从资源禀赋的角度看，家庭农场的人力资本、社会资本、自然资本和经济资本都对其购买农业机械服务的行为产生显著影响。特别是土地经营规模与家庭农场购买农业机械服务之间存在倒“U”形关系（孙佚等，2021）

3. 家庭农场农业服务的获取途径

在人工成本日益高涨，甚至远高于服务价格的市场环境里，规模经营主体在种植过程中一般都选择用服务替代劳动，而且服务有两种来源：一是外包服务，二是购买农机，即自我服务（董欢，2017），但从专业经济程度和交易效率角度看，继续鼓励家庭农场经营者投入大量资金购入成套农机，走农机自给自足的发展道路，将不利于家庭农场的可持续发展，促进家庭农场的农机需求由自给自足演进为专业化服务是未来的发展主流（王新志，2015）。

4. 农业服务对家庭农场经营的影响

农业生产性服务对家庭农场经营效率的影响具有重要的现实意义。有研究发现，家庭农场在产前、产中和产后生产环节采纳农业生产性服务，其经营效率分别提升19.72%、26.34%和23.82%，且农业生产性服务对不同经营特征家庭农场经营效率的影响存有明显异质性（张化楠等，2023），其中农业机械化服务能显著降低家庭农场的生产成本、提高生产效率、增加经济收益，实现规模报酬递增（黄大勇，2020）。

5. 社会网络及对家庭农场农业服务获取的作用

根据《大辞海·经济卷》的定义，社会网络指社会个体成员之间因为互动而形成的相对稳定的关系体系。“网络”是联结行动者的一系列社会联系或社会关系，它们构成了社会结构。这些行动者可以是个人，也可以是集合单位，如家庭、部门或组织。网络成员在稀缺性资源的占有上存在差异，其关系的数量、方向、密度以及行动者的位置等因素会影响资源流动的方式和效率。中国自古以来就是一个关系型社会，以宗族血缘、邻里乡亲、职场交往等为纽带的社会网络和“差序格局”在人们的日常生活中发挥着重要作用（费孝通，2001）。目前，国内关于社会网络对农业经营主体影响的研究，大多聚焦于社会网络对家庭农场融资能力、农机作业服务供给的影响（李丹，2020；郑纪芳、郑军，2022），以及对农户创业、农机外包作业服务、绿色生产、借贷等的影响（杨汝岱等，2011；杨志海，2018；吴璟等，2021）。

综上所述，现有研究多集中在家庭农场对农机作业服务的需求上，探讨了自购还是雇佣农机服务，以及采纳农业生产性服务对家庭农场经营效率的影响。但基于社会网络对农业服务的需求渠道选择的研究还不足。鉴于此，本研究利用河南省739个种植及种养结合类家庭农场的调查数据，采用多元Logit回归模型，实证分析社会网络对家庭农场农业服务契约选择的影响。

二、社会网络对家庭农场服务契约选择的影响

（一）家庭农场农业服务契约选择的交易成本

交易费用经济学认为，行动者之所以选择不同的契约，目的在于实现交易成本最小化。对于其决定因素，经典文献指出，交易特性隐含的交易成本决定了契约的选择。对于家庭农场而言，获取农业服务实际上是面临自营或外包的选择过程。服务外包契约、自营契约是两种不同的交易机制，具有不同的交易成本。自营意味着所有环节都需由家庭农场自行经营管理，这势必会产生高昂的生产成本。但另一方面，由于家庭成员在农业活动中的利益和目标一致，内部的劳动监督等交易成本几乎可以忽略不计。

服务外包则是家庭农场选择专业化的生产方式，把一部分不适合自己完成的生产环节交给专门的服务组织（或个人）去完成（廖文梅等，2021）。外包

是一种典型的委托代理行为，为保障这一行为实施的效果，农场主作为委托人，需要对作为代理人承包方的服务行为进行监督，以避免代理人可能出现的道德风险问题，但监督需要耗费一定的时间和货币（如雇人进行监督的费用）成本。在农业生产中，因其自然再生产的特征使得部分技术服务的效果是难以有效分割的，由此导致委托人对代理人提供的种子、化肥等技术服务效果的信息是高度匮乏的，因而道德风险发生的概率更高。为降低外包服务风险，家庭农场主需要花费大量的时间去寻找满意的服务对象和服务价格等信息，并就服务内容进行缔约谈判，契约达成后还会产生为保证履约质量发生的监督等交易成本。

综上所述，规模经营主体在选择服务行为时，关键在于比较各种服务模式的交易成本。

（二）社会网络降低交易成本的机制

对于交易成本的决定因素，交易主体的行为能力同样是重要因素。已有文献发现，社会网络能够降低交易成本，其原因在于网络化组织可以更好地处理伙伴关系，从而增强伙伴间关系的稳固性（Williamson，2002）。社会网络降低交易成本的机制主要体现在以下三个方面：首先，社会网络有利于获取市场信息，在一个紧密连接的社会网络中，信息可以快速流通，减少了信息搜索和验证的时间与费用，这对促进交易至关重要（Granovetter，1985；Burt，1995）。其次，从长期来看，社会网络通过重复性博弈的历史和嵌入的社会关系使得交易双方彼此产生信任，信任的建立有助于减少信息不对称和有限理性导致的机会主义行为（李胜兰，2008）。这可以提高履约效率，降低监督和管理成本。最后，组织间的交易发生在一个网络中，会由分工网络效应的存在而大大提高交易效率，从而降低交易费用（杨小凯，1998）。因此行动者的社会网络对选择何种契约有着重要影响。交易成本理论基于资源同质性假设。然而资源基础观认为，那些不同质的资源才是核心竞争力的来源和组织生产的基础（Barney，1991）。社会网络理论深化了资源基础观的理论框架，因为社会网络本身代表着社会资本。

（三）社会网络及对农业服务外包的影响

家庭农场的社会网络关系多寡，在很大程度上取决于农户的身份、从业经历及亲朋数量，及由此形成的政治关系、业缘关系、亲缘关系、组织关系等资源，这些关系网络资源对家庭农场农业服务可得性具有重要的影响。

1. 农场户政治网络的影响

在政治关系网络中，行动者（如政治家或活动家）能够通过网络连接获取关键的资源，尤其在政治关系网络中处于较高位置的个体控制着许多有价值的资源，包括交易信息、行政资源和资金。这些资源对于促进市场交易和获取公共服务具有重要的意义。具体到农村地区，嵌入在政治关系网络中的政治资本可以转化为经济资本（周雪光，2013）。作为国家在农村的代表，村干部不仅是村庄的管理者，还在乡村发展中扮演着主导角色。与普通农民相比，村干部拥有政府赋予的准行政权力，并控制着许多有价值的资源，如农场主作为村干部，能够直接参与或影响村庄的农业政策制定，这使他们能够根据自己农场的需求，优先推进某些关键农业服务项目；可以更有效地动员和整合各类资源，包括财政资金、技术支持和人力资源，用于自身的农业生产活动；在政治关系网络中占据核心位置的农场主，通常能更早获取到有关农业发展的新信息、新技术和新政策，也更容易与其他村镇、合作社、企业甚至政府部门建立合作关系，为自身的农业生产拓展更多渠道和市场。他们的眼界更开阔，也更容易发现农业生产环节外包中的潜在收益。

2. 农场户亲缘网络的影响

社会学习理论认为人们不仅通过直接经验进行学习，还可以通过观察他人的行为及其后果来学习，这种学习方式被称为观察学习，它强调模仿和示范在行为学习中的作用（Bandura，1969）。亲缘关系是一个很紧密的社会纽带。根据社会学习理论，在由亲缘关系构成的群体中，成员间的社会交往会导致共同学习、分享、理解以及一致性的意见。成员可以观察到亲属是如何获取和使用不同的农业服务的，包括成功的案例和可能的错误。这种观察提供了一个学习的机会，使得农户能够模仿那些看似有效的策略，并避免那些导致不良后果的行为。因此，农场户的亲戚数量越多，彼此间的交流、共同学习、信息分享的频率就越多，这将有利于降低外包契约的信息成本，显著影响着农户获取和应用农业服务的行为。

3. 农场户组织网络的影响

正式或非正式的组织关系资源，如农业企业、专业协会、合作社及其他非正式团体，为成员提供了交流、学习、分享经验与技术的机会。这些平台极大地扩展了农户的社会网络，并降低了信息搜集的成本。在农业家庭分散经营的背景下，每个家庭农场拥有不同的生产要素和能力。当农业生产活动由个体独立进行时，其成果往往受限于最弱的生产要素，而较强的要素则可能未被充分利用，导致资源浪费。通过将具有不同优势的农业生产者组织起来，形成一个共同的网络合作平台，不仅可以拓展家庭农场的能力，还能通过合作社等机构弥补各自的不足，享受更便捷的农业服务。此外，依托组织（如农业合作社）开展经济活动，能显著降低管理成本，尤其是交易成本。家庭农场在需要外部帮助完成特定作业时，每次合作都会产生额外的交易成本。多次合作则会导致更多的交易和监督管理成本。然而，基于共同的组织目标，成员间的协作可以通过组织制度将多个单独的交易合并为一个，从而大幅简化交易过程和执行难度。这不仅降低了交易成本，还减轻了对个体的监督管理压力，实现了成本节约。

(四) 农业分工属性与农业服务契约选择

对农业生产经营过程进行分工活动包含丰富的产权含义：一是作物生产经营程序的产权被分割得越细，拆分的子程序越多，专业化程度也会越高；二是各环节产权细化具有排他性，这样能够确保分工带来的收益不被他人侵犯或攫取；三是产权的可交易性能够扩大市场范围，有利于分工与专业化的深化[①]。在农业生产经营过程中，其程序大致可以分成采购、播种、施肥、打药、灌溉、耕地、收割和销售 8 个环节，每一个环节的产权具有可交易性，换句话说，可以从家庭农场中分离出来，交由专业服务组织来完成。由于各环节的属性不同，服务配置的方式也有所不同，其中施肥、播种、打药、灌溉 4 个环节生产活动比较复杂，服务外包的监督管理成本比较高，人工不易被机器替代，因此，这些环节被认为是"劳动密集型"环节。由于主要依靠人工，故和设备密集型生产环节相比，对劳动密集型生产环节的监督和计量成本比较高，因此，服务合同更容易达成。耕地和收割两个环节中的人工作业容易被机器替代，可视为"设备密集型"环节，劳动过程易于监督管理，因此，服务合同更容易达成。如果家庭农场独立进行农资采购和农产品销售，可能会遇到规模不经济和竞价能力不足的问题。在交易市场上，具有较高企业家才能的经营者，能够有效搜寻市场信息，优化企业发展所需各种生产要素的配置，获取其他竞争者难以得到的稀缺资源，并且可以通过议价谈判，缔结契约和监督执行，尽可能减少市场交易费用。在采购与销售环节，需要具有较高企业家才能的经营者为农场主提供统一的物资采购及产品销售便利，从而降低单独进入市场和采购的不经济性。因此，这一环节被视为"知识密集型"环节。

三、研究设计

(一) 数据来源

本部分新增了 2023 年对河南省家庭农场的调查数据，剔除纯养殖类农场后，以剩余的种植类和种养结合类农场为研究样本，进一步剔除缺失值较多和失真的样本，进入分析的样本家庭农场共有 739 个。

---

① 罗必良，张苇锟，何一鸣．产权与分工的制度逻辑——来自全国 9 省的调研证据［J］．制度经济学研究，2019，(2)：80.

（二）变量选择

1. 被解释变量

威廉姆森（2003）指出，组织生产的契约一般分为三种：一是通过科层制组织生产活动的“管理契约”；二是通过价格机制组织生产活动的“市场契约”；三是通过行政权力机制组织生产的“配额契约”。对家庭农场而言，所谓的管理契约实际上就是自营契约。借鉴谢琳和钟文晶（2017）的研究，根据服务提供者的不同，将各生产经营环节的契约划分为自营契约、市场契约和配额契约。具体而言，在采购、播种、施肥、打药、灌溉、耕地、作物收割、农产品销售等各个生产环节中，若没有享受其他主体提供的服务，则视为自营契约，并赋值为1；若服务来源于专业大户、技术协会、农民合作社或农业龙头企业，则视为市场契约，并赋值为2；若服务由政府组织提供或政府招标的农业企业或合作社承包，或者是农村集体经济组织的统一服务，则视为配额契约，并赋值为3。国家、集体和个体这三种交易主体各自拥有不同的比较优势，这些主体分别对应着不同的契约交易机制①。

2. 核心解释变量

相较于普通农民，村干部作为国家和执政党的代表，在政治关系网络方面具有天然的优势。本研究使用家庭中是否有村干部作为衡量家庭农场政治网络资源的代理变量。亲缘网络资源通过家庭农场常来往的亲属数量来测量，较多的亲属数量表明在遭遇困难时，家庭农场更易获得亲朋的帮助。业缘网络资源通过判断农场主是否为返乡务工人员来衡量。通常，有城市务工背景的农场主拥有更广阔的视野，易于在工作中建立密切的工作伙伴关系、上下级联系和师徒关系，从而获得不同于乡村社会的信息资源，拓宽人脉。这使得家庭农场与普通农户相比，更容易接触到多元化的服务信息。组织网络资源通过考察家庭农场是否加入合作社来测量，因为加入合作社能显著增加农场主的社会资本。一方面，合作社有助于维持和扩大农场主与其他成员、技术推广员、农业企业高管等的联系与交流；另一方面，它为农场主提供了更多市场机遇，从而更易获得外部服务。研究表明，为了适应市场，家庭农场的发展趋势将是加强联合与合作：无论是创办还是加入规模较大的合作社，均旨在通过集体力量促进发展（孔祥智，2020）。

3. 控制变量

已有研究关注了资源禀赋差异对农户选择农业服务外包的影响，包括农场

---

① 谢琳，钟文晶．村干部身份、环节特性与社会化生产服务获得——基于市场合约与配额合约的比较研究［J］．农业技术经济，2017，(3)：101.

主年龄、文化水平、农地质量、地块细碎化、劳动力资源和农机设备价值（罗必良，2014；王志刚等，2011；廖文梅等，2021）。因此，本研究考虑了农场的耕地块数、农业劳动力资源、耕地面积、农机设备价值以及农场主的年龄和文化程度等特征。胡新艳等（2015）的实证研究发现，交通条件与农业生产服务外包呈正相关。因此，本研究还考虑了家庭农场所在村庄的交通条件。此外，引入了地形变量作为虚拟变量：若农场位于平原，赋值为1；若位于山地或丘陵，赋值为0。

各变量的定义见表6-19。

表6-19　变量选择与定义

变量名称	变量代码	变量定义
被解释变量		
契约类型	*con*	自营契约＝1，市场契约＝2，配额契约＝3
核心解释变量		
政治网络	*leader*	是否为村干部：村干部＝1，非村干部＝0
业缘网络	*exper*	是否有进城务工经历：外出务工＝1，无外出务工＝0
亲缘网络	*relative*	常来往亲属数：5家以下＝1，5～10家＝2，11～15家＝3，16～20家＝4，20家以上＝5
组织网络	*sfco*	是否加入合作社：加入＝1，未加入＝0
控制变量		
农场主年龄	*age*	17～20岁＝1，21～30岁＝2，31～40岁＝3，41～50岁＝4，51～60岁＝5，60岁以上＝6
农场主学历	*edu*	文盲＝1，小学＝2，初中＝3，高中或中专＝4，大专＝5，本科＝6，研究生＝7
家庭人口	*pop*	人数
农业雇工	*worker*	单次雇工最多的人数
农场地形	*land*	平原＝1，丘陵或山地＝0
经营规模	*size*	耕地面积对数
地块数	*block*	实际数
农机设备	*mach*	农机设备价值对数
村庄道路	*czdl*	非常不满意＝1，不满意＝2，一般＝3，较满意＝4，非常满意＝5

（三）模型选择

本书以家庭农场生产经营各环节的服务契约类型为被解释变量。根据获取服务的渠道不同，将服务契约类型分为自营契约、市场契约、配额契约三种，是一个无序多分类问题，适合采用无序多值选择模型（Multinational Logit Model）。对于多值选择模型，首先定义响应变量的某一水平为参照水平，其他水平均与其相比，建立水平数 n－1 个广义 Logit 模型。设 π_{self} 为家庭农场采用自营契约的概率，π_{market} 为家庭农场采用市场契约的概率，π_{qutota} 为家庭农场采用配额契约的概率，$leader$ 为村干部身份，$exper$ 为是否进城务工返乡人员，$relative$ 为家庭农场亲朋数量，$sfco$ 为家庭农场是否加入合作社。x_i 代表各控制变量。模型如下：

$$\text{logit}\frac{\pi_{market}}{\pi_{self}}=\beta_0+\beta_1 leader+\beta_2 relative+\beta_3 sfco+\beta_4 exper+\sum_{i=1}^{9}\alpha_i x_i \tag{6-12}$$

$$\text{logit}\frac{\pi_{quota}}{\pi_{self}}=\gamma_0+\gamma_1 leader+\gamma_2 relative+\gamma_3 sfco+\gamma_4 exper+\sum_{i=1}^{9}\lambda_i x_i \tag{6-13}$$

β_0、β_1、β_2、β_3、β_4、α_i，γ_0、γ_1、γ_2、γ_3、γ_4、λ_i 分别为式（6－12）和式（6－13）中模型的待估参数。若式（6－12）中 β_1 显著，则可由 β_1 算出几率比（Odds Ratio），设由 β_1 算出的几率比为 β，则可以解释为村干部身份获得市场契约生产服务的概率与自营契约的概率之比，是非干部这一比值的 β 倍；同样，在式（6－13）中，若 γ_1 显著，设由 γ_1 算出的几率比为 γ，则可以解释为村干部获得配额服务契约的概率与自营服务的概率之比，是非村干部这一比值的 γ 倍。其他两个核心解释变量的系数计算与解释相似。

四、实证结果分析

（一）样本描述性统计

根据表 6－20 的数据显示：在所调查的农场中，有 8.3％的农场主担任村干部。约 26.5％的农场主有进城务工的经历。大多数家庭农场与 6～15 家亲戚经常往来。近四成的家庭农场加入了农民专业合作社。农场主的年龄主要集中在 41～50 岁，占样本总数的 45.06％，而 50 岁以上的农场主占 27.61％。农场主的受教育程度以初中为主，占比达 43.45％，高中及以上学历者占 30.04％。经营家庭农场的农户多为人口较多的大家庭，家庭人口平均为 5.613 人。大部分家庭农场位于平原地区，占比达到 81.5％，这种地形便于农业机械作业。家庭农场单次临时用工数量平均为 12.214 人，中位数为 5 人，最多可达到 320 人，这表明雇工是解决劳动力短缺问题的重要途径。家庭农场的经营面积平均为 157.969 亩，最大可达 5 500 亩，中位数为 50 亩，说明各家庭农场之间的经营面积差异较大。家庭农场的地块数量平均为 12.586 块，最多可达 1 300 块，显示出当前家庭农场经营的地块仍然较为分散，难以实现集中连片。就农机设备而言，家庭农场的资产价值平均为 18.242 万元，最高值达到 1 000 万元；但中位数仅为 5 万元，反映出家庭农场拥有的设备资产分布呈明显的右偏态。至于村庄的道路交通状况，多数受访村庄的满意度评分为 3.451，表明这些村庄的道路交通条件普遍较好。

表 6-20　变量描述性统计

变量代码	样本	平均值	标准差	最小值	中位数	最大值
con	739	1.815	0.738	1	2	3
leader	739	0.083	0.275	0	0	1
exper	739	0.265	0.442	0	0	1
relative	739	2.560	1.078	1	2	5
sfco	739	0.395	0.489	0	0	1
age	739	3.958	0.998	1	4	6
edu	739	3.183	1.126	1	3	7
hpop	739	5.613	1.486	2	6	12
worker	735	12.214	26.511	0	5	320
land	739	0.815	0.389	0	1	1
size	739	157.969	383.931	2	50	5 500
block	739	12.586	57.468	1	5	1 300
mach	726	18.242	49.298	0	5	1 000
czdl	731	3.451	0.823	1	3	5

注：此表中 *size* 和 *mach* 为原值，未对数化。

（二）回归分析

本部分采用 stata 软件建立多元有序 Logit 回归模型。为降低数据量级的影响，对耕地面积（plantsize）、设备资产价值（mach）进行了对数化处理，所有模型均采用异方差稳健标准误进行回归，回归结果见表 6-21，其中表中报告的系数为 Odds Ratio。

表 6-21　社会网络对家庭农场农业服务契约选择影响的回归结果

契约	变量代码	知识密集型		劳动密集型				设备密集型	
		采购 A1	销售 A2	播种 A3	施肥 A4	打药 A5	灌溉 A6	耕地 A7	收割 A8
市场契约	*leader*	1.668*	1.946**	1.425	1.913*	1.530	1.649	1.779*	1.382
		(0.527)	(0.652)	(0.471)	(0.642)	(0.535)	(0.588)	(0.568)	(0.422)
	exper	1.220	1.479*	1.618**	1.468*	1.906***	1.365	1.868***	1.886***
		(0.269)	(0.308)	(0.345)	(0.332)	(0.423)	(0.338)	(0.367)	(0.351)
	relative	1.112	1.027	1.111	1.108	1.076	1.027	1.035	1.011
		(0.111)	(0.096)	(0.100)	(0.113)	(0.110)	(0.114)	(0.090)	(0.079)
	sfco	2.300***	2.720***	2.627***	1.953***	1.890***	2.965***	1.624**	1.453**
		(0.475)	(0.529)	(0.523)	(0.418)	(0.403)	(0.686)	(0.310)	(0.253)
	age	0.902	0.886	0.917	0.801*	0.876	0.802*	0.973	0.947
		(0.100)	(0.099)	(0.096)	(0.095)	(0.101)	(0.101)	(0.099)	(0.089)
	edu	1.360***	1.181*	1.082	1.097	1.292**	1.256**	1.147	1.033
		(0.145)	(0.118)	(0.105)	(0.116)	(0.137)	(0.145)	(0.111)	(0.088)
	pop	1.134*	1.175**	0.960	0.999	1.052	1.015	1.165**	1.132**
		(0.083)	(0.083)	(0.066)	(0.078)	(0.080)	(0.084)	(0.079)	(0.069)
	worker	0.992	0.999	0.995	0.992*	0.993*	1.001	0.998	0.999
		(0.005)	(0.005)	(0.004)	(0.004)	(0.004)	(0.004)	(0.005)	(0.004)
	land	0.955	0.898	1.713*	1.146	1.064	1.014	1.617*	1.062
		(0.252)	(0.223)	(0.475)	(0.316)	(0.290)	(0.308)	(0.407)	(0.234)
	size	1.014	1.017	1.105	1.029	1.165	0.895	1.058	0.985
		(0.095)	(0.097)	(0.105)	(0.108)	(0.121)	(0.094)	(0.099)	(0.081)
	block	1.001	0.999	1.003	1.002*	1.004**	1.001	1.005	1.005
		(0.002)	(0.002)	(0.002)	(0.001)	(0.002)	(0.001)	(0.003)	(0.003)
	mach	1.289***	1.154*	1.341***	1.412***	1.285***	1.453***	1.137*	1.060
		(0.103)	(0.086)	(0.121)	(0.128)	(0.111)	(0.133)	(0.087)	(0.070)
	czdl	1.200	1.420***	1.063	1.186	1.178	1.360**	1.099	1.182
		(0.146)	(0.166)	(0.132)	(0.164)	(0.156)	(0.201)	(0.127)	(0.125)

（续）

契约	变量代码	知识密集型		劳动密集型				设备密集型	
		采购 A1	销售 A2	播种 A3	施肥 A4	打药 A5	灌溉 A6	耕地 A7	收割 A8
配额契约	*leader*	0.959	1.687	2.856*	0.596	1.157	1.526	0.442	1.309
		(0.634)	(0.714)	(1.722)	(0.595)	(0.803)	(0.862)	(0.447)	(0.874)
	exper	0.976	1.034	1.215	1.107	0.748	0.441*	1.437	2.410**
		(0.361)	(0.294)	(0.605)	(0.616)	(0.441)	(0.219)	(0.715)	(0.973)
	relative	1.169	1.181	0.601	1.147	1.153	0.868	0.737	0.927
		(0.199)	(0.151)	(0.190)	(0.268)	(0.215)	(0.157)	(0.193)	(0.203)
	sfco	8.167***	3.754***	1.774	2.073	2.353*	1.570	3.984***	3.797***
		(3.235)	(1.047)	(0.905)	(1.105)	(1.205)	(0.584)	(1.810)	(1.761)
	age	0.859	0.919	0.786	1.073	0.777	0.903	1.152	0.936
		(0.166)	(0.129)	(0.243)	(0.297)	(0.235)	(0.189)	(0.298)	(0.205)
	edu	1.211	1.340**	0.916	1.564**	1.411	1.097	1.818***	1.301
		(0.181)	(0.170)	(0.216)	(0.347)	(0.321)	(0.177)	(0.371)	(0.264)
	pop	1.102	1.406***	0.815	0.902	1.179	1.179	1.288*	1.429***
		(0.133)	(0.130)	(0.151)	(0.156)	(0.185)	(0.164)	(0.186)	(0.193)
	worker	0.983*	0.983	0.961	0.988	0.970*	1.001	0.978	0.969
		(0.009)	(0.012)	(0.025)	(0.011)	(0.016)	(0.012)	(0.013)	(0.023)
	land	0.774	0.637	0.893	1.262	2.528	0.611	1.222	2.664
		(0.316)	(0.190)	(0.403)	(0.756)	(1.853)	(0.248)	(0.745)	(1.662)
	size	0.798	1.084	1.193	0.895	1.006	0.773	0.655**	0.812
		(0.153)	(0.134)	(0.280)	(0.229)	(0.228)	(0.142)	(0.130)	(0.173)
	block	1.003	0.999	1.005	0.995	0.997	1.001	0.997	1.004
		(0.002)	(0.004)	(0.003)	(0.010)	(0.013)	(0.003)	(0.012)	(0.004)
	mach	1.342*	0.894	1.262	1.364*	1.239	1.135	2.106***	1.170
		(0.207)	(0.095)	(0.241)	(0.242)	(0.220)	(0.178)	(0.406)	(0.198)
	czdl	1.095	1.326*	0.837	0.707	0.807	0.996	0.988	1.039
		(0.240)	(0.206)	(0.294)	(0.235)	(0.273)	(0.238)	(0.257)	(0.285)
Pseudo R^2		0.107	0.102	0.104	−0.085	0.114	0.104	0.105	0.054
Log likelihood		−468.133	−556.560	−417.191	−387.437	−394.980	−391.921	−480.397	−521.931

注：*、** 和 *** 分别表示系数通过 10%、5%和 1%的显著水平检验，括号内为系数稳健估计标准误。

1. 政治网络对家庭农场农业服务契约选择的影响

对于市场契约的概率与自营服务契约的概率之比，A1、A2、A4、A7 的结果表明，村干部身份分别在10%、5%、10%、10%的水平上具有统计显著性。表明在这些环节中，村干部身份获得市场服务的概率与自营服务概率之比分别是非村干部的1.668、1.946、1.913和1.779倍。然而，A3、A5、A6、A8的结果显示，村干部身份的回归系数没有统计显著性。具体来说，村干部身份有助于家庭农场在农资采购、农产品销售、施肥、耕地环节获取市场服务，而对播种、打药、灌溉、收割环节无显著影响。

关于配额契约与自营契约概率之比，播种环节的A3结果显示村干部身份回归系数为2.856，在0.10水平上显著。这表明在播种环节中，村干部身份可能帮助家庭农场获得更多集体或政府的统一服务。但在其他环节，村干部身份并未产生显著的效果。这种情况可能是由于我国当前农村基本经营体系中，统一经营的功能相对较弱，且政府提供的服务渠道和组织结构尚需完善。即便担任村干部，也面临获取配额服务渠道的限制。

2. 组织网络对家庭农场农业服务契约选择的影响

对于市场契约与自营服务契约的概率相比，A1～A8的结果表明，加入合作社的回归系数分别为2.300、2.720、2.627、1.953、1.890、2.965、1.624、1.453，均在0.01或0.05水平上通过了显著性检验。这说明加入合作社显著提高了家庭农场在所有生产经营环节中获得市场服务的概率，分别是未加入合作社时概率的2.300倍至2.720倍。特别是在知识密集型和劳动密集型环节中，加入合作社的农场获得市场服务的概率提升更为明显，超过了设备密集型环节的提升幅度。

对于配额契约与自营契约的概率之比，模型A1、A2、A7和A8的结果表明，在1%的显著性水平上，加入合作社对家庭农场在采购和销售、耕地和收割环节采用配额契约具有显著正效应，这表明依托组织关系的家庭农场更容易获得配额服务。而在劳动密集型环节中，除了A5环节加入合作社在10%水平上显著外，其他环节的回归系数均未通过显著性检验。

3. 业缘网络对家庭农场农业服务契约选择的影响

从业务关系角度来看，农场主的进城务工返乡经历在1%的显著性水平上促使他们在耕地、收割和打药环节选择市场契约。在5%的显著性水平上，这种经历还促使农场主在播种环节选择外包市场契约。进一步分析显示，在10%的显著性水平上，这种经历使得家庭农场在销售和施肥环节更倾向于选择市场契约。这表明，业缘网络为农场主带来了与乡村熟人社会关系不同的异质性信息，有助于打破农户之间封闭的社交圈，并拓宽了农场主的社交网络，有利于家庭农场获取更多市场服务。

具体到收割环节，有进城务工经历的农场主在5%的显著性水平上选择配额契约的可能性是无此类经历者的2.410倍，说明他们在收割环节获得配额服务的概率更高。然而，在 10%的显著性水平上，这种经历对灌溉环节选择配额契约产生了一定的负效应，即有进城务工经历的农场主在此环节采用配额契约服务的概率仅为无此类经历者的 0.441 倍，表明他们更倾向于选择自营服务。在其他生产环节，这种经历的影响并未达到显著性水平。

4. 亲缘网络对家庭农场农业服务契约选择的影响

A1～A8 的结果表明，不论是市场契约还是配额契约，亲缘网络的回归系数在各环节均未通过显著性检验。这表明在乡村熟人社会中，亲朋数量与邻里关系具有强同质性，人们掌握的信息以及获取服务的信息渠道基本相同。因此，亲朋关系资源对于家庭农场选择市场服务契约和配额服务契约并没有明显的促进作用。

5. 控制变量对家庭农场农业服务契约选择的影响

从各控制变量来看，农场主的教育程度对其在采购、销售、打药、灌溉环节采用市场服务契约有显著的正效应。家庭人口规模对农场在采购、销售、耕地和收割环节采用市场服务契约也有显著的正效应。在打药和施肥环节，拥有较多雇工的家庭农场更倾向于采用自营契约。拥有更多农机设备资产的家庭农场在采购、销售、播种、施肥、灌溉、耕地等环节更愿意通过市场契约获得服务。村庄交通的便利性有助于家庭农场在销售和灌溉环节采用市场服务契约。然而，经营规模和农场主年龄等因素对家庭农场的农业服务市场外包行为没有显著影响。

从选择配额契约的概率与自营契约的概率之比来看，教育程度较高的农场主更有可能在销售、施肥、耕地环节采取配额契约，并且这一结果通过了 5%的显著性水平检验。在 1%的显著性水平上，家庭人口较多的家庭农场在销售和收割环节更可能采用配额契约。

五、研究发现

通过理论分析与实证研究发现：

第一，社会网络是一种有价值的、稀缺的、不可模仿的、不可替代的异质性资源。家庭农场能够通过社会网络获取这种资源，从而提高其获取服务的能力。然而，不同维度的社会网络对家庭农场获取农业服务的影响程度各不相同。在乡村社会中，拥有丰富社会网络的农户有更多的信息来源渠道。政治关系、业缘关系、组织关系等资源有助于降低交易成本并获取异质性资源，这使得家庭农场在获得农业市场服务和配额服务方面具有较强的竞争优势。因此，村干部身份和非村干部身份、加入合作社和未加入合作社的、有进城务工经历和无进城务工经历的家庭农场在农业服务契约的安排上存在显著差异。亲缘关系对家庭农场选择外包服务的影响并不显著。

第二，村干部身份有利于家庭农场将知识密集型环节、劳动密集型环节中的施肥环节、设备密集型环节中的耕地环节外包给市场服务主体。同时，村干部也更可能将劳动密集型环节中的播种工作外包给配额服务主体。原因在于：在市场交易中，村干部的身份所带来的信息和信任承诺虽然能够促成交易，但并不能有效降低交易后的监督和管理成本。对于劳动密集型的生产环节，尽管村干部的身份有助于达成交易，但由于其生产过程中的监督和管理成本过高，最终使得交易的可能性仍然较低。因此，村干部的身份对劳动密集型生产中的多个环节的外包并无显著推动作用。但在知识密集型和资本密集型的生产过程中，如耕地环节，其生产和管理过程的监督成本相对较低，且通过统一采购和销售，节省了家庭农场单独进入市场的交易成本，从而有助于促进交易。因此，村干部的身份对这些环节的外包具有积极的推动作用。

第三，村干部身份对家庭农场在多个环节选择配额契约都无显著作用。究其原因在于，来自村集体或基层政府提供的农业服务数量极其有限，发展远滞后于需求，集体统一经营的功能薄弱，因此，即使是村干部也没有多少配额服务资源可资利用。加入合作社有助于农户实现抱团发展，提升了家庭农场的组织化水平，促进家庭农场生产经营各环节的专业化分工。在组织中，农户更容易获得专业化和市场化的服务，大幅降低了获取服务的交易成本。同时，以合作社为平台，家庭农场更易于获得政府或村集体的支持，这在多个环节中获取配额服务时尤为有利。但是，由于劳动密集型环节的监督和计量成本较高，加入合作社在这些环节中获得配额服务的效应并不显著。

第四，加入合作社对于家庭农场将全部生产经营环节外包给市场服务主体非常有利，也有助于将知识密集型环节和设备密集型环节外包给配额服务主体，但对于劳动密集型环节中的播种、打药、施肥工作外包给配额服务主体的作用则不显著。从业缘关系来看，有进城务工经历的农场主更可能将劳动密集型环节中的播种、打药、施肥工作，以及设备密集型的全环节，还有知识密集型环节中的销售等工作外包给市场服务主体。原因在于，进城务工经历拓展了家庭农场主获得异质性信息的渠道，在工作中也容易习得一些实践经营管理知识，促进家庭农场主综合素养的提升，对其主动参与农业生产经营分工协作具有促进作用，使其更愿意采用市场的方式获得农业服务。

本节研究结果的政策含义在于：第一，提高家庭农场的组织化水平，大力推动家庭农场加入合作社，创办发展合作联盟、协会或紧密的专业合作经济组织，以组织为依托，为家庭农场及周边农户提供专业化的农业服务，这将极大降低家庭农场等主体获得农业服务的交易成本。第二，市场交易的障碍并不必然源于市场本身，而可能源自生产过程中监督和计量的成本问题。因此，应当依据不同生产环节的特性来选择相应的服务提供者，即在激励市场主体参与资本密集型生产环节的服务提供的同时，完善劳动密集型生产环节的公共服务体系。通过将市场服务与配额服务有效结合，构建一个涵盖整个生产过程的农业社会化服务体系，以满足家庭农场的多元化需求。第三，虽然家庭农场希望获得社会化服务以分享分工的收益，但与无务工经历的农场主相比，这种在务工过程中形成的业缘关系，更有助于家庭农场获得市场服务。正因如此，应重点鼓励务工返乡等具有丰富经历、具有较多异质性社会关系网络的人员创办、领办家庭农场。第四，选强配优村干部队伍，建立健全体制机制，激发村干部为民服务的内生动力，不断壮大集体经济，以重塑农村集体经济组织统一经营的功能，以便为农户提供更多农业服务。

第七章

契约选择对家庭农场运行绩效的效应分析

组织运行绩效的内涵是多维度的，既包括经营效率和经营效益的提升，也涉及政策扶持、社会发展与生态环境保护等多个层面，绩效突出则意味着组织的发展质量优异、生命力可持续性强。本章重点测度与分析了家庭农场的经营效率，从契约关联者角度考察了家庭农场的生命力，基于契约农业考察了家庭农场的绿色生产行为。契约经济学认为，有效的契约合作模式及结构对组织的运行具有重要的效率属性。契约安排不同，报酬方式不同，违约诱惑不同，则生产效率不同（聂辉华，2012）。在家庭农场发展过程中，不同要素契约结构及关联方对家庭农场的运行有什么影响？影响机理是什么？本章将试图回答这一问题。

第一节　家庭农场的经营效率测度与SFA回归分析

家庭农场的经营效率直接影响到家庭农场的发展质态（钱忠好、李友艺，2020）。现实中，家庭农场的发展和组织形态具有多样性，经营项目呈现多元化特点。准确测度各类家庭农场的经营效率，厘清制约家庭农场效率提升的关键因素，然后采取有针对性的措施，帮助家庭农场合理配置和使用资源，这对家庭农场的健康发展具有重要的实践意义。从研究视角来看，众多学者从制度结构、经营组织模式与路径选择、资源利用率、政策支持与环境变化等方面对家庭农场的经营效率及效益进行了深入的解读与分析。主要采用典型案例分析、数据包络分析（DEA）、随机前沿分析（SFA）、三阶段DEA及Tobit计量模型等方法，对家庭农场的经营效率进行估计与影响因素分析。学者们研究发现，家庭农场的经营效率受到经营规模、农场主的教育水平、农业技术水平、市场接入能力、制度结构等多种因素的影响。

目前，已有研究在探讨不同类型家庭农场的效率及其影响因素方面还存在不足。虽然部分研究进行了分类比较，例如王丽霞和常伟（2017）分析了粮食型、非粮食型和混合型家庭农场的效率差异；陈澳等人（2022）针对粮食类、果蔬类、药材类家庭农场进行了效率测度；钱忠好和李友艺（2020）则关注了纯粮食种植、种养结合和机农一体三种类型的家庭农场。然而，这些研究很少涉及将家庭农场细分为四类以上进行效率的测量和比较。为此，本节依据家庭农场的经营特性，将其划分为九个主要类别，然后通过结合数据包络分析（DEA）和随机前沿分析（SFA）两种方法，从多个角度综合分析各类家庭农场的效率，并识别影响它们效率提升的关键因素。根据第二章的界定，本部分主要探讨由规模效率和技术效率共同作用决定的家庭农场综合效率（即综合效率值＝技术效率×规模效率）。

一、家庭农场经营效率的测度方法

传统的数据包络分析（Data Envelopment Analysis，DEA）模型的一个主要优势在于无须预设生产函数或成本函数。它直接依据观测数据来计算决策单元（DMU）的效率值，避免了因主观赋予多维指标权重而产生的不确定性。因此，在处理多指标问题时，DEA 方法表现出显著的优势，并已广泛应用于工程管理领域，包括团队绩效评估、技术评估与选择、项目管理及组织运营效率评估等。然而，DEA 模型无法排除环境和随机误差的影响，不能将决策单元置于同质环境中进行比较。为了解决这个问题，Fried 等人（2002）提出了一种改进的三阶段 DEA 模型。该模型结合了随机前沿分析（Stochastic Frontier Analysis，SFA）理论，以剔除环境和随机因素的干扰，更准确地分析管理无效性。这样计算得出的效率值能更真实地反映决策单元的内部管理水平。三阶段 DEA 模型自 2008 年起被国内学者广泛采用，其构建和应用分为三个阶段：

第一阶段：传统 DEA 模型。该方法是由运筹学家 Charnes 等（1978）最先提出，并设定了基于规模报酬不变的 CCR 模型，模型假设生产技术的规模收益不变，或者虽然生产技术规模收益可变但假设所有被评价决策单元（DMU）均处于最优规模的生产状态，即处于规模收益不变阶段，因此 CCR 模型得出的技术效率包含了规模效率的成分。Banker 等（1984）放松了规模报酬不变的假定，提出了规模报酬可变的 BCC 模型，使得技术效率的计算不受规模效率的影响，能够测算出决策单元的纯技术效率与规模效率。为便于弄清要素投入可能存在的冗余，以对要素投入结构进行优化，从而改进家庭农场的经营效率，故本书选择规模报酬可变投入导向的效率评价 BCC 模型。投入导向就是在产出既定的条件下，以各项投入可以等比例缩减的程度，据此来对无效率的状况进行测量（陈军民，2017）。由于传统 BCC 模型已成为经典的评价决策单元生产效率的方法，在此不再对其原理和模型形式进行赘述。

第二阶段：构建随机前沿模型。Fried 等（2002）认为，第一阶段 DEA 模型计算的投入松弛变量主要受环境因素、随机误差和管理效率三部分的影响。但传统 BCC 模型并未将这三部分因素对效率的影响进行区分，所计算的效率值无法区分到底是管理原因造成的低效，还是环境因素或随机干扰所导致的低效（郭军华等，2010）。为此，需要将随机误差从管理无效率中分离，本书借鉴罗登跃（2012）的方法估计随机干扰项的估计值，将各投入要素的松弛变量作为被解释变量，环境变量作为解释变量，构建 SFA 回归模型。模型形式如下：

$$s_{ik} = f(x_k, \beta_i) + v_{ik} + u_{ik} \tag{7-1}$$

式中，$i = 1,2,\cdots m; k = 1,2,\cdots n; s_{ik}$ 表示第 k 个决策单元第 i 项投入的松弛变量；$x_k = (x_{1k}, x_{2k}, \cdots x_{pk})$ 表示 p 个可观测的外部环境变量，β_i 为外部环境变量的待估参数；$f(x_k, \beta_i)$ 为环境变量对投入松弛变量的影响，通常取 $f(x_k, \beta_i) = x_k\beta_i$；$v_{ik} + u_{ik}$ 为混合误差项，其中 v_{ik} 为随机干扰项，并假定 $v_{ik} \sim iidN(0, \sigma_{vi}^2)$，反映统计噪声，$u_{ik\geqslant 0}$ 反映管理无效率，并假定其服从截断正态分布，且相互独立，即 $u_{ik} \sim iidN^+(\mu^i, \sigma_{ui}^2)$。特别地，当 $\gamma = \sigma_{ui}^2/(\sigma_{vi}^2 + \sigma_{ui}^2)$ 的值趋近于 1 时，环境因素的影响占主导地位；而当 $\gamma = \sigma_{ui}^2/(\sigma_{vi}^2 + \sigma_{ui}^2)$ 的值趋近于 0 时，则表明随机误差的影响占主导地位。

利用 SFA 模型的回归结果进一步对决策单元的投入项进行调整，对那些处于环境较好或运气较好的决策单元增加投入，以剔除环境或随机因素的影响。基于最有效的决策单元，以其投入量为基础，对其他各样本的投入量进行调整，最终使得所有决策单元面临的环境和运气是同质的（邓波等，2011；罗登跃，2012；高思涵、吴海涛，2021；孔令成、郑少锋，2016）。调整的表达式如下：

$$\hat{t}_{ik} = t_{ik} + [\max_k\{x_k\hat{\beta}_i\} - x_k\hat{\beta}_i] + [\max_k\{\hat{v}_{ik}\} - \hat{v}_{ik}] \tag{7-2}$$

式中，t_{ik} 表示第 k 个决策单元第 i 项投入的实际值，$\hat{t}_{ik}$ 为调整之后的各项投入值，$\hat{\beta}_i$ 为外部环境变量参数的估计值；$\hat{v}_{ik}$ 为随机误差的估计值。第一个中括号代表的是将所有的决策单元调整至相同的外部环境，第二个中括号表示将所有决策单元的随机误差（即面临的运气）调整为相同情形。

第三阶段：调整投入项后的 DEA 模型。用调整后的投入数据代替原始投入数据，并结合原始产出数据，再次运用 BCC 模型进行分析，由此得到的各决策单元的效率值即为剔除了外部环境因素和随机因素影响后的效率值，此时的效率值能较客观地反映出各决策单元的效率。

二、样本说明、指标选取与描述性统计分析

（一）样本说明

本部分综合了课题组 2021—2023 年的 1 024 个调研样本，剔除投入和产出数据缺失值较多或较失真的样本，进入分析的有效样本为 925 个。鉴于不同类型家庭农场的经营模式、项目及对生产要素的要求具有较大的异质性，本书将家庭农场分为 9 种类型，分别采用三阶段 DEA 模型测度它们的效率（由于渔业养殖类家庭农场仅有 2 户，本书将其归入禽类养殖农场进行处理），各类型家庭农场的数量及占比见表 7－1。

表 7－1　不同类型家庭农场频数统计及占比

农场类型	频数	百分比（%）	累积百分比（%）
粮食种植	216	23.35	23.35
经济作物	51	5.51	28.86
瓜果蔬菜	177	19.14	48.00
禽类养殖	119	12.86	60.86
牲畜养殖	86	9.30	70.16
种养结合	143	15.46	85.62
粮蔬结合	40	4.32	89.95
粮经结合	45	4.86	94.81
多元经营	48	5.19	100.00
合计	925	100.00	100.00

（二）投入产出指标选择与说明

借鉴孔令成和郑少锋（2016）、陈军民（2017）、王丽霞和常伟（2017）、王新志和杜志雄（2020）的测度指标选择，以及数据的可得性，本书选择投入产出指标如下：

1. 产出指标

由于家庭农场经营类型具有多样性，产出以产量计算仅能体现效率的绝对性而无法进行相对性的比较，因此本书以家庭农场的经营性总收入作为唯一产出指标。该收入主要包括家庭农场从事种植、养殖及对外服务等经营性收入，不包括农业补贴、非农务工收入、利息等非经营性收入，以便准确反映家庭农场的实际经营状况。

2. 投入指标

在相关文献中，对家庭农场效率进行评估时常用的投入指标主要包括：①劳动力投入。劳动力是农业生产的重要投入要素，直接影响到生产效率和产

出水平。通常以家庭农场使用的劳动力数量或劳动力成本来衡量，包括家庭自有劳动力（人）和农业劳动雇工费用（万元），其中农业雇工包括常年工和临时用工。本书采用家庭农场支付给雇工的总费用来衡量雇佣劳动投入。②资本投入（万元）。资本投入通常包括设备、机械等长期资产，反映了家庭农场的生产能力和资源配置情况。选取资本投入作为指标的合理性在于这些资本投入直接关系到生产的规模和效率。③物质费用投入（万元）。主要包括农业生产过程中所消耗的化肥、农药、种子、饲料等直接费用，以及农机作业费、土地平整费、农机维修费和水电费用等间接费用。这些耗费反映了家庭农场的生产技术水平和管理能力。④土地投入（公顷）。土地是农业生产的基本要素，是指家庭农场经营土地的面积或养殖所占面积。⑤土地流转租金投入（万元）。我国家庭农场的一个根本特征是建立在农地租赁基础上。土地流转费用并非直接产生于农业生产过程，但最终被分摊到农业生产成本中，属于间接投入的范畴。其数量的增加，会产生间接投入冗余，降低了农场经营效率。

3. 不同类型家庭农场投入产出描述性统计分析

根据表 7－2 的数据，可以看到各类家庭农场在收益和要素投入方面存在显著差异。

表 7－2　各类家庭农场投入产出均值对比

经营类型	统计量	总收益（万元）	净收益（万元）	资本投入（万元）	土地投入（公顷）	物质费用（万元）	自有劳动力（人）	雇工投入（万元）	租金投入（万元）
粮食种植	平均值	76.71	21.31	50.38	15.26	22.17	3.76	3.92	16.83
	标准差	239.30	68.68	115.05	28.01	49.43	1.51	11.94	38.66
经济作物	平均值	52.88	24.75	31.13	5.85	16.67	3.80	4.87	3.41
	标准差	76.74	44.30	50.18	8.70	25.16	1.31	7.33	7.46
瓜果蔬菜	平均值	41.95	17.99	35.68	4.55	13.19	3.63	4.30	3.41
	标准差	87.69	37.30	67.48	7.14	25.77	1.56	8.73	5.92
禽类养殖	平均值	40.88	12.78	53.04	0.52	27.31	2.94	1.82	0.40
	标准差	41.70	12.11	61.34	0.82	33.06	1.17	4.97	0.75
牲畜养殖	平均值	44.68	18.51	33.20	0.55	20.93	3.43	1.69	0.45
	标准差	69.28	27.72	47.92	0.44	37.50	1.38	4.59	2.11
种养结合	平均值	60.77	22.83	49.82	6.28	27.72	3.36	2.79	4.65
	标准差	100.95	46.18	87.87	14.14	48.66	1.46	4.59	14.53
粮蔬结合	平均值	69.49	20.54	91.89	10.79	17.83	3.85	9.08	13.69
	标准差	185.75	37.18	212.73	24.40	25.50	1.67	31.67	45.14

（续）

经营类型	统计量	总收益（万元）	净收益（万元）	资本投入（万元）	土地投入（公顷）	物质费用（万元）	自有劳动力（人）	雇工投入（万元）	租金投入（万元）
粮经结合	平均值	117.54	63.44	74.65	20.09	44.02	4.22	5.64	24.45
	标准差	316.00	205.97	228.17	58.56	126.80	1.58	13.01	86.21
多元经营	平均值	89.19	33.29	62.86	16.43	42.41	3.71	10.25	13.71
	标准差	135.10	58.25	115.35	31.45	71.92	1.71	25.88	38.69
总计	平均值	61.02	22.39	48.79	8.14	23.48	3.56	4.03	8.50
	标准差	157.75	65.21	105.96	22.47	49.87	1.50	12.17	31.81

（1）从土地投入来看，家庭农场的平均经营规模为 8.14 公顷，但标准差达到 22.47 公顷，说明不同家庭农场在土地投入上存在较大差异。具体来说，粮经结合类家庭农场的平均经营面积最大，为 20.09 公顷，但其离散程度也最高，达到了 58.56 公顷。这表明样本农场的土地投入离散度很大。其他类别农场的经营面积依次为：多元经营类 16.43 公顷、粮食种植类 15.26 公顷、粮蔬结合类 10.74 公顷、种养结合类 6.28 公顷、经济作物类 5.85 公顷、瓜果蔬菜类 4.55 公顷，而牲畜养殖类和禽类养殖的土地投入最低，仅为 0.55 公顷和 0.52 公顷。

（2）从资本投入来看，样本农场的固定资产平均值为 48.79 万元，反映出家庭农场随着经营规模的扩大，越来越重视长期投资，比如在设施和设备上的投入。然而，全体样本的资本投入标准差高达 157.75 万元，显示出较高的离散程度。其中，资本投入最高的是粮蔬结合类，达到了 91.89 万元；紧随其后的是粮经结合类的 74.65 万元、多元经营类的 62.86 万元、禽类养殖类的 53.04 万元、粮食种植类的 50.38 万元和种养结合类的资本投入为 49.82 万元；相比之下，瓜果蔬菜类和牲畜养殖类的资本投入低于样本均值，分别为 35.68 万元和 33.02 万元。值得注意的是，粮油结合类、粮蔬结合类、多元经营类和粮食种植类的资本投入离散程度高于全体样本的标准差（105.96 万元），是经济作物类、禽类养殖类标准差的两倍以上，是其他类别标准差的一倍以上。

（3）从土地流转的租金和生产过程所消耗的物质费用来看，所有样本农场的平均物质费用投入为 23.8 万元、平均租金费用为 8.21 万元，这两项费用的标准差分别为 49.87 万元和 31.18 万元，离散程度都比较大。调研发现，也有家庭农场能以较低的租金甚至零租金拿到土地，这极大降低了家庭农场的经营成本。物质费用的高低直接反映出家庭农场的经营管理水平。其中，粮经结合类和多元经营类的物质费用远高于其他类别，分别为 44.02 万元和 42.41 万元；而后是种养结合类的 27.72 万元、禽类养殖类的 27.31 万元、粮食种植类的 22.17 万元以及牲畜养殖类的 20.93 万元。相比之下，瓜果蔬菜类、经济作物类和粮蔬结合类的物质费用则相对较低。进一步计算种植类农场的每公顷物质费用，可以发现粮食类家庭农场的单位物质费用最低，仅为 0.097 万元/公顷；然后为粮蔬结合类的 0.11 万元/公顷、粮经结合类的 0.146 万元/公顷、多元经营类的 0.169 万元/公顷，而经济作物类和瓜果蔬菜类的物质费用消耗最高，分别为 0.19 万元/公顷和 0.193 万元/公顷。

（4）在劳动力投入方面，家庭农场平均自有劳动力投入为 3.56 人，每年的雇工费用平均为 4.03 万元。其中，多元经营类和粮蔬结合类农场的雇工费用最高，分别为 10.25 万元和 9.08 万元；而后是粮经结合类的 5.64 万元、经济作物类的 4.87 万元、瓜果蔬菜类的 4.30 万元以及粮食种植类的 3.92 万元；相对而言，禽类养殖、牲畜养殖和种养结合类农场的雇工费用较低，分别为 1.82 万元、1.69 万元和 2.79 万元。

（5）从总收益看，样本农场的平均总收入为 61.02 万元，平均净收益 22.39 万元。其中粮经结合类家庭农场的平均总收入最高，达 117.54 万元；而后为多元经营类的 89.19 万元、粮食种植类的 76.71 万元、粮蔬结合类的 69.49 万元、种养结合类的 60.77 万元和经济作物类的 52.88 万元，而牲畜养殖类、瓜果蔬菜类和禽类养殖类的相对较低，分别为 44.68 万元、41.95 万元和 40.88 万元。

（6）从净收益来看，样本农场的平均净收益为 22.39 万元，其中排第一位和第二位的仍是粮经结合类和多元经营类农场，分别为 63.44 万元和 33.29 万元；而有所变化的是经济作物类高于种养结合类和粮蔬结合类农场；粮食种植类农场也超过粮蔬结合类；排在最后三名的是牲畜养殖类、瓜果蔬菜类和禽类养殖农场。剔除家庭劳动力和土地等货币计量的要素，进一步计算要素投入净收益率（净收益/投入），可以发现，投入净收益率最高的是经济作物类农场，净收益率为 44%，其次为粮经结合类的 42.6%、牲畜养殖类的 32.9%、瓜果蔬菜类的 31.7%、种养结合类的 26.8%、多元经营类的 25.5%和粮食种植类的 22.8%，而禽类养殖和粮蔬结合类农场的收益率最低，均为 15.5%。

上述分析表明，不同类型家庭农场在经营规模、资本投资、土地租金、物质费用、劳动力使用和收益方面存在显著差异。粮经结合类家庭农场在土地经营面积、资本及物质费用投入、总收入以及净收益方面均居于领先地位，而经济作物类农场尽管物质费用投入较高，却拥有最高的投入净收益率。禽类养殖与牲畜养殖类农场在大多数指标上投入较低，收益也相对较低。这表明不同类型家庭农场的资源利用效率和经营策略存在显著不同，需要根据自身条件和市场需求进行差异化管理以优化收益。

4. 投入产出指标同向性检验

各投入项与产出项之间必须符合“同向性”假设，即投入量增加时，产出量不得减少。常用的检测方法是采用 Pearson 相关性检验。利用该方法对投入产出项进行检验，计算结果如表 7-3 所示。可以看出，除自有劳动力外，各类家庭农场的投入变量与产出变量之间的相关系数均为正。多数变量通过了1%显著性水平的统计检验，充分说明这些投入产出指标符合模型所要求的“同向性”原则，具有合理性。

表 7-3　九类家庭农场的投入指标与总收入 Pearson 相关系数

经营类型	资本投入	土地投入	自有劳动力	雇工投入	物质费用	租金投入
粮食种植	0.500***	0.798***	0.075**	0.536***	0.616***	0.824***
经济作物	0.548***	0.594***	−0.063	0.478***	0.747***	0.424***
瓜果蔬菜	0.156**	0.615***	0.021	0.583***	0.813***	0.562***
禽类养殖	0.681***	0.048	0.116	0.187**	0.819***	0.127
牲畜养殖	0.429***	0.086	0.077	0.671***	0.791***	0.107
种养结合	0.383***	0.550***	0.045	0.409***	0.898***	0.661***
粮蔬结合	0.700***	0.988***	0.150	0.987***	0.920***	0.986***
粮经结合	0.848***	0.951***	−0.047	0.682***	0.658***	0.937***
多元经营	0.339**	0.815***	0.011	0.887***	0.481***	0.862***

注：*** 和 ** 分别表示变量在 1%和 5%显著水平上通过检验。

鉴于家庭自有劳动力仅在粮食种植农场中对产出具有较显著的正效应，在其他各类农场投入中均不具有统计显著性，但在各类型中基本满足同向性，故仍保留了该项投入。自有劳动力不显著的可能原因：家庭劳动力通常不计工资、不计劳动强度，即使人手不够，也会竭尽全力完成农业生产经营的各项任务。养殖类农场对土地投入和租金投入不敏感，但满足正向性假定。这表明土地投入不是养殖类家庭农场创办的关键约束要素。一般也不用发生土地流转，在自家土地也能实现规模化养殖，实现较高的经济收入。

（三）环境变量选择及说明

家庭农场的生产效率不仅受生产要素投入的影响，还会受到经济环境、政府政策和自然环境等外部环境因素的影响，这些因素不受农场主主观控制或在短期内无法改变。综合考虑家庭农场发展的实际情况，并基于相关文献，我们选择家庭农场地形、村委会作用、农业技术培训、银行贷款支持、政府农业补贴以及合作社支持等变量（表 7-4），来衡量家庭农场经营面临的外部环境因素。

表 7-4　环境变量选择、赋值及描述性统计

变量名	变量赋值	均值	标准差
农场地形	平原=1，其他=0	0.81	0.39
农场地块	块数	10.1	50.65
距县城的距离	5公里以内=1，6～10公里=2，11～15公里=3，16～20公里=4，21公里及以上=5	3.04	1.41
村委会作用	很差=1，较差=2，一般=1，较好=4，很好=5	3.34	0.75
农业技术培训	近三年参加培训次数	2.38	1.36
信贷支持	是=1，否=0	0.24	0.43
政府支持	当年得到政府给予的各种补贴（万元）	1.18	4.39
合作社支持	加入=1，未加入=0	0.35	0.48

三、九类家庭农场的经营效率测度与SFA回归

（一）粮食种植家庭农场的经营效率分析

1. 第一阶段：BCC模型效率计算

经计算，216个粮食种植家庭农场的综合效率均值为0.635，技术效率均值为0.745，规模效率均值为0.855。整体而言，综合效率较低，规模效率较高。由图7-1可知，综合效率有效（OE=1）的决策单元有30个，占样本的13.9%，综合效率在0.6以下的占45.8%；技术有效（TE=1）的单元有75个，占样本的34.7%，技术效率在0.6以下的占35.6%；规模有效（SE=1）的单元有33个，占样本的15.3%，规模效率在0.6以下的占6.9%。从规模报酬系数来看，样本中有152个处于规模报酬递增阶段，30个为规模报酬不变，34个处于规模报酬递减阶段。可见，多数家庭农场可通过扩大经营规模提升效率。

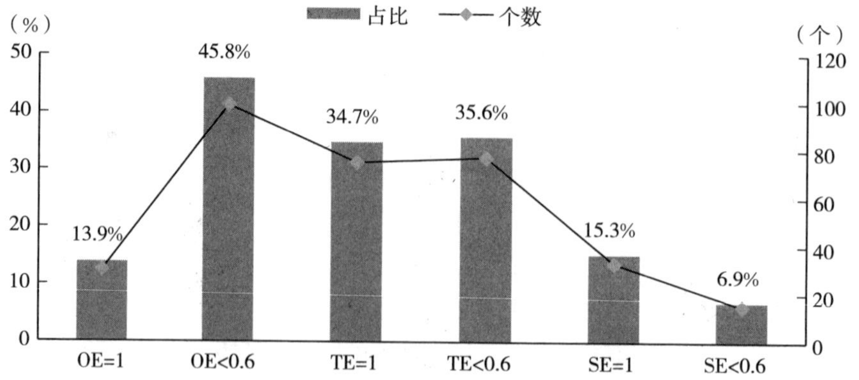

图7-1　粮食种植农场有效决策单元占比

2. 第二阶段：基于 SFA 随机前沿回归分析

由表 7－5 可知，环境变量对粮食种植家庭农场的各项投入松弛项产生一定影响。采用 Colli（1995）基于 OLS 残差偏度的检验表明，各方程的残差检验 Z 统计量值均显著大于临界值，在 1%的显著水平上拒绝了“无效率项”的原假设。这一结果表明环境因素和随机因素对粮食种植家庭农场的生产效率存在显著的影响。但从环境无效率项方差占混合扰动项的方差之比 λ 值看，环境变量只对资本投入松弛变量的影响较大，占混合扰动项误差的 38.1%。基于此，应用 SFA 进行环境因素和随机因素对效率影响的分析必要性不大。故本研究主要考察环境因素对各项投入松弛及效率的影响效应，仅对资本投入进行松弛调整，不对其他投入项进行调整。

表 7－5　粮食种植家庭农场各项投入松弛的 SFA 回归

变量	土地松弛	资本松弛	劳动力松弛	雇工松弛	物质费用松弛	租金松弛
农场地形	−0.545	−0.057	−0.017	0.918	1.397	1.081
	(−0.74)	(−0.01)	(−0.11)	(1.42)	(1.18)	(1.40)
农场地块数	0.017***	−0.071	−0.001	0.007	0.003	0.000
	(3.80)	(−1.91)	(−0.58)	(1.86)	(0.42)	(0.09)
距县城的距离	0.083	3.282*	0.000	0.309*	0.612*	−0.137
	(0.47)	(2.30)	(0.01)	(2.02)	(2.17)	(−0.75)
村委会作用	0.054	−6.735**	0.010	−0.464	−0.120	−0.164
	(0.18)	(−2.72)	(0.17)	(−1.74)	(−0.24)	(−0.52)
农业技术培训	−0.038	5.060**	−0.089*	0.211	0.970**	0.482*
	(−0.20)	(3.21)	(−2.28)	(1.24)	(3.12)	(2.38)
信贷支持	0.714	12.95**	−0.107	−0.248	0.118	−1.659**
	(1.28)	(2.83)	(−0.95)	(−0.50)	(0.13)	(−2.83)
政府支持	−0.057	0.658	−0.000	1.040***	0.791***	−0.202*
	(−0.68)	(0.96)	(−0.02)	(14.06)	(5.83)	(−2.29)
合作社支持	1.521**	7.846*	−0.031	0.493	1.044	2.035***
	(3.19)	(2.01)	(−0.32)	(1.17)	(1.36)	(4.07)
截距项	0.159	4.016	0.522	−1.130	−4.020	0.042 7
	(0.10)	(0.20)	(1.50)	(−0.64)	(−1.41)	(0.03)
N	216	216	216	216	216	216

（续）

变量	土地松弛	资本松弛	劳动力松弛	雇工松弛	物质费用松弛	租金松弛
Log likelihood	−557.3	−1 010.9	−211.3	−529.3	−660.4	−567.5
Wald chi2	38.49***	41.77***	10.99	249.60***	75.28***	35.93***
z	30.45***	31.57***	14.04**	11.00***	31.06***	21.68***
sigma _ v	3.193	24.37	0.644	2.806	5.146	3.348
sigma _ u	0.125	9.276	0.065	0.166	0.330	0.128
λ	0.039	0.381	0.100	0.059	0.064	0.038

注：括号内为 t 统计量；* $p<0.05$，** $p<0.01$，*** $p<0.001$。

由于环境变量是对各投入松弛变量的回归，所以当回归系数为负时，表示增加环境变量值有利于减少投入的松弛量，即有利于减少各投入变量的浪费或降低负产出；反之，当回归系数为正时，则表示增加环境变量将会增加投入松弛量，从而导致各投入变量的浪费或减少产出。下面逐一说明 8 种环境变量对各投入松弛变量的影响。从各环境变量对松弛项的回归系数显著性的 t 检验表明，只有农业技术培训对家庭自有劳动力在 10%的水平上通过了显著性检验，其他变量影响均不显著。家庭自有劳动力投入松弛方程 *Wald*（χ^2）检验不显著，也就是说整体上各环境变量的影响不显著。

（1）农场地形。农场地形在所有模型中均未通过显著性检验。但从影响方向看，位于平原的粮食种植农场有助于减少土地、资本和劳动力的浪费，从而提高生产效率。相反，这会增加雇工、物质费用和租金投入的浪费，对生产效率产生不利影响。

（2）农场地块数。农场地块数对家庭农场的土地投入浪费产生了显著的不利影响；地块数越多，土地投入的浪费越大，这不利于家庭农场的经营效率。该变量在其他模型中未通过显著性检验。

（3）农场距县城的距离。该变量在资本投入松弛、雇工投入松弛和物质费投入松弛模型中均通过了 10%的显著性检验，且影响方向为正，即距离县城越远的家庭农场，这三项投入的松弛量会增加，对生产效率产生不利的影响。

（4）村委会作用。该变量对家庭农场的资本投入松弛具有较显著的影响，即村委会的作用越强，越有助于减少家庭农场的资产投入松弛量，有利于家庭农场生产效率的改进。这表明村集体的服务功能越强，如统一提供农机作业、农资采购等服务，可降低家庭农场自购农机和单独走向市场的成本，提高家庭农场的经营效率。

（5）农业技术培训。近三年参加农业技术培训越多的农场主，会显著增加家庭农场的资本投入松弛量，这表明参加农业技术培训能开阔农民的视野，增加农业技术知识，促进农场主采购先进的农业机械技术、增加农业设施投入等，但家庭农场因自身规模的限制，这些投入存在闲置、利用不充分而导致的不经济、不利于家庭农场经营效率的改进。同样，农业技术培训也会促使家庭农场过度投入物质费用，导致农场效率下降。

（6）金融信贷支持。信贷支持对家庭农场资本投入的松弛具有显著正效应，促使家庭农场扩大资本投入。但在经营规模有限的情况下，这种增加可能导致资本过剩，从而不利于提升经营效率。同时，信贷支持有助于减少家庭农场在租金上的投入松弛，促使其通过更低成本的土地流转方式来节约开支，进而提升经营效率。

（7）政府补贴支持。政府补贴显著正向影响家庭农场的雇工投入和物质费用投入。即补贴越多，家庭农场越倾向于增加这些投入，导致过度投资，不利于提高生产效率。同时，补贴在一定程度上减轻了家庭农场的租金负担，使农场主能以更低的成本流转到土地。但政府补贴过多，会使农场主过分依赖雇工，由于雇工生产中存在的劳动监督问题和机会主义行为，会降低劳动质量。此外，随着粮食种植补贴的增加，生产者为了获得更多补贴会盲目扩大种植规模和物质投入，而忽视产出质量。调研发现，为了获得规模种植补贴，一些农户在流转到较大规模的土地后，并未进行精心耕作，导致土地生产率有时远低于小规模农户。

（8）合作社的支持。合作社支持对家庭农场的土地投入、资本投入、租金投入的松弛产生了正效应，即加入合作社的农场会增加土地规模、购置设备、建设农业设施以及租金投入，从而降低家庭农场的经营效率。可能的原因在于：合作社的作用更多在于为家庭农场提供农资统一采购、农产品统一销售和统一农业技术服务等方面的便利。同时，在合作社的帮扶下，也容易促使家庭农场主不断扩大种植规模、购置固定资产等，导致要素配置超过家庭自身的能力，进而影响效率改进。

3. 第三阶段：投入变量调整后的 BCC 效率及与调整前的分组对比

考虑到在所有环境变量中，只有资本投入的松弛影响具有较高的 λ 值，达到了 0.381。而其他投入变量的环境无效率项占比非常低。因此，本书仅对资本投入进行了调整，而其他投入则保持原值。然后，再次采用 BCC 模型来计算效率，并根据种植面积将样本划分为 7 组，目的是比较不同种植规模下的粮食农场的效率变化，从而找出经营的最优效率规模（表 7－6）。

结果表明：①资本投入经过 SFA 模型的松弛调整后，家庭农场的技术效率值显著提高，达到 0.949。然而，规模效率均值下降到 0.645，综合技术效率值降至 0.618。②根据经营规模分组观察，在综合效率方面，无论是调整前还是调整后，经营规模在 1.00～2.67 的家庭农场效率值最高。这显示小规模家庭农场具有较高的经营效率。从调整前看，粮食种植农场在第1组的综合效率最高，为0.793；其次是种植面积最大的第7组，综合效率均值为0.686；然后是第5组，效率值为0.625。其他各组的综合效率值均低于0.600。资本投入经松弛调整后计算的综合效率值发生显著变化，各组效率总体比调整前有所下降。其中第1组的综合效率仍然最高，为0.788，其次是第7组和第5组。在其他组别中，只有第6组从调整前的第4位下降到最后，而第4组上升到倒数第二位，其他组别的排序保持不变。这显示出效率与规模并非呈显著正相关关系，而是显示出一定的"U"形特征，即小规模区间和扩大到一定规模后的较大规模区间的粮食家庭农场更具经营效率。③从技术效率看，经过资本投入的松弛调整后，各组别的技术效率均得到较大提升，全样本从调整前的0.745增加到0.950。这充分说明资本投入是影响家庭农场技术效率的关键要素。在当前资本规模下，多数家庭农场未能实现资源利用的最优化，资本闲置和利用不足限制了家庭农场技术效率的提升。因此，调整资本规模以适应家庭农场的经营规模是提高效率的关键。调整后，只有面积超过16.68公顷组别的技术效率低于0.900，这表明较大规模的农场更可能出现资源利用不足的情况，在技术条件固定的情况下，要素的产出难以达到最优前沿。④调整后，所有组别家庭农场的规模效率均出现下降，全样本的平均规模效率下降了0.28。最具规模效率的仍然是1～2.67公顷组，这表明扩大种植规模并不一定能提高效率。小规模经营具有精耕细作的优点，有助于生产率的提升。

表7-6　不同规模粮食种植家庭农场效率调整前后均值比较

组别	规模区间（公顷）	样本量（个）	技术效率		规模效率		综合效率	
			调整前	调整后	调整前	调整后	调整前	调整后
1	[1.00，2.67]	32	0.941	0.997	0.831	0.790	0.793	0.788
2	[2.68，4.67]	65	0.749	0.983	0.784	0.565	0.587	0.557
3	[4.68，6.67]	33	0.696	0.964	0.841	0.577	0.574	0.562
4	[6.68，10.00]	16	0.654	0.937	0.885	0.562	0.563	0.535
5	[10.01，16.67]	28	0.659	0.931	0.944	0.607	0.625	0.570
6	[16.68，20.67]	6	0.612	0.834	0.931	0.576	0.587	0.503
7	20.68公顷以上	36	0.739	0.874	0.925	0.697	0.686	0.618
	总计	216	0.745	0.950	0.855	0.627	0.635	0.601

（二）经济作物家庭农场的经营效率分析

1. 基于BCC模型效率计算结果分析

根据计算结果（表7-7和表7-8），可以得出以下结论：①51个经济作物家庭农场的综合效率均值为 0.793，技术效率均值为 0.911，规模效率均值为 0.869。其中，决策有效的单元有 18 个，纯技术有效单元有 27 个，规模有效单元有 18 个，分别占样本的 35.3%、52.9%和 35.3%。②从规模报酬系数来看，处于规模递增的有 28 个，规模报酬不变的有 18 个，规模报酬递减的有 5 个。③通过随机前沿 SFA 模型，对家庭农场各项投入的松弛情况进行了回归分析。发现尽管基于 OLS 残差偏度的各投入松弛（除自有劳动力投入松弛模型外）的 Z 检验在 1%水平上显著，说明存在环境无效率项。但是，由于环境无效率项方差在混合误差项方差中的占比（λ 值）不足 5%，故不对经济作物的各项投入进行松弛项调整，而是继续采用第一阶段计算的效率进行分析。

表 7-7 经济作物家庭农场各项投入松弛的 SFA 回归

变量	土地松弛	资本松弛	劳动力松弛	雇工松弛	物质费用松弛	租金松弛
农场地形	−2.541*	−2.983	0.000	−1.000	−1.378	−0.010
	(−2.56)	(−0.76)	(0.00)	(−1.33)	(−1.55)	(−0.02)
农场地块	−0.009	−0.046	0.001	−0.026	−0.014	0.004
	(−0.38)	(−0.48)	(0.00)	(−1.43)	(−0.65)	(0.25)
距县城的距离	−0.407	−0.823	0.000	−0.179	−0.358	0.010
	(−1.57)	(−0.80)	(0.01)	(−0.91)	(−1.54)	(0.64)
村集体作用	−0.078	−3.210	−0.000	1.272*	−1.206*	−0.047 6
	(−0.11)	(−1.18)	(−0.00)	(2.46)	(−1.97)	(−0.12)
农业技术培训	0.041	−0.006	0.000	0.130	0.203	−0.445*
	(0.13)	(−0.00)	(0.01)	(0.56)	(0.75)	(−2.43)
信贷支持	0.676	−3.177	0.000	1.821**	−0.339	1.176*
	(0.73)	(−0.86)	(0.01)	(2.59)	(−0.41)	(2.10)
政府支持	−0.048	0.511	0.000	−0.183	0.257*	−0.092
	(−0.35)	(0.93)	(0.00)	(−1.74)	(2.06)	(−1.10)
合作社支持	−0.737	0.804	0.000	−0.088	1.746*	0.858
	(−0.94)	(0.26)	(0.01)	(−0.15)	(2.47)	(1.81)
截距项	4.270	19.23	0.001	−2.789	5.522*	0.925
	(1.49)	(1.73)	(0.24)	(−1.26)	(2.16)	(0.55)
N	51	51	51	51	51	51
Log likelihood	−120.7	−191.2	242.7	−106.7	−115.2	−94.98
Wald chi2	13.52	3.418	0.001	21.50	18.20	16.24
Prob>chi2	0.095	0.905	1.000	0.006	0.020	0.040
z	13.91	12.71	—	6.438	7.794	6.608

（续）

变量	土地松弛	资本松弛	劳动力松弛	雇工松弛	物质费用松弛	租金松弛
sigma _ v	2.582	10.27	0.003	1.961	2.318	1.558
sigma _ u	0.127	0.307	0.069	0.084	0.107	0.097
λ	0.049	0.030	22.760	0.043	0.046	0.062

注：括号内为 *t* 统计量；* $p<0.05$，** $p<0.01$，*** $p<0.001$。

表 7-8　经济作物类家庭农场按经营面积分组效率比较

组别	区间（公顷）	样本量（个）	技术效率 TE		规模效率 SE		综合效率 OE	
			均值	有效比（%）	均值	有效比（%）	均值	有效比（%）
1	[0.40，1.00]	10	1.000	1.000	0.800	0.400	0.800	0.400
2	[1.01，3.00]	14	0.928	0.500	0.836	0.357	0.780	0.357
3	[3.01，5.00]	9	0.844	0.333	0.885	0.333	0.755	0.333
4	[5.01，7.00]	7	0.926	0.429	0.857	0.286	0.791	0.286
5	[7.01，9.00]	5	0.873	0.200	0.948	0.400	0.841	0.400
6	[9.01，11.00]	1	0.818	0.000	0.993	0.000	0.812	0.000
7	[11.01，40.00]	5	0.847	0.400	0.983	0.400	0.835	0.400
	总计	51	0.911	0.529	0.869	0.353	0.793	0.353

2. 投入松弛的 SFA 回归分析

从 SFA 模型的回归系数 *t* 检验（表 7-7），可以得出以下结论：①各环境变量对资本投入和劳动力投入的影响均不显著。地形因素仅在土地投入松弛方面有 10%的显著性，且表现为负效应。这表明，平原地形有助于降低土地投入的松弛，提高土地利用率，从而提升生产效率。②村委会的作用和金融信贷支持对经济作物类农场的雇工投入具有显著正效应。这意味着，这两个因素会增加该类农场的雇工费用，激励其在经营中更多地使用雇工。这可能是因为村委会的帮助和协调使得家庭农场更容易获得和集中土地。同时，家庭农场也需要承担相应的义务，如帮助安置无法外出的人员就业。信贷的作用在于缓解资金困境，帮助农场扩大规模并增加雇工，但这会导致雇工投入冗余，影响经营效率。③村委会的作用对经济作物农场的物质费用投入松弛有显著的负效应。这说明，村委会能为家庭农场提供更多便利服务，如统一采购农资和耕作服务，从而降低物质成本，提高生产效率。政府的补贴支持也通过了 10%的显著性检验，具有正效应。这表明政府的支持激励家庭农场扩大生产规模，吸引更多资源到该领域，从而导致要素投入过度，产生冗余。④合作社的支持通过了 10%的显著性检验，并具有正效应。这意味着合作社支持会增加家庭农场的物质费用投入冗余。⑤农场主参加农业技术培训的次数通过了 10%的显著检验，显示出较显著的负效应。这表明参加更多培训的农场主在种植和运营经济作物方面更具能力和远见，能够用更少的土地实现更大的产出，从而降低土地流转费用，提高效率。⑥金融信贷支持在 10%的水平上通过检验，并具有正效应。这意味着信贷支持使家庭农场更有能力扩大土地经营规模，但也会导致土地租金投入增加和产生冗余。

3. 按照经营面积效率分组比较分析

根据表 7－8 的数据显示，经济作物类家庭农场的经营效率随着经营面积的不同有显著差异。总体而言，技术效率（TE）的均值为 0.911，说明这类农场在技术应用上已经接近最优状态，但仍有提升空间。规模效率（SE）的均值为 0.869，表明大多数经济作物家庭农场的规模调整空间较大，特别是随着经营面积的增加，规模效率呈现先增加后减少的趋势，其中经营面积在 3.01～5.00 公顷的组别达到较高的规模效率（0.885），而面积最大的组别（11.01～40.00 公顷）虽然规模效率高达 0.983，但由于只有 5 个样本，其统计代表性有限。综合效率（OE）均值为 0.793，显示出整体经营效率有待提高。特别是经营面积较小的组别（0.40～1.000 公顷），其综合效率明显低于其他组别（7.01 公顷以上区别），仅为 0.800，表明小规模经营的经济作物家庭农场在资源配置与管理上可能存在不足。综上所述，经济作物类家庭农场在扩大经营面积时需谨慎考虑规模效应，以实现更高的经营效率。

（三）瓜果蔬菜类家庭农场的经营效率分析

1. 基于 BCC 模型效率计算结果分析

根据表 7－9 所示，瓜果蔬菜类家庭农场的经营效率随着经营面积的增加呈现出不同的变化趋势。总体上，技术效率（TE）的均值为 0.799，表明这类农场在技术应用上还有较大的提升空间。规模效率（SE）的均值为 0.860，显示出该类农场的规模配置也有一定的优化空间。综合效益（OE）的均值为 0.688，综合效率有效的单位占比仅为 23.2%，技术效率有效的单位占比为 45.2%，规模效率有效的单位占比为 24.3%。这意味着整体经营效率偏低，急需改进。

表 7－9　瓜果蔬菜类家庭农场按经营面积分组效率比较

组别	规模区间（公顷）	样本量（个）	技术效率 TE		规模效率 SE		综合效率 OE	
			均值	有效比（%）	均值	有效比（%）	均值	有效比（%）
1	[0.33，1.00]	24	0.957	10.7	0.827	5.1	0.803	5.1
2	[1.01，3.00]	81	0.833	23.2	0.832	11.3	0.694	11.3

（续）

组别	规模区间（公顷）	样本量（个）	技术效率 TE		规模效率 SE		综合效率 OE	
			均值	有效比（%）	均值	有效比（%）	均值	有效比（%）
3	[3.01，4.00]	30	0.727	5.6	0.894	2.8	0.656	2.8
4	[5.01，7.00]	19	0.645	0.6	0.898	0.6	0.576	0.0
5	[7.01，10.00]	8	0.545	0.0	0.861	0.6	0.471	0.0
6	[10.01，53.33]	15	0.837	5.1	0.944	4.0	0.792	4.0
	总计	177	0.799	45.2	0.860	24.3	0.688	23.2

具体来看，经营面积最小的组别（0.33～1.00 公顷）显示出较高的技术效率和综合综合效率，但是有效比极低，说明只有少数农场达到了较高的效率。而随着经营面积的增加，可以看到技术效率和综合效率普遍下降，尤其是在经营面积大于 5.00 公顷的组别中，综合效率有效比甚至降至零，表明这些大面积的农场在资源配置和管理上存在显著问题。通过 DEA 模型计算各决策单位的规模报酬系数，发现样本中 24 个家庭农场处于规模报酬递减阶段，112 个处于规模报酬递增阶段，41 个处于规模报酬不变。表明 68.9%的家庭农场可以通过扩大经营规模来改进经营效率，也有 13.6%的家庭农场可以通过缩小规模提升经营效率。

从图 7－2 可以看出，各组别瓜果蔬菜家庭农场的规模效率差别不大，而技术效率和综合效率呈现先下降后上升的斜“U”形特征，其中第 5 组的规模效率和综合效率与其他各组存在较大差距。

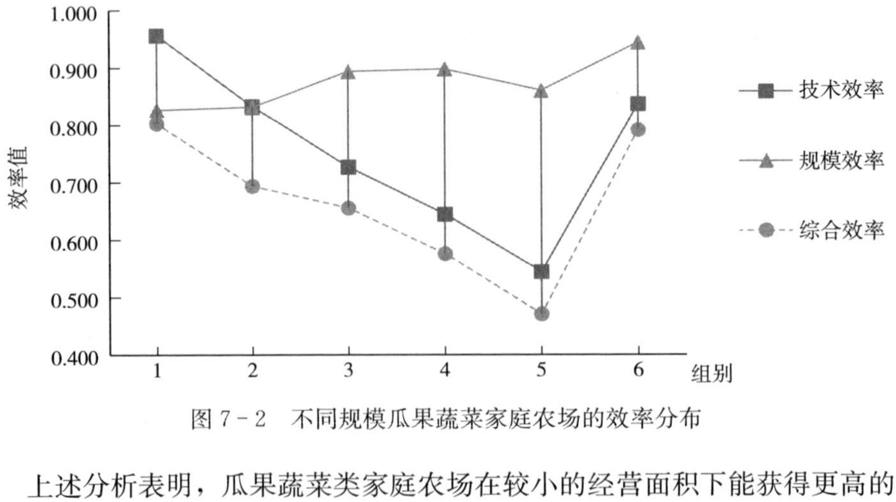

图 7－2　不同规模瓜果蔬菜家庭农场的效率分布

上述分析表明，瓜果蔬菜类家庭农场在较小的经营面积下能获得更高的经营效率，而随着经营面积的增加，效率普遍下降，特别是大面积农场的经营效率问题较为严重，需要重点关注和改进。

2. 投入松弛项随机前沿 SFA 回归分析

随机前沿 SFA 回归结果（表 7 - 10）表明，尽管基于 OLS 残差偏度的 Z 检验拒绝了原假设即不存在无效率成分，但各要素投入松弛项中环境无效率方差与混合误差项方差之比的 λ 均小于 0.090，说明环境因素对各要素投入松弛的影响较小，因此本书不再进行基于调整后的 BCC 模型的效率计算。

表 7 - 10　瓜果蔬菜类家庭农场各项松弛投入的 SFA 回归

变量	土地松弛	资本松弛	劳动力松弛	雇工松弛	物质费用松弛	租金松弛
农场地形	−0.237	2.908	0.058	0.035	0.120	0.390
	(−0.97)	(1.74)	(0.77)	(0.10)	(0.40)	(0.97)
农场地块	0.006	−0.017	−0.003	−0.027	−0.020	0.134***
	(0.41)	(−0.16)	(−0.63)	(−1.14)	(−1.03)	(5.15)
距县城的距离	−0.090	0.787	−0.001	−0.007	0.102	−0.009
	(−1.24)	(1.59)	(−0.05)	(−0.07)	(1.16)	(−0.08)
村委会作用	−0.015 7	−1.536	−0.031	0.020	−0.281	0.059 3
	(−0.11)	(−1.52)	(−0.68)	(0.09)	(−1.57)	(0.25)
农业技术培训	0.016	1.905***	−0.002	0.097	0.084	0.023
	(0.20)	(3.36)	(−0.07)	(0.79)	(0.83)	(0.17)
信贷支持	0.278	0.931	−0.126	0.858*	−0.004	0.614
	(1.13)	(0.55)	(−1.65)	(2.35)	(−0.01)	(1.52)
政府支持	−0.005	−0.057	−0.003	−0.004	−0.001	−0.014
	(−0.38)	(−0.65)	(−0.65)	(−0.21)	(−0.07)	(−0.66)
合作社支持	−0.023	−2.087	0.012	0.365	0.173	0.468
	(−0.11)	(−1.42)	(0.18)	(1.15)	(0.66)	(1.33)
截距项	0.845	−0.648	0.237	−0.160	0.698	−0.596
	(1.22)	(−0.15)	(1.23)	(−0.16)	(0.84)	(−0.53)
N	177	177	177	177	177	177
Log likelihood	−297.1	−638.3	−89.48	−366.4	−332.4	−384.9
Wald chi2	4.782	16.53	5.659	11.75	5.039	41.29
Prob>chi2	0.781	0.035 4	0.685	0.163	0.753	0.000
z	25.77	24.63	21.96	44.91	40.11	16.29
sigma _ v	1.297	8.909	0.401	1.918	1.583	2.129
sigma _ u	0.081	0.162	0.034	0.068	0.055	0.121
λ	0.063	0.018	0.086	0.036	0.035	0.057

注：括号内为 t 统计量；* $p<0.05$，** $p<0.01$，*** $p<0.001$。

回归系数 t 检验表明：①农业技术培训对瓜果蔬菜类家庭农场的资本投入松弛通过了 1%的显著性检验；信贷支持对雇工投入松弛通过了 10%的显著性检验；地块数量对租金投入松弛通过了 1%的显著性检验。这三个变量均产生了正效应。然而，其他环境变量对要素投入松弛均未通过显著性检验。这说明参加农业技术培训提升了农场主的经营能力，激励他们投入资金用于购置农业机械和建设农业设施等固定资产。但农业生产具有周期性，且形成的资产具有较强的专业性，如果这些资产在满足自身需求的同时无法对外提供剩余生产能力的服务，往往会导致资产利用不足、闲置浪费，进而降低经营效率。②信贷的作用同样会助推家庭农场扩大规模，采用雇工进行生产。然而，由于雇工劳动的高监督成本、潜在的机会主义和道德风险，雇工的劳动效率和努力程度远低于家庭自有劳动力，即雇工增多会带来效率的损失。转入土地涉及的地块越多，家庭农场与土地转出户之间协调达成交易的成本就越高。为实现土地的集中连片，在推进土地流转过程中，农户的利益诉求各异，个别“钉子户”提出高租金要求，导致已达成协议的农户向钉子户的要求看齐，从而使农地集中的成本过高。从实地调研来看，农场主为实现土地的集中连片，往往以较高的租金为条件，促成农户把土地流转出来；而无法集中连片流转的土地，其亩租金成本可能会比集中连片的土地低 100～300 元。

（四）禽类养殖家庭农场的经营效率分析

1. 基于 BCC 模型效率计算结果分析

根据表 7－11 的数据显示，禽类养殖家庭农场的经营效率特征显示出一些明显的趋势。首先，技术效率（TE）的均值为 0.965，且在各组中普遍较高，表明这类农场在养殖技术上已经相当成熟和高效。特别是小规模的养殖农场（0.07～0.13 公顷），其技术效率接近完美，高达 0.998，并且有 96.0%的农场达到了这一高效率标准。然而，规模效率（SE）和综合效率（OE）的表现则不如技术效率那么突出。规模效率的均值仅为 0.558，且有效比仅为 11.1%，这表明大多数农场在规模配置和管理上存在较大的改进空间。特别是随着养殖面积的增加，规模效率和综合效率的有效比显著下降，如在最大的面积区间（1.01～5.47 公顷），规模效率和综合效率的有效比仅为 10.0%。进一步分析计算规模报酬系数可知，禽类养殖家庭农场中有 103 家处于规模报酬递增，3 家处于规模报酬递减，13 家处于规模报酬不变状态。

禽类养殖家庭农场在养殖技术上表现优异，但在规模配置和管理上存在不足，尤其是在较大面积的养殖农场中，这一问题更为明显。从图 7－3 可以看出，禽类养殖家庭农场效率分布随着养殖面积的扩大呈现出先递减而后再上升的趋势，其综合效率的高低主要取决于规模效率的大小。为了提高整体经营效率，农场管理者需要优化规模和资源配置，特别是在较大规模的养殖场中。

表 7-11 禽类养殖家庭农场按养殖面积的效率分组比较

组别	规模区间（公顷）	样本量（个）	技术效率 TE		规模效率 SE		综合效率 OE	
			均值	有效比（%）	均值	有效比（%）	均值	有效比（%）
1	[0.07，0.13]	25	0.998	96.0	0.667	12.0	0.666	12.0
2	[0.14，0.23]	17	0.993	94.1	0.559	17.6	0.557	17.6
3	[0.24，0.33]	41	0.976	90.2	0.493	9.8	0.483	9.8
4	[0.34，0.53]	11	0.961	90.9	0.469	9.1	0.450	9.1
5	[0.54，1.00]	13	0.908	84.6	0.475	7.7	0.433	7.7
6	[1.01，5.47]	10	0.864	60.0	0.757	10.0	0.662	10.0
	总计	117	0.965	88.9	0.558	11.1	0.540	11.1

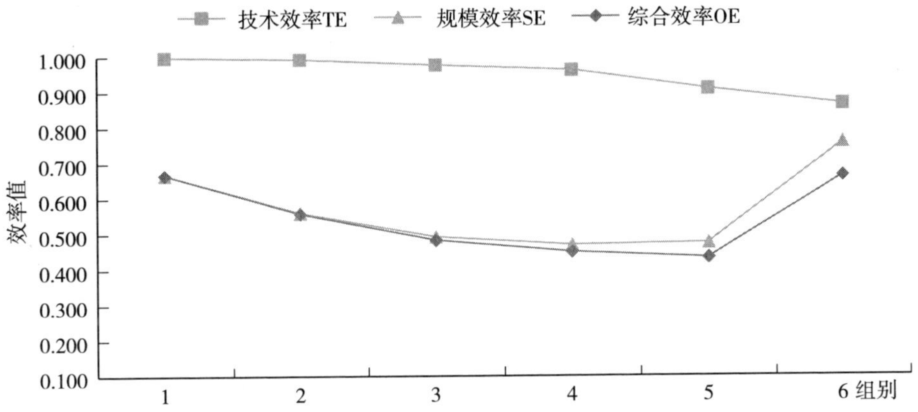

图 7-3 不同养殖面积禽类家庭农场的效率分布

2. 投入松弛项随机前沿 SFA 回归分析

随机前沿 SFA 回归结果（表 7-12）表明，尽管基于 OLS 残差偏度的 Z 检验拒绝了不存在无效率成分的原假设，但各要素投入松弛项中环境无效率方差占混合误差项方差的比例（λ）均小于 0.13，这表明环境因素对各要素投入松弛的影响不大，因此无须再进行调整后 BCC 模型效率的计算。SFA 回归 *Wald chi2* 检验表明：环境变量对劳动力投入松弛、物质费用投入松弛和租金投入松弛的影响整体未通过 5%的显著性检验，说明环境因素对这些要素投入的松弛没有显著效应。然而，对于土地、资本和雇工投入松弛，至少有一个环境变量的影响显著不为 0，通过了 5%的显著性检验。

表 7-12 禽类养殖家庭农场各项松弛投入的 SFA 回归

变量	土地松弛	资本松弛	劳动力松弛	雇工松弛	物质费用松弛	租金松弛
农场地形	−0.603***	4.243	−0.337	−0.962	−3.431	−0.185*
	(−4.32)	(1.63)	(−1.78)	(−1.48)	(−1.90)	(−1.99)
农场地块	−0.013	−0.415	0.000	−0.058	0.143	0.004
	(−0.93)	(−1.66)	(0.01)	(−0.94)	(0.82)	(0.49)
距县城的距离	0.004	−1.299	0.047	−0.065	−0.540	0.000
	(0.11)	(−1.92)	(0.96)	(−0.39)	(−1.15)	(0.01)
村委会作用	0.155	0.142	0.111	1.006**	1.365	0.038
	(1.92)	(0.09)	(1.01)	(2.68)	(1.31)	(0.71)
农业技术培训	−0.019	−1.209*	−0.061	−0.048	−0.172	−0.015
	(−0.58)	(−1.98)	(−1.37)	(−0.32)	(−0.41)	(−0.68)
信贷支持	0.156	4.932	−0.299	0.947	1.872	0.005
	(1.05)	(1.78)	(−1.48)	(1.37)	(0.97)	(0.05)
政府支持	0.007	−1.315	0.033	0.085	0.791	0.048
	(0.15)	(−1.52)	(0.52)	(0.39)	(1.31)	(1.55)
合作社支持	0.037	8.845**	−0.106	0.308	−2.495	−0.110
	(0.24)	(3.03)	(−0.50)	(0.42)	(−1.23)	(−1.05)
截距项	0.210	4.448	0.475	−1.611	2.374	0.148
	(0.52)	(0.60)	(1.05)	(−1.03)	(0.53)	(0.62)
N	119	119	119	119	119	119
Log likelihood	−87.25	−435.80	−123.80	−270.20	−392.20	−39.38
Wald chi2	28.76	21.72	10.87	17.98	13.96	9.205
Prob>chi2	0.000	0.005	0.209	0.021	0.083	0.325
z	18.42	25.72	8.489	22.26	14.25	23.89
sigma _ v	0.504	9.425	0.685	2.344	6.535	0.337
sigma _ u	0.041	0.175	0.068	0.075	0.143	0.042
λ	0.081	0.019	0.099	0.032	0.022	0.126

注：括号内为 t 统计量；* $p<0.05$，** $p<0.01$，*** $p<0.001$。

回归系数 t 检验显示，农场地形对禽类养殖家庭农场的土地投入产生了显著的负效应。具体来说，地处平坦区域的养殖农场有助于节约和集约用地，实现土地利用效率的最大化。在资本投入松弛模型中，农业技术培训和合作社支持分别通过了 10%和 1%的显著性检验，但二者的影响方向相反。参加农业技术培训次数越多的农场主，越能够有效减少资本投入的冗余，提高资本的使用效率，进而提升经营效率。相比之下，合作社对禽类农场的支持在一定程度上会促使农场加大资本投入，从而产生资本使用的冗余。这主要是因为，在合作社的帮扶下，养殖农场倾向于增加设施及设备等资本投入，扩大养殖规模。但由于养殖业生产的周期性、疾病疫情等风险，禽类养殖经常面临“大小年”的循环，在不利年份极易陷入资本使用的闲置，导致效率下降。在雇工投入松弛模型中，村委会作用通过了5%的显著性检验，且具有正效应，说明村委会作用越好的农村，越可能使家庭农场增加雇工使用，但会因为雇工监管问题而产生效率损失。

（五）牲畜养殖家庭农场的经营效率分析

1. 基于BCC模型效率计算结果分析

根据图7-4显示，86个牲畜家庭农场的平均综合效率为0.457、技术效率为0.920、规模效率为0.510。整体而言，这些农场的综合效率较低，且这种低效率主要是由于规模效率较低引起。按养殖用地面积分组比较发现，在0.24～0.33公顷规模区间该类农场的综合效率最高，达0.523；而在0.54～0.80公顷规模区间的综合效率最低，仅为0.366。在技术效率方面，整体均值为0.920，小规模区间（0.13～0.23公顷）的农场达到最优效率1.000，除较大规模外，其他组别的技术效率均超过均值，说明大规模农场需改善管理以提升技术效率。在规模效率方面，牲畜养殖类家庭农场的规模效率整体较低，仅0.510，尤其是面积最小（0.13～0.23公顷）的规模效率最低。这表明多数牲畜养殖农场通过调整规模能提高效率。

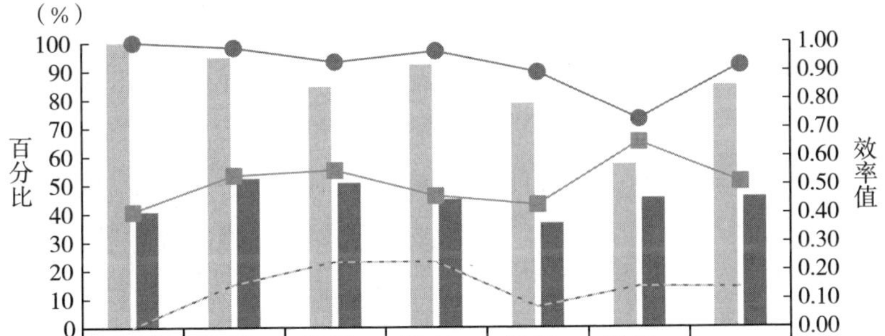

	[0.13, 0.23]	[0.24, 0.33]	[0.34, 0.43]	[0.44, 0.53]	[0.54, 0.80]	[0.81, 2.67]	总计
TE有效比	100.0%	95.0%	84.6%	92.3%	78.6%	57.1%	84.9%
OE均值	0.406	0.523	0.508	0.450	0.366	0.454	0.457
SE均值	0.406	0.534	0.552	0.462	0.431	0.650	0.510
TE均值	1.000	0.982	0.932	0.970	0.896	0.730	0.920
SE有效比	0.0%	15.0%	23.1%	23.1%	7.1%	14.3%	14.0%
OE有效比	0.0%	15.0%	23.1%	23.1%	7.1%	14.3%	14.0%

图7-4　牲畜家庭农场按养殖面积分组效率比较

从技术有效单元占比来看，规模最小区间（0.13～0.23公顷）的12个样本全部处于技术效率的最前沿，技术有效单元占比达到100%，但是规模有效单元占比为0。相比之下，规模最大区间（0.81～2.67公顷）的14个样本在技术有效单元占比上最低，仅为57.1%，其组内规模有效单元占比为14.3%，这一比例低于第3组（0.34～0.43公顷）的23.1%、第4组（0.44～0.53公顷）的23.1%以及第2组（0.24～0.33公顷）的15.0%。这表明，对于小规模的牲畜养殖家庭农场，尤其需要增加养殖用地规模来改善经营效率；而对于较大规模的家庭农场，重点则在于提升经营管理水平，实现规模与经营能力的最优匹配，从而改进经营效率。进一步计算规模报酬系数可知，86个牲畜家庭农场中有74个处于规模报酬递增状态，12个处于规模报酬固定状态。这进一步说明，多数牲畜养殖家庭农场可通过调整经营规模改善经营效率。

2. 投入松弛项随机前沿SFA回归分析

随机前沿SFA回归结果（表7-13）表明，尽管基于OLS残差偏度的Z检验拒绝了不存在无效率成分的原假设，但除土地投入松弛模型外，其他各要素投入松弛项中环境无效率方差占混合误差项方差之比的λ均小于0.13，说明环境因素对各要素投入松弛的作用不大，进一步SFA回归*Wald chi*2检验表明：①所有环境变量对土地投入松弛、资本投入松弛、家庭自有劳动力投入松弛均未通过5%的显著性检验，故对牲畜养殖家庭农场也不再进行投入项调整，仍以第一阶段BCC模型计算的效率作为分析依据。②环境变量对雇工投入松弛、物质费用投入松弛和租金投入松弛的影响整体上通过了1%的显著性检验，意味着在这些模型中至少有1个环境变量的影响效应显著不为零。③具体而言，在雇工松弛模型中，政府财政补贴通过了5%的显著性检验，且影响为正，说明政府补贴增多会激励家庭农场扩大规模，更多采用雇工生产，从而产生效率损失；在物质投入松弛模型中，合作社支持对物质费用投入冗余的增加产生了较显著的正效应，即加入合作社会促使牲畜家庭农场扩大生产规模，投入更多的饲料、水电费、疫病防治等费用，出现物质费用投入冗余；在租金投入松弛模型中，地块数通过1%的显著性检验，农业技术培训和合作社支持均通过10%的显著性检验，且这三个变量对租金投入松弛产生正效应，即养殖用地地块数越多、农场主参加农业技术培训的次数越多和有合作社的支持，在一定程度上会促使牲畜养殖家庭农场追求用地规模扩张，从而愿意支付更多租金，产生冗余，不利于经营效率的改进。

表 7-13　牲畜养殖家庭农场投入松弛项 SFA 回归结果

变量	土地松弛	资本松弛	劳动力松弛	雇工松弛	物质费松弛	租金松弛
农场地形	−0.013	0.995	−0.145	−0.072	0.271	−0.214
	(−0.38)	(0.33)	(−0.87)	(−0.17)	(0.33)	(−1.22)
农场地块	0.009	0.683	−0.004	0.093	−0.178	0.204***
	(1.27)	(1.16)	(−0.13)	(1.13)	(−1.13)	(5.97)
距县城的距离	−0.010	0.486	−0.022	−0.098	0.214	−0.039
	(−0.93)	(0.53)	(−0.44)	(−0.76)	(0.87)	(−0.73)
村委会作用	0.019	0.814	0.044	0.579	−0.962	−0.166
	(0.70)	(0.36)	(0.35)	(1.80)	(−1.57)	(−1.25)
农业技术培训	−0.010	−0.456	−0.003	−0.130	−0.400	0.160*
	(−0.68)	(−0.36)	(−0.05)	(−0.74)	(−1.19)	(2.20)
信贷支持	−0.055	1.734	−0.200	−0.283	−1.709	−0.272
	(−1.36)	(0.50)	(−1.05)	(−0.58)	(−1.84)	(−1.35)
政府支持	0.017	2.222*	−0.033	0.384**	0.031 2	0.009
	(1.59)	(2.36)	(−0.64)	(2.91)	(0.12)	(0.17)
合作社支持	−0.026	6.106	−0.097	−0.319	3.197**	0.557*
	(−0.58)	(1.59)	(−0.46)	(−0.59)	(3.11)	(2.50)
截距项	0.047	−4.821	0.735	−1.373	4.418	0.147
	(0.42)	(−0.28)	(1.31)	(−1.00)	(1.33)	(0.25)
N	86	86	86	86	86	86
Log likelihood	48.49	−334.9	−85.72	−166.1	−221.5	−90.06
Wald chi2	8.615	13.670	3.845	19.260	17.860	67.470
Prob>chi2	0.376	0.091	0.871	0.013 5	0.022	0.000
z	12.97	15.91	4.559	22.04	10.35	11.00
sigma _ v	0.138	11.89	0.656	1.669	3.180	0.690
sigma _ u	0.051	0.141	0.080	0.125	0.174	0.052
λ	0.367	0.012	0.122	0.075	0.055	0.075

注：括号内为 t 统计量；* $p<0.05$，** $p<0.01$，*** $p<0.001$。

（六）种养结合类家庭农场的经营效率分析

1. 基于 BCC 模型效率计算结果分析

计算结果表明（图 7-5）：①总体来看，143 个种养结合类家庭农场的运行效率较低，全样本的技术效率、规模效率和综合效率分别为 0.788、0.776 和 0.614。综合效率有效单元有 31 个，占样本的 21.7%；技术效率有效单元有 67 个，占 46.9%；规模有效单元也是 31 个，占 21.7%。②从计算的规模报酬系数看，有 107 个农场处于规模报酬递增状态，31 个不变，5 个递减。这说明，种养结合类家庭农场整体的综合效率偏低，技术效率与规模效率都有较大的提升空间。③随着农场面积的增加，技术效率呈现下降趋势。在面积最小的第一组［0.17，1.00］中，技术效率最高，为 0.970；而在面积最大的第六组［10.01，133.33］中，技术效率最低，为 0.669。这表明较小的农场面积可能有利于提高技术效率。④随着农场面积的增加，规模效率呈现先上升后下降的趋势。在第二组［1.01，2.00］中，规模效率达到最高，为 0.797；而在第三组［2.01，3.00］和第四组［3.01，4.00］中，规模效率有所下降，分别为 0.642 和 0.802；在第五组［4.01，10.00］和第六组［10.01，133.33］中，规模效率又有所上升，分别为 0.771 和 0.819。这表明在一定范围内，适当扩大农场面积可能有利于提高规模效率。⑤随着农场面积的增加，综合效率呈现下降趋势。在面积最小的第一组［0.17，1.00］中，综合效率最高，为 0.728；而在面积最大的第六组［10.01，133.33］中，综合效率最低，为 0.557。这表明较小的农场面积可能有利于提高综合效率。

分析结果显示，种养结合类家庭农场的运行效率随着农场面积的增加而呈现不同的变化趋势：技术效率和综合效率随面积增加而逐渐降低，表明较小面积的农场在技术和整体管理上可能更为高效；而规模效率则在一定范围内随面积增加先上升后下降，暗示存在一个最优的规模区间，其中适当扩大面积可提升规模经济效应，但超过这个区间则可能导致效率下降。总体而言，整个样本中的家庭农场运行效率偏低，这可能与多种因素如规模选择、技术水平和管理能力等有关，需要进一步优化调整以提高整体效率。

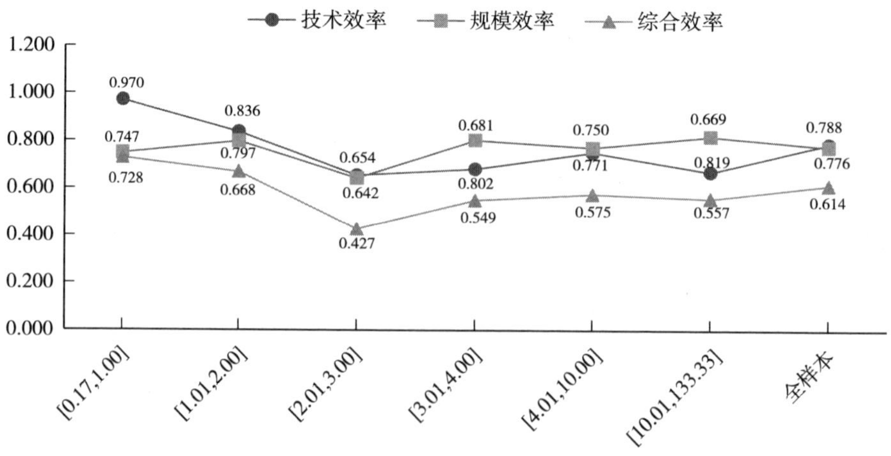

图 7－5　种养结合类家庭农场按种养面积分组效率均值比较

2. 投入松弛项随机前沿 SFA 回归分析

建立环境变量对种养结合类家庭农场各投入项松弛进行 SFA 回归分析表明（表 7-14），环境变量对各投入松弛的影响均未通过显著性检验，故本部分也不再考虑环境因素对种养结合家庭农场经营效率的影响，仍以第一阶段计算的效率值为最终结果。鉴于各模型未通过显著性检验，在此不再对模型结果进行解读。

表 7-14 种养结合类家庭农场要素投入松弛 SFA 回归结果

变量	土地松弛	资本松弛	劳动力松弛	雇工松弛	物质费用松弛	租金松弛
农场地形	0.319	−1.732	−0.060	0.226	1.209	2.132
	(0.37)	(−0.40)	(−0.63)	(0.79)	(0.62)	(1.18)
农场地块	0.040	−0.098	−0.004	−0.005	−0.011	0.000
	(0.90)	(−0.44)	(−0.69)	(−0.30)	(−0.11)	(0.00)
距县城的距离	−0.016	−2.212	−0.012	−0.132	0.449	0.206
	(−0.06)	(−1.67)	(−0.42)	(−1.48)	(0.75)	(0.37)
村委会作用	−0.929*	2.497	0.010	−0.090	−1.238	−1.510
	(−2.18)	(1.17)	(0.21)	(−0.63)	(−1.28)	(−1.68)
农业技术培训	0.560	1.439	−0.057	0.297**	0.684	0.886
	(1.78)	(0.92)	(−1.65)	(2.84)	(0.96)	(1.34)
信贷支持	−0.101	7.176	−0.146	−0.342	2.944	0.530
	(−0.11)	(1.56)	(−1.44)	(−1.12)	(1.41)	(0.27)
政府支持	−0.017	−0.036	−0.007	−0.021	−0.012	−0.027
	(−0.21)	(−0.09)	(−0.75)	(−0.77)	(−0.06)	(−0.16)
合作社支持	0.493	−4.452	−0.000	0.156	−0.173	0.492
	(0.60)	(−1.09)	(−0.00)	(0.57)	(−0.09)	(0.29)
截距项	2.190	3.542	0.430	0.333	1.175	1.878
	(0.89)	(0.30)	(1.38)	(0.40)	(0.23)	(0.40)
N	143	143	143	143	143	143
Log likelihood	−413.4	−643.2	−97.92	−256.2	−530.2	−520.2
Wald chi2	9.626	9.370	7.853	12.51	6.151	6.600
Prob>chi2	0.292	0.312	0.448	0.130	0.630	0.580
z	39.11	18.49	16.65	22.26	35.63	37.92
sigma _ v	4.356	21.73	0.480	1.452	9.863	9.198
sigma _ u	0.131	0.459	0.051 7	0.066 9	0.299	0.219
λ	0.030	0.021	0.108	0.046	0.030 3	0.024

注：括号内为 t 统计量；* $p<0.05$，** $p<0.01$，*** $p<0.001$。

（七）粮蔬结合类家庭农场的经营效率分析

1. 基于 BCC 模型效率计算结果分析

经测算（表 7-15），40 个粮蔬结合类家庭农场的平均综合效率达到了 0.837，平均技术效率为 0.914，平均规模效率为 0.912，这类家庭农场的经营效率相对较高，超过了其他类型的家庭农场。在样本中，综合效率有效单元和规模效率有效单元均有 16 个，各占样本的 40%；技术效率有效单元有 26 个，占样本的 65%；处于规模报酬递增的有 17 个，规模报酬递减的有 7 个，规模报酬不变的有 16 个，分别占样本的 42.5%、17.5%和 40%。这反映出大多数粮蔬结合型家庭农场已实现了经营管理与规模的最优配置，选择粮蔬结合是提高家庭农场运营效率的有效途径之一。

进一步，按照种植面积将该类家庭农场分为六组，各组效率均值及组内有效单元占比见表 7-15。统计分组比较发现：①随着农场面积的增加，技术效率总体上呈现先下降后上升趋势。第 1 组的技术效率最高（0.956），而第 4 组的技术效率最低（0.741）。这表明较小规模的农场在技术应用和管理上可能更为高效。然而，值得注意的是，第 6 组（最大面积区间）的技术效率达到了 1.000，这可能是因为大规模农场能够更好地利用先进技术和专业化管理。②规模效率在不同组别间波动较大。第 1 组和第 6 组的规模效率较高，分别为 0.904 和 1.000，而第 3 组和第 4 组的规模效率较低，分别为 0.858 和 0.855。这表明存在一个最优的规模区间，使得农场能够在不超过这一区间的情况下实现规模经济。③综合效率是技术效率和规模效率的综合体现，它在所有组别中都相对较低，尤其是第 4 组的综合效率最低（0.640）。这意味着大多数农场在整体运营上还有提升空间。

表 7-15　粮蔬结合类家庭农场按面积分组效率比较

组别	规模区间（公顷）	样本量（个）	技术效率 TE		规模效率 SE		综合效率 OE	
			均值	有效比（%）	均值	有效比（%）	均值	有效比（%）
1	[1.07，2.00]	12	0.956	75.0	0.904	50.0	0.866	50.0
2	[3.27，4.00]	7	0.932	71.4	0.925	57.1	0.879	57.1
3	[5.67，6.67]	5	0.919	60.0	0.858	20.0	0.780	20.0
4	[8.00，10.67]	5	0.741	0.0	0.855	0.0	0.640	0.0
5	[12.00，16.67]	8	0.910	75.0	0.947	25.0	0.857	25.0
6	[20，156.67]	3	1.000	100.0	1.000	100.0	1.000	100.0
	总计	40	0.914	65.0	0.912	40.0	0.837	40.0

2. 投入松弛项随机前沿 SFA 回归分析

SFA 模型回归结果表明（表 7-16）：①环境变量仅在资本投入松弛模型和雇工投入松弛模型通过了 1%的 *Wald chi*2 显著性检验，其他投入松弛模型未通过显著性检验。②从资本投入松弛模型看，地块数量通过 5%的统计显著性检验，且对资本投入松弛产生正效应。这意味着拥有较多地块的家庭农场更可能出现资本使用效率低下，导致资源冗余，不利于效率提升。此外，信贷支持同样在 5%的水平上显著，并对资本投入松弛产生正向影响，说明获得信贷支持的农场倾向于增加对设施和设备的投资，但在规模和外部服务渠道的限制下，可能导致资本闲置或未能充分利用。③雇工投入松弛模型中，地块数量在 10%的统计水平上显著，并显示出正效应。即地块数量越多的家庭农场更容易出现雇工投入的冗余。通常，随着地块数量的增加，家庭农场需雇佣更多劳动力进行管理和维护。农场主需要在各个地块间分配劳动力、资金和设备，而增聘工人则意味着更高的工资和福利支出，会增加运营成本，进而影响经营效率。

表 7-16　粮蔬结合类家庭农场投入松弛 SFA 回归结果

变量	土地松弛	资本松弛	劳动力松弛	雇工松弛	物质费用松弛	租金松弛
农场地形	0.470	6.405	0.114	1.026	0.454	0.500
	(0.99)	(0.58)	(0.91)	(0.60)	(0.97)	(0.55)
农场地块	−0.009	0.852**	−0.002	0.112*	−0.013 0	−0.022
	(−0.70)	(2.92)	(−0.57)	(2.51)	(−1.05)	(−0.90)
距县城的距离	−0.117	0.836	−0.032	−0.525	−0.128	−0.344
	(−1.08)	(0.33)	(−1.12)	(−1.34)	(−1.19)	(−1.64)
村委会作用	−0.222	3.053	0.060	0.456	0.007	−0.200
	(−1.17)	(0.69)	(1.19)	(0.67)	(0.04)	(−0.54)
农业技术培训	−0.170	−4.247	0.020	−0.326	−0.034	−0.425
	(−1.49)	(−1.58)	(0.67)	(−0.79)	(−0.30)	(−1.92)
信贷支持	0.074	24.00**	−0.116	2.333	0.285	−0.305
	(0.21)	(2.83)	(−1.21)	(1.79)	(0.79)	(−0.44)
政府支持	−0.040	−0.171	−0.008	−0.053	−0.026	−0.080
	(−1.28)	(−0.24)	(−0.94)	(−0.48)	(−0.86)	(−1.35)
合作社支持	0.480	−6.845	−0.166*	−1.569	−0.349	0.800
	(1.61)	(−0.98)	(−2.10)	(−1.45)	(−1.18)	(1.38)
截距项	1.485	−9.226	−0.045	0.800	0.606	2.970
	(1.42)	(−0.23)	(−0.18)	(0.23)	(0.62)	(1.53)
N	40	40	40	40	40	40

（续）

变量	土地松弛	资本松弛	劳动力松弛	雇工松弛	物质费用松弛	租金松弛
Log likelihood	−51.23	−177.60	1.959	−102.70	−51.02	−77.68
Wald chi2	10.30	24.97***	8.409	22.42***	4.431	12.190
Prob>chi2	0.245	0.002	0.395	0.004	0.816	0.143
z	2.967	8.292	6.900	6.468	7.290	6.979
sigma _ v	0.871	20.49	0.230	3.151	0.866	1.687
sigma _ u	0.087	0.370	0.069	0.128	0.090	0.112
λ	0.010	0.018	0.299	0.040 5	0.104	0.066 3

注：括号内为 t 统计量；* $p<0.05$，** $p<0.01$，*** $p<0.001$。

（八）粮经结合类家庭农场的经营效率分析

1. 基于 BCC 模型效率计算结果分析

计算结果表明（图 7－6），45 个粮经结合类家庭农场的综合效率均值为 0.611，技术效率均值为 0.852，规模效率均值为 0.699，进一步将粮经结合家庭农场按照经营面积不等距分为六组，各组样本量依次为：10、12、8、4、4 和 7。通过对比各组效率均值分布图可以发现，规模效率、技术效率及综合效率随着规模区间的变化均表现出先下降后上升的趋势。尤其值得注意的是，第 1 组的效率值最高，其综合效率达到 0.896；而第 2 组则下降至 0.645。其余各组的综合效率均值都低于全样本的平均值。这表明对粮食与经济作物结合型家庭农场而言，较小规模的家庭农场效率更高。

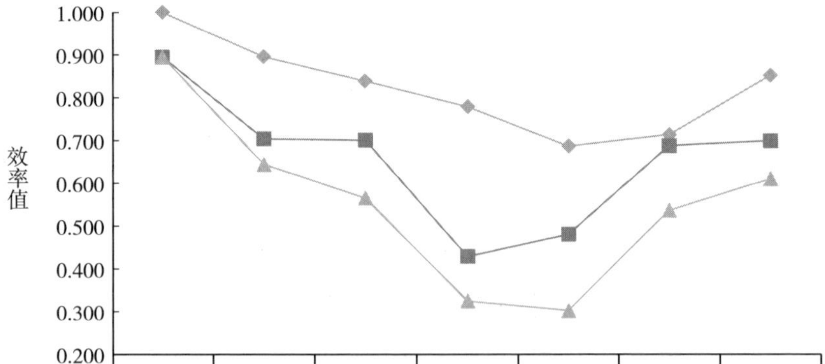

	[1.00, 2.00]	[2.53, 3.67]	[5.00, 7.80]	[8.00, 10.00]	[13.33, 15.20]	[20.00, 366.67]	全样本
技术效率TE	1.000	0.896	0.839	0.779	0.687	0.714	0.852
规模效率SE	0.896	0.704	0.701	0.429	0.480	0.688	0.699
综合效率OE	0.896	0.645	0.566	0.325	0.303	0.536	0.611

图 7－6　种养结合类家庭农场按面积分组效率比较

进一步计算显示，在第 1 组的 10 个家庭农场中，技术效率全部达到了有效前沿面。第 2 组的 12 个农场中，有效单元占比为 58.3%。随后是第 4 组的 50%，第 6 组的 42.9%，第 3 组的 37.5%；而第 5 组的技术有效单元占比最低，仅为 25%。规模有效决策单元和综合决策有效单元的分布特征相同：第 1 组占比高达 70%，其次是第 6 组的 28.6%和第 2 组的 25%，其他各组的有效决策单元占比均为 0。此外，计算规模报酬系数发现，有 31 个粮食与经济作物结合型家庭农场处于规模报酬递增状态，12 家处于规模报酬不变状态，2 家则处于规模报酬递减状态。

这说明规模较小的粮经结合类家庭农场更容易实现要素禀赋与规模的最优配置，实现产出的最大化。另一方面，粮经结合类家庭农场综合效率偏低也主要源于规模效率较低。未来应加大对家庭农场从业人员的农艺素养培训，不断提升农场主从事规模农业经营的能力素质，进一步推动土地流转、降低流转成本，通过调整经营规模以匹配农场家庭成员的禀赋能力，从而提升家庭农场的经营效率。

2. 投入松弛项随机前沿 SFA 回归分析

由表 7-17 可知，各投入松弛项 SFA 回归结果模型拟合效果和单个回归系数检验不太理想，只有物质费用投入松弛模型的 *Wald chi2* 检验的显著性达到 0.036，其他模型均未通过 5%的显著性检验，但在物质费用投入模型中只有村委会作用的回归系数通过了 10%的显著性检验，且对物质费用投入松弛产生正向效应，即村委会作用发挥好的农村反而会导致家庭农场物质费投入产生冗余。可能的解释：村委会在家庭农场发展中的土地流转协调作用，会促使家庭农场增加投入，扩大规模，但这种协调也会对脱离土地的农民，且在家滞留无法在非农就业的农民，出现劳动力的闲置，在此情况下，若农场主对农场的监管不到位时，可能会出现失地者对家庭农场生产经营活动的人为破坏风险，如让牲畜啃食作物等，导致农场主投入费用的增加。我们在河北临城县 A 村对种植大户郭某的访谈得知，在村委会的协调下，他流转了 20 户村民的 200 亩土地，两季主要种植小麦和玉米，有时也种植大葱，由于规模较大，在农忙时要雇人帮忙，但雇工的劳动效果不佳，特别是在喷洒农药和施肥等环节，存在喷洒不均匀、施肥不合理等问题，往往需要多次进行生产，使得产生大量的投入浪费。此外，还存在一些养殖户，在冬季经常放任牛羊啃食小麦。

表 7-17　粮经结合家庭农场投入松弛 SFA 回归结果

变量	土地松弛	资本松弛	劳动力松弛	雇工松弛	物质费用松弛	租金松弛
农场地形	−9.499	0.624	0.519	−0.843	−31.13	−11.97
	(−1.54)	(0.11)	(1.53)	(−0.40)	(−1.94)	(−1.28)

（续）

变量	土地松弛	资本松弛	劳动力松弛	雇工松弛	物质费用松弛	租金松弛
农场地块	−0.000	−0.005	−0.001	−0.001	−0.000	−0.000
	(−0.05)	(−0.56)	(−1.08)	(−0.22)	(−0.00)	(−0.00)
距县城的距离	−0.178	−0.524	0.053 5	−0.250	−0.692	−0.197
	(−0.14)	(−0.46)	(0.79)	(−0.60)	(−0.22)	(−0.11)
村委会作用	4.529*	0.137	−0.083 1	0.804	13.72*	6.603*
	(2.15)	(0.07)	(−0.72)	(1.13)	(2.50)	(2.06)
农业技术培训	0.930	0.569	−0.076 5	−0.222	3.392	1.436
	(0.65)	(0.43)	(−0.97)	(−0.45)	(0.91)	(0.66)
信贷支持	−6.963	9.120*	0.020 5	1.642	−18.52	−10.31
	(−1.78)	(2.53)	(0.10)	(1.24)	(−1.82)	(−1.74)
政府支持	1.216	−0.217	−0.065 8	0.284	3.081	1.816
	(1.65)	(−0.32)	(−1.62)	(1.14)	(1.61)	(1.63)
合作社支持	5.266	−3.642	−0.229	−1.162	14.47	7.419
	(1.37)	(−1.03)	(−1.08)	(−0.89)	(1.45)	(1.27)
截距项	−6.206	3.967	0.495	0.198	23.29	−11.27
	(−0.04)	(0.43)	(0.80)	(0.06)	(0.02)	(−0.79)
N	45	45	45	45	45	45
Log likelihood	−172.0	−168.3	−41.43	−123.2	−214.9	−190.7
Wald chi2	13.47	8.161	9.865	6.210	16.45	12.84
Prob>chi2	0.097*	0.418	0.275	0.624	0.036**	0.118
z	11.64	5.465	3.143	11.26	11.58	11.76
sigma_v	11.06	10.20	0.608	3.740	27.82	16.76
sigma_u	0.148	0.318	0.075 7	0.122	7.100	0.542
λ	0.013 4	0.031 2	0.125	0.032 6	0.255	0.032 3

注：括号内为 t 统计量；* $p<0.05$，** $p<0.01$，*** $p<0.001$。

（九）多元经营类家庭农场的经营效率分析

1. 基于 BCC 模型效率计算结果分析

由图 7－7 可以看出，①技术效率随农场规模的增加呈现下降趋势。最小的规模组别（2.00 公顷以下）拥有最高的技术效率（0.986），而最大的规模组别（14.01 公顷以上）的技术效率则降至 0.795。这表明较小规模的农场能更有效地利用其资源和技术进行生产。②规模效率随农场规模的扩大表现出上升趋势，从 2.00 公顷以下的 0.810 上升到 14.01 公顷以上的 0.899。这意味着较大农场在管理和运营方面的规模化优势更为明显。③综合效率也呈现出与技术效率类似的模式，即随着农场规模的增加而降低。这表明小规模农场的综合表现要优于大规模农场，其中 2.00 公顷以下的农场综合效率最高（0.803），而 14.01 公顷以上的农场综合效率为 0.752。④中等规模区间的农场（尤其是 4.01～8.00 公顷）在三种效率指标上的表现普遍较低，暗示这一规模区间可能存在管理或规模不经济的问题。

总体而言，多元经营类家庭农场中，较小规模的农场在技术应用和综合管理方面较为高效，而较大规模农场则在规模经济方面有优势，但整体效率较低。这提示农场主在选择扩展规模时需要权衡规模化带来的经济效益与其可能引发的效率下降问题。中等规模的农场特别需要注意优化管理和提升效率。

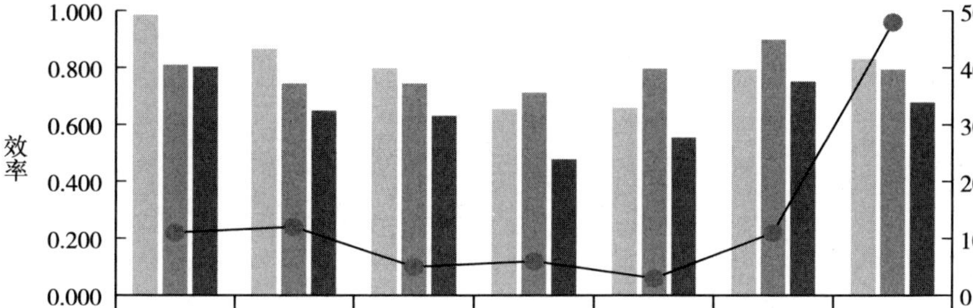

	2.00公顷以下	2.01～4.00公顷	4.01～6.00公顷	6.01～8.00公顷	8.01～14.00公顷	14.01公顷以上	全样本
TE	0.986	0.866	0.798	0.655	0.659	0.795	0.831
SE	0.810	0.745	0.745	0.712	0.796	0.899	0.794
OE	0.803	0.650	0.631	0.478	0.555	0.752	0.679
频数	11	12	5	6	3	11	48

图 7-7　多元经营类家庭农场按面积分组效率比较

2. 投入松弛项随机前沿 SFA 回归分析

由表 7-18 可知：①尽管所有投入松弛模型基于 OLS 残差偏度 Z 检验，证明环境无效率项显著的不为 0，但环境无效项的方差占混合误差项方差的比例都比较低（$\lambda<10\%$），故多元经营类家庭农场也无须对各要素投入进行松弛调整，仍以第一阶段 BCC 模型计算的效率值作为后续分析的基础。②*Wald chi2* 检验表明，只有物质费用投入松弛模型和租金投入松弛模型通过了 5%的显著性检验，雇工投入松弛模型通过 10%的统计显著性检验，其他投入松弛模型未通过显著性检验。③在物质费用投入松弛模型中，农地地块数和金融信贷支持分别通过了 5%和 1%的统计显著性检验，且具有正效应，这意味着该类家庭农场的地块数越多越容易产生过多的物质费用投入，产生投入冗余，导致效率损失；信贷支持缓解了家庭农场的资金短缺问题，促使其扩大生产规模，增加设备、设施以及各类物质生产要素的投入，但也会使物质费用的投入不经济，产生冗余。④在租金投入松弛模型中，只有政府的补贴支持通过了

10%的统计显著性检验，且对租金投入松弛产生负效应，即政府的补贴降低了家庭农场租金成本，有助于家庭农场效率的提升。⑤在雇工投入松弛模型中，农业技术培训通过了5%的统计显著性检验，并对雇工投入松弛产生较显著的负效应。这表明，参加更多农业技术培训的农场主提高了自主解决农场生产经营管理的能力，减少了雇工数量，从而也减少了雇工费用的投入，提高了经营效率。信贷支持通过了10%的显著性检验，但对雇工投入松弛产生了正效应，说明信贷支持会激励家庭农场扩大经营规模，增加雇工投入，产生冗余。

表7-18 多元经营类家庭农场的投入松弛SFA回归结果

变量	土地松弛	资本松弛	劳动力松弛	雇工松弛	物质费用松弛	租金松弛
农场地形	0.762	2.964	−0.444	−0.346	−8.708	1.387
	(1.18)	(0.45)	(−1.64)	(−0.40)	(−1.84)	(1.71)
农场地块	0.033	−0.117	−0.012	−0.017	1.087***	0.013
	(1.10)	(−0.38)	(−0.95)	(−0.42)	(4.93)	(0.34)
距县城的距离	−0.187	2.631	−0.023	0.129	−0.241	−0.103
	(−0.95)	(1.30)	(−0.27)	(0.50)	(−0.17)	(−0.42)
村委会作用	0.605	1.600	−0.276	−0.258	0.637	0.750
	(1.74)	(0.45)	(−1.89)	(−0.56)	(0.25)	(1.71)
农业技术培训	0.384	−2.135	−0.176	−0.996**	−2.262	0.485
	(1.50)	(−0.81)	(−1.63)	(−2.93)	(−1.21)	(1.50)
信贷支持	−0.157	13.44	0.114	2.327*	15.94**	0.333
	(−0.20)	(1.65)	(0.34)	(2.22)	(2.76)	(0.34)
政府支持	−0.102	−1.441	−0.017	−0.106	−0.195	−0.317*
	(−1.02)	(−1.40)	(−0.41)	(−0.80)	(−0.27)	(−2.53)
合作社支持	−0.987	6.674	−0.191	1.097	−10.50	1.233
	(−1.31)	(0.86)	(−0.60)	(1.09)	(−1.90)	(1.30)
截距项	−1.631	−7.402	2.178**	3.145	6.605	−3.617
	(−0.85)	(−0.19)	(2.67)	(1.21)	(0.42)	(−1.40)
N	48	48	48	48	48	48
Log likelihood	−96.25	−208.2	−54.65	−109.9	−191.8	−107.3
Wald chi2	8.767	9.220	10.26	13.36*	43.95***	18.44**
Prob>chi2	0.362	0.324	0.247	0.099	0.000	0.018
z	10.04	8.193	8.779	11.64	3.423	6.558
sigma _ v	1.797	18.53	0.755	2.387	13.16	2.264
sigma _ u	0.102	0.352	0.071	0.135	0.730	0.115
λ	0.057	0.019	0.094	0.056 4	0.056	0.051

注：括号内为 t 统计量；* $p<0.05$，** $p<0.01$，*** $p<0.001$。

四、九类家庭农场的经营效率对比分析

（一）九类家庭农场经营效率的差异

根据表 7-19 和表 7-20，可以得出以下结论：第一，全部家庭农场综合效率偏低。九类家庭农场的综合效率均值为 0.623，技术效率均值为 0.880，规模效率均值为 0.713。这表明，规模效率较低是综合效率偏低的主要原因。第二，不同类型家庭农场的效率具有显著差异。经营类型对效率的方差分析表明，不同类型之间家庭农场的经营效率存在显著差异。第三，粮蔬类家庭农场综合效率最高（0.837），其次为经济作物（0.793）、瓜果蔬菜（0.688）和多元经营（0.679），而其他各类家庭农场综合效率均值都低于全部家庭农场的平均值 0.623，尤其是牲畜养殖（0.457）和禽类养殖（0.538）家庭农场综合效率最低，表明这些农场在整体经营中可能面临更多挑战。第四，总体而言，各类农场的技术效率较高。其中，禽类养殖、粮食种植、牲畜养殖、粮蔬结合和经济作物类农场表现出较高的技术效率，分别为 0.961、0.950、0.920、0.914 和 0.911，表明这些类型的农场在技术和管理上较为先进，能更有效地利用资源进行生产。相比之下，种养结合、瓜果蔬菜、多元经营类农场的技术效率较低，分别为 0.788、0.799 和 0.831，表明这些农场在技术应用和管理上存在不足。第五，各类农场的规模效率偏低。其中，牲畜养殖和禽类农场的规模效率远低于全样本均值 0.713，分别为 0.510 和 0.560，说明规模效率偏低是此类家庭农场综合效率不高的主要原因。第六，从规模报酬状态看，在全部样本中，有 70.6%家庭农场处于规模报酬递增状态，其中养殖类农场中超过 86%处于规模报酬递增状态，这进一步说明，多数家庭农场可通过扩大经营规模提升经营效率。

表 7-19　九类家庭农场经营效率状况比较

经营类型	样本量（个）	技术效率	规模效率	综合效率	规模报酬递减户（个）	规模报酬递增户（个）	规模报酬固定户（个）
粮食种植	216	0.950	0.627	0.601	34	152	30
经济作物	51	0.911	0.869	0.793	5	28	18
瓜果蔬菜	177	0.799	0.860	0.688	24	112	41
禽类养殖	119	0.961	0.560	0.538	3	103	13
牲畜养殖	86	0.920	0.510	0.457	0	74	12
种养结合	143	0.788	0.776	0.614	5	107	31
粮蔬结合	40	0.914	0.912	0.837	7	17	16

（续）

经营类型	样本量（个）	技术效率	规模效率	综合效率	规模报酬递减户（个）	规模报酬递增户（个）	规模报酬固定户（个）
粮经结合	45	0.852	0.699	0.611	2	31	12
多元经营	48	0.831	0.794	0.679	3	29	16
总计	925	0.880	0.713	0.623	83	653	189

表 7-20 经营类型与家庭农场经营效率的方差分析

	差异源	平方和	自由度	均方	F	显著性
技术效率 * 经营类型	组间	4.591	8	0.574	17.383	0.000
	组内	30.24	916	0.033		
	总计	34.83	924			
规模效率 * 经营类型	组间	15.445	8	1.931	37.009	0.000
	组内	47.785	916	0.052		
	总计	63.231	924			
综合效率 * 经营类型	组间	7.569	8	0.946	13.938	0.000
	组内	62.181	916	0.068		
	总计	69.75	924			

（二）九类家庭农场的要素投入松弛比较

从五类要素投入松弛情况看（图 7-8）：第一，总体而言，资本投入项有较大冗余，全样本平均 4.943 万元。其次是物质费用投入，冗余 1.745 万元。接着是租金投入和土地费用投入。雇工费用和家庭劳动力投入的冗余较低。第二，从土地投入松弛情况看，粮经结合、种养结合和多元经营类家庭农场的土地投入冗余较多，分别超出最优前沿面 2.426 公顷、1.031 公顷和 1.013 公顷。粮食种植农场的土地投入冗余为 0.992 公顷。其他各类农场的土地投入冗余低于全样本平均值。第三，从资本投入的角度来看，粮蔬结合类、粮食种植类、种养结合类、多元经营类和粮经结合类农场的资本投入松弛度位列前五，均超过全样本均值 4.943 万元。表明这些农场在资本投入方面存在过度现象，其固定资产的利用效率极低，甚至出现闲置的问题。相反，禽类养殖和瓜果蔬菜类农场的资本投入松弛度较低，分别为 1.887 万元和 2.225 万元，不到全样本均值的一半，说明这两类农场在资本使用上更为集约和节约。第四，就雇工费用而言，粮经结合类、粮食种植类、经济作物类、禽类养殖类的雇工费用较高，雇佣效率较低。这四类家庭农场的雇工费用冗余超过了 0.618 万元，高于全样本均值，尤其是粮经结合农场的费用几乎是全样本均值的两倍。而其他类型的农场在雇工费用上的冗余则低于全样本均值。第五，从租金投入的角度来看，禽类养殖和牲畜养殖类农场的租金投入冗余较低，不到全样本均值的七分之一。这一数据充分表明，养殖类农场能够更有效地利用土地资源，即使不租入大量耕地也能实现规模收益。

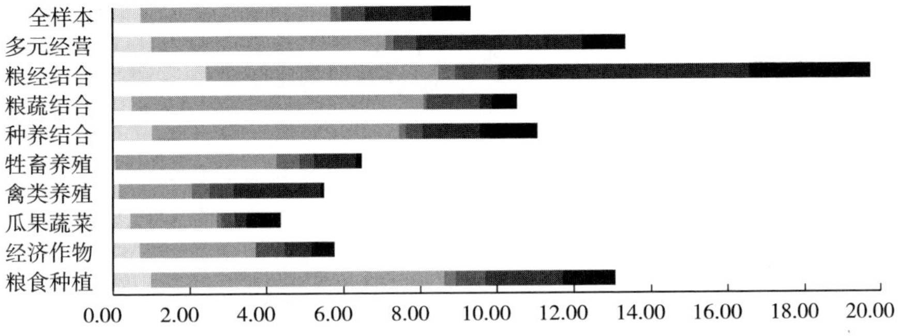

	粮食种植	经济作物	瓜果蔬菜	禽类养殖	牲畜养殖	种养结合	粮蔬结合	粮经结合	多元经营	全样本
土地松弛	0.992	0.707	0.456	0.162	0.067	1.031	0.501	2.426	1.013	0.737
资本松弛	7.630	3.020	2.255	1.887	4.197	6.412	7.583	6.050	6.095	4.943
劳动力松弛	0.297	0.000	0.124	0.465	0.600	0.176	0.072	0.445	0.202	0.271
雇工松弛	0.777	0.739	0.344	0.640	0.362	0.437	1.406	1.127	0.591	0.618
物质费松弛	2.019	0.690	0.295	2.254	1.091	1.506	0.323	6.505	4.331	1.745
租金松弛	1.353	0.605	0.897	0.084	0.149	1.503	0.642	3.187	1.111	1.018

图 7-8　九类家庭农场投入松弛项比较

五、研究发现

本节采用三阶段 DEA 模型对九类家庭农场经营效率进行了测度与分析。SFA 回归结果表明，在多数投入松弛模型中由环境因素导致的误差占混合误差项方差的比值很低，仅在粮食种植类农场的资本投入松弛模型中，环境误差方差占混合误差方差之比超过 30%，在其他各项投入松弛模型中的占比均不超过 13%。因此，本节仅对粮食种植类农场进行资本投入调整后再进行第三阶段的 DEA 效率计算，对其他类家庭农场效率的测度与分析仍以第一阶段效率计算结果为基础。而对于环境因素仅考察了对各投入松弛及农场经营效率的影响。主要研究结论有：

第一，整体上家庭农场的综合效率偏低，主要受限于规模效率较低。不同类型家庭农场之间经营效率存在显著差异，粮蔬结合类农场综合效率最高，而禽类养殖和牲畜养殖类农场综合效率最低，表明后者在经营中面临更多挑战。除牲畜养殖类、多元经营类农场外，其他各类家庭农场的综合效率随着经营规模均呈现出一定的先下降而后上升的“U”形特征，即较小规模区间和扩大到一定规模后在较大规模区间的粮食家庭农场更具经营效率。各类家庭农场的经营效率与规模并不存在显著正相关关系。

第二，技术效率方面，禽类养殖、粮食种植类型农场表现较好，反映出较强的技术和管理能力；相对而言，种养结合和多元经营类农场技术效率较低。

第三，规模效率普遍不高，尤其是牲畜养殖和禽类农场。多数家庭农场处于规模报酬递增状态，暗示通过扩大经营规模有可能提升效率。这些结论为家庭农场的经营决策提供了重要参考，指明提升综合效率的潜在路径，包括提高规模效率和优化经营管理等策略。

第四，从要素投入松弛看，资本投入存在较大冗余，设备等固定资产利用不充分、闲置问题较突出；粮经结合农场、种养结合农场和多元经营农场的土地投入冗余较多，该类农场可通过节约和集约利用土地提高经营效率；粮经结合类农场、粮食种植类农场、经济作物类农场和禽类农场发生的雇工费用较多，存在较大冗余，该类农场可通过减少雇工或用机械替代雇工改进经营效率。

第五，环境因素对农场各投入项的松弛度影响具有显著差异。具体而言，①粮食种植类农场的效率受到地块数和距县城距离的正效应影响，而合作社的加入和信贷支持可能导致资本和租金投入的冗余，不利于效率提升。政府补贴的增加会导致雇工和物质费用投入的松弛度增加，同样不利于效率改善。②经济作物类农场的物质费用投入松弛度可以通过村委会作用得到降低，但政府补贴和合作社支持可能导致物质费用投入的松弛度增加。信贷支持和村委会作用可能会加剧雇工投入的松弛度。③瓜果蔬菜类农场的资本投入松弛度受到农业技术培训的正效应影响，但可能导致资本利用不充分的问题。地块数增加会导致租金投入冗余，信贷支持可能导致雇工投入冗余。④禽类养殖农场的土地和租金投入松弛度受到农场地形的抑制作用，有利于效率改进。农业技术培训对资本投入松弛度有抑制作用，而合作社支持则产生正效应。⑤牲畜养殖类农场的租金投入松弛度随着地块数增多而上升，政府补贴导致资本和雇工投入过度，合作社支持增加了物质费和租金投入的松弛度。⑥粮蔬结合农场的资本投入松弛度受到地块数和信贷支持的正效应影响，不利于效率改善。⑦粮经结合农场的土地和物质费投入松弛度受到村委会作用的正效应影响，其他变量系数未通过显著性检验。⑧多元经营类农场的雇工投入冗余可以通过农业技术培训的减少，但信贷支持可能导致雇工和物质费投入冗余增加。政府补贴有助于减少农场建设的租金投入冗余。⑨种养结合类农场的环境变量对要素投入松弛度的影响不显著。

结合上述结论，家庭农场发展过程中应注意以下几点：第一，防止无效且盲目的规模扩张，因地制宜、因类制宜，确定适度经营规模，提升规模效率。第二，注重家庭农场在土地、劳动和资本等投入要素的合理配置，通过提升配置效率来扩大和改善家庭农场的经营效率。第三，优化对家庭农场的支持，防止过度支持而导致的政策依赖和效率损失。要关注不同类型家庭农场的特点，分类有针对性地提供帮扶。例如，对于粮食种植类农场，应防止政府部门和合作社的过度干预，避免资源过度集中于粮食生产，从而导致设备和设施资源的浪费；对于经济作物，应防止村委会对农场雇工使用的干预，同时，加强村集体的统一采购功能，为家庭农场提供更优质、低成本的农资，以降低农场的物质费用投入；对于养殖类和种养结合类农场，应加强对它们的农业技术支持，提高对农场主的技术培训效能，但应控制对牲畜养殖类农场的政府补贴额度，以防止农场对资本投入和雇工投入过度，而产生效率损失。第四，重视并规范合作社的作用与发展，充分发挥合作社对家庭农场的合理引领功能。防止因加入合作社而使家庭农场忽略自身发展规划，盲目扩大规模，迎合合作社的发展。第五，进一步深化农村土地产权制度改革，盘活农村土地资源的发展潜力，推进不同类型的家庭农场实现适度经营，从而提升规模效率。同时，创新政策支持体系，全面促进家庭农场的成长与扩展。除此之外，还需拓宽农业教育及培训渠道，加快培育新型职业农民，增强农场主的经营管理能力。总之，家庭农场经营效率的提升是一个系统工程，需要从内部管理到外部市场多方面进行优化和创新。

第二节　农地契约对家庭农场经营效率影响的实证分析

家庭农场与其他新型农业经营主体相比，更适应农业的自然与社会属性，实现了农业生产特点与家庭特点的高度契合（朱启臻等，2014），并被认为是中国现代农业经营的重要模式（高强等，2013）。它是最符合当前中国现代农业发展需要和政策目标的新型农业经营主体（王新志、杜志雄，2020）。在政府政策的大力扶持下，我国家庭农场发展迅速，据农业农村部统计，截至2023年9月底，全国农民合作社、家庭农场分别超过222万个、400万个，农业社会化服务组织超过107万个。那么，作为国家主推的新型农业经营主体，家庭农场的经营效率到底如何，是不是有较高生产效率的农业组织形式？能否在中国农地分散经营、耕地细碎、土地租金上涨、雇工成本上涨、从业人员老龄化等约束下提振农业生产能力，进而保障国家粮食安全，是亟待系统和深入研究的重要现实课题。本节拟在本章第一节DEA模型效率计算结果的基础上构建了Tobit回归模型，重点测量农地契约结构对家庭农场经营效率的影响。

一、文献回顾

从契约视角审视家庭农场的经营效率，主要集中在以下五个方面：①农地契约主信息获取与处理能力的影响。如果农地契约主体的信息获取和处理能力较低，其应分担的成本和应获得的收益都会产生差异，使得市场条件下农地契约效率受到损失，就会出现农地契约成本转嫁、契约收益被剥夺等契约运行低效率的情况（赵德起、贾洪波，2018）。②农地流转契约关系的影响。农地流转契约主要表现为关系型契约，具有不稳定性；缔约对象的亲缘性、缔约形式的非契约性、农民普遍存在的价格幻觉是引发农地契约纠纷的关键（罗必良、刘茜，2013）。而农地契约形式不规范、期限短、稳定性弱等因素会造成农地契约的效率下降（胡新艳等，2015）。③农地流转契约形式的影响。在家庭承包经营制的框架内，转包、反租倒包、“股田制”等不同农地流转方式诱导了不同的契约选择和产业组织形式，在缔约方之间产生了不同的激励效应、绩效和收入分配差异（胡冬生等，2010）。中国集体地权制度下相关利益方能否通过契约形成集体农地资源配置的合理制度安排和合意的农业经营体制，是实现农业绩效的关键。在“地方政府—村社集体—农户”阶梯型农地契约结构下，若相关利益主体围绕集体共有农地资源达成一致协定并能实现共同获益，集体共有产权下的农地契约可以提高制度绩效（刘守英等，2021）。④农地产权结构及契约治理的影响。地权结构变动直接影响财富分配或资源配置，而资源配置下生产要素组合的灵活性决定了农业的生产效率（曹博、赵芝俊，2018）。农地产权权能越明晰，地权可交易的形式越多样化，可促进地权的流动与生产要素的组合，从而提高土地产出与经济效率（龙登高等，2010）。农业分工内在地蕴涵着产权安排和交易契约问题，将不同维度的权能赋予不同的行为主体，使其延伸到各自的专业领域，有利于拓展农业分工空间，但另一方面，深化分工必然伴随交易活动，为避免交易成本破坏分工隐含的效率，需要相应的交易契约治理加以保障。总之，良好的契约执行效率有助于实现契约内容，降低企业投资的无效率性，促进生产的分工和专业化，从而提高企业的技术水平和社会的生产效率（Acemoglu 等，2007；Nathan，2007）。⑤合同农业的影响。合同农业能够降低家庭农场的经营成本、稳定销售渠道和减少市场风险，提高家庭农场的技术效率和经营收入（刘森挥等，2019；郭熙保、吴方，2021），若参与合同农业的家庭农场是合作社成员，与非合作社成员相比，合作社成员能够获得更高的技术效率和收入水平（郭熙保、吴方，2021）。

综上所述，从契约视角对家庭农场经营效率的相关研究，多集中在契约的某一属性或某一形式的研究，缺少对契约结构多维度的系统分析。基于此，在以往研究的基础之上，本研究考察了农地契约结构的多维属性对家庭农场经营效率的影响。

二、农地契约对家庭农场经营效率的影响机理

家庭农场是多要素投入者形成的契约集，涉及土地契约、劳动雇佣契约、

债权契约及服务契约等，这些契约的选择和结构属性对家庭农场的经营效率具有重要影响。其中，农地契约是家庭农场可持续经营的基础，土地能否顺利集中、集中的成本有多高以及集中后经营权是否稳定，这些围绕农地产权的问题关乎家庭农场的生存与发展。本书着重分析基于土地投入的农地契约对家庭农场运行的影响。农地契约的结构是一个以农民权益为核心，围绕农地产权细分的多层次体系，涵盖所有权、使用权、收益权和处置权（赵德起、贾洪波，2018）。特别是土地使用权流转契约的签订，它是家庭农场形成的关键。家庭农场的生存和发展依赖于获取集中成片、规模适度、期限稳定的土地。在农地“三权分置”政策框架下，家庭农场主要通过与其他农户洽谈签订土地流转契约来获取土地。这实质上是家庭农场通过多个土地流转合同实现的“契约式”合并（刘灵辉，2020）。契约的租期、租金、租金分配与支付等条款，这些结构特征界定了缔约双方在日常活动中的动机。农地流转契约内涵丰富，不仅包括流转契约的形式，还包括流转期限、流转租金形式等方面。不同的流转契约属性对家庭农场的经营规模、提供的服务功能、经营利润等方面的影响程度不同。

（一）农地契约类型

农地契约分配形式是农地契约缔结的重要维度。不同的契约分配方式对农场经营者的行为产生不同的激励。在土地流转的契约关系中，家庭农场通过承担生产风险来获得剩余收益；而农户则通过出让土地经营权获得财产收益，并通过出让劳动力获得非农产业的收入。根据风险与利益的不同分配方式，农业中的契约形式主要可以分为定额契约和分成契约（张五常，1969）。在我国各地的实践中，农地流转的租金支付方式多样。因此，本书将农地流转的契约形式主要分为以下几类：定额契约（包括定额现金契约、定额实物契约以及定额实物市价契约），浮动租金契约，土地入股分成契约，代管或代耕契约等。

1. 定额契约

在定额契约下，家庭农场约定每年支付给土地转出户固定的租金后，农场经营者将拥有剩余收益的完全控制权，且承担经营的全部风险，转出户则没有失去收益（租金）之虞。在定额地租制中，不论经营者产出如何，土地转出户都可以获得一份固定的租金。但是，这也使得他们不能分享土地价值上涨、通货膨胀等因素带来的收益。对家庭农场而言，他不仅拥有独立的生产经营权，还享有土地产出的剩余索取权。因此，定额契约有利于提高农场主的生产积极性，促进其增加农业投资，提高农业生产效率。实践表明，增加农户地租等财产性收入的正常预期效果并不理想，土地股份合作社发展困难，土地出租领域的浮动租金也不多见。由于政府投资土地改良、货币租金普及、技术进步以及农业保险的发展有效地控制了分成租金中的相关属性，使得固定租金优于分成租金（马彦丽，2019）。

2. 浮动契约

浮动租金机制体现了土地流转双方的利益共享与风险共担，这种模式不仅让农户有机会分享规模经营带来的溢价，还增加了他们从土地中获得财产性收入的可能性。然而，由于契约的不完全性和双方有限理性的限制，浮动租金契约往往无法预见并明确规定所有未来可能发生的情况。因此，为了应对这种不确定性，契约通常包含灵活条款，允许在情况发生变化时通过再协商来调整租金。这种做法实质上是基于一种关系契约，其稳定性依赖于双方关系的紧密程度以及重新协商的预期收益与成本比较。不过，这也意味着契约变更的风险可能增加农场主对未来经营预期的不确定性。鉴于此，国家政策鼓励农地资本性流转，如土地入股，旨在通过延长租赁期限、确保契约执行等措施提高农户的租金收入。这不仅有助于增加农户的财产性收入，还能促进农业经营的规模化和现代化（徐俊丽等，2022）。

3. 分红契约

土地入股分红本质上是一种分成契约，是交易双方共担风险、共享收益的一种契约安排。在分成制下，对土地转出户而言，一方面，可以不断分享日后上涨的地租；另一方面，在获得高收益的同时，也需要分担农业产量及市场价格变幻无常的风险，因为地租的数量与农业经营的好坏直接相关。Barzel（1997）认为，在交易费用为零的假设下，这种风险分担不会增加成本，因此可以付诸实际；但现实中存在交易费用，这就使得某些风险分担难以实现。在这种契约安排下会降低农场主的经营性努力，增加其对劳动成果的分配性努力，且作为行使土地经营权代理人的农场主会千方百计减少作为委托人的土地转出户的收益。在这种情况下，土地也难以得到改良（Smith，1776），而且增加了对产出监管与分配的交易成本，产生效率损失。

4. 代耕或托管契约

农地代耕或托管（本书统称为“代管”）是近年来农业发展的一种新模式，主要是将农户的土地交给专业农业服务机构或个体（如其他农户、家庭农场等）进行耕种，农户则按照约定的方式支付一定的服务费用或者分享收益，也有部分农户自己无暇耕种，将土地全部无偿交由亲朋进行耕种。这种做法可以解决农民因年龄、健康或技术限制等原因无法亲自耕种的问题，同时还能提升土地和农业生产的效率。但代耕或代管实践中也存在一些问题。例如，开展此类业务的主体需要较高的条件，包括投入大量资金购置农业机械、聘请专业的农机操作员以及建立仓储运输系统等。对于普通农户来说，这无疑是一个较大的经营负担。此外，作为代管或代耕地的经营者，由于产出归原农户所有，他们仅获得服务费用，这可能导致其缺乏改善农地质量的动力，进而影响土地质量和产出效率。另一方面，如果家庭农场承担全过程托管，还需要面对农业投入品的风险。若农场主对农药、种子、化肥等关键农资的鉴别能力不足，可能会引入劣质农资，从而影响农产品的质量和产量。四种农地契约的利弊详见表 7－21。

表 7－21　四类农地契约的优势与不足

类型	优势	不足
定额契约	1. 稳定性高：定额租金为农场主提供了固定的成本，有助于家庭农场进行长期规划和稳定经营 2. 可预见性：由于租金固定，农场可以更准确地预测未来的支出，有利于更好地管理财务 3. 激励效应：由于租金与产出直接挂钩，交付租金后，农场有对土地的完全剩余控制权，会极大激励农场提高效率和增加产出	1. 风险承担：在产量波动较大的情况下，定额租金可能会导致家庭农场在收成不好的年份承担较大的经济压力 2. 过度使用土地：为追求产出和收益最大化，可能会促使农场主对转入的土地过度使用，长期会导致地力下降
浮动契约	1. 灵活性好：浮动租金可以根据市场价格或产量进行调整，更具有市场适应性，在市场条件好时，农场能获得更高的收益 2. 风险分担：在产量或价格下降时，租金也会相应降低，减轻了农场的经济负担，有助于稳定农场的收入 3. 激励效应：当租金与产出或市场价格挂钩时，农场主有更大的动力提高生产效率和产出质量，以期获得更高的收入	1. 不确定性大：租金的不确定性可能会影响农场的长期投资决策和经营稳定性 2. 谈判成本增加：每次调整租金可能需要重新谈判，增加了交易成本 3. 潜在的非粮化趋势：如果市场上非粮食作物的价格较高，浮动契约可能会诱导农户转向种植非粮食作物，从而影响粮食安全
分红契约	1. 风险共担：分红租金模式下，地主和农户共同承担农业生产的风险，有助于家庭农场度过产出较差的年份 2. 降低初始投入：对于转入土地的农场户来说，分红契约可以减轻其初始投资的压力，因为他们不需要一次性支付大额的租金 3. 激励效应：由于租金与产出直接挂钩，可以激励农场经营者提高生产效率和作物质量	1. 收益不确定性：分成租金导致农场收入受到产量波动的影响 2. 管理成本：需要对产出进行监控和评估，增加了管理成本，这可能会减少农场的净收益 3. 效率损失：分成可能会降低农场经营者的生产性努力程度，增加对产出的分配性努力，使生产效率下降

（续）

类型	优势	不足
代管契约	1. 规避风险：通过代耕或托管农场经营者无需承担自然灾害、市价波动等风险 2. 可预见性：由于转入土地产出完全归原农户所有，农场经营者基本无须对土地进行租金支付 3. 激励效应：农场经营者获得相应服务费报酬，或分享相应收益	1. 土地产出率可能下降：作为托管户，家庭农场缺乏改善土壤肥力的内在动力，可能会导致土地养护不力，影响土地生产率 2. 农业投入品质风险：农药、种子、化肥等农业投入品的需求量增加，如果家庭农场的辨别能力有限，可能会导致假农资流入市场，从而影响农产品的质量和安全 3. 成本较高：家庭农场开展较大规模土地代耕或代管业务，需要投入较高的设备、人力等成本，若代管的土地分散不成片，将不利于生产效率的提高

综上所述，每种租金形式都有其特定的适用场景和优缺点，在不同的情形下，四类农业契约各具优势和不足，都有其适用的基础，对家庭农场经营效率的影响在很大程度上取决于农场主及农场禀赋特征的匹配性，若禀赋条件不匹配，则可能会制约家庭农场经营效率的提升。在实际选择时，农户需要根据自身的生产能力、市场情况以及风险承受能力来决定最合适的租金形式。同时，政策调整和市场变化也会影响契约的选择和家庭农场的运行绩效。

（二）农地契约形式

从农地契约形式及内容的完备性，可分为书面契约（即正式契约）和简单口头契约（即非正式契约）。相对而言，简单口头契约的缔约成本较低，多发生在交易双方比较熟悉的情况下，交易缔约更多体现了人格特征。因此，约定内容较为宽松且不够严谨，其履约约束力较弱。一方面，若发生纠纷，因缺乏足够的第三方证据而容易陷入“扯皮”现象。一旦双方的密切关系受到不利事件的冲击，契约将难以维持，进而影响家庭农场的持续经营预期。另一方面，因为简单契约无须经历繁琐的法律程序，其签订与执行过程相对简便，多发生在亲朋、邻里之间的土地流转行为中。契约的履行完全基于血缘、地缘关系所形成的关系信任，因此可以降低土地流转的交易成本，有助于提升家庭农场的运营效率。然而，随着农地流转市场的逐渐成熟及政府对家庭农场支持政策的不断完善，农户间的交易行为正逐渐从基于亲缘和地缘关系的交易模式转变为以市场为导向的交易模式。因此，简单的口头契约终将被正式契约取代。

正式契约是指经过法律认可的、具有法律效力的合同。其对家庭农场运行绩效的影响，主要体现在以下三个方面：第一，正式契约的内容通常更加明确和详尽，能够详细规定双方之间的权利、义务和责任，可以明确契约双方各自的资源配置，避免资源的浪费和重复投入，提高资源利用效率。第二，签订正式契约有助于规范交易行为，减少因理解偏差导致的纠纷约束农户遵守法律法规，在发生违约时，这种契约更容易得到法律认可和保护。第三，正式契约必须在事前用事后可以证实的条款详细地加以规定，但现实情况是，家庭农场面临的市场环境和生产条件经常变化，正式契约经常需要进行再协商和修改。在此情况下，必然会内生大量的交易费用，这既包括家庭农场为寻找土地流转对象所发生的讯息费用、针对租金支付进行讨价还价的费用，还包括为防止资本投入“套牢”的契约维持费用。

两种形式的契约相比，简单口头契约的事前谈判成本较低，但履约成本较高。相反，书面正式契约的履行成本低，但事前谈判成本高。农户在选择是否签订书面正式契约参与农地流转时，主要受经济利益的大小和风险程度的影响。对于规模较大的家庭农场，为防止土地转出方任意行为，如突然收回农地或要求更高的租金，农场主更倾向于订立正式的书面合同。这样可以避免在投入大量专用性资产后，因难以退出而处于不利地位。书面正式契约在法律保护和明确性方面具有明显优势，有助于稳定家庭农场的经营并提高市场竞争力。而简单口头契约则在维护人际关系和适应快速变化的环境方面更为灵活。因此，家庭农场在选择农地契约形式时，应考虑自身的实际情况和外部环境，选择最适合自己的契约方式。

（三）农地契约期限

契约期限是影响当事人行为的一种重要合同特征。契约期限被视为各方置换某些边际属性控制权的时间框架，其变化会影响各方利用这些属性的积极性（Barzel，1997）。契约规定的是未来的交易，由于有限理性和机会主义的存在，这些交易便带有风险（张东辉、王杰，2005）。为了应对这些风险，各契约方基于交易条件设计或规划了契约的有效期限。农地契约期限特指农户与土地承包者之间约定的土地使用年限。在合同期内，家庭农场拥有土地的多项属性，但不享有土地未来生产力的所有权。但其耕作方式会显著影响土地的未来价值。

长期契约常被视为更有效率（邹宝玲等，2016）。较长的契约期限通过以下三个方面协调双方激励，尤其是关于土地的维护和使用：第一，长期契约为家庭农场提供稳定的土地使用权，降低土地投资风险，鼓励进行长期投资，提升土地利用效率；第二，长期契约可为家庭农场创造稳定的收益预期，帮助更好地规划生产经营活动，提高经营绩效；第三，长期契约有助于形成稳定的劳动力供给，增强农业从业人员的人力资本，推动技术创新，优化生产要素配置，降低成本，提升生产率，从而提高经营绩效。相比之下，短期契约可能导致家庭农场在土地投资上表现出短视行为，降低土地利用效率，进而影响经营绩效。例如，若合同期限仅覆盖一个生长周期，农场经营者可能不会对土地质量进行大量改良，而是选择投入少、技术简单的作物结构，实行掠夺性经营以最大化短期收益。研究表明，土地转入的短期限特征可能加剧转入户追求短期收益的行为，而农地契约的稳定性直接决定了转入户经营权的稳定性并影响其种植行为（耿鹏鹏，2021）。另一方面，较长期限的契约也需有额外非固定的灵活条款，以处理随时间而变化的条件。

从各地推动家庭农场认定和示范农场创建的情况来看，各地通常将土地流转年限规定为 5 年以上，作为示范性家庭农场认定的一个主要标准。例如，2023 年河南省发布的《河南省示范家庭农场认定办法》要求经营土地的流转年限至少为 5 年，并且必须签署规范的土地流转合同，且在流转期限内禁止转包。湖南省的认定办法则规定经营土地的流转年限至少为 7 年。通过长期合同制度的约束促进家庭农场的规范化建设，鼓励家庭农场进行土地平整改良、购置和建设设备设施以及雇佣和培训劳动力等。但这些推动农业现代化的措施往往难以由家庭农场主在短期契约内持续实施。

三、研究设计

（一）数据来源说明

本部分利用 2021—2023 年河南省家庭农场的调查数据。重点选取问卷中关于农地流转方式、流转契约形式、契约期限、契约数量、要素投入等题项作为分析的依据，研究农地契约结构对家庭农场运行的影响。样本中有些家庭农场没有转入土地，故在讨论农地契约结构对家庭农场效率影响时，这些样本观察不到农地流转契约结构特征。故将这些农场从样本中予以剔除，最终以 762 个有土地转入的家庭农场作为分析数据库。

（二）变量选择与定义

本节以本章第一节所计算的家庭农场综合效率为被解释变量。以家庭农场农地契约类型、契约形式、契约期限为核心解释变量，借鉴钱忠好和李有艺（2020）的研究，将农场经营的土地、资本、雇工、租金、物质费用等农业要素的投入，农场主的年龄、学历和管理经验以及是否加入合作社、政府补贴等作为控制变量，建立计量分析模型。已有研究表明，土地要素投入与劳动要素投入、资本要素投入的不同组合，会产生不同的生产要素间协调效率（许庆等，2011；谭淑豪等，2006），故农业要素投入变量对家庭农场效率的影响方向具有不确定性。以土地投入为例，若家庭农场的经营规模过小，可能不利于农业机械和现代农业技术的应用；若规模过大又可能超过家庭农场主的经营能力，从而造成效率损失（冀县卿等，2019）。已有研究认为农场主年龄、性别对家庭农场的效率影响具有不确定性，年龄大的农场主可能生产经验丰富但也更可能在意识上守旧，不利于接纳新技术和新的经营管理方式（Dhungana et al.，2004)；男性更具冒险和创新精神，但没有女性心思缜密、注重细节管理（王则宇等，2018）。曾经商、担任村干部或在合作社任职的农场主更具经营管理能力，能够更有效地管理农场，提高经营效率。

各变量的选择及定义见表 7-22。

表 7-22　变量选择与定义

变量		变量定义	均值	标准差	预期影响
被解释变量	综合效率 OE	综合效率指数	0.627	0.271	
解释变量	契约形式 X_1	简单协议=0，正式协议=1	0.575	0.495	+
	契约期限 X_2	5 年及以下=1，5 年以上=0	0.500	0.500	+
	是否定额契约 X_3	是=1，否=0	0.775	0.418	?
	是否浮动契约 X_4	是=1，否=0	0.152	0.359	?
	是否分红契约 X_5	是=1，否=0	0.028	0.165	?
	是否代管契约 X_6	是=1，否=0	0.184	0.359	?
控制变量	土地面积 L_1	公顷	9.511	24.564	?
	雇工 L_2	年雇工费用总额，单位万元	4.676	13.22	?
	租金 L_3	年土地流转租金总额，单位万元	9.708	33.977	?
	资本 L_4	设备设施价值总和，单位万元	48.305	109.135	?
	物质费用 L_5	包括各种农业物资投入，单位万元	23.623	52.335	?
	学历 L_6	文盲=1，小学=2，初中=3，高中或中专=4，大专=5，本科=6，研究生=7	3.185	1.106	+
	年龄 L_7	20 岁及以下=1，21～30 岁= 2，31～40 岁=3，41～50 岁=4，51～60 岁=5，61 岁及以上=6	30.949	1.003	?
	性别 L_8	男=1，女=0	0.775	0.417	+
	管理经验 L_9	是否曾经商或担任村干部或合作社负责人：是=1，否=0	0.226	0.442	+
	是否入社 L_{10}	是=1，否=0	0.383	0.486	+
	政府补贴 L_{11}	政府给予的农机购置等各种补贴，单位万元	1.365	4.788	?

（三）理论模型

利用基于规模报酬可变的 BCC 模型计算得到的家庭农场综合效率取值范围在 0～1，属于截断数据，若采用传统的最小二乘法对模型参数进行估计会有偏差，因此，本书在计量检验相关因素对家庭农场效率的影响时，先采用因变量受限的 Tobit 回归模型（李政、杨思莹，2018）。设定模型一般形式如下：

$$\text{Tobit}_i = \beta_{i0} + \sum_{j=1}^{6}\beta_{ij}x_{ij} + \sum_{z=1}^{11}\delta_{iz}l_{iz} + \varepsilon_i \qquad (7-3)$$

其中，Tobit_i 为 i 个家庭农场的经营效率值，x_{ij} 为影响家庭农场的经营效率及效益的核心解释变量，l_{iz} 为各控制变量；β 为回归参数向量；ε_i 为独立的随机扰动项；$i = 1,2,\cdots,n$ 为样本家庭农场的个数，$j = 1,2,\cdots,n$ 为解释变量的个数；随机扰动项 $\varepsilon \sim N(0,\sigma^2)$ 。

Tobit 模型的一个缺陷是对分布的依赖性很强，不够稳健（陈强，2015）。使用该模型时，需要检验误差项的正态性和同方差性。若扰动项不满足正态性和同方差性，为解决这一问题，将进一步采用 Powell（1984）提出的“归并最小绝对离差法”（Censored Least Absolute Deviations，简称 CLAD）。

四、实证结果分析

考虑到共线性的可能影响，将分红契约作为参照变量不引入模型，其他三种契约租金支付形式引入模型。首先，采用 stata 软件对所有样本进行 Tobit 回归，得到模型 1。然后，分别对子样本种植类家庭农场（涵盖粮食类、经济作物类、瓜果蔬菜类、粮蔬结合类和粮经结合类）、养殖类家庭农场（涵盖禽类养殖和牲畜养殖）和种养结合类家庭农场（涵盖种养结合农场和多元经营农场），得到模型 2、模型 3 和模型 4，回归结果见表 7－23。其次，运用 Ramsey's RESET 对基准模型进行函数形式检验，确定有无遗漏变量，检验结果表明，拟合值的平方项通过了 1.6%的统计显著性，故基准模型的形式设定可能存在遗漏解释变量高次项带来的偏差。根据边际报酬递减规律，在其他条件不变的情况下，某种要素的投入会随着投入的增加而增加，但达到一定程度后，要素的边际产出会呈现出递减的趋势。据此理论，采用由 Turkey（1949）和 Pregibon（1979，1980）提出的模型设定“连接检验”（link test），以判断将解释变量与被解释变量连接在一起的函数形式是否正确，首先进行以下回归：

$$y = \gamma_0 + \gamma_1\hat{y} + \gamma_2\hat{y}^2 + error \qquad (7-4)$$

然后检验 $H_0 : \gamma_2 = 0$ ，即拟合值的平方 $\hat{y}^2$ 的系数是否为 0。若拒绝原假设，则认为模型设定有误，可考虑在模型中加入非线性项。结果表明，只有模型 3 拟合值的平方项通过 1%的显著性检验，为弄清到底是哪个变量的平方项对农场的经营效率有非线性影响，本书进一步对各要素投入平方项进行检验，发现模型 3 中主要遗漏了资本投入平方项和物质费用投入平方项，故在模型 3 中加入资本和物质费的平方项参与回归，以控制高次项对家庭农场经营效率的影响。

表 7-23　农地契约结构对家庭农场效率影响的 Tobit 回归

	模型 1	模型 2	模型 3	模型 4
	全样本	种植类农场	养殖类农场	种养结合类农场
契约形式	0.002	−0.007	−0.096	0.084
	(0.021)	(0.024)	(0.053)	(0.045)
契约期限	−0.043*	−0.064**	−0.016	−0.007
	(0.021)	(0.024)	(0.051)	(0.045)
定额契约	0.034	−0.006	0.020	0.038
	(0.043)	(0.058)	(0.061)	(0.063)
浮动契约	0.062	0.025	0.176	−0.013
	(0.051)	(0.066)	(0.134)	(0.081)
代管契约	−0.016	−0.021	−0.082	−0.033
	(0.026)	(0.029)	(0.072)	(0.053)
经营面积	0.064***	−0.003	0.028	0.036
	(0.013)	(0.021)	(0.034)	(0.028)
物质费用	−0.005	0.049**	0.150***	0.008
	(0.011)	(0.018)	(0.026)	(0.024)
资本	−0.012	−0.003	−0.079***	−0.023
	(0.006)	(0.006)	(0.022)	(0.022)
租金	−0.018**	−0.032***	−0.001	−0.002
	(0.006)	(0.007)	(0.009)	(0.012)
雇工	−0.013***	−0.017***	−0.001	−0.020**
	(0.003)	(0.003)	(0.005)	(0.006)
年龄	−0.027*	−0.010	−0.046	−0.056*
	(0.012)	(0.013)	(0.030)	(0.022)
性别	0.006	−0.014	0.213***	−0.012
	(0.025)	(0.031)	(0.060)	(0.051)
学历	−0.023*	−0.008	−0.043	−0.040*
	(0.011)	(0.014)	(0.030)	(0.020)

（续）

	模型 1	模型 2	模型 3	模型 4
	全样本	种植类农场	养殖类农场	种养结合类农场
管理经验	0.044	0.069*	0.075	0.080
	(0.024)	(0.028)	(0.057)	(0.057)
是否入社	0.042	0.020	−0.086	0.045
	(0.023)	(0.025)	(0.055)	(0.048)
政府补贴	0.007**	0.006*	−0.000	0.014**
	(0.002)	(0.003)	(0.005)	(0.005)
物质费用平方			0.030*	
			(0.014)	
资本平方			0.030**	
			(0.010)	
_*cons*	0.742***	0.701***	0.942***	0.893***
	(0.085)	(0.102)	(0.197)	(0.162)
sfco	0.042	0.020	−0.086	0.045
	(0.023)	(0.025)	(0.055)	(0.048)
N	607	391	80	136
pseudo R^2	0.544	3.295	3.169	0.796
F	4.511***	6.010***	5.607***	3.496***

注：括号内为回归系数的稳健标准误；* $p<0.05$，** $p<0.01$，*** $p<0.001$；为平滑数据，表中的各项投入变量及物质费用平方项和资本平方项、政府补贴都是取对数后引入模型。

Tobit 模型要求误差项满足正态性和同方差性。为此，本书对模型进行条件矩检验（Skeels 和 Vella，1999），并进一步采用参数自助法（bootstrap）来获得校正的临界值（Druker，2002）。四个模型的条件距检验（表 7－24）表明：各模型的条件距统计量 CM 值远高于各分位数处的临界值，故强烈拒绝“扰动项服从正态分布的原假设”，并采用 stata 中 clad 命令进行回归，得到即使在非正态和异方差的情况下也能获得一致估计（陈强，2015），回归结果见表 7－25。

表 7－24　Tobit 回归模型扰动项同方差性检验

Tobit 模型	统计量 CM	临界值		
		10%	5%	1%
模型 1	334.220	7.447	10.906	19.736
模型 2	149.990	7.998	12.000	24.360

（续）

Tobit 模型	统计量 CM	临界值		
		10%	5%	1%
模型 3	67.928	12.4	18.644	26.196
模型 4	55.515	13.863	19.467	31.908

表 7-25　农地契约结构对家庭农场经营效率影响的 CLAD 模型估计结果

	全样本	种植类	养殖类	种养结合类
契约形式	−0.013	0.047*	−0.182***	0.045***
	(0.014)	(0.024)	(0.000)	(0.000)
契约期限	−0.127***	−0.004	−0.208***	0.069***
	(0.014)	(0.023)	(0.000)	(0.000)
定额契约	0.062*	0.117*	−0.000***	−0.052***
	(0.029)	(0.056)	(0.000)	(0.000)
浮动契约	0.124***	0.198**	0.151***	−0.002***
	(0.033)	(0.063)	(0.000)	(0.000)
代管契约	0.005	0.018	−0.133***	−0.111***
	(0.017)	(0.029)	(0.000)	(0.000)
经营面积	0.123***	−0.111***	−0.014***	0.060***
	(0.008)	(0.020)	(0.000)	(0.000)
物质费用	−0.005	0.117***	0.197***	0.041***
	(0.007)	(0.017)	(0.000)	(0.000)
资本	−0.005	−0.007	−0.136***	−0.053***
	(0.004)	(0.005)	(0.000)	(0.000)
租金	−0.041***	−0.022**	−0.009***	−0.026***
	(0.004)	(0.007)	(0.000)	(0.000)
雇工	−0.017***	−0.019***	0.018***	−0.010***
	(0.002)	(0.003)	(0.000)	(0.000)
年龄	−0.051***	0.003	0.007***	−0.147***
	(0.008)	(0.013)	(0.000)	(0.000)
性别	0.017	0.094**	0.369***	−0.054***
	(0.016)	(0.030)	(0.000)	(0.000)
学历	−0.064***	−0.033*	−0.117***	−0.071***
	(0.007)	(0.013)	(0.000)	(0.000)

（续）

	全样本	种植类	养殖类	种养结合类
管理经验	0.052**	0.041	0.142***	0.137***
	(0.017)	(0.028)	(0.000)	(0.000)
是否入合作社	0.105***	0.041	0.093***	0.099***
	(0.015)	(0.027)	(0.000)	(0.000)
政府补贴	0.009***	0.004	−0.022***	0.007***
	(0.001)	(0.002)	(0.000)	(0.000)
物质费用平方			0.023***	
			(0.000)	
资本平方			0.047***	
_*cons*	0.567***	0.421***	0.615***	0.816***
	(0.075)	(0.107)	(0.000)	(0.000)
N	620	384	78	141

对比CLAD回归结果和Tobit回归结果，回归系数的显著性有较大的差异，由表7-24可知，Tobit模型未满足正态性和同方向性，因此本书选择CLAD方法计算的结果作为最终分析的基础。根据表7-25，研究发现：

（一）全样本模型估计结果分析

第一，在核心解释变量中，契约期限和浮动契约通过1%的统计显著性检验，定额契约通过10%的显著性检验。其中，契约期限对家庭农场的经营效率产生显著的负效应，相对于5年以上的长期土地流转契约，期限短的流转契约会使家庭农场的经营效率降低0.127，这说明长期限流转契约更有利于家庭农场改善经营管理水平，提升经营效率。选择浮动契约会使家庭农场的经营效率显著提升0.124，说明这种收益分享机制更契合缔约双方的利益。定额契约也产生一定的正效应，但其边际效应较低，只有浮动契约的1/2。

第二，在家庭农场要素投入变量中，家庭农场的经营面积、租金投入和雇工投入通过了1%的显著性检验，其中经营面积对家庭农场的经营效率产生显著的正效应，即家庭农场经营面积每增加1%，会使家庭农场经营效率平均提升0.123。但雇工投入和租金投入对家庭农场效率产生了显著的负效应，即雇工投入和租金投入每增加1%，会使家庭农场的效率分别降低0.017和0.041，这表明随着家庭农场生产的雇佣化和土地规模的扩大，对雇工劳动的监管成为较大的问题，雇工的努力程度和机会主义行为将极大影响农业的产出，土地转入规模扩大除导致租金负担增加外，也必然会带来一系列与保持经营权稳定的缔约谈判、违约防范等 Noise 交易成本，影响家庭农场的经营效率。

第三，在农场主特征变量中，农场主年龄、学历和其管理经验通过了显著性检验。其中，年龄在 1%的水平上显著且系数为负，即年龄越大的农场主，农场的经营效率越低；农场主的学历也在 1%水平上显著且系数为负，即学历越高的农场主，农场的效率反而较低。这一发现与钱忠好和李友艺（2020）等学者的研究相反，也与本研究的预期不一致。可能的原因：高学历的农场主往往实践经验不足，其可能在理论知识方面比较丰富，但实际的农业生产和经营管理经验不足，这可能导致他们在面对实际问题时缺乏有效的解决方案；家庭农场的经营需要的是综合管理能力，包括财务管理、市场营销、雇佣管理等，如果这些能力不足，也会影响经营效率；高学历农场主可能会引入一些不切实际的管理理念和生产技术，脱离当地的自然禀赋和社会经济环境，从而影响经营效率。农场主管理经验通过了 5%的显著性检验，且系数为正，表明管理经验越丰富的农场主，家庭农场的效率水平越高。

第四，两个环境变量通过了 1%的显著性检验，且回归系数显著为正。与未加入合作社的农场相比，入社家庭农场的经营效率显著提升了 0.105；政府给予家庭农场补贴也显著促进了家庭农场经营效率的提升，但边际效应较低，只有 0.009，即政府财政补贴每增加 1%，家庭农场的效率提升只有 0.009。

（二）种植类模型估计结果分析

第一，在核心解释变量中，契约形式、定额契约分别通过 10%的统计显著性检验，且回归系数为正，说明与简单契约相比，采用正式契约较显著改善了农场的经营效率，但边际效应不大，只有 0.047；采用定额契约也能改善家庭农场的经营效率，其边际效应较高，达到 0.117。浮动契约在 5%的水平上显著，且回归系数为正，其影响的边际效应比较高，达到 0.198，这说明，对于种植家庭农场，采用浮动契约降低家庭农场因价格波动带来的风险，更有利于激发农场主的生产积极性，追求更高的产出，从而改善经营效率。而契约期限和代耕契约未通过显著性检验。

第二，在要素投入变量中，①土地面积投入在 1%的水平上显著，回归系数为负 0.111，这意味着土地面积每增加 1%，会使农场经营效率降低 0.111，说明对于种植类家庭农场而言并非经营规模越大越好。物质费用投入通过 1%的显著性检验，且回归系数为正 0.117，这意味着物质费每增加 1%会使家庭农场的效率提升 0.117。②租金投入通过 5%水平的显著性检验且系数为负，说明租金费用增加抑制了家庭农场经营效率的改善。可能的原因在于，租金上涨直接影响家庭农场的净利润。为了维持原有的利润水平，农场需要提高产品价格或者降低其他成本，如劳动力、原材料等，但这两种方式都会对农场的经营效率产生一定负面影响；另一方面，随着租金上涨，家庭农场可用资金会减少，影响农场新设备、先进技术或其他有助于提高生产效率的投资。③雇工投入在1%的水平上显著且系数为负，这说明雇工投入的增加会导致种植类家庭农场的效率损失。

第三，农场主特征和环境变量的效应。性别在5%的水平上显著且系数为正，说明男性农场主经营种植类家庭农场更具效率。学历在10%的水平上显著且系数为负，这意味着学历高的农场反而经营的效率较低。农场主管理经验和两个环境变量未通过显著性检验，但影响方向为正。

（三）养殖类模型估计结果分析

第一，在农地契约变量中，契约形式、契约期限、定额契约、浮动契约和代管契约的回归系数均通过1%的统计显著性检验。其中：契约形式、定额契约和代管契约对家庭农场的效率产生显著的负效应。①采用定额契约产生了显著的负效应，但对养殖类农场效率影响的边际效应几乎为零；浮动契约则显著促进了养殖类农场的效率，更有利于其效率的改善；代管契约对养殖类农场的效率产生显著不利影响，这表明由于产出分配的无关性或弱关联性，家庭农场采用代管契约时，对托管户的土地产出或养殖成效不负直接责任。这种责任无关性可能会导致产出下降，影响养殖类农场的经营效率。②从契约形式看，采用正式契约反而对养殖家庭农场的效率产生显著负效应。可能的原因在于：养殖类家庭农场具有经营集约化、专业化以及高风险的特点，对养殖技术要求高，养殖规模呈周期性波动明显，而书面正式契约通常有固定的条款，这限制了农场根据环境变化及时调整的能力；在乡村熟人社会，强制采用书面正式契约可能会破坏村民间的信任关系，导致合作困难，进而影响家庭农场的经营效率；鉴于农户的有限理性，书面正式契约往往无法充分反映农场运营的实际状况，如土地使用、劳动力投入、技术采用等方面的信息。这导致执行过程中的信息非对称，引发纠纷，从而限制了经营效率。③关于契约期限，双方约定的期限若低于5年会显著制约养殖类家庭农场的经营效率，换句话说，超过5年的长期契约更有利于改善经营管理水平，提升养殖效率，且采用长期契约的边际效应达到了0.208。

第二，在要素投入变量中，经营面积、物资费用投入、资本投入、雇工投入、租金投入以及物资费用和资本的平方项的回归系数均在1%的水平上显著。特别是，雇工投入、物资费用及其平方项和资本的平方项显著提高了养殖农场的效率。这意味着随着雇工及饲料、农药、种苗及水电等物资费用的增加，养殖农场的经营效率也会相应提高。具体来说，物资费用投入每增加 1%，养殖农场的效率提升 0.197。而资本的一次项投入对效率产生显著负效应，但其二次项却有显著正效应。这可能是因为农机设备和农业设施等固定资本投入具有高价值和使用年限长的特性。这些资本往往是一次性投入，然后通过后期经营逐渐收回成本。但由于初期购置成本高，加上农场成员对设备使用技术的掌握滞后，以及其他要素配置不匹配，可能会给养殖类农场带来较大负担，限制了资本使用效率的提升。不过，随着农业生产资源配置效率的逐年改善，固定资本的投入可以帮助养殖类农场更有效地利用资源，从而提高全要素生产率。租金投入对养殖类农场的经营效率产生显著负效应，但影响较小，回归系数为 0.009。即租金投入每增加 1%，农场的效率降低 0.009。养殖类农场对土地依赖性比较低，能以较小的土地规模实现较大的产值。但一旦转入土地，支付的租金通常较高。这是因为多数养殖农场需在土地上建设养殖圈舍，可能改变土地的种植生产力属性，因此需要支付更高的租金来补偿用途改变的损失。这种情况会占据农场的投资和利润空间，影响技术引进、品种及设施设备的更新，进而抑制农场效率的提升。

第三，在农场主特征变量中，年龄、性别、学历和管理经验均通过 1%的显著性检验。学历对效率呈现负效应，而其他变量则显示正向效应。从回归系数来看，性别的影响最大，为 0.369，其次是管理经验为 0.142，而年龄的影响仅为 0.007。这表明男性农场主的养殖家庭农场效率更高。具有商业经历、担任过村干部或合作社负责人的农场主，因具备更多管理经验，农场更有效率。与全样本不同，从事养殖业年龄越大的农场主，其经营效率越高，说明年长的农场主由于长期实践，积累了宝贵的养殖知识和技能，这对提升农场效率非常有帮助。

第四，在环境类变量中，加入合作社与接受政府补贴均在 1%的显著性水平上表现出影响，但这两种因素的影响方向是相反的。具体来说，成为合作社成员对养殖家庭农场的经营效率有明显的正面影响，这意味着加入合作社可以显著提升农场的经营效率。相反，政府补贴则对养殖家庭农场的经营效率产生负面影响，这表明过度的政府补贴可能会抑制农场效率的提升。这种负面效应的原因可能包括几个方面：过度的政府补贴可能导致农场盲目扩大规模，从而造成市场供应过剩；当农场主知道可以获得政府补贴时，他们可能会减少自身提高经营效率的努力，因为他们更专注于获取补贴；政府补贴可能会降低农场之间的竞争压力，使得农场主不再追求降低成本和提高效率。这些因素共同作用，最终影响了农场经营效率的提升。

（四）种养结合家庭农场模型估计结果分析

第一，在核心解释变量中，①契约形式的回归系数在 5%的水平上显著不为零。其影响方向与养殖类农场相反，与种植类农场相一致。这说明采用书面正式契约的种养结合家庭农场具有更高的经营效率。可能的原因是种养结合家庭农场实现了种植和养殖生产的相互补充，可以共享资源和设施、管理经验和技术。②契约期限、定额契约、浮动契约和代管契约通过了1%的统计显著性检验。其中，契约期限显示出显著的正效应，即采用低于5年的短期契约的种养结合家庭农场更具经营效率。这与其他类型的家庭农场表现出不同的作用方向。换句话说，种养结合家庭农场更适合与土地转出户签订短期契约。可能的解释包括：种养结合模式通常涉及多种作物和动物的生产，这可能需要更频繁地调整土地使用方式；该农场可能需要不断尝试新技术和管理模式以提高生产效率和产品质量。短期契约允许家庭农场在租赁期内进行试验和调整，而不受到长期契约的限制，这使得家庭农场能够根据不同作物的生长周期和养殖需求来安排土地使用。因此，由于其特殊的经营模式和市场环境的不确定性，种养结合类家庭农场更倾向于选择短期土地流转契约，以保持灵活性和降低风险。③定额契约、浮动契约和代管契约均对种养结合类家庭农场的效率产生显著负效应，说明无论是定额契约、浮动契约，还是代管契约都不契合种养结合类家庭农场的经营特点，而入股分红合作可能更适合于提升这类农场的效率。

第二，在要素投入变量中，经营土地面积、物质费用、租金、资本和雇工都通过了1%的统计显著性检验。具体来说，土地面积和物质费用的增加对种养结合类家庭农场有显著的正面影响。这表明，如果其他条件保持不变，那么随着经营土地的扩大和物质费用的增加，这种家庭农场的经营效率将得到提升。然而，其他投入如资本、租金和雇工成本的增长则对该类型农场的效率产生了显著的负面影响。这意味着资本的扩张、租金的上涨以及雇工成本的增加会降低种养结合类农场的效率。

第三，在农场主特征变量中，年龄、性别和学历的回归系数在1%的水平上显著非零。这些因素显著降低了种养结合类农场的效率。具体而言，年龄和性别的影响与纯养殖类家庭农场相反：年轻农场主和女性农场主在管理种养结合类农场方面更为高效。学历的影响则与其他类型家庭农场一致，高学历实际上降低了家庭农场的效率。此外，具有经商、担任村干部或合作社负责人经验的农场主，其管理经验在统计上显著（1%水平），表明他们在家庭农场管理上更为高效。

第四，在环境变量中，合作社的支持和政府补贴都通过了1%的统计显著性检验，且都对种养结合类家庭农场经营效率有显著的正面影响。具体来说，加入合作社可以有效提升家庭农场的经营管理水平，并有助于提升质量和效率。至于政府的财政补贴，虽然也显示出了正面效果，但其影响相对较小，政府补贴每增加 1%，农场效率的提升仅为 0.007。

五、研究发现

通过对几个模型估计结果的对比分析，可以得出以下研究结论：

第一，家庭农场的经营类型不同，其农地契约的不同属性对家庭农场的经营效率及其影响的方向存在显著差异。其中，种植类和种养结合类家庭农场采用正式书面契约更为高效，而养殖类农场采用简单契约更高效。纯养殖类农场签订长期契约更高效，而种养结合类农场则相反。第二，种植类农场更适合使用定额契约，但会显著降低养殖类和种养结合农场的效率。使用浮动契约对种植类和养殖类农场更为高效，却会抑制种养结合类家庭农场的效率。代管契约对养殖和种养结合农场效率有负面影响，而对其他类农场的影响不显著。扩大经营面积可提升种养结合农场的效率，而对其他类农场的效率有负面影响。第三，增加物质、资本和租金投入有助于提升农场效率，而资本投入增加对养殖类农场效率的影响呈现先下降后上升的“U”形趋势。增加雇工投入能提高养殖类家庭农场的效率，而对种植类和种养结合类农场有负面影响。第四，男性农场主在管理种植类和养殖类农场方面更为高效，而女性农场主在管理种养结合农场方面更为高效。农场主的高学历在所有类型农场中都显示出负面效应，而实际管理经验在各类农场中均具有正面效应，这充分说明实际管理经验比高学历在提升家庭农场效率上更具实际意义，这一发现与张德元等人（2016）的研究结论一致。第五，加入合作社可以有效提升各类农场的效率，尤其对养殖类和种养结合类的作用更显著。政府补贴可能对养殖类农场产生逆向激励效应，导致农场主为了获得补贴而忽略提升养殖技术和管理水平，出现低效率。但政府补贴对种养结合类家庭农场却有积极作用。

根据研究结果，本书提出以下政策建议：第一，农地契约选择应注意与农场类型匹配。政策制定者应鼓励家庭农场根据自身经营类型选择合适的农地契约形式。例如，为种植类和种养结合类家庭农场提供更多正式书面契约的指导和支持，而对于养殖类农场则简化契约流程，推广简单契约的使用。第二，促进契约内容定制化。针对不同经营类型的家庭农场，设计不同形式的契约内容。如种植类农场更适合定额契约，而养殖类和种养结合类农场可能更受益于浮动契约或代管契约的灵活运用。第三，分类型确定适度经营规模。政策应支持适度扩大种养结合农场的经营面积，以提升其效率，同时注意对其他类型农场经营规模的合理控制，避免规模过大导致的效率下降。第四，进一步要素投入的配置。增加物质、资本和租金投入是提升农场效率的关键因素。特别是对于养殖类农场，应注意资本投入的节奏，避免短期内过度投资导致效率下降。对于养殖类农场，适当增加雇工投入可以提高其效率；而对于种植类和种养结合类农场，则需要谨慎考虑雇工人数，以免造成效率下降。第五，注意农场经营的性别差异与教育。认识到男性和女性农场主在不同类型农场中的管理效率差异，以及实际管理经验相对于高学历在提升农场效率上的重要性。政策应鼓励实践经验的积累和传承，而非单纯强调学历教育。第六，积极推广合作社模式，尤其是对养殖类和种养结合类农场，通过合作社实现资源共享、信息互通和技术提升，从而提高整体效率。第七，重新审视政府补贴政策，确保补贴能够真正激励农场主提升技术和管理水平，而不是仅仅为了获得补贴而忽视效率提升。对于种养结合类家庭农场，政府补贴应有针对性，以发挥其积极作用。

第三节　契约相关者对家庭农场生命力影响的实证分析①

企业生命力理论认为，企业具有像生物体一样的生命特征，通过适应环境变化和自我调整，企业能够不断提高其可持续发展的自我组织能力。家庭农场作为一种以市场为导向的新型农业经营组织，主要依靠家庭成员的劳动力进行规模化和专业化的生产活动。它们在经营目标和方式上展现了明显的企业特征，也必须像企业一样把生命力的可持续性作为其最终的目标和归宿。当前对家庭农场生命力的研究相对较少，代表性研究包括基于卓越绩效模式，采用结构方程模型来定量研究家庭农场的生命力（陈道琛，2014），以及探讨构建家庭农场社会化生产系统对其生命力提升的作用（漆彦忠，2015）。众多学者从经济效率、社会效率和经营绩效等多个维度，采用层次分析法、模糊综合评价法和熵值法等方法综合评价了家庭农场的发展质量（何劲、熊学萍，2014；李星星、曾福生，2015；张琛等，2017；任重、薛兴利，2018）。还有学者专门构建了家庭农场经济可持续性的评价指标体系（Savickien、Miceikie，2018），以及从经济、社会、环境和创新四个维度构建了全面可持续成长能力的评价指标（Ryan 等，2014）。

已有研究重点测量了家庭农场的运行绩效，但较少基于企业生命力理论和契约理论对家庭农场的生命力进行测量和分析。本节在吸收已有研究成果的基础上，首先，利用河南省的调查数据，基于企业生命力理论构建家庭农场生命力的评价指标体系，并使用熵权法来确定指标权重；然后，计算每个样本的生

① 本节内容已发表，参见：陈军民．家庭农场的生命力评价及影响因素研究——基于河南省的调查数据［J］．江苏农业科学，2022，50（1）：212-221.

命力综合得分；最后，从契约视角提出了五个研究假设，并以计算出的样本生命力得分为响应变量，建立了回归模型，分析契约相关者对家庭农场生命力的影响。

一、数据来源说明

数据来源于 2019 年对河南省 18 个地级市进行的问卷调查，该调查包括家庭基本情况、土地流转情况、生产要素投入情况、经营状况及村庄环境状况五个方面共包含 42 个调查项目。样本选取主要通过两种方式：一是组织在校大学生深入家乡对具有一定经营规模的农户进行一对一问卷调查；二是在河南省举办的青年农场主培训期间集中进行问卷调查。调查共发放问卷 470 份，其中在培训期间集中发放了 102 份问卷，学生分散入户调查 368 份。剔除缺失值较多的问卷后，收回有效问卷 456 份，有效回收率为 97%。依据本研究第二章关于家庭农场规模的定义，调查对象中符合家庭农场统计条件的共有 257 户，其中种植类 144 户，占总体的 75.2%；规模养殖类 13 户，占 2.9%；种养结合类 100 户，占 21.9%。将不符合统计条件的 199 户作为普通农户纳入样本，进行对比分析。

二、家庭农场生命力的内涵与阶段特征

（一）家庭农场生命力的内涵

如同自然界生物的生老病死，家庭农场也有它的生命周期，从诞生、成长、成熟、衰退到死亡，这是绝大多数农场主不能回避的规律。对组织生命力的探析，国内外学者更多关注的是企业生命力，认为企业本质上是一个能力集合体，是多个分力聚合而成的“合力”，具体可分为企业生存能力、成长能力和持续发展能力，且只要企业系统能依据环境条件的变化及时而有效地变革和改造，企业就可以避免衰退和死亡。结合学界对企业生命力的认识，家庭农场的生命力可概括为在与外部环境交互中，能通过本体自我协调适应环境变化、进行新陈代谢，面对各种不利冲击能保持“脆而不折、弱而不怠”的韧性，并从对环境的适应中获取自我稳定的力量，获得持续生存和发展的意志和能力。

（二）家庭农场生命力的阶段特征

考察家庭农场的生命力首先要认清其当前所处的发展阶段，把握阶段性成长特征。

1. 初创期的生命脆弱性

初创期是家庭农场不断摸索、学习和求得生存的阶段，生命力比较脆弱。这种脆弱主要表现在以下几个方面：①摸索与学习。初创期是家庭农场逐步熟悉农业业务、掌握农艺技能并寻找适合自身发展模式的关键时期。在这一阶段，

农场主和成员需要通过实践学习和积累经验，以提高农场的生存能力。②管理非规范化。由于缺乏经验和知识，家庭农场在成立初期往往没有建立一套完善的管理体系和规章制度，导致日常运营缺乏明确的指导和标准。③经营方针模糊。在初创期，家庭农场还没有清晰的经营战略和市场定位，这可能导致销售业绩不佳，难以实现盈利或盈利甚微。④应对危机的能力不足。由于经营管理上的不稳定，家庭农场在面对市场波动、自然灾害或其他突发事件时，可能缺乏有效的应对策略和资源储备，增加了经营风险。⑤战略规划缺失。在这个阶段，家庭农场往往没有长远的规划和目标，这限制了它们的发展潜力和市场竞争力。

综上所述，家庭农场在初创期的生命脆弱性主要体现在管理不成熟、经营不稳定和缺乏长期规划。为了克服这些挑战，家庭农场需要加强学习和培训，建立规范的管理体系，明确经营方针，并制定适应性强的战略计划，以增强其市场生存能力和持续发展的基础。

2. 成长期的“干中学”

“干中学”意味着通过实践不断学习和改进，以促进家庭农场的快速和规范化发展，旨在提升农场的整体运营水平，实现规模化、市场化和专业化的发展目标。在此阶段家庭农场呈现以下经营特征：①注重规模扩张与竞争力提升。家庭农场在此阶段需要专注于扩大生产规模，提高产品的市场竞争力。通过不断学习和应用最佳农业实践，提高效率、增加产量并改善产品质量。②逐步建立内外交易良性循环。家庭成员之间以及农场与外部市场之间的互动逐渐顺畅，形成有效的运营和发展模式。这要求家庭农场在管理上保持开放性，主动适应市场需求和变化。③开始重视创新与灵活性。为了快速响应市场变化，家庭农场需在产品开发和服务上持续创新。同时，内部管理要保持灵活性，以便迅速适应不断变化的经营环境。④发展逐步规范化。随着规模的扩大，家庭农场需要建立和完善规章制度，确保所有操作按照既定的标准执行，从而保障农场的稳定运行和可持续发展。⑤构建完备的组织结构。加强组织结构和管理机制，使家庭农场能够更好地分配资源、协调工作，并有效应对内外部的挑战。

3. 成熟期的变革与创新

所谓成熟期，是指家庭农场发展到一定程度，市场占有率和收益达到最大化，农场享有较高声誉的时期。在成熟期，家庭农场的主要任务是保持业务的稳定和持续增长，同时防止管理的僵化和活力不足。为实现这一目标，家庭农场需要采取以下策略：①持续创新。在成熟期，家庭农场应继续关注市场变化，不断研发新产品和优化现有产品，以满足消费者的需求。同时，农场还可以尝试引入新技术和管理方法，提高生产效率和降低成本。②拓展市场。家庭农场应积极开拓新市场，扩大销售渠道，提高市场占有率。可以通过与其他企业合作、参加农产品展销会、利用网络平台等方式实现。③加强品牌建设。在成熟期，家庭农场应加强品牌建设，提高知名度和美誉度。可以通过加大宣传力度、提高产品质量、提供优质服务等方式实现。④优化管理。家庭农场应不断完善管理体制，提高管理水平。包括加强对员工的培训和激励、优化组织结构、建立有效的沟通机制等。⑤增强风险管理能力。在成熟期，家庭农场应加强对风险的识别和预防，提高应对风险的能力。包括建立风险预警机制、制定应急预案、加强保险等方面的工作。⑥保持敏感性。家庭农场要保持对新事物的敏感性，及时捕捉市场和技术的变化，以便及时调整经营策略，保持竞争力。

总之，在成熟期，家庭农场应注重创新、拓展市场、加强品牌建设、优化管理、增强风险管理能力等，以保持业务的稳定和持续增长，防止管理的僵化和活力不足。

4. 衰退期的转化与退出

衰退阶段对家庭农场来说是一个不幸的时期。在家庭农场的衰退期，转化与退出是面对挑战的关键决策点。面临的困境和挑战如下：①市场竞争和饱和。随着市场的激烈竞争和可能的饱和，家庭农场可能会遇到销售困难和收益下降的问题。这要求农场主重新评估市场定位和产品策略，以适应变化。②管理退化与缺乏创新。如果农场主的管理方式无法与时俱进，或者缺乏创新和适应市场的新策略，农场可能会进入衰退期。为了避免这种情况，需要不断更新管理方法和引入新技术。③经营和财务困境。在衰退期，家庭农场可能面临较高的负债和经营成本，以及农产品滞销问题。这时，需要调整财务结构和探索新的销售渠道。④市场势力减弱。随着市场份额的减少和竞争力的下降，家庭农场在市场上的影响力会逐渐减弱。为了保持竞争力，需要寻找差异化的策略或开发新的市场领域。⑤继承问题和创新不足。农场后继无人和创新不足可能导致农场无法持续发展。解决这一问题需要培养新一代的农业经营者和引入创新思维。⑥转型的必要性。在衰退期，家庭农场需要进行深刻的转型，包括制度、技术和经营策略上的创新，以便重新获得增长动力。⑦退出策略。如果转型失败或不再可行，家庭农场可能需要考虑退出策略。这可能包括出售农场、转型为非农业用途或其他形式的商业活动。

家庭农场在衰退期的转化与退出需要综合考虑市场趋势、财务状况、管理效能和创新能力。通过适应性强的转型策略或明智的退出决策，家庭农场可以最大限度地减少损失，甚至可能找到新的发展机会。

三、家庭农场生命力评价指标体系构建

根据家庭农场生命力的内涵，本书将家庭农场的生命力分为面对挫折的生存能力、充分利用与整合内外资源参与市场的竞争能力、从环境中汲取营养进行更新的成长能力（表 7 - 26）。

表 7-26 家庭农场生命力评价指标体系

目标层	准则层	因子层	指标赋值
家庭农场生命力	生存能力	农业生产条件	由农户根据实际由低到高 1～5 级评分
		经营负债率	经营负债额/年经营总收入（扣除政府补贴）
		应对外部风险能力	由农户根据实际由低到高 1～5 级评分
		应对内部风险能力	由农户根据实际由低到高 1～5 级评分
	竞争能力	投入产出能力	年经营总收入/年总投入
		资源利用能力	由农户根据资源利用状况由低到高 1～5 级评分
		品牌经营能力	农产品有品牌＝1，农产品无品牌＝0
		竞价议价能力	由农户根据自己竞价实力由低到高 1～5 级评分
	成长能力	盈利能力	年净收益/年经营成本
		学习能力	年购买农业相关报刊费：50 元以下＝1，51～100 元＝2，101～150 元＝3，151～200 元＝4，200 元以上＝5
		创新能力	由农户根据实际由低到高 1～5 级评分
		适应环境能力	由农户根据实际由低到高 1～5 级评分

（一）家庭农场的生存能力

生存能力是家庭农场维持正常运转的基本能力。家庭农场的生存能力表现为对内外部环境的适应性，并从适应中获得更高收益，从而在给定条件下持续发展。与工业生产不同，农业生产具有生物性特征，受制于自然条件，包括气候、水源和土壤等的约束（陈军亚，2019），故优越的生产条件是保障家庭农场经营的环境基础。投资家庭农场是有门槛的，据 2018 年农业农村部对种植类家庭农场的调查显示，农场 81.5%的土地是通过流转获得，平均转入户数达 52.19 个，平均年亩租金 532.51 元[①]。其中，仅租金一项，创建一个 100 亩的农场每年至少需要 5 万元，再加上其他的生产资料、农用设施等投入，初创资金至少需要 15 万元，为缓解资金压力，多数农场会通过向金融机构或亲朋举债。相关研究表明，家庭农场的资产负债率达到 40%，其生命力将变得脆弱（Kostov 等，2019）。由于农业生产的自然依赖性高、产出的可连续性弱、产品的贮存周期短和需求的可调节性低，所以农业本身具有强易损性（罗必良，2020）。当遇到困难时，农场主需要具备足够的抗压能力、冒险精神和毅力，以说服家庭成员共克难关，若处理不好内部关系，则势必影响家庭农场的

① 农业农村部政策与改革司，中国社会科学院农村发展研究所．2018 年中国家庭农场发展报告[M]．北京：中国社会科学出版社，2018.

生存。故本书选取农业生产条件、经营负债率、应对家庭农场内部风险与外部风险四个指标来衡量生存能力。

（二）家庭农场的竞争能力

优胜劣汰、适者生存是任何经营主体必须面对的市场生存法则。实现家庭农场的高质量发展，就必须提高其参与市场的竞争力。家庭农场的竞争力是其在市场中具有的相对优势，而只要具有一定优势都可以形成竞争力。资源基础理论认为，企业所拥有的资源数量、质量和结构决定了组织的实力和竞争力（贾晶晶，2010）。企业只有不断创新和升级企业的资源禀赋结构，才能保持企业竞争优势的可持续性。本质上，家庭农场是农户经营的企业，资源禀赋结构同样决定其竞争力的形成。因此，努力提高家庭农场土地、设备、资本等要素的利用率，积极培育农产品品牌，不断提高参与市场的竞价议价能力，是家庭农场保持竞争优势的重要方面。故本书用家庭农场的资源利用能力、投入产出能力、农产品品牌经营能力、竞价议价能力衡量其竞争能力。

（三）家庭农场的成长能力

成长能力是指家庭农场在生存的基础上，通过学习模仿吸收先进的经验与方法，充分整合家庭农场内外部资源，扩大规模、不断调适环境，从而壮大实力以实现资本持续积累与增值的能力，这一能力为家庭农场生存能力提供给养、为竞争能力提供资源保障，是家庭农场持续发展和创造未来价值的源泉。农场经营者必须努力学习有关家庭农场的知识，不断调整策略以适应环境变化，对外部的威胁及时作出反应。故本书选用家庭农场的盈利能力、学习能力、创新能力和适应环境能力衡量其成长能力。

四、家庭农场的生命力测算与分析

（一）指标权重计算

1. 测算方法

熵权法是一种客观赋权法。熵指代信息的不确定性，信息量大则不确定性越小，反之熵则越大。因此用熵值可以判断指标的离散程度，当指标熵值越大，则其对综合评价的影响越大，从而确定指标权重（李凯风、李星，2019）。设 $x_{ij}(i=1,2,\cdots,456;j=1,2,\cdots,12)$ 为第 i 个样本第 j 个指标的原始数据，计算步骤及公式为：首先，采用 Min－Max 离差标准化法将 12 个评价指标的取值标准化，其中，正向指标（值越大越好）计算公式：

$$x'_{ij}=\frac{x_{ij}-\min\{x_{1j},\cdots,x_{nj}\}}{\max\{x_{1j},\cdots,x_{nj}\}-\min\{x_{1j},\cdots,x_{nj}\}} \qquad (7-5)$$

逆向指标（值越小越好）计算公式：

$$x'_{ij}=\frac{\max\{x_{1j},\cdots,x_{nj}\}-x_{ij}}{\max\{x_{1j},\cdots,x_{nj}\}-\min\{x_{1j},\cdots,x_{nj}\}} \qquad (7-6)$$

为了方便起见，归一化后的数据，x'_{ij} 仍记为 x_{ij} 。然后计算每个指标的熵值，计算公式为：

$$e_j = \frac{1}{\ln 456} \sum_{i=1}^{456} f_{ij} \ln f_{ij} \tag{7-7}$$

其中，$f_{ij} = \frac{x_{ij}}{\sum_{i=1}^{456} x_{ij}}$ 为第 j 个指标下第 i 个样本的特征比重。最后，计算指标权重 w_j，公式为：

$$w_j = \frac{1-e_j}{\sum_{j=1}^{12}(1-e_j)} \tag{7-8}$$

2. 计算结果

运用 stata16 对熵权法的算法编程计算权重（图 7-9）。结果表明：在因子层的各项指标中，对家庭农场生命力的影响权重排序为：品牌经营能力（0.351 7）、市场竞价议价能力（0.126 1）、学习能力（0.096 2）、适应环境能力（0.087 1）、投入产出能力（0.065 6）、盈利能力（0.065 6）、创新能力（0.063 5）、应对外部风险能力（0.055 9）、应对内部风险能力（0.036 1）、资源利用能力（0.031 7）、农业生产条件（0.020 2）及经营负债率（0.000 5）。在准则层的指标综合评估中，竞争能力的权重最高，为 57.50%，其次是成长能力，占 31.23%，生存能力的权重最小，仅为 11.27%。这表明提升家庭农场的竞争能力是增强其生命力的最关键因素，提升家庭农场的品牌建设、市场竞价议价能力、学习与适应能力是增强其生命力的核心策略。

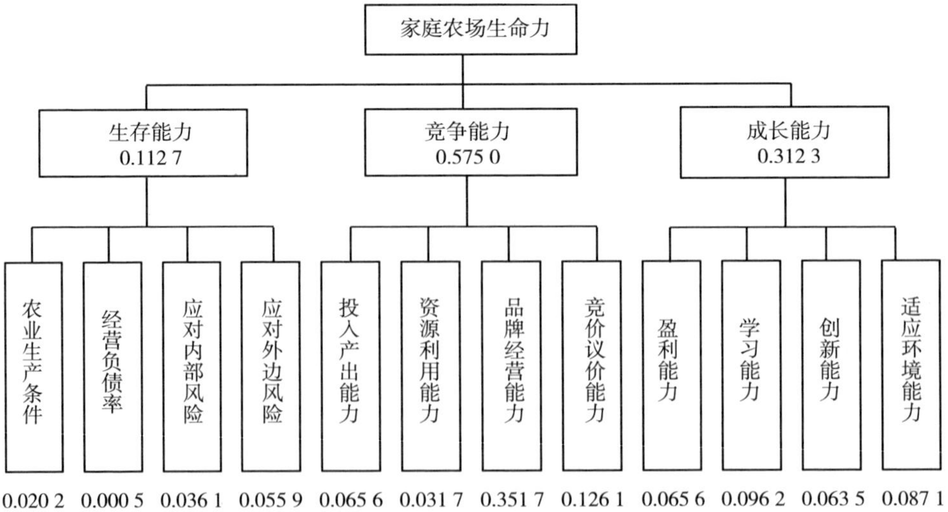

图 7-9　基于熵权法家庭农场生命力评价指标权重

（二）家庭农场与普通农户生命力测算结果对比分析

由熵权法计算的各指标权重乘以标准化处理后的各指标值，加权求和得到每个样本的生命力综合得分，综合值越高则表明个体的生命力越强。进一步，按照经营类型分组对样本的生命力进行描述性统计（表7-27）。

表7-27　家庭农场与普通农户生命力特征描述性统计

	经营类型	个案数	平均值	中位数	最小值	最大值	标准差
家庭农场	粮食作物	49	0.206 7	0.181 0	0.021 5	0.567 2	0.139 1
	经济作物	14	0.162 8	0.156 5	0.026 9	0.401 5	0.100 4
	瓜果蔬菜	29	0.201 5	0.184 2	0.052 5	0.537 8	0.116 5
	畜禽养殖	13	0.225 8	0.195 9	0.114 9	0.539 7	0.114 3
	种养结合	100	0.256 3	0.216 1	0.028 9	0.708 4	0.167 9
	粮蔬结合	19	0.176 2	0.145 7	0.059 7	0.427 3	0.095 5
	粮经结合	33	0.194 1	0.166 6	0.020 1	0.671 3	0.134 3
	合计	257	0.220 1	0.185 7	0.020 1	0.708 4	0.145 0
普通农户	粮食作物	100	0.162 6	0.131 7	0.020 8	0.687 2	0.121 8
	经济作物	12	0.176 8	0.112 2	0.062 2	0.575 0	0.146 6
	瓜果蔬菜	27	0.243 3	0.198 2	0.056 1	0.609 2	0.141 3
	畜禽养殖	3	0.234 9	0.200 9	0.193 4	0.310 6	0.065 6
	种养结合	24	0.210 1	0.184 6	0.014 1	0.495 9	0.110 0
	粮蔬结合	11	0.177 8	0.192 7	0.107 1	0.283 5	0.059 4
	粮经结合	22	0.147 5	0.129 0	0.071 3	0.335 0	0.065 6
	合计	199	0.180 4	0.153 6	0.014 1	0.687 2	0.119 5

结果表明：整体上家庭农场的生命力较弱，生命力指数只有0.220 1。具体而言，各类家庭农场的生命力综合得分呈现出不同的特点。种养结合型家庭农场以最多的个案数和最高的平均值及中位数表现出最强的生命力，表明这种经营模式可能最有效地提升了农场的生存和发展能力。相比之下，经济作物和粮蔬结合型的家庭农场显示出较低的生命力特征，这可能与它们的经营模式和市场定位有关。粮食作物和瓜果蔬菜类型的家庭农场虽然在一些情况下可以达到较高的生命力得分，但整体上仍低于种养结合型的表现。畜禽养殖和粮经结合型家庭农场则显示出中等水平的生命力特征。

家庭农场的生命力指数比普通农户平均高出0.039 7，进一步运用SPPSS进行独立样均值等同性T检验，计算得 $t=2.666$，$p=0.008$，这表明家庭农场与普通农户生命力均值在1%的显著性水平存在显著差异。这说明家庭农场是专业化从事农业生产的规模经营主体，其行为上更加重视生产的盈利性，为实现利润最大化会尽最大可能优化要素的配置；普通农户规模较小，以农为主业难以过上体面的生活，家庭成员就业选择趋向非农化，对从事农业的努力和重视程度不足。家庭农场在多数经营类型上表现出更高的生产力和经营效率，但同时也伴随着较大的内部差异。而普通农户虽然在经济作物种植上可能有一定优势，但在整体经营效率上不如家庭农场。

五、契约相关者对家庭农场生命力的影响

（一）理论分析研究假设

家庭农场本质上是各类生产要素所有者基于一系列契约关系而组合起来形成的农业经营组织（伍开群，2013）。作为理性的经济主体，家庭农场会有意识地构建和利用各种契约关系，以保障经营过程中物质流、资金流、信息流、技术流及人力资源流的畅通，实现家庭农场价值的最大化。家庭农场的契约相关者可界定为：在家庭农场经营中进行了一定的专用性投资和服务，并承担了一定风险的使用者个体、群体和组织，通常涉及农场经营者、农地经营权所有者、政府组织、村集体经济组织、合作经济组织、农资供应商、农产品销售商等，它们的活动能够影响家庭农场目标的实现，同时又受家庭农场目标实现过程的影响。这些契约相关者有的是家庭农场的投资者和惠顾者，有的是家庭农场的管理者和监督者，其与家庭农场之间的利益关系和诉求决定了他们在家庭农场发展中可能起到的影响。借鉴 Freeman（1984）和陈宏辉和贾生华（2004）关于利益相关者的观点，本书将家庭农场的契约相关者分为直接契约相关者、合作契约相关者、指导契约相关者和关联契约相关者。

1. 直接型契约相关者

直接型契约相关者主要包括家庭农场主及其合伙人，他们的行为直接决定家庭农场的命运。家庭农场在发展过程中面临的最大风险是农场主的素质和经营能力不足。据统计，美国 90%的家庭农场主具有高中及以上文化程度，荷兰 90%的农民受过中等教育，法国农民一般具有高中或大专文化，日韩农民普遍高中毕业（齐国，2020）。这充分说明农业的竞争，归根结底是经营者素质的竞争，农业经营者的底色决定家庭农场等新型农业经营主体的发展质量。本书选用农场主学历、年龄、是否干部、农业技能、务农意愿衡量直接契约相关者的影响。基于以上分析，提出如下假设：

假设（7-1）：直接契约相关者的素质和能力对家庭农场生命力具有显著正效应。

2. 合作型契约相关者

契约是决定人们之间相互关系的各种条款，而不同的契约关系对应着不同

的交易。一个农场的成功取决于它对生产和收入风险的管理，为获得可靠优质的农资供应、保障农产品销售、及时获得社会服务以及稳定的地权关系，家庭农场需要与各类客户建构合作关系，明确权利、责任与义务，缔结不同类型的契约合作模式（纵向或横向）。而契约合作模式的发展与科学选择，能有效降低家庭农场的经营成本。要使一个契约持久，重要的是双方都知道对于各种突发事件他们能从中预期到什么，以及行为要与预期保持一致。因此，缔结紧密的契约合作关系有助于经营者形成稳定的预期，促进契约的可持续。本书用家庭农场与农资供应商、农产品销售商、农机服务商及土地转出户的合作紧密程度衡量合作型契约相关者的影响。基于以上分析，提出如下假设：

假设（7-2）：与供应商户等市场主体建立紧密的契约合作关系，对家庭农场生命力有显著正效应。

3. 指导型契约相关者

指导型契约相关者主要涉及政府和合作社，他们对家庭农场具有管理、监督、指导及服务的职责或义务，双方的交易关系主要为管理指导型交易。由于农业的弱质性、外部性和较低的劳动生产率，加快培育发展家庭农场离不开政府的支持。自 2013 年中央 1 号文件将家庭农场确立为重要的农业经营形式，各级政府围绕家庭农场的培育，从土地流转、金融信贷、农业保险、合约治理等方面提供了一系列制度供给，逐步构建和完善了支持家庭农场成长的制度环境。但政府对家庭农场的制度设计与扶持是具有成本和条件约束的，其制度成本就像某一私人方的契约成本，它在促进契约关系出现和稳定的同时，也会严重影响到谁将真正使用政府供给的既定资源和服务，并决定家庭农场的效率形式和条件。

合作社是在契约安排下组织活动的一种组织方式，其对内以管理指导型交易契约为主，成员与合作社之间需要在生产规范、交易惠顾、盈余分配、职责义务等方面达成协议。合作社对家庭农场的指导作用主要有三个方面：一是产前环节通过统一农资采购、农机作业服务等，降低农场的投入成本；二是产中环节通过技术培训和指导，改善农场的生产管理方式，提高农产品质量；三是产后通过提供专业的营销服务，提升农场产品的竞争力，节约农场走向市场的交易费用。但接受合作社的服务是有条件的，要求农场主必须服从和接受合作社的契约规制，并按照适当的规则共同分摊运行的成本，否则合作难以为继。本书选用家庭农场加入合作社的程度衡量对家庭农场生命力的可能影响。基于以上分析，提出如下假设：

假设（7-3）：政府帮扶对家庭农场的生命力有显著影响。

假设（7-4）：合作社支持对家庭农场的生命力具有显著正效应。

4. 关联型契约相关者

家庭农场扎根于农村社区，需要与村庄各关联方进行物质与能量的交换、缔结合约，以形成对土地、劳动力、资本、企业家才能等各要素的重新组合。创办家庭农场需要大量的资金投入，尤其是在发展初期需要集中土地、修建基础设施、支付土地流转费用和投资农田基础设施，对一般农户而言，资金约束是创办家庭农场的主要困难。除去自有资金，家庭农场可通过正式金融机构或通过民间、亲朋好友融资。家庭农场如何与金融机构建立正式契约，以及与亲朋邻里等债权人缔结非正式契约，获得资金支持，对家庭农场的发展具有重要的意义。

家庭农场的发展离不开良好的社区环境，为降低土地集中的成本，保持地权的稳定性，农场经营者需要借助村干部的协调与指挥，利用村集体权威可为农地流转双方缔约提供较稳定的预期，此外，村集体对村庄水利设施、村庄道路及村庄治安等的投入与维护，可有效改善家庭农场的生存环境，降低家庭农场的经营成本。故本书选用家庭农场所拥有的亲朋资源、是否获得贷款、有无贷款优惠及村庄道路、村庄治安等衡量关联型契约人对家庭农场的可能影响。基于以上分析，提出如下假设：

假设（7－5）：关联型契约相关者的支持对家庭农场的生命力具有显著正效应。

（二）变量选择与因子分析

根据理论分析，本书筛选出影响家庭农场生命力的四类10个契约相关者，并用20个变量衡量各个契约相关者对家庭农场生命力的影响（表7－28）。由于每类变量间具有相似性，为简化分析，将分类和有序自变量的信息浓缩，使具有相似特征的变量进行聚类，研究采用主成分法提取公因子。

首先，对20个观察项进行多次试算后，剔除了变量是否村干部、距县城的距离，以及反映指导契约相关者的政府支持和合作社支持后，其余16个变量的KMO值为0.722，Bartlett球形度检验值为1 521.204，而且其相伴概率为0，各项指标较适合进行因子分析。其次，采用主成分法提取特征值大于1的公因子，然后采用方差极大法（Varimax）正交旋转方式对载荷矩阵进行旋转，按照系数大小排序并保留系数绝对值大于等于0.4的变量，以使因子具有命名解释性。按照主因子方差贡献率的大小对各因子重新命名。依次重新命名为：第一，合作契约相关者，测度指标包括与农资供应商关系、与农产品收购商关系、与农机服务商关系、与农技服务部门关系和与土地转出户关系。第二，关联契约相关者，旋转后聚为3类：一是村集体契约相关者，测度指标包括村庄道路、村庄治安、村委会作用及村庄水利设施，可衡量家庭农场与集体之间的契约关系；二是亲朋契约相关者，测度指标包括亲朋有无政府任职、有无村干部、有无银行工作，可衡量家庭农场与亲戚朋友之间的契约关系；三是债权契约相关者，测度指标包括是否获得贷款和有无贷款优惠，可衡量家庭农场与各类债权人之间的契约关系。第三，直接契约相关者，测度指标包括经营者的年龄、学历、务农意愿和农业技能水平。其中年龄和学历称为直接契约相关者Ⅰ，衡量既有的素养；农业技能和务农意愿反映了经营者从事农业的努力程度，称为直接契约相关者Ⅱ，衡量农艺素养。

表 7-28　契约相关者影响家庭农场生命力的变量选择及定义

类型	契约相关者	测度变量	变量定义	预期
直接型	经营者	学历	小学及以下＝1，初中＝2，高中及中专＝3，大专及以上＝4	+
		务农意愿	按程度由低到高 1～5 级评分	+
		是否村干部	是＝1，否＝0	+
		农业技能	参加农业技术培训的次数	+
合作型	土地转出户	与转出户关系	按关系紧密程度由低到高 1～5 级评分	+
	农资供应商	与供应商关系	按合作紧密程度由低到高 1～5 级评分	+
	产品收购商	与购销商关系	按合作紧密程度由低到高 1～5 级评分	+
	农机服务商	与农机服务商关系	按合作紧密程度由低到高 1～5 级评分	+
	农技术部门	与农技部门关系	按合作紧密程度由低到高 1～5 级评分	+
指导型	政府组织	政府支持力度	按支持力度由低到高 1～3 级评分	+
	合作社	合作社支持	未加入合作社＝1，加入未出资＝2，加入并出资＝3	+
关联型	村庄亲朋	有无任村干部	有＝1，无＝0	+
		有无政府任职	有＝1，无＝0	+
		有无在银行工作	有＝1，无＝0	+
	债权人	是否获得贷款	有贷款＝1，无贷款＝0	+
		有无贷款优惠	有＝1，无＝0	+
	村集体	村委会作用	根据村委会的作用由低到高 1～5 级评分	+
		距县城距离	5 公里以内＝5，6～10 公里＝4，11～15 公里＝3，16～20 公里＝2，20 公里以上＝1	+
		村庄治安	根据治安情况由低到高 1～5 级评分	+
		村庄道路	按道路交通情况由低到高 1～5 级评分	+
		村庄水利设施	按水利设施情况由低到高 1～5 级评分	+
控制变量		是否注册	是＝1，否＝0	?

指导契约相关者只有政府支持与合作社支持两个衡量指标，且通过因子分析表明二者信息无冗余，故本书单独把两个变量引入模型。

这 6 个因子的方差累积贡献率为 59.398%，其中合作型契约相关者的解释力最强，支持型契约相关者的解释力最弱。进一步采取豪特森 T^2 重复度量方差分析和克朗巴哈（Cronbach）α 系数对因子进行信度检验。一般而言，T^2 值和相伴概率越小，主因子代表的效果就越好；克朗巴哈（Cronbach）α 系数越大，则所测变量内部一致性越高，信度越好。检验结果（表 7－29）表明，6 个因子的信度依次为：合作契约相关者、关联契约相关者村委会、关联契约相关者亲朋、直接型契约相关者Ⅰ、直接型契约相关者Ⅱ、关联型契约相关者债权人。总体而言，变量的设计和结果具有一致性与可信性。

表 7－29　影响家庭农场生命力的因子载荷、重新命名及信度

测度指标	因子载荷	因子命名	特征值与贡献率	信度检验 α 和 T^2
与供应商关系	0.795	合作契约相关者	$\lambda_1=3.343$ 15.208%	$T^2=197.28$，$Sig=0.000$ $\alpha=0.761$
与农机服务商	0.760			
与收购商关系	0.740			
与农技部门关系	0.611			
与土地转出关系	0.594			
村庄水利设施	0.802	关联契约相关者村委会	$\lambda_2=1.982$ 11.865%	$T^2=939.43$，$Sig=0.000$ $\alpha=0.700$
村庄道路	0.783			
村庄治安	0.676			
村委会作用	0.577			
有无在政府任职	0.734	关联契约相关者亲朋	$\lambda_3=1.596$ 8.744%	$T^2=15.632$，$Sig=0.000$ $\alpha=0.522$
有无在银行工作	0.719			
有无任村干部	0.639			
年龄	0.850	直接型契约相关者农场主特征Ⅰ	$\lambda_6=1.467$ 8.703%	$T^2=11\ 479.405$，$Sig=0.000$ $\alpha=0.677$
文化程度	0.845			
农技培训	0.768	直接型契约相关者农场主特征Ⅱ	$\lambda_5=1.189$ 7.493%	$T^2=1\ 161.414$，$Sig=0.000$ $\alpha=0.412$
务农意愿	0.687			
有无贷款优惠	0.832	关联契约相关者债权人	$\lambda_4=1.168$ 7.355%	$T^2=181.176$，$Sig=0.000$ $\alpha=0.429$
是否有贷款	0.682			

（三）模型构建

家庭农场的生命力综合得分是连续数值型变量，其取值不受限制，故采用最小二乘法（OLS）构建多元线性回归模型进行估计。设定模型形式如下：

$$y_i = \beta_{i0} + \sum_{j=1}^{9} \beta_{ij} x_{ij} + \varepsilon_i \qquad (7-9)$$

其中，y_i 为第 i 个家庭农场的生命力综合得分，x_{ij} 为该家庭农场的生命力影响因素向量；β 为回归参数向量；ε_i 为独立的随机扰动项；$i=1, 2, \cdots, n$ 为样本家庭农场的个数，$j=1, 2, \cdots, 8$ 为解释变量的个数；随机扰动项 $\varepsilon \sim N(0,\sigma^2)$。

（四）实证检验

以提取的 6 个公因子及衡量指导契约相关者的两个指标为解释变量、样本的生命力综合得分为被解释变量，运用 stata17 建立多元回归模型；首先，进行普通 OLS 回归，再利用怀特检验分析是否存在异方差，其次计算方差膨胀因子分析是否存在严重多重共线性。计算得：$chi2$（53）＝116.32，$Prob > chi2 = 0.000\,0$，拒绝同方差假设，表明模型存在条件异方差，故本书所有模型均采用异方差稳健标准误回归；方差膨胀因子均值 VIF 为 1.09，最大值为 1.26，可判断解释变量之间不存在多重共线性。根据样本构成，本书分别建立关于家庭农场、普通农户和全样本的回归模型（表 7－30）。

表 7－30　契约相关者对家庭农场生命力影响的估计结果

变量	模型 A	模型 B	模型 C
	家庭农场	普通农户	全样本
直接型契约相关者Ⅰ	0.014 4	0.007 4	0.010 7*
	(0.010 0)	(0.005 8)	(0.005 8)
直接型契约相关者Ⅱ	0.021 4**	0.045 6***	0.028 9***
	(0.009 6)	(0.010 1)	(0.006 8)
关联型契约相关者村委会	0.001 6	0.008 5	0.004
	(0.009 2)	(0.007 8)	(0.006 3)
关联型契约相关者亲朋	0.008 4	0.014 5*	0.009 3
	(0.008 4)	(0.008 2)	(0.005 9)
关联型契约相关者债权人	0.018 9**	0.035 6***	0.025 5***
	(0.009 1)	(0.009 3)	(0.006 7)
合作型契约相关者	0.025 9***	0.027 0***	0.026 3***
	(0.008 9)	(0.006 9)	(0.005 8)
指导型契约相关者政府	0.011 9	−0.001 3	0.007 0
	(0.016 2)	(0.014 8)	(0.011 5)
指导契约相关者合作社	0.011 1	0.007 9	0.010 4
	(0.012 4)	(0.011 6)	(0.009 0)
是否注册	0.069 0***	0.074 3***	0.066 7***
	(0.020 8)	(0.024 9)	(0.015 1)

（续）

变量	模型 A	模型 B	模型 C
	家庭农场	普通农户	全样本
Constant	0.137***	0.179***	0.151***
	(0.035 4)	(0.031 3)	(0.025 1)
Observations	234	190	424
R-squared	0.200	0.351	0.257

注：***、**、*分别表示在1%、5%和10%水平上显著；括号内为异方差稳健标准误。

结果表明：第一，直接型契约相关者对家庭农场与普通农户的生命力都具有一定正效应，较有力地验证了假设（7-1）。其中，直接型契约相关者的素养Ⅱ在模型A中通过5%的显著性检验，在模型B和C中通过1%的显著性检验；直接型契约相关者的素养Ⅰ仅在模型C中通过了10%的显著性检验。这说明农业经营者的务农兴趣和积极参与农业技术培训对经营主体生命力提升具有更重要作用。第二，合作型契约相关者对家庭农场和普通农户的生命力有显著正效应，且通过了1%的显著性检验，有力验证了假设（7-2）。这表明家庭农场与普通农户通过与客户、农资供应商、土地转出户等建构长期紧密的合约关系，对其生命力的提升具有重要的作用。第三，在关联契约相关者中，债权人对家庭农场和普通农户的生命力都有较显著的正效应，且通过了5%的统计显著性检验，部分验证了假设（7-5）。然而从边际效应看，债权人对普通农户影响的边际效应高出家庭农场近1倍。这可能是因为融资担保体系的缺失和商业贷款的高门槛导致农场主贷款困难，而且即使获得贷款，往往额度有限、还款期限短，对家庭农场的发展作用有限；而对于普通农户而言，小额信贷基本能满足其经营需求，对其发展具有很好的促进作用。契约相关者村委会在3个模型中均未通过10%的显著性检验，这说明村委会对家庭农场和普通农户的生命力影响不显著，但仍有一定正效应，影响方向与假设一致。这可能是由于村庄环境是家庭农场生命力提升的外在因素，良好的外部环境是其发展的充分而非必要条件，家庭农场生命力的提升更多在于其家庭内部要素禀赋结构的优化。亲朋对家庭农场生命力的影响也未通过显著性检验，且其边际效应很小，仅为0.008 4；然而，对于普通农户而言，其影响在10%的水平上显著，且边际效应为0.014 5。这主要是因为在一定程度上，亲朋提供的帮扶具有无偿性、有限性，如亲朋间的资金拆借、农忙时的帮工，对于需求量不大的普通农户而言能起到很好的缓解作用，但对要素需求量大的家庭农场能起到的作用有限。第四，指导型契约相关者对家庭农场和普通农户的生命力影响均不显著，且指导型契约相关者的帮扶对普通农户产生一定负效应，未能验证假设

（7－3）和假设（7－4）。这可能是因为政府和合作社的支持只是影响农业经营主体发展的外部因素，而组织生命力的提升主要取决于其内部资源禀赋结构及其管理水平。第五，控制变量是否在市场监管局登记注册方面通过了1%的显著性检验，这充分说明了经过登记注册的经营主体具有更规范的管理和更强的生命力。

六、研究发现

本书首先基于企业生命力理论，构建评价家庭农场生命力的指标体系，然后利用熵权法计算指标权重，并通过加权测算出每个家庭农场的生命力综合得分；为检验家庭农场生命力是否高于普通农户，引入普通农户互为参照，进行对比分析；其次，为探索影响家庭农场生命力的因素，基于契约理论视角阐释了契约相关者对家庭农场生命力影响的机理，提出了五个研究假设；最后，基于调研数据构建计量模型，实证检验不同契约相关者对家庭及普通农户生命力的影响。主要结论如下：

第一，家庭农场与普通农户的生命力总体偏低，家庭农场的生命力略高于普通农户；在七类家庭农场中，种养结合类家庭农场的生命力最高，而在普通农户中，瓜果蔬菜类生命力最高。第二，提高直接型契约相关者的务农兴趣与参与农业技能水平，对家庭农场的生命力具有显著正效应。第三，通过与客户、农资供应商、土地转出户等合作型契约相关者建立长期紧密合约关系，对家庭农场和普通农户的生命力有显著正面影响。第四，债权人给予的信贷支持对家庭农场与普通农户的生命力都具有显著正效应，且对普通农户的作用更大。第五，政府和合作社等指导型契约相关者对家庭农场与普通农户的生命力影响不显著，且政府帮扶对普通农户产生一定负效应。第六，村委会和亲朋作为关联契约相关者，其对家庭农场和普通农户的生命力影响不显著或边际效应很小，表明外部帮扶和亲朋支持对家庭农场的生命力提升作用有限。第七，控制变量显示，在市场监管局登记注册的农业经营主体具有更强的生命力。由此可见，家庭农场的生命力提升主要取决于内部资源禀赋结构和管理水平，而外部帮扶和支持虽然有一定作用，但影响有限。

根据研究发现，提出以下建议：第一，增强农业经营者的能力和兴趣。设立农业技术和管理培训项目，提供定期的技术指导和更新，以提高农场主和工作人员的技能；大力开展农业创业和创新教育，激发农场主对农业经营的兴趣和热情。第二，促进家庭农场与契约相关者的深度合作，形成紧密的伙伴关系。鼓励和支持家庭农场与上下游企业如农资供应商、农产品加工和销售商建立稳定的合作关系；发展农业合作社，将小型家庭农场联合起来，共同面对市场，提高议价能力和风险抵御能力；鼓励家庭农场通过入股、订单、托管、互助合作等方式与供应商、收购商、土地转出户等主体构建紧密的契约联结机制，培育现代农业产业联合体，实现生产经营过程契约化、标准化与合作化。第三，建立针对家庭农场的信用担保体系，增加其获得贷款的可能性和额度，延长还款期限。开展“信誉农场”评星定级等活动，推动金融部门为家庭农场授信，对实力强、资信好的家庭农场在资金需求上给予一定的授信额度和提高贷款额度。第四，优化村庄环境与资源。加强基础设施建设，如灌溉系统、交通网络等，以支持家庭农场的发展；通过村委会或其他社区组织，促进农业知识和信息的共享，帮助农户了解最新的农业政策和技术。第五，明确政府和合作社的角色定位，不断改进和优化服务的内容与方式方法，提高服务针对性。政府应关注制定优惠政策和提供必要服务，而非直接干预农场经营；强化合作社的内部管理和服务功能，确保其能够有效地为成员农场提供帮助；建立以提升家庭农场“造血功能”为根本目的的跟踪帮扶机制。第六，完善登记注册制度，促使家庭农场不断提升内部管理水平，根据经营类型分类建立健全家庭农场的认定标准、建设标准、生产标准、经营管理标准、调查和统计标准，通过标准化建设切实提高家庭农场的经营管理水平。

第四节　契约农业对家庭农场绿色生产影响的实证分析

在资源和生态环境承载压力趋紧的背景下，如何走产出高效、产品安全、资源节约、环境友好的农业现代化道路是新时期中国迫切需要解决的重大现实问题。据 2021 年《中国生态环境统计年报》显示，我国农业源水污染物排放量中化学需氧量仍达 1 676 万吨，氨氮 26.9 万吨，总氮 168.5 万吨，总磷 26.5 万吨，分别占全国总量的 66.2%、31%、53.2%、78.5%。全国农业地膜多年累计残留达 118.48 万吨，每年约有 2.2 亿吨秸秆资源未能有效利用[①]。统计显示，全国化肥农药减量增效仍有很大的压力，2020 年我国单位播种面积农业化肥采用量达到 313.50 吨/千公顷，采用量远超过国际公认的 225 吨/千公顷的环境安全上限；农药采用量达到 1.31 吨/千公顷，采用量仍高出发达国家平均水平 1 倍还多。由此可见，目前我国农业主要依靠资源消耗的粗放经营方式没有根本改变，大水大肥大药问题仍比较普遍；地力透支、土壤重金属污染、地下水超采等问题仍然存在；畜禽污染、秸秆、农膜资源化利用水平有

---

① 中国农业绿色发展研究会，中国农业科学院农业资源与农业区划研究所．中国农业绿色发展报告 2020 [M]. 北京：中国农业出版社，2021.

待进一步提高，农业绿色供给难以满足人们的需求①。

家庭农场是最符合中国未来农业发展需要和政策目标的新型农业生产经营主体（杜志雄，2020）。据农业农村部最新统计数据，截至 2022 年 3 月中国家庭农场名录系统填报数量超过 390 万家，经营土地面积达 4.7 亿亩。家庭农场已日益成为我国现代农业最重要的组织形式和经营载体（张红宇、杨凯波，2017）。作为农业生产技术的主要利用者，家庭农场的生产行为将直接关系到农业绿色生产技术的发展和转化。契约农业（亦称合同农业或订单农业）即在农户进行农业生产之前，企业或中介组织与农户签订具有法律效力的产销合同，农户按照合同要求组织生产，企业或中介组织按照合同收购农产品的一种农业经营形式（刘凤芹，2003；刘刚，2015）。契约农业在我国的发展时间已有 40 多年，是带动我国农业产业结构调整、促进农民增收的农业现代化产业经营的主要形式。在实践中，契约农业是否能够有效改善家庭农场的生产方式，其作用机制是什么？本书将结合河南省家庭农场调研数据对这一问题进行深入探讨。

一、文献回顾

农业绿色生产的中心内容是通过合理的田间管理模式和耕作技术，利用有机肥料、采用生物防治病虫害和杂草管理相结合的方式，将农业生产和环境保护协调起来，在保护环境、保证农产品绿色无污染的同时促进农业发展和增加农户收入（中央网信办等，2021；谭秋成，2015）。为弄清影响农户采纳农业绿色生产技术的因素，张童朝等（2017）以 Probit 和 Tobit 模型实证检验了家庭资本禀赋及其结构对农户秸秆还田投资意愿的影响。黄炎忠等（2018）利用 Logistic 回归考察了外部环境、农户绿色生产认知等对农户绿色农业生产意愿的影响。高昕（2019）、王欣（2021）运用结构方程模型定量分析户主个体特征、农户家庭特征、农户潜在收益认知、政策引导等对农户绿色生产行为的影响。杨志海（2018）利用 Ordered Probit 模型，实证分析了老龄化、社会网络对农户绿色生产技术采纳行为的影响。曹铁毅等（2020）运用有序 Logistic 模型探讨了人力资本和社会资本对家庭农场测土配方施肥行为的影响。学者们的研究发现，拥有较多人力资本和社会资本的家庭农场采用测土配方施肥技术的概率更高，且测土配方施肥技术的使用明显提高了农户的生产效率，对收益的提高也有一定的促进作用；农户秸秆还田意愿受制于家庭资本禀赋的约束，家庭资本水平的提升及禀赋结构的优化可显著提升农户的绿色生产投入意愿；家

① 生态环境部．第二次全国污染源普查公报［EB/OL］．https：//www.mee.gov.cn/home/ztbd/rdzl/wrypc/zlxz/202006/t20200616_784745.html，2020－6－16．

庭农业收入占比、社会关系网络资源、绿色技术采纳的效益、政府补贴及农地托管服务都对农户绿色生产技术的采纳具有显著正效应，而农业劳动力的老龄化程度、绿色技术采用风险及政府管制则对农户绿色技术的采纳产生显著负效应。

契约农业在节约生产及交易成本、促进农业标准化等方面具有不可替代的优势（刘凤芹，2013），借助契约农业提高了农户的环境认知、环境态度和环境能力，进而提高农户的亲环境生产行为（唐博文等，2010；宋燕平、滕瀚，2016）。刘馨月和周力（2020）从农户层面揭示了订单农业在帮助养鸡户应对生产、价格以及交易不确定性风险的相对重要性。岳佳等（2021）借助 Probit 模型和倾向匹配得分法（PSM）实证检验契约农业对家庭农场采纳测土配方施肥技术的影响。周力（2020）验证了契约农业对养殖农户清洁生产行为的促进作用。侯晶（2020）分别采用多变量 Probit 模型、结构方程模型和 Logit 模型验证了订单农业对肉鸡养殖户安全生产、清洁生产决策，以及水稻种植户采纳环境友好型技术行为的影响。他们的研究发现，契约农业显著促进了农户采纳绿色生产技术。

上述研究发现，已有相关研究大多着眼于普通农户，基于资本禀赋、老龄化、农户认知、农地托管、政府政策等方面，分析对某一项绿色生产技术采纳的影响，较少分析家庭农场等规模经营主体绿色生产技术采用的特征及其影响因素，而关于契约农业对家庭农场绿色生产技术采用的影响研究仍不多见。基于此，本书采用多元有序 Logit 回归和倾向匹配得分法，在解决契约农业样本选择偏差的同时，系统考察契约农业及农场主自身特征、农场自身特征、经营管理特征、环境特征等变量对家庭农场绿色生产技术采用的影响。

二、契约农业对家庭农场绿色生产的影响机制

契约农业是一种农业生产模式，通过与农业企业或合作社签订契约，家庭农场可以获得技术支持、资金援助、农资统一供应和市场保障等资源，从而实现绿色生产。由于契约明确规定了交易双方的权力和义务，签约的农业企业通过生产过程监督、要素投入控制以及收入分享等工具影响农户的生产行为，极大促进了农业经营者的安全生产水平（Goodhue 等，2010）。契约农业具备三种关键功能。首先，它作为一种协调机制，帮助农场主更有信心地分配资源。其次，契约通过引入激励和惩罚措施，能够提升家庭农场的业绩和产品质量。最后，契约还能在风险分配中增强家庭农场与订单企业之间的合作。具体来说，契约农业通过以下途径影响家庭农场的绿色生产行为。

（一）提供生产技术培训或指导

家庭农场需要不断更新技术以提升农产品的质量与数量，满足市场对高品

质产品的需求。而新技术的采用常伴随着潜在风险和较高的成本，这使许多农场主不敢贸然使用。当农场主能够依靠订单企业或合作社等外部资源获取农用物资和生产技术时，他们更倾向于尝试新技术。这些合作伙伴在技术研发、培训以及推广应用方面往往比政府的农业推广服务更负责任且效率更高。这是因为家庭农场的利益与签约单位的利益是捆绑在一起的。

为了获得高质量的农产品，签约企业通常主动为农场经营者提供专业技术指导和技能培训。管理和技术培训是契约农业提供给家庭农场的关键服务之一。通过系统学习和实践，农户能够提高管理能力，并在绿色生产的道路上更加稳健地前进。签约企业的培训有效帮助农场主掌握环境友好型田间管理技术，规范农业生产流程，降低学习新技术的成本和风险，提高化肥和农药的利用效率，从而提升生产效率和产品质量。例如，农户可以学习如何正确使用农业机械、进行土壤管理和病虫害防治等。

（二）提供农资统一采购等服务

契约农业在农资采购方面为家庭农场提供了明确的方向和标准。为了降低家庭农场获取农资质量信息的成本及采购成本，签约企业倾向于向家庭农场提供统一的种子、化肥、饲料、农药等生产资料，并制定农资的使用标准。这种模式使农场主能够根据合同需求精准地采购到合适的种子、肥料等农资，从而起到促进家庭农场科学使用化肥和农药等农用物资的作用。此外，一些签约企业还提供一系列增值服务，如土地准备、田间耕作、收割以及免费培训和技术推广等。这些服务的主要目的是确保家庭农场主能遵循科学的作物种植和动物饲养方法，以实现预期的产量和所需的质量。这不仅有利于签约企业保证产品质量和供应的稳定性，也有利于签约家庭农场的收益保障。

（三）提供农业生产标准与质量控制

鉴于家庭农场的绿色生产行为具有很强的正外部性，为了维护声誉，签约企业通常会加强对生产者的绿色生产行为控制，制定严格的生产管理标准、药物残留等检验标准和奖惩制度，并通过生产过程监督、质量追溯等方式引导和促进家庭农场主采用绿色生产技术（周力，2020）。同时，签约企业会向家庭农场成员传授各种知识，包括田间管理、农药和化肥的施用方法，了解产品质量标准以及掌握市场需求情况等，促使家庭农场主更新经营理念，严格控制农产品生产过程中的质量。

（四）提供优质农产品溢价激励

质量溢价激励通常与分级收购制度相关联。例如，对于同等级农产品，合同规定的收购价会高于市场平均水平。家庭农场通过公开市场销售农产品的收益受市场价格波动和谈判能力的影响，而市场价格的不稳定性常常导致农场收入不稳定。此外，单个农民在与经销商交易时往往处于弱势，缺乏足够的议价能力，容易受到低价收购的压力。契约农业能够有效克服这些不确定性和压价行为。签约企业在合同中通常会与家庭农场事先约定一个明确的价格。若市场价格低于最低保护价格，则按最低保护价进行收购。为了确保获取高质量的农产品，签约企业常采用分级收购和收入分享等机制来鼓励家庭农场采用绿色农业技术。研究显示，契约质量溢价激励的强度越大，对农户采取绿色生产行为的影响就越明显（Saenger and Torero，2013；Key，2013）。

（五）促进家庭农场与企业形成紧密的合作关系

市场是一个或多或少的关系契约网络，财产权利契约关系之外蕴涵着人与人之间的社会关系，因此它受理性和道德双重因素的影响（埃里克、鲁道夫，2015），这意味着，阐释经济事件时，必须考虑交易主体关系的影响。契约农业是家庭农场与签约企业或合作社等经营主体之间构建的权利义务关系，这种关系的稳定性代表的是一种双赢合作。但由于交易双方的有限理性、信息不对称等因素，经常诱发双方对彼此的机会主义行为，如农场经营者可能会投入太少、不适当的投入（例如劳动力、机械、化学品、水）而投资不足，从而导致签约企业与家庭农场之间的紧张关系。约翰康芒斯指出，任何交易本身都内含有“冲突、依存和秩序”（Williamson，2002），而冲突带来的结果必然是履约率较低和低质量履约，使缔约各方更加看重自己的短期利益，从而放弃了长期合作可能带来的潜在收益。因此，不稳定的契约关系，增加了农业生产经营的随意性和不稳定性，这不但损害缔约双方的利益，也增加了无谓的社会成本，不利于家庭农场绿色耕作技术的采用。在众多公司和农户之间农产品契约关系的文献中，皆证明关系规范的培育可提高契约合作的稳定性（罗必良等，2019；万俊毅、欧晓明，2011；胡新艳，2013；刘凤芹，2009）。稳定的契约关系不仅有利于节约交易成本，同时可以使交易双方正确认知自己的角色任务，促使农场经营者按契约约定提供符合要求的产品。

基于以上分析，给出如下假设：

假设（7-6）：签订契约农业的家庭农场比不签订契约农业的家庭农场更愿意采纳绿色生产技术。

假设（7-7）：紧密的交易合作关系是保障契约有效执行的环境基础，可有效促进并激励农业生产者按契约要求进行生产，促使其采用有助于提高农产品质量的绿色生产技术。

三、数据、变量与模型

（一）数据来源

数据来自 2021 年 7—10 月课题组对河南省家庭农场的问卷调查。调查共发放问卷 771 份，其中集中发放问卷 102 户，组织在校大学生分散入户调查669份；剔除缺失值较多的问卷133份，有效问卷638份，有效率83%。根据样本农场主要从事的经营项目，本节把家庭农场分为种植、养殖和种养结合三大类，在全部样本农场中，各类农场分别占50.31%、27.75%和21.94%。

（二）变量选取与描述性分析

1. 因变量

农业绿色生产是一项系统工程，需要配合采纳多种技术才能更好地发挥作用（杨志海，2018）。目前，多数研究将农业绿色技术界定为化肥农药的减量和配方肥的施用、节水灌溉及秸秆农膜和畜禽粪便等一系列资源高效利用技术（张建杰，2021）。根据生产实际和农场主偏好，不同家庭农场可能采用一种或多种绿色生产技术，采用的越多反映出农场的绿色生产水平越高。本书借鉴 Willy 和 Holm-Mülle（2013）与杨志海（2018）的做法，将家庭农场所使用的绿色生产技术及方式的数量作为衡量其绿色生产水平的指标。本书界定的农业绿色生产技术包括测土配方施肥、种植作物轮作、节水灌溉、作物秸秆机械返田、粪便回收利用、科学使用农药、地膜回收7种。

表7-31　样本家庭农场绿色生产技术采用情况

绿色生产技术	未参与契约		参与契约		总计	
	平均值	标准差	平均值	标准差	平均值	标准差
测土配方施肥	0.291	0.455	0.521	0.500	0.411	0.492
秸秆机械化还田	0.444	0.498	0.554	0.498	0.502	0.500
作物轮作	0.761	0.427	0.780	0.415	0.771	0.420
节水灌溉	0.395	0.490	0.425	0.495	0.411	0.492
地膜回收处理	0.520	0.500	0.690	0.463	0.608	0.489
科学使用农药	0.755	0.431	0.828	0.378	0.793	0.405
粪便处理	0.810	0.393	0.786	0.411	0.798	0.402

注：表中各项绿色生产技术家庭农场若采用赋值为1，未采用为0。

从表7-31可以看出，参与契约的家庭农场在多数绿色生产技术的采用率上高于未参与契约的农场，尤其在地膜回收处理和科学使用农药方面，这表明参与农业契约可能有助于推动农场采用更环保的农业实践。具体来说，参与契约的农场在测土配方施肥、秸秆机械化还田、节水灌溉、地膜回收处理以及科学使用农药的技术采用上均优于未参与契约的农场。而在作物轮作和粪便处理技术上，两组农场的采用率都相对较高且相差不大。总体上，契约农业可以说有效促进了家庭农场对农业绿色生产技术的采纳，这可能带来长期的环境和经济效益，同时标准差的波动显示了不同农场之间在技术采纳上存在一定差异，这可能与各自的特定条件有关。

2. 核心解释变量

本书将契约农业分为两个层次：一是契约农业参与。借鉴相关研究，用家庭农场在销售农产品过程中是否与合作社或农业企业等客户长期事先签订农产品销售订单来衡量，若事先签有销售订单或与企业入股合营，则视为参与契约农业，反之，则未参与。由表 7-32 可知，分析的样本中有 332 个家庭农场与客户事先签有销售订单，契约农业率达 52%；采用独立样本 t 检验表明，参与契约农业和未参与的家庭农场采用绿色生产的水平存在显著差异，参与契约农业比未参与组绿色技术采用数量平均高出 0.600。二是契约农业关系。契约经济学将所有的经济活动都看作是一种交易，所有的交易都可以看作是一种契约（聂辉华，2004），未参与契约农业的家庭农场的交易对象具有随机性，这种契约关系极不稳固。本书选用家庭农场在销售农产品过程中与客户发生的交易纠纷次数衡量，交易纠纷反映出契约双方合作关系的紧密程度，发生纠纷的次数越多说明彼此关系越紧张，越不利于履行。分析的样本中有 32.3%的农场与客户发生过合同纠纷，平均纠纷次数为 1.54 次（表 7-32）。

表 7-32　参与契约农业与未参与的家庭农场绿色生产技术采用比较

是否参与契约农业	个案数（个）	平均值	标准偏差	均值等同 t 检验
未参与	306	3.977	1.459	$t=-5.334$，$df=636$，$p=0.000$
参与	332	4.584	1.411	

3. 控制变量

参照相关研究及样本数据，本书引入了农场主年龄、受教育程度、是否党员干部、务农意愿、对保护耕地投入的收益感知等农场主特征变量；家庭农场成立年限、土地地形、土地地块数、农场距县城的距离、经营规模等家庭农场自身特征变量；财务收支是否规范、是否在农业部门备案、示范农场等级、是否获得“三品一标”认证、农产品是否有品牌、是否购买农业保险、是否有经营性负债、经营项目数等农场经营管理特征变量；政府对家庭农场的支持力度、政府对耕地保护监督力度等政策环境特征变量。鉴于样本家庭农场包括种植类、养殖类和种养结合类农场，故把经营类型作为哑变量引入模型进行控制。

表 7-33　变量含义及描述性统计

变量		变量含义	均值	标准差
因变量	绿色生产技术	农场上一年在生产中采用的不同类别绿色生产技术的数量（个）	4.290	1.464
核心解释变量	契约农业	参与契约=1；未参与契约=0	0.520	0.500
	契约关系	农场成立以来与客户发生合同纠纷的次数	1.540	0.997
农场主特征	年龄	18～20 岁=1；21～30 岁=2；31～40 岁=3；41～50 岁=4；51～60 岁=5；61 岁及以上=6	3.920	1.086
	受教育程度	文盲=1；小学=2；初中=3；高中或中专=4；大专=5；本科=6；研究生=7	3.110	1.088
	务农意愿	非常不愿意=1；不愿意=2；一般=3；比较愿意=4；非常愿意=5	3.470	0.945
	是否中共党员	是=1；否=0	0.110	0.313
	收益感知	非常少=1；比较少=2；一般=3；比较大=4；很大=5	3.200	0.681
农场自身特征	土地地形	山地=1；坡地或丘陵=2；平地=3	2.829	0.452
	土地地块数	地块数	5.690	10.003
	成立年限	实际年限	8.255	7.425
	距县城的距离	5 公里以内=1；6～10 公里=2；11～15 公里=3；16～20 公里=4；21 公里及以上=5	3.040	1.332
	经营规模	土地面积（亩）	94.620	234.963
经营管理特征	财务收支是否规范	是=1；否=0	0.250	0.431
	是否经农业部门认定	是=1；否=0	0.430	0.496
	是否有注册商标	是=1；否=0	0.290	0.454
	示范农场等级	非示范=1；县级示范=2；市级示范=3；省级示范=4	1.150	0.457
	是否有经营负债	是=1；否=0	0.152	0.359
	是否购买农业保险	是=1；否=0	0.089	0.285
	是否获“三品一标”认定	是=1；否=0	0.340	0.474
	经营项目数	农场上一年（2020 年）实际经营农业项目数	1.390	0.668
外部环境特征	政府支持力度	几乎没什么支持=1；支持力度一般=2；给予大力支持=3	1.860	0.602
	政府对耕地监管力度	非常小=1；比较小=2；一般=3；比较大=4；很大=5	3.250	0.709

根据表 7-33 显示，平均每个农场采用约 4 种绿色生产技术，52%的农场参与契约农业，且平均每个农场与客户发生 1～2 次合同纠纷。农场主年龄多处于 31～50 岁年龄段，教育水平相当于初中，整体上对务农表现出一般偏上的意愿，而只有 11%是党员。大部分农场主的收益感知一般。农场一般位于平地，拥有 5～6 块土地，成立于 8 年前，距离县城 11～15 公里，占地约 95 亩。多数农场未规范化财务收支，未经农业部门认定，没有注册商标，是非示范级别，主要经营 1～2 个农业项目，且没有购买农业保险或获得“三品一标”认证。政府对农场的支持力度一般，耕地监管也较为一般。

（三）模型设定

1. 有序 Logit 模型

对于农户绿色生产行为的研究，学者们较多采用二元离散 Probit 或 Logit 模型，研究农户是否采用某一项绿色农业技术。在本书中，对于家庭农场绿色生产技术采用的衡量是以分类为特征的离散数据，根据家庭农场综合采用绿色生产技术的数量，将家庭农场的绿色生产水平划分为 0～7 层级，各层级存在明显的递进关系。故采用有序 Logit 模型考察各因素对家庭农场绿色生产技术采用的影响。建立的模型表达式为：

$$\ln\left[\frac{p(y \leqslant k)}{1-p(y \leqslant k)}\right] = \alpha_k + \sum_i^n \beta_j x_j + \varepsilon \qquad (7-10)$$

式中，k 表示绿色技术采纳的 8 个层级，y 为家庭农场采用绿色技术的数量，x_j 表示影响家庭农场绿色生产水平的第 j 个变量（包括两个核心解释变量和其他控制变量），α_k 表示截距项，β_j 表示回归系数，ε 为独立同分布的误差项。

2. PSM 倾向匹配得分模型

由于参与契约与未参与契约的家庭农场初始条件（如农场自身特征、农场经营特征、农场环境特征等）不完全相同，故可能存在样本自选择偏差，从而导致估计的偏误。倾向匹配得分法被证明是采用非实验数据或观测数据进行干预效应评估时具有说服力、较为新颖且有创造性的统计方法，适合对抽样样本数据的因果推断（聂辉华，2004）；该方法不需假定误差项分布，也不会为了识别因果效应要求解释变量外生，因此具有很强的实用性（罗明忠，2017）。故本书进一步采用倾向匹配得分法估计契约农业对家庭农场绿色生产技术应用的净效应。基于“反事实”逻辑，把是否参与契约农业作为处理变量，将家庭农场划分为处理组和对照组；然后，依据反映家庭农场主要特征的各个可测变量，利用二元 Logit 模型估计家庭农场参与契约的条件概率拟合值。倾向得分计算模型如下：

$$P(X_i) = P_r[D=1 \mid X_i] = \frac{\exp(\eta X_i)}{1+\exp(\eta X_i)} \quad i \in (I+J) \qquad (7-11)$$

式中，D 为处理变量，$D=1$ 表示家庭农场参与了契约农业（处理组 I），$D=0$ 表示家庭农场未参与契约农业（对照组 J），X_i 表示可能影响家庭农场是否参与契约农业的特征变量（包括农场主个体特征、家庭农场自身特征、家庭农场经营特征、政策环境特征）。通过公式（7-11）获得倾向得分值，即得出家庭农场参与契约农业的可能性。

其次，选择合适的匹配方法计算处理组与对照组的平均处理效应（ATT），以获得契约农业对家庭农场绿色生产技术采用的净效应，具体表示为公式（7-12）：

$$\begin{aligned} ATT &= E(y_{1i} - y_{0i}) = E(y_{1i} - y_{0i} \mid D_i = 1) \\ &= E(y_{1i} \mid D_i = 1) - E(y_{0i} \mid D_i = 0) \quad i \in (I + J) \end{aligned} \tag{7-12}$$

式中，y_{1i} 表示参与契约农业家庭农场的绿色生产技术采用数量，y_{0i} 表示未参与契约农业家庭农场的绿色生产技术采纳数量，D 为处理变量，与公式（7-11）定义相同。

四、实证结果分析

（一）有序 Logit 模型估计结果分析

本书运用 Stata17.0 软件，首先，采用极大似然法（MLE）对样本数据进行回归，得到有序 Logit 回归模型Ⅰ；然后，用逐步回归法，依据相伴概率值，采用反向筛选法，逐步剔除不显著变量，再重新回归，直到所有变量都显著，得到模型Ⅱ；作为参照采用普通最小二乘法（OLS）回归建立所有变量的线性回归模型Ⅲ，同样采用逐步回归法得到模型Ⅳ，以检验有序 Logit 回归的稳健性，回归结果见表 7-34。其中，模型Ⅰ的 *wald* 卡方统计量的值为 170.95，对应的 p 值为 0.000，*Log likelihood* 为−1 003.229，伪 R^2 为 0.087 7，具有统计学意义。

表 7-34　契约农业对家庭农场绿色生产水平影响的估计结果

变量	有序 Logit 模型Ⅰ	有序 Logit 模型Ⅱ	OLS 模型Ⅲ	OLS 模型Ⅳ
契约农业	0.327*	0.347**	0.252**	0.270**
	(0.172)	(0.159)	(0.123)	(0.109)
契约关系	−0.161*	−0.159*	−0.152**	−0.104**
	(0.087)	(0.081)	(0.060)	(0.052)
年龄	−0.099		−0.075	
	(0.085)		(0.058)	

（续）

变量	有序 Logit 模型Ⅰ	有序 Logit 模型Ⅱ	OLS 模型Ⅲ	OLS 模型Ⅳ
受教育程度	0.105	0.147**	0.069	0.104**
	(0.081)	(0.067)	(0.056)	(0.045)
务农意愿	0.219**	0.239***	0.181***	0.158***
	(0.094)	(0.088)	(0.065)	(0.057)
是否中共党员	0.027		−0.016	
	(0.242)		(0.169)	
收益感知	−0.004		0.033	
	(0.131)		(0.093)	
土地地形	0.231		0.147	
	(0.194)		(0.127)	
土地地块数	0.012 0		0.003	
	(0.011)		(0.006)	
成立年限	−0.006		0.015 0	
	(0.057)		(0.041)	
距县城距离	0.023 0		0.021 0	
	(0.060)		(0.041)	
经营规模	0.000		0	
	(0.000)		(0.000)	
财务收支是否规范	0.770***	0.764***	0.373**	0.470***
	(0.215)	(0.198)	(0.145)	(0.127)
是否经农业部门认定	0.139		0.191	
	(0.205)		(0.143)	
是否有注册商标	0.400	0.404**	0.250	0.262**
	(0.246)	(0.196)	(0.155)	(0.127)
示范农场等级	−0.218		−0.095	
	(0.175)		(0.121)	
是否有经营性负债	0.519**	0.528**	0.320**	0.302**
	(0.233)	(0.216)	(0.157)	(0.136)
是否购买农业保险	−0.617*	−0.598*	−0.326	−0.362*
	(0.328)	(0.312)	(0.220)	(0.200)
是否获“三品一标”认证	−0.081		−0.081	
	(0.212)		(0.148)	

（续）

变量	有序 Logit 模型Ⅰ	有序 Logit 模型Ⅱ	OLS 模型Ⅲ	OLS 模型Ⅳ
经营项目数	0.380**	0.250**	0.172	0.157**
	(0.172)	(0.116)	(0.106)	(0.075)
政府支持力度	0.323**	0.344***	0.208**	0.233***
	(0.133)	(0.129)	(0.090)	(0.083)
政府对耕地监管力度	0.043		0.037	
	(0.133)		(0.096)	
经营类型	已控制	已控制	已控制	已控制
截距项			2.607***	2.030***
			(0.678)	(0.328)
样本量	638	638	638	638
Wald chi2	170.95***	155.37***		
R^2	8.77%	8.28%	22.5%	24.0%
F 统计量			9.541***	19.956***

注：***、**、*分别表示在10%、5%、1%的水平上显著，括号内为异方差稳健标准误。鉴于篇幅，本表未汇报有序 Logit 回归的 7 个阈值点。

结果表明：第一，契约农业在模型Ⅱ中通过5%的显著性检验，较有力的验证了假设（7-6），即参与契约农业可有效提升家庭农场采纳绿色生产技术的水平。第二，契约关系在10%的水平上通过了显著性检验，表明稳定的契约关系对家庭农场绿色生产技术的采纳有一定的促进作用，验证了假设（7-7）。第三，农场主特征变量中，务农意愿在模型Ⅱ中通过1%的显著性检验，这表明农场主务农意愿越强越有助于提高家庭农场的绿色生产水平；受教育程度在模型Ⅱ中通了5%的显著性检验，表明受教育程度高的农场主采纳绿色生产技术的概率更高。第四，所有家庭农场自身特征类变量未通过显著性检验，而在家庭农场经营特征类变量中有多个通过显著性检验，其中家庭农场财务收支是否规范在1%的水平上显著，说明财务管理规范的家庭农场更加注重生产安全，采用绿色生产技术的概率更高；是否有经营性负债、农场经营项目数在5%的水平上通过了显著性检验，表明有经营性负债、经营项目较多的农场采用绿色生产技术的概率更高，是否购买农业保险通过了10%的显著性检验，且对家庭农场采用绿色生产技术产生负效应；是否注册商标在模型Ⅱ中通过了5%的显著性检验；但家庭农场是否经农业部门认定、是否获得“三品一标”认证、示范家庭农场等级未通过显著性检验。第五，环境特征变量中，政府对家庭农场的支持在所有模型中通过了5%的显著性检验，说明政府对家庭农场的支持力度，有助于引导农场经营者改善生产行为，促使其采用绿色生产技术；但政府对农户耕地保护的监管未通过显著性检验。

对比表 7-34 中四个模型，除了回归系数的大小，各个变量的显著性与影响方向在有序 Logit 模型中与 OLS 模型中基本一致，但模型Ⅰ和模型Ⅲ与各自的简化模型存在一定差异，说明模型可能存在内生性和样本选择偏差。

（二）二元 Logit 模型估计结果分析

为区分契约农业对家庭农场采纳不同绿色技术的影响，进一步采用 Logit 回归建立 7 个二元选择模型，将所有其他解释变量控制后，回归结果见表 7-35。通过怀特（white）异方差性检验，发现模型在 6.70%的水平上存在异方差，为抵消异方差的影响，所有模型均采用异方差稳健标准误回归。

结果表明：第一，契约农业显著提高了家庭农场采用测土配方施肥和地膜回收处理的概率；但契约农业对土地轮植、秸秆还田、粪便处理、农药使用、节水灌溉技术的影响未通过显著性检验，且除节水灌溉技术外，契约农业对其他绿色生产技术的采用仍产生一定正效应。可能的解释：作为规模经营主体，家庭农场更加注重经营的市场化和可持续性，对一些容易实施、能够降低经营成本的绿色生产技术，家庭农场即使没有外在契约约束的情况下也会主动采用，如通过对养殖粪便的售卖、发酵作有机肥、制作沼气等，可有效降低农场的化肥购买、照明用电等费用，增加农场的收入；而实施滴灌、喷灌等节水技术，需要前期投入较大的设施设备费用，尤其在水资源丰富地区，若无政府设施建设经费支持，签约企业及家庭农场缺乏应用该技术的动力。第二，契约关系对家庭农场测土配方和粪便处理技术的采用产生了较显著的影响，说明契约纠纷发生次数越少越有利于促进家庭农场采用这两项绿色生产技术，但对其他技术的采用影响不显著。

表 7-35　契约农业对各绿色技术采用的二元 Logit 回归估计

	测土配方	秸秆还田	土地轮植	节水灌溉	地膜处理	农药采用	粪便处理
契约农业	0.519***	0.272	0.025 0	−0.235	0.368**	0.294	0.045 0
	(0.202)	(0.199)	(0.231)	(0.193)	(0.194)	(0.252)	(0.233)
契约关系	−0.197*	−0.147	−0.125	0.040 0	−0.087 0	−0.053 0	−0.254**
控制变量	已控制	已控制	已控制	已控制	已控制	已控制	已控制
截距项	−2.224*	−3.051**	−0.071 0	−0.697	0.031 0	−1.577	0.885
	(1.270)	(1.221)	(1.309)	(1.172)	(1.162)	(1.306)	(1.342)
样本量	638	638	638	638	638	638	638
Prob>*chi2*	0.000	0.000	0.019 1	0.000	0.000	0.111 2	0.000
伪 R^2	0.188	0.171	0.063 8	0.104 5	0.114	0.061 0	0.094 5
Log likelihood	−350.647	−366.803	−321.252	−386.837	−378.316	−305.436	−290.823

注：***、**、*分别表示在 10%、5%、1%的水平上显著，括号内为异方差稳健标准误。

（三）家庭农场参与契约农业的二元 Logit 估计结果分析

为了减少样本选择偏差，本研究采用了倾向得分匹配模型进行估计。首先，基于农户行为选择理论，筛选影响家庭农场参与契约农业的关键控制变量，包括契约关系、受教育程度、务农意愿、耕地保护投入的收益感知、农场地形、地块数量、务农年限、农场距县城的距离、经营规模、财务收支的规范性、示范农场等级、是否获得“三品一标”认证、农场经营项目数以及政府支持力度共 14 个因素。通过逐步回归分析，剔除了显著水平大于 20%的变量。随后，使用二元 Logit 模型计算样本农场参与契约农业的概率。

结果显示（表 7－36）：第一，家庭农场参与契约农业的可能性与契约关系稳定性显著正相关。这可能是因为任何交易都包含冲突，且缔约方可能采取策略性行为以谋取利益，导致合作拒绝、失调或成本高昂的再谈判等，危及缔约关系的持续发展（罗必良等，2019）。契约冲突反映了交易双方为实现长期合作进行多次博弈的过程，故发生纠纷次数越多越倾向于缔结契约。第二，就农场主个人特征而言，具有较高教育水平、强烈的务农意愿以及对耕地保护投入有高收益感知的家庭农场，更倾向于选择参与契约农业。第三，在农场特征方面，拥有更多地块、成立年限较短的家庭农场更可能参与契约农业。而农场的经营规模和其距离县城的远近对参与契约农业的意愿影响不大。第四，从经营管理特征来看，拥有规范财务管理和“三品一标”认证的家庭农场更可能参与契约农业。然而，示范农场的等级和经营项目数量在 10%的显著性水平下没有通过检验。尽管如此，在 15%的显著性水平上，这些因素仍显示出正相关性。第五，在政策环境方面，政府的支持有助于家庭农场参与契约农业。

表 7－36　家庭农场参与契约农业的 Logit 方程估计

契约农业	系数估计值	稳健标准误	z 统计量
契约关系	0.371***	0.098	3.770
受教育程度	0.157*	0.086	1.830
务农意愿	0.219**	0.103	2.120
绿色感知收益	0.268*	0.141	1.900
土地地形	0.293	0.203	1.440
土地地块数	0.023*	0.014	1.660
成立年限	−0.048***	0.014	−3.300
距县城距离	−0.092	0.066	−1.390
经营规模	0.002	0.002	0.980
财务收支是否规范	0.722***	0.236	3.060

（续）

契约农业	系数估计值	稳健标准误	*z* 统计量
示范农场等级	0.448	0.297	1.510
产品是否获“三品一标”认定	0.486***	0.217	2.240
经营项目数	0.192	0.131	1.460
政府支持力度	0.356**	0.157	2.280
截距项	−4.727***	1.086	−4.350
*Wald chi*2（14）		98.61	
Pseudo R^2		0.159	
N		638	

注：***、**、*分别表示在10%、5%、1%的水平上显著。

（四）契约农业对绿色技术采用的倾向匹配得分估计

1. 契约农业的平均处理效应计算

为了确保匹配结果的稳健性，本书分别采用最近邻匹配、卡尺匹配、卡尺内最近邻匹配和核匹配四种常用的方法，分析契约农业对家庭农场绿色生产水平的平均干预效应，同时，采用 Bootstrap 自助抽样法计算稳健标准误，以提升检验的效率和精确水平。由表 7-37 可知，无论采用哪一种匹配方法，得到的匹配结果均较为相近（系数为 0.291～0.407），说明结果是稳健的，且在 5%的水平上显著。表明在排除其他影响因素的条件下，参与契约农业的家庭农场采用测土配方施肥、机械化秸秆返田、地膜回收、科学采用农药、土地轮植等绿色技术的数量，比未参与契约农业的家庭农场有显著提高，且平均高出 0.407。即参与契约农业对家庭农场绿色生产技术采用产生了显著的正向效应。依据 Bootstrap 方法，通过临界值显著性水平之间的对比，最终选择最近邻匹配（1∶1）进行进一步研究。

表 7-37　参与契约农业的平均干预效应（*ATT*）

匹配方法	处理组	对照组	*ATT*	标准差	T-sat	处理组/对照组（样本数）
最近邻匹配（*k*=1）	3.786	3.379	0.407	0.108	2.24**	323/306
卡尺匹配（带宽=0.06）	3.786	3.494	0.292	0.140	2.09**	323/306
卡尺内最近邻匹配（带宽=0.01，*k*=1）	3.752	3.397	0.355	0.175	2.03**	306/287
二次核函数匹配（带宽=0.01）	3.752	3.461	0.291	0.142	2.04**	306/287
四种算法均值	3.769	3.433	0.336			

注：*** 表示 p<0.01，** 表示 p<0.05，* 表示 p<0.10。

2. 共同支撑检验和匹配变量平衡性检验

采用倾向匹配得分法估计要求处理组与对照组的倾向得分有较大的共同取值范围，否则将丢失较多观测值，导致剩下的样本不具有代表性。根据表 7-38 可知，大多数观测值均在共同取值范围内，仅损失了少量的样本。依据 Rosenbaum 等（1983）的研究结论，匹配变量的 P 值越大，匹配效果越好，认为倾向值匹配估计可靠，反之，则效果不好（张复宏等，2021）。由表 7-39 可知，匹配前各变量的平均偏差为 29.9%，匹配后缩小到 7.9%，除了土地地形的标准化偏差变大，P 值变小，其他各协变量的标准化偏差均明显下降，且 P 值明显变大不显著，说明匹配后的家庭农场是否参与契约农业不受其基本特征变量的影响，匹配结果较好的平衡了数据，估计结果较为可靠。

表 7-38　样本倾向匹配结果

项目	未匹配样本	匹配样本	总计
对照组	0	306	306
处理组	9	323	332
总计	9	629	638

表 7-39　倾向匹配前后的平行假设检验

变量	匹配	处理组	对照组	差异率（%）	改变比率（%）	$p>\|t\|$
契约关系	匹配前	1.720	1.337	39.5		0.000
	匹配后	1.721	1.666	5.7	85.500	0.514
受教育程度	匹配前	3.259	2.948	28.9		0.000
	匹配后	3.235	3.173	5.8	80.100	0.444
务农意愿	匹配前	3.569	3.369	21.3		0.007
	匹配后	3.548	3.560	−1.3	93.800	0.873
绿色收益感知	匹配前	3.286	3.101	27.4		0.001
	匹配后	3.282	3.409	−18.8	31.300	0.022
土地地形	匹配前	2.825	2.833	−1.8		0.823
	匹配后	2.820	2.851	−6.8	−285.400	0.359
土地地块数	匹配前	6.970	4.306	27.1		0.001
	匹配后	6.526	5.226	13.2	51.200	0.085
成立年限	匹配前	6.943	9.680	−37.3		0.000
	匹配后	6.805	6.489	4.3	88.500	0.510

（续）

变量	匹配	处理组	对照组	差异率（%）	改变比率（%）	$p>\|t\|$
距县城距离	匹配前	2.964	3.128	−11.7		0.139
	匹配后	2.972	3.065	−6.7	43.200	0.421
经营规模	匹配前	135.220	50.572	37.1		0.000
	匹配后	100.630	116.290	−6.9	81.500	0.407
财务收支是否规范	匹配前	0.352	0.131	53.5		0.000
	匹配后	0.341	0.297	10.5	80.4	0.238
示范农场等级	匹配前	1.232	1.069	36.7		0.000
	匹配后	1.186	1.217	−7	81	0.454
是否获“三品一标”认定	匹配前	0.428	0.242	40.1		0.000
	匹配后	0.421	0.433	−2.7	93.3	0.751
经营项目数	匹配前	1.464	1.320	21.7		0.007
	匹配后	1.464	1.378	13.1	39.6	0.106
政府支持力度	匹配前	1.952	1.752	33.7		0.000
	匹配后	1.947	1.994	−7.8	76.8	0.364

五、研究发现

本节基于 2021 年对河南省家庭农场的调研数据，以 7 类农业生产技术的使用数量表征农业的绿色发展水平，构建有序 Logit 回归模型和倾向匹配得分模型，估计了契约农业对家庭农场绿色生产技术采纳的影响。

研究发现：第一，参与契约农业的家庭农场在绿色生产技术方面有显著提高。与未参与契约农业的家庭农场相比，其绿色生产技术使用数量平均高出 0.600 个；PSM 模型的结果表明，与未参与契约农业的家庭农场相比，参与契约农业的家庭农场平均处理效应为 0.407；进一步分析发现，契约农业对家庭农场采用不同绿色生产技术的效应存在差异，在参与契约农业的家庭农场中采纳测土配方施肥和地膜回收技术的概率更高。第二，有 32.3%的家庭农场与合作对象发生过合同纠纷，契约关系不稳定显著影响家庭农场的生产行为，降低了家庭农场采用绿色生产技术的概率。第三，农场主务农意愿、受教育水平、绿色技术使用收益感知、土地地块数、财务收支是否规范、产品是否获“三品一标”认证、政府支持力度等变量对促进家庭农场参与契约农业有显著的正效应，而家庭农场成立年限具有负效应，即成立年限越短的农场更有意参与契约农业。第四，培养爱农业、懂农业、愿意从事农业的职业农民，提高农民的务农兴趣对家庭农场使用绿色生产技术的水平具有显著促进作用；实施多元化生产、品牌化经营、规范化管理，不断提升家庭农场生产经营管理水平，增强家庭农场从事绿色生产的收益，是提高家庭农场绿色农业生产水平的根本；家庭农场的可持续发展离不开政府的帮扶与引导，加大政府支持力度，引导家庭农场转变生产方式，是促进家庭农场绿色生产水平提升的重要方面。

根据上述研究结论，建议：第一，加强契约农业的推广和培训。政府可以组织相关机构和专家，为家庭农场提供契约农业的培训和指导，帮助他们了解契约农业的优势和操作流程，提高他们参与契约农业的意愿和能力。第二，政府或相关农业部门应进一步建立健全契约农业参与机制，鼓励农业企业、合作社建立对家庭农场采纳绿色生产技术的质量溢价激励机制和收入分享机制，规范契约双方的农业生产协议，明确契约收益分配的方式，让家庭农场能分享到质量溢价的收益。第三，建立稳定的紧密契约关系。通过制定相关法律法规，明确双方的权利和义务，保障家庭农场的合法权益，增强他们对契约农业的信心。引导家庭农场与企业开展合作经营、入股经营、产业化经营、生产托管经营等多种契约农业合作模式，提高家庭农场的生产经营的组织化程度，与签约企业建立稳定紧密的契约关系，减少合同纠纷的发生。第四，建立以绿色生态为导向的奖励机制系和科技创新推广体系，以耕地地力提升和责任落实相挂钩的耕地地力保护补贴机制，不断加大对家庭农场的支持力度，通过政策优惠激发缔约双方推广绿色生产方式的动力。第五，鼓励家庭农场建立规范的财务收支制度，积极申请农产品“三品一标”认证，规范家庭农场的运营，培育绿色、优质、特色农产品品牌。第六，大力开展新农人培训，重点培养具有深厚农业情怀、认同农业、亲近农业的人，积极创造条件使愿意从事农业的人能扎根农业、献身农业，只有这样才能经营管理好家庭农场，从根本上转变农业生产方式，实现绿色发展。

第八章

主要结论与政策建议

本研究在国内外研究成果的基础上，以契约经济学的交易成本理论、不完全契约理论和委托代理理论为主要理论框架，基于河南省 18 个地级市家庭农场的调查数据，深入探讨家庭农场运行过程中所涉及的各种要素契约，提出并界定了家庭农场的企业契约性质。对家庭农场的各种要素投入使用特征及约束进行了详细的描述分析与统计检验，构建了家庭农场要素契约缔结选择和不同契约选择及契约关联者特征对家庭农场运行绩效影响的实证模型，理论与实际相结合揭示影响家庭农场契约关系稳定性的核心因素及其实质，阐明了提高家庭农场发展质量的内在机理与对策措施。

第一节　主要研究结论

一、家庭农场的土地流转面临多重约束

在我国，家庭农场的一个显著特征是租赁经营。但在土地流转过程中，家庭农场面临着不少的约束和挑战。农地产权关系的多级委托代理结构，导致土地流转的权力寻租和协调成本偏高。农村土地均分后农户地权空间分布呈严重插花细碎化现象，使得家庭农场难以实现土地集中连片经营，这不仅降低了生产效率，也增加了土地流转的交易成本。在农村社会保障体系尚不完善的情形下，农民对土地的过度依赖，尤其是老年农民对土地的情感依恋，进一步加剧了家庭农场土地流转与整合的困难。这些因素共同作用，导致家庭农场在转入土地时契约结构复杂、地权不稳定、契约纠纷较多，从而影响其长期发展规划和可持续经营。

农地流转契约的稳定性具有多维性，它不仅仅取决于某一个单一条款的选择，而是由多个契约条款和内容共同决定的。例如，租期、租约形式、租金以及租约对象都是衡量农地租约稳定性的重要指标。农地流转交易通常发生在乡土熟人社会中，因此，在同一个家庭农场中，可能会同时存在无约定的空契

约、口头契约以及正式书面契约，契约期限也可能有长短期并存的情况。另外，由于农地流转过程中各关系人的目标追求不同，以及对土地拥有的产权属性和权能不同，这无疑增加了农地流转契约结构的复杂性。因此，设计一种既能节约交易成本又能确保治理结构稳定的农地租约对于家庭农场的健康发展具有重要的实践意义。从农地契约缔约选择来看，随着农场专用固定资产投入的增加，家庭农场更倾向于与土地所有者签订长期租约，以保障投资的稳定性和回报。政府部门对家庭农场经营管理的监管有助于约束缔约双方的机会主义行为，减少契约纠纷，从而保证农地契约的稳定性。在选择农地契约时，也应注意与农场的经营类型相匹配，针对不同经营类型的家庭农场设计不同的契约激励机制。例如，种植类农场可能更适合定额契约，而养殖类和种养结合类农场则可能更受益于浮动契约或代管契约的灵活运用。

二、农场主是决定家庭农场经营成败的关键人物

农场主是家庭农场的核心，他们集所有者、劳动者和经营者于一体，不仅是生产发展的重要决策者，还是各种生产要素的组织者，对家庭农场的经营成败起着关键作用。根据统计数据，家庭农场主通常具有较高的文化素养，其初中以上学历的比例比全国农业从业人员高出 37.22 个百分点。他们的从业经历也相对丰富，平均年龄为 44.7 岁。值得注意的是，年长的农民更倾向于从事农业工作，而年轻一代的务农意愿则相对较弱，这对家庭农场的未来接班人造成了担忧，因为超过半数的农场主子女不愿意从事农业工作。此外，许多农场主对自身职业的社会地位认同感不高，明确表示不会鼓励子女继续从事农业，这严重影响了家庭农场的代际传承和可持续发展。

通过对家庭农场主的企业家能力进行评估，我们发现大多数农场主的企业家能力一般，尤其是在品牌创建、创新发展和抵御自然风险等方面还有待提升。文献梳理表明，家庭农场主需要具备管理能力、市场洞察力、技术创新能力，以及谋略胆识、持续学习的态度和较强的社会责任感。研究还发现，男性农场主在管理种植类和养殖类农场方面表现得更为高效，而女性农场主在管理种养结合的农场方面更为高效。农场主的实际管理经验（如从商经历、村干部或合作社负责人）对各类农场的经营效率都有显著的正面影响，而农场主的学历因素并不是决定农场效率的关键。此外，农场主对农业的兴趣和农业技能水平对提升家庭农场的生命力具有显著的促进作用。

三、采用雇工已成为家庭农场较普遍的做法

采用雇佣劳动力进行农业作业已成为大多数家庭农场弥补劳动力短缺的主要手段。调研数据显示，家庭农场平均雇佣常年工人数为 3.18 人，但不同类

型家庭农场在常年雇工的配置上存在显著差异。经济作物型和瓜果蔬菜型农场对常年雇工的依赖度较高，而粮食种植和渔业养殖型农场对常年劳动力的需求相对较低。超过90%的农场都雇用临时工，这些雇工通常来自农村中年龄较大的妇女和老人群体，40岁以下的青壮年人较少。大多数情况下，未签订正式劳动合同，工资、作业内容和劳动时间通常以口头约定的形式确定，农场主在农业雇工劳动结束后支付一定报酬。农场雇工呈现出“来源范围小、雇佣时间短、兼业化劳动”的特点。

家庭农场采用雇工生产不可避免地产生了因“委托—代理”问题而导致的效率损失。由于雇主和雇工之间的利益目标函数不一致，在有限理性和机会主义的约束下，家庭农场采用雇工面临着高昂的信息搜寻成本、缔约再谈判成本及缔约后雇佣劳动成效的计量监测成本。此外，在契约执行过程中还存在着雇主和雇工双方权益无保障、雇工兼业化以及对雇工人力资本投入不足等问题，导致家庭农场的利益受损。研究还发现，拥有更多专有农机设备的家庭农场更倾向于雇用常年工，并采用正式雇佣合同以确保人机匹配。同时，规模较大的农场也更可能雇用常年工，并通过正式合同维持稳定的雇工关系，以减少员工流动的不利影响。农场主的社会网络资本可以减轻对临时工的依赖，降低监督管理成本，保持家庭经营的特点。

四、家庭农场融资来源呈多元化、用途多样化

家庭农场的融资渠道呈现出多元化的趋势，其中自有资金占据主导地位，其次是银行贷款。值得注意的是，45%的家庭农场更倾向于选择农村信用社作为贷款途径，且融资期限通常以中短期为主，鲜有超过5年的长期贷款。在融资方式上，信用贷款、担保贷款或抵押贷款成为主要的选择。然而，在融资过程中，家庭农场普遍面临着融资额度有限、担保手续繁琐、缺乏有效抵押物和信贷抑制等问题。这些问题的根源在于抵押贷款制度的不完善、农场主金融知识的匮乏、家庭农场发展质量参差不齐以及信贷产品缺乏针对性等。

就融资用途而言，农田基础设施建设是各类农场共同的重要支出领域，尤其在种植类农场中，这一项目占投资总额的66.9%。此外，农业大棚的建设也是农场的重点投资方向，占总融资的42.9%，这充分体现了现代农业设施在提升农业生产效率方面的重要作用。购买农机和农资同样是各类农场的主要融资用途之一，在种植类农场中，购买农机的占比高达50.7%，反映出通过引入机械化设备来提高作物生产效率的趋势。总的来说，家庭农场的融资用途主要集中在提高农业生产效率和扩大生产规模上，同时也涉及提升生活质量和社会福利等方面的投资，这揭示了现代家庭农场发展的综合

化趋势。

五、提升自生能力对家庭农场的融资等具有重要作用

家庭农场的自生能力整体偏低，平均得分为 0.412 5，且大多数家庭农场的自生能力得分集中在 0.400 1～0.500 0。在一级指标中，创新能力略高于其他能力，强调了创新在提升农场自生能力中的关键作用。二级指标中，竞争能力和规模扩张能力是提升家庭农场自生能力的关键因素。三级指标中，资源配置程度权重最高，为 7.71%，其次是经营规模和示范农场等级等，这些指标反映了资源的有效利用和农场的经营状况对自生能力的影响。不同类型的家庭农场在自生能力上存在显著差异，种养结合类家庭农场的自生能力最高，其次是种植类家庭农场，养殖类家庭农场的自生能力最低。种植类家庭农场在规模扩张能力方面低于平均水平，但在其他方面如组织创新能力、技术创新能力等得分较高。而养殖类家庭农场除了规模扩张能力外，其他能力得分普遍较低。种养结合类家庭农场在多个维度上的得分均高于平均值，显示出这类农场在综合管理和风险抵御方面的相对优势。为了提升家庭农场的自生能力，需要关注资源配置效率、经营规模的优化、技术创新和管理创新等方面。同时，不同类型的家庭农场应根据自身特点制定相应的发展策略，以提高其在市场中的竞争力和可持续发展能力。

研究证明，家庭农场的自生能力对其融资意愿、融资可得性以及融资额度都具有显著的促进作用。特别是规模扩张能力，它是家庭农场产生贷款需求、获得金融机构信贷支持以及获取更高贷款额度的关键因素。而政府对家庭农场的财政支持力度越大，其贷款的意愿却会显著降低。

六、家庭农场有强烈参与农业服务供给的意愿

家庭农场在达到一定规模和资本水平后，表现出明显的服务溢出效应，逐渐变成推动周围小规模农户发展的关键因素。有 73.9%的家庭农场参与了农业社会服务供给，平均每家提供约 1.774 项服务。目前家庭农场参与农业服务供给主要通过“家庭农场＋企业＋科研机构”搭建综合服务平台模式、“家庭农场＋家庭农场＋农户”联营服务模式、“家庭农场＋农户＋生产性服务队”带动合作模式、“合作社＋家庭农场＋企业＋农户”的“四位一体”运营模式和“村集体＋家庭农场发展联盟（或协会）”综合服务平台模式五种。粮食种植和多样化经营的家庭农场倾向于提供全面的农地管理服务；相比之下，养殖类家庭农场对外提供服务的数量较少。粮经结合与经济作物类家庭农场在提供植物保护和防疫服务方面比例较高；而所有类型的农场在提供烘干和晾晒服务方面的比例都较低。观察家庭农场的发展阶段，发现它们普遍在农产品销售和

农业技术培训服务方面参与度较高。

研究证明，经营规模和农业机械资产是决定家庭农场提供服务的主要因素。规模越大、设备资产越多，其提供服务的意愿也越强，提供的服务数量也更多；在家庭农场的基础上组建合作社对拓展家庭农场服务功能具有很重要的作用，极大提高了合作社和家庭农场的资源配置效率，实现了互利共赢；农场主的村干部身份和农户属本村大家族对于嵌入乡村社会的家庭农场运营起到催化剂效应，降低了家庭农场对外提供服务时的交易成本，促进了家庭农场对外服务的供给；示范性家庭农场具有更强的对外供给农业服务的能力，且这种能力随示范级别的提高而增强；此外，雇有常年工的家庭农场，也有更强对外提供农业服务的意愿。总体而言，种植类和混合类家庭农场比纯养殖类农场对外提供农业服务的意愿和水平更高。总之，政府在稳定土地“集体所有、家庭承包、经营权集中”的基本格局的同时，更应该鼓励和发展各类农业中间服务组织，聚集各方资源搭建为农服务的综合服务中心或平台，以帮助家庭农场充分参与现代分工经济系统，拓展其服务功能，进而分享合作剩余。

七、家庭农场迫切需要全产业链、专业化的服务

由于农业生产各环节紧密相连，加之农时农事的不可逆性和紧迫性，家庭农场急需全产业链的服务以避免任一环节滞后影响整体产出价值。家庭农场在追求高产稳产的过程中，对农业机械服务、降低生产成本的农资需求及风险规避有强烈需求。与小规模农户相比，他们更倾向于综合化、全程化的农业服务，但服务渠道仍主要依赖自我服务，辅以农户间互助和专业服务提供者。家庭农场通过专业社会服务组织，所能获得的农业服务比例偏低，农业服务的分工专业深化不够。合作社、农业龙头企业和村集体在提供产前、产中及产后服务方面的功能整合不够完善。

调查数据显示，家庭农场之间的合作与联合不足，协作服务的专业化水平较低。仅有约 33.72%的家庭农场加入了合作社；而在农地流转方面，只有大约 23.8%能够获得中介服务组织的协助，其中 60%是依靠村委会协调，显示出其他专业服务组织发展的滞后。经营面积超过 200 亩的家庭农场，更倾向于通过专业服务组织来获取服务，这一比例高于其他规模的农场。随着经营期限的增长，家庭农场在采购、销售和施肥等环节依赖市场组织提供的一体化服务呈现出增长的趋势。超过三分之一的家庭农场面临专业人才缺乏、基础设施落后、资金短缺、缺乏发展规划、自然灾害等问题。超过 70%的农场主认为，财政支农、信贷支农、农业保险、农业投资等政策支农服务的效果一般，有待进一步提高政策的针对性和实施效果。

八、社会网络能显著降低家庭农场获取农业服务的成本

社会网络观揭示并解读了影响交易行为的众多非经济因素和力量，这对于理解缔约双方契约的选择和稳定性具有基础性作用。家庭农场在乡村经济中扮演着重要角色，其生产能力和市场竞争力往往受到社会网络资源的影响。这些网络资源包括政治关系、业缘关系和组织关系等，它们能够显著降低家庭农场在获取农业服务时的交易成本，并提高其在市场中的竞争优势。不同类型的社会网络资源对家庭农场获取服务的影响程度不同，这取决于网络的维度和特性。

实证分析表明：第一，农场主村干部身份对家庭农场在知识密集型和设备密集型生产环节的外包上具有优势。这是因为村干部通常拥有更广泛的信息渠道和更强的置信承诺，这些因素有助于促成与市场服务主体的交易。但对于劳动密集型的生产环节，如播种工作，即便村干部身份可以促成交易，但由于生产过程的监督和计量成本过高，实际上达成交易的可能性仍然较低。因此，村干部身份对于劳动密集型环节的外包并没有显著的促进作用。第二，加入合作社对家庭农场的积极影响显著。合作社成员资格不仅提升了家庭农场的组织化水平，促进了专业化分工，还大幅降低了服务获取的交易成本。合作社作为一个平台，使得家庭农场更容易获得政府或村集体的支持，这在多个环节中获取配额服务时尤为有利。但对于劳动密集型环节，如播种、打药、施肥等工作，加入合作社并不能显著促进配额服务的获取，这是由于这些环节的监督和计量成本仍然较高。第三，进城务工经历也是影响家庭农场采用外包服务决策的一个重要因素。有进城务工经历的农场主通常更倾向于将劳动密集型和设备密集型的工作外包给市场服务主体。这是因为进城务工经历扩展了农场主的信息渠道，增加了获取异质性信息的机会，同时也在实践中学习到了更多的经营管理知识，从而提升了他们的综合素养。这促使他们更愿意采用市场方式来获得所需的农业服务，进而主动参与到农业生产经营的分工协作中。

九、家庭农场在经营中面临多方面的挑战和效率问题

提升家庭农场的经营效率不仅关乎农场主个体的经济利益，也是实现社会经济可持续发展、保障食品安全和维护生态环境的关键因素。针对家庭农场的经营效率测度与投入产出冗余的分析，得出以下研究结论：

第一，家庭农场的综合效率普遍偏低，主要受限于规模效率较低。不同类型家庭农场之间经营效率存在显著差异，粮蔬结合类农场综合效率最高，而禽类养殖和牲畜养殖类农场综合效率最低。此外，各类家庭农场的经营效率与规模并不存在显著正相关关系。第二，综合效率变化基本呈“U”形特征。除了

牲畜养殖类和多元经营类农场外，其他类型的家庭农场的综合效率随着经营规模的增加，呈现出先下降后上升的“U”形特征。这意味着在较小规模区间以及扩大到一定规模后的较大规模区间，家庭农场的经营效率更高。第三，在技术效率方面，禽类养殖、粮食种植等类型农场表现较好，反映出较强的技术和管理能力。相对而言，种养结合和多元经营类农场技术效率较低。第四，规模效率普遍不高，尤其是牲畜养殖和禽类农场。有70.6%的家庭农场处于规模报酬递增状态，暗示通过扩大经营规模有可能提升效率。

在要素投入冗余方面，各类家庭农场在资本投入方面存在较大的冗余，尤其是设备等固定资产利用不充分、闲置问题较为突出。粮经结合、种养结合和多元经营类农场在土地投入方面的冗余较多，这些农场可以通过节约和集约利用土地来提高经营效率。同时，粮经结合、粮食种植、经济作物和禽类农场在雇工费用方面存在较大冗余，这些农场可以通过减少雇工或使用机械替代雇工来改进经营效率。环境因素对农场各投入项的松弛度影响具有显著差异。具体而言，粮食种植农场的效率受到地块数和距县城距离的正效应影响，而合作社的加入和信贷支持可能导致资本和租金投入的冗余，不利于效率提升。政府补贴的增加会导致雇工和物质费用投入的松弛度增加，同样不利于效率改善。其他类型农场也有类似的影响因素。

十、农地契约选择及结构对不同类农场具有显著的效率差异

在乡村熟人社会中，农地流转具有两个非常重要的特征：一是普遍存在的关系型流转交易，二是依附于集体土地所有权、农户土地承包权基础上的多层级、涉及多个契约相关者的农地流转。在此情况下，农地流转契约的构成既有短期限或无约定期限、简单口头契约或空契约，也有长期限、正式书面契约，在租金支付上既有定额租、浮动租，也存在分红租或代管契约等多种形式，而所有这些契约属性甚至可能共存于一个农场之中，导致家庭农场农地契约结构的复杂化、关联化。农地流转契约的实施过程都嵌入在复杂的关系之中，既表现为直接经济交易活动中缔约各方协定的契约关系，也表现为隐含于直接交易背后的社会关系，而关系规范的培育和建构可降低因资产专用性和不确定性带来的高交易成本，从而提高家庭农场契约的稳定性，改善家庭农场的经营效率。

研究证明，不同的农地契约适用于不同类型的农场，会带来不同的效率差异。对于种植类和种养结合类家庭农场，采用正式书面契约效率更高；而对于养殖类农场，采用简单契约更为高效。纯养殖类农场通过签订长期契约能提高效率，但种养结合类农场则相反。种植类农场实施定额契约更加有效，但这会降低养殖类和种养结合农场的效率。同时，种植类和养殖类农场使用浮动契约

可提升效率，但这会抑制种养结合类家庭农场的效率。代管契约对养殖和种养结合农场产生负面影响，而对其他类型农场影响不大。此外，扩大经营面积有助于提升种养结合农场的效率，但对其他类型农场则可能产生负面效果；增加物质费、资本和租金投入通常能提高所有类型农场的效率，而资本投入对养殖农场的效率影响呈现先降后升的“U”形趋势；增加雇工投入对养殖类家庭农场效率有正面影响，但对种植类和种养结合类农场则有负面影响。

十一、家庭农场的生命力受多个契约相关者行为的影响

家庭农场的生命力虽然略高于普通农户，但其整体水平仍然偏低。种养结合类家庭农场表现最佳，而瓜果蔬菜类普通农户最具活力。提高直接型契约相关者的务农兴趣和农业技能对家庭农场生命力有显著积极影响，与农资供应商、产品销售商等客户建立长期紧密的合作关系也对农场和普通农户的生命力产生显著正面影响。信贷支持对两者均有积极作用，尤其对普通农户更为显著。政府和合作社的影响不显著，村委会和亲朋的支持作用有限。在市场监管局登记的经营主体显示出更强的生命力。家庭农场的发展主要依赖于内部资源和管理水平，外部帮扶和支持的作用相对有限。总体而言，家庭农场要实现可持续发展需积极加强内部管理与外部合作，并努力克服融资与政策支持方面的挑战。

十二、契约农业对家庭农场绿色转型具有重要促进作用

家庭农场参与契约农业后，在绿色生产技术的应用方面显著提升。具体来看，相较于未加入契约农业的农场，参与的农场在绿色生产技术的使用上平均增加了 0.600 个单位。特别是测土配方施肥和地膜回收技术，参与契约农业的家庭农场采用这些技术的概率明显上升。多个因素对家庭农场是否选择加入契约农业有显著影响。其中包括：契约关系的稳定度、农场主的农业投入意愿、教育背景、对绿色技术收益的认知、土地块数、财务规范性、产品是否获得“三品一标”认证以及政府的支持力度。新成立的农场更倾向于加入契约农业，而发展比较成熟的家庭农场却并不热衷于参与契约农业。培养热爱农业、了解农业并愿意投身农业的职业农民，能够显著提高家庭农场使用绿色生产技术的水平。此外，政府加大支持力度，通过政策引导家庭农场转变生产方式，对于促进家庭农场绿色生产水平的提升也具有重要意义。

第二节 促进家庭农场发展的政策建议

根据上述研究发现，本研究在各章节已提出了一些促进家庭农场高质量发

展的政策建议。本节是对全书所提出的发展措施与建议的进一步归纳总结。

一、大力改善与优化家庭农场的生存环境

保障家庭农场能够生存下去是当前发展的首要问题。首先，加大对农村与农业基础设施的建设力度。以国家乡村振兴战略为契机，在政府的引导下，依托村集体组织，动员与组织村民参与乡村建设，凝聚资源壮大集体经济，改善村庄的道路、卫生、治安、水利设施等生产生活条件，为家庭农场发展创造良好的外部环境。其次，充分调动村委会在农地集中过程中的协调作用。以土地确权登记为契机，通过确权不确地、土地入股、农地托管、农地转包、农地互换等多种形式引导农地向家庭农场等规模经营主体集中，着力解决农地细碎化问题，多种方式实现农地的集中连片，以提高土地使用效率。再次，改善外出务工农民的就业环境。加大对农地转出户老年农民养老、医疗等权益保障力度，进一步加强对农村土地流转的宣传引导力度，增强农民的流转意愿。最后，建议设立扶持家庭农场的专项奖励资金，专门用于支持家庭农场的高质量发展。通过这些资金，可以激励家庭农场主提高经营管理水平，对于达到一定标准的家庭农场给予奖励，以此激发农场主的积极性和创新精神。

二、引导家庭农场开展多主体、多形式的融合发展

家庭农场的优势在于生产环节，而应对市场经济变化的能力薄弱，迫切需要通过联合与合作助推发展。第一，推动家庭农场开展多元化的农业合作模式。家庭农场可以通过合作经营、入股经营、产业化经营以及生产托管等多种契约农业模式来提升其生产经营的组织化水平。通过纵向或横向一体化的合作方式，可以建立起紧密的利益联结机制。探索并形成多样化的运行模式，如“家庭农场＋合作社＋龙头企业”“家庭农场＋龙头企业”“互联网＋家庭农场＋城市居民社区”“家庭农场＋超市（高校食堂等）”以及“家庭农场＋集体经济组织＋市场”，这些模式旨在充分利用家庭农场在种植和养殖环节的优势，同时结合合作社和产业化企业在技术、管理、资金和品牌上的强大力量，走向合作化、集团化和品牌化的发展道路。第二，搭建互助合作平台。鼓励建立平台或协会来促进农场间的互助合作，引导家庭农场根据生产经营需求联合创办专业合作社以提供自我服务。支持家庭农场以产权为基础组建联合农场，进行联合经营，以此提高规模化、集约化和标准化的水平。第三，大力推动三产融合发展。鼓励有条件的家庭农场拓展到第三产业，实现农业与服务业的融合。例如，一些规模较大的粮食种植家庭农场可以同时开展粮食烘干、加工和销售业务，这能有效降低单一种植业带来的风险，并提高收益。建议在全省的粮食主产区市县中培育 3～5 家此类家庭农场。此外，利用城郊、历史人文景观、

自然风光、交通河流和特色农产品等资源，创建集综合种养和休闲观光于一体的家庭农场，创新家庭农场的经营业态。

三、建立多元化、多层次、全过程的农场主培养体系

培育具备企业家精神的农场主对于家庭农场的高质量发展至关重要。首先，进一步强化职业农民教育培训。各级政府应增加财政支出，实行职业农民教育培训经费由政府买单，各类有资质职业培训机构、高等院校等通过公开竞标，积极投入新型职业农民的培养，保证培育培训质量，确保农场主能够掌握现代农业知识和技能。其次，实施多层次农业教育。开展覆盖不同层次的农业教育，包括普及性农业知识培训、职业技能提升和正规的农民学历教育，培养出真正热爱农业和在农业中拥有满意发展空间的“农二代”，使农业发展后继有人。再次，吸引优秀人才投入农业。政府应加大涉农人才引进力度，可参照大学生村官政策，鼓励中高等院校特别是农业院校毕业生到农业领域创业就业，支持农村种田能手、村干部、返乡农民工等兴办创办家庭农场。最后，推进家庭农场主培育的制度化。建立从基础教育到高等教育各阶段的农业知识和实践教育体系。在中小学阶段引入农业认知和体验活动，在高等学校提供专门的农业教育培训，并安排学生到家庭农场实习，以增强实践经验。此外，为家庭农场的创办和发展提供制度性支持，如教育学费援助、实践活动支持、创业信贷、土地流转和经营指导等。

四、建立健全农业劳动力市场，降低农场用工的成本

在提升家庭农场的生产效率和市场竞争力的过程中，劳动力管理是不可或缺的一环。可采取以下措施：首先，大力推进农业劳动力市场建设。政府应建立和完善农业劳动力交易平台，为农场主与工人提供便捷的匹配服务，降低交易成本。这样的平台可以实时更新劳动力供需信息，帮助家庭农场主找到合适的劳动力资源，并简化合同执行监督流程。此外，采取措施减少雇工频繁的流动，如通过制定合理的薪酬政策和工作条件，确保家庭农场能够及时获得并保留必要的劳动力。其次，推动区域协作与资源共享。鼓励家庭农场成立区域协作联盟，共同出资聘请具备专业技能的人才或管理人员，实现资源共享和成本共担。例如，多个家庭农场可以联合组建农机互助合作社，成员以自有农机入股，共同聘请专业操作员，为成员和非成员提供耕作、播种、收割等农机作业服务，实现资源共享、风险分散和收益共享。再次，规范雇佣行为与解决劳动争议。通过制度建设，规范雇主和雇员的行为，确保双方权益得到保护。政府应出台明确的农业雇佣政策法规，确立最低工资标准、工作时间和安全卫生条件等基本劳动标准。同时，提供标准化的农业劳动合同模板，帮助家庭农场与

工人签订合法、合规的合同，并在出现劳动争议时提供及时有效的解决机制。最后，实施差异化的雇工契约。根据不同类型的雇佣劳动采取差异化的雇工契约策略，以最小化雇工监管成本。对于生产性雇佣劳动，可考虑采用固定薪酬契约或生产外包契约，以降低监督成本；而对技术性或管理性劳动，可采用绩效分成契约，通过与工作绩效挂钩的激励机制，鼓励雇工提高工作效率和质量。

五、围绕家庭农场创新金融保险服务方式

通过金融创新和风险管理措施的实施，可以有效地增强家庭农场抵御市场波动的能力，确保其可持续发展。一是创新农业融资机制。鼓励金融机构扩大可用于抵押担保的财产范围，以适应家庭农场的特殊需求。积极探索包括农村土地承包经营权、宅基地使用权、大型农机具、蔬菜大棚、存货以及农产品商标权等在内的新型抵押物，通过这些方式盘活家庭农场的存量资产，提高其融资能力。二是完善政策性农业担保服务。积极支持政策性农业担保公司将家庭农场纳入服务对象，为符合条件的家庭农场提供及时的融资性担保服务。省级财政部门可向符合标准的农业担保公司提供风险补偿，以降低其运营风险，从而鼓励更多的金融支持流向家庭农场。三是进一步完善农业保险体系。完善现有的农业保险政策，增加由财政支持的政策性农业保险产品，扩大这些产品的覆盖范围。鼓励地方政府开发具有地方特色的保险品种，积极争取将更多的地方农业保险产品纳入中央财政保费补助体系，构建政府补助与商业保险相结合的全面家庭农场保险体系。四是加强农业保险与信贷联动。根据家庭农场的经营特点，创新质押担保方式，如开展农业保险保单质押贷款，增加家庭农场获得信贷的途径。同时，探索将自然灾害保险与价格保险结合起来的综合保险服务，为家庭农场建立更为全面的风险防范机制。五是大力推动信用体系建设。推动各地开展家庭农场的信用评级工作，以鼓励金融部门为信誉良好的家庭农场提供授信服务。通过建立健全的信用体系，可以降低金融机构的信贷风险，提高家庭农场获取信贷的便利性。六是引导家庭农场参与农产品期货市场。指导和帮助家庭农场主参与大宗农产品的期货交易，通过质押融资和套期保值等手段规避价格波动带来的风险。这不仅可以稳定家庭农场的收入，也能提高其对未来市场变动的应对能力。

六、完善以家庭农场为中心的配套制度体系

家庭农场在功能上应满足多方面目标，包括确保农民生计安全与财富积累、保障国家粮食安全与社会稳定，以及促进生态环境的改善等。为了实现这些目标，必须构建以家庭农场为核心的配套制度体系。第一，基于中国式家庭

农场的制度特征，应构建一个以保障家庭农场地权关系稳定为中心，以强化农地所有权协调权能、确立农地承包权财产权能、盘活农地使用权经营权能为辅的制度结构体系，妥善处理农场与农户、农场与村集体、农场与政府等利益相关的各种制度安排，不断完善农村社会保障体系，并逐步减少土地对农户的社会保障功能。第二，重视将支持家庭农场的政策制度化，完善家庭农场的培育机制。制度化的内容应该包括家庭农场的认定与登记、档案管理、经营与会计核算、生产管理以及创办培育和融资等方面，如大力推广“家庭农场随手记”财务软件，规范财务管理，清晰财务信息，引导家庭农场实现生产经营管理的标准化和制度化。第三，建立省、市、县三级家庭农场示范认定制度，进一步完善评选标准。重点支持示范家庭农场进行农田设施建设，配备储藏、烘干、畜禽粪污处理设施及大型农机具等；推动农产品标准化生产，培育品牌，发挥示范农场的引领作用，鼓励普通农户和种养大户向家庭农场转型。同时，鼓励示范家庭农场与周边小农户形成紧密的利益联结，通过服务带动小农户生产的转型升级。第四，完善家庭农场的代际传承和退出机制。随着时间推移，家庭农场可能面临农场主去世或退休等问题。为避免“后继无人”，需要制定专门的法律法规，明确继承或转让的顺序和范围，解决多人继承导致的土地分割问题，以及无人继承导致的农地闲置问题。确立农场主的退出机制，在农场主选择退出时，要求其主动向村集体经济组织和政府相关部门报备，并通过公开竞标等方式选拔合适的接收者；建立健全土地流转中介服务机构，明确其功能定位，鼓励拟退出的农场主，将家庭农场的土地、设备设施等资产整体交给土地流转中介服务机构进行公开市场交易，通过转让等方式确保农场顺利过渡。

七、以高质量发展为导向强化政策扶持的针对性

家庭农场的高质量发展是实现农业现代化的重要途径，对于提升农业生产效率、增加农民收入、推动乡村振兴具有重要意义。家庭农场作为农业经营的基本单元，能够有效地进行规模化、标准化和集约化生产，有助于转变传统的农业生产经营方式，它克服了小农经营规模狭小的弊端和企业经营监管成本高的弊端，同时兼具农户家庭经营和企业规模经营的优势，已日益成为我国农业现代化建设的主力军。政府应进一步通过财政支持、金融贷款、技术培训、市场营销和法律咨询等多方面的政策扶持，为家庭农场的发展提供坚实的支撑。

首先，制定家庭农场高质量发展建设标准。根据农、林、牧、渔等不同类型家庭农场的特点，围绕物质装备、生产规模、经营效益及农产品质量安全等方面，制订具体的发展建设标准。重点支持家庭农场获得无公害农产品、绿色食品、有机食品认证以及使用农产品地理标志，以提升市场竞争力和产品质量。其次，实施多元化财政扶持。采取直接补助、以奖代补、贷款贴息等方

式，支持家庭农场开展农产品质量安全认证、农业生产基础设施建设、种苗繁育、加工储运等，降低其经营成本，提高生产效能。然后，建立绿色生态奖励机制。创建一个以绿色生态为核心的奖励体系，并将其与科技创新推广体系相结合。实行耕地地力保护补贴机制，与耕地地力提升和责任落实紧密挂钩，通过政策优惠和资金支持，激励家庭农场采取绿色生产方式。再次，完善契约农业参与机制。促进农业企业、合作社与家庭农场之间的合作，为采纳绿色生产技术的家庭农场建立质量溢价激励机制和收入分享机制。规范化农业生产协议，明确收益分配模式，确保家庭农场能够从提升产品质量中获得实际利益。最后，完善和丰富农业项目立项评选。各级政府有关部门应将家庭农场作为财政支农项目申报和实施的关键主体，对于适合家庭农场参与的农业开发项目和财政补助项目，应优先考虑家庭农场，帮助其改善生产经营条件，实现可持续的农业发展。

八、以创新优化为导向推动家庭农场经营效率的提升

家庭农场经营效率的提升是一个系统工程，需要从内部管理到外部市场多方面进行优化和创新。基于家庭农场经营效率测度的研究结果，提出以下综合性政策建议：

第一，鼓励农场主不断优化农场的规模和结构。鼓励家庭农场通过合作、联合或扩大经营等方式达到更优的经营规模，并引导部分农场向综合效率较高的粮蔬结合模式转型。第二，增强技术与管理支持。特别是为技术效率较低的种养结合和多元经营类农场提供技术改进和管理提升的专项基金和技术服务团队。第三，改革土地政策，积极推动土地整理和流转。允许小规模经营通过扩大规模或高效利用土地来提升效率，同时推广土地节约和集约利用的政策。在资本及投资方面，提供投资规划指导，帮助农户合理配置资源，避免不必要的资本浪费，并调整财政支持和信贷政策，确保资金得到高效使用。第四，针对劳动力成本控制，政府可以提供机械化替代方案的补贴，鼓励使用现代化机械代替人工，以降低人工成本并提高效率，同时开展农业工人技能培训项目，提高劳动者的技能水平。第五，关注不同类家庭农场的特点，有针对性提供帮扶。对于粮食种植农场，应防止政府部门和合作社的过度干预，避免资源过度集中于粮食生产，从而导致设备和设施资源的浪费；对于经济作物，应防止村委会对农场雇工使用的干预，同时，加强村集体的统一采购功能，为家庭农场提供更优质、低成本的农资，以降低农场的物质费用投入；对于养殖类和种养结合类农场，应加强对它们的农业技术支持，提高对农场主的技术培训效能，但应控制对牲畜养殖农场的政府补贴额度，以防止农场对资本投入和雇工投入过度，而产生效率损失。第六，考虑环境和地理位置因素，制定地区特定的策

略，如为偏远地区的农产品提供更多的市场接入机会或物流支持，并鼓励采用环保和可持续的农业实践，以减少对环境的负面影响，保持农业生产的可持续性。这些措施的实施需要跨部门协调和多方面的努力，政府应积极制定合适的政策和提供必要的支持，以帮助家庭农场提高经营效率，实现农业的现代化和可持续发展。

参考文献

埃里克·弗鲁博顿，鲁道夫·芮切特，2015. 新制度经济学——一个交易费用分析范式［M］. 姜建强，罗长远，译. 上海：上海人民出版社.

奥利弗·E. 威廉姆森，2002. 资本主义经济制度：论企业签约与市场签约［M］. 段毅才，王伟，译. 上海：商务印书馆.

奥利弗·E. 威廉姆森，2020. 契约、治理与交易成本经济学［M］. 陈耿宣，译. 北京：中国人民大学出版社.

蔡昉，2007. 中国经济面临的转折及其对发展和改革的挑战［J］. 中国社会科学（3）：4-12.

蔡海龙，2013. 农业产业化经营组织形式及其创新路径［J］. 中国农村经济（11）：4-11.

蔡键，2014. 我国家庭农场形成机制与运行效率考察［J］. 商业研究（5）：88-92.

蔡科云，王若蒙，2017. 我国家庭农场雇佣关系中"雇工权"与"成员权"对接研究［J］. 湖北行政学院学报，（5）：57-63.

蔡文著，汪达，2020. 资源禀赋对家庭农场成长绩效影响的实证研究——创业拼凑的中介效应［J］. 江西社会科学，40（7）：229-238.

蔡颖萍，岳佳，杜志雄，2020. 家庭农场畜禽粪污处理方式及其影响因素分析——基于全国养殖型与种养结合型家庭农场监测数据［J］. 生态经济，36（1）：178-185.

曹博，赵芝俊，2018. 地权结构、制度盈余与土地流转契约——来自于租佃制的解释［J］. 干旱区资源与环境，32（2）：8-14.

曹林奎，2013. 我国农业产业化经营新模式："农民合作社＋家庭农场"［J］. 上海农村经济（4）：32-34.

曹铁毅，王雪琪，邹伟，2020. 家庭农场测土配方施肥行为分析——基于人力资本和社会资本禀赋［J］. 干旱区资源与环境，34（5）：117-123.

曹铁毅，杨亚琼，邹伟，2021. 家庭农场身份类型与农机服务供给行为——基于内生型和外生型的比较［J］. 农林经济管理学报，20（6）：702-711.

曹铁毅，邹伟，2023. 双重组织化：规模农户参与社会化服务的绩效提升路径——基于"家庭农场服务联盟"的案例分析［J］. 农业经济问题（3）：111-122.

陈澳，栾敬东，秦江城，2021. 种植型家庭农场的经营效率测度分析——基于安徽省352个家庭农场数据［J］. 云南农业大学学报（社会科学），（15）：1-10.

陈超，李寅秋，廖西元，2012. 水稻生产环节外包的生产率效应分析——基于江苏省三县的面板数据［J］. 中国农村经济（2）：86-96.

陈道琛，2014. 基于卓越绩效模式的我国家庭农场生命力研究［D］. 兰州：兰州商学院.

陈德仙，胡浩，黄中伟，等，2021. 现阶段家庭农场的生产经营特征分析——基于长江中下游地区的监测数据［J］．农业经济问题（8）：73－82．
陈德仙，黄中伟，2019．制度环境对家庭农场的影响研究：一个文献综述［J］．经济体制改革，219（6）：81－88．
陈宏辉，2004．利益相关者利益要求：理论与实证研究［M］．北京：经济出版社．
陈金兰，王士海，胡继连，2021．家庭农场的传承障碍及支持政策研究——基于山东省的微观数据和案例分析［J］．农业经济问题，496（4）：121－131．
陈军民，2017．制度结构与家庭农场的运行效率及效益［J］．华南农业大学学报（社会科学版），16（5）：1－14．
陈军民，2022．家庭农场的生命力评价及影响因素研究——基于河南省的调查数据［J］．江苏农业科学，50（1）：212－221．
陈军民，王娟，2019．家庭农场农地流转契约关系缔结选择的实证研究［J］．江苏农业科学，47（7）：291－296．
陈军亚，2019．韧性小农：历史延续与现代转换——中国小农户的生命力及自主责任机制［J］．中国社会科学（12）：82－99，201．
陈雷，2016．金融支持家庭农场发展的难与解［J］．中国农村金融（13）：54－55．
陈锡文，2013．构建新型农业经营体系刻不容缓［J］．求是（22）：38－41．
陈锡文，等，2009．中国农村制度变迁 60 年［M］．北京：人民出版社．
陈义媛，2013．资本主义式家庭农场的兴起与农业经营主体分化的再思考［J］．开放时代（4）：137－156．
陈钊，2005．信息与激励经济学［M］．上海：上海人民出版社．
党国英，2013．积极稳妥发展家庭农场［J］．农村工作通讯（7）：19－20．
邓波，张学军，郭军华，2011．基于三阶段 DEA 模型的区域生态效率研究［J］．中国软科学（1）：92－99．
邓宏图，崔宝敏，2007．制度变迁中的中国农地产权的性质：一个历史分析视角［J］．南开经济研究（6）：118－141．
丁声俊，2013．家庭农场的“五化”特色［N］．人民日报 5－7．
董欢，2017．水稻生产环节外包服务行为研究［J］．华南农业大学学报（社会科学版），16（2）：91－101．
董凌芳，2013．结构化理论视野下松江家庭农场制度研究［D］．上海：华东理工大学．
董明，2020．破解家庭农场信贷难题方向和路径研究［J］．农产品市场，953（23）：45－47．
杜志雄，2016．中国农业政策新目标的实现路径［J］．黑龙江粮食（7）：8－9．
杜志雄，2018．家庭农场发展与中国农业生产经营体系建构［J］．中国农村发展观察（Z1）：43．
杜志雄，2019．把家庭农场培育成高质量的新型农业经营主体［J］．农村经营管理（11）：16－17．
杜志雄，2022．新时期中国家庭农场研究［M］．北京：中国农业出版社．
杜志雄，金书秦，2016．中国农业政策新目标的实现路径［N］．中国经济时报 5－13．

杜志雄，王新志，2013. 中国农业基本经营制度变革的理论思考 [J]. 理论探讨 (4): 72-75.
杜志雄，肖卫东，2014. 家庭农场发展的实际状态与政策支持：观照国际经验 [J]. 改革 (6): 39-51.
方康云，2001. 俄罗斯的家庭农场 [J]. 世界农业 (12): 23-25.
房慧玲，1999. 发展家庭农场是中国农业走向现代化的最现实选择 [J]. 南方农村 (2): 19-20.
费方域，1996. 契约人假定和交易成本的决定因素——威廉姆森交易成本经济学述评之一 [J]. 外国经济与管理 (5): 26-29.
费方域，蒋士成，2008. 合同理论的范式演进 [M]. 上海：上海财经大学出版社.
费孝通，2001. 江村经济 [M]. 北京：商务印书馆.
高帆，张文景，2013. 中国语境中的"家庭农场"[J]. 探索与争鸣 (6): 57-61.
高强，刘同山，孔祥智，2013. 家庭农场的制度解析：特征、发生机制与效应 [J]. 经济学家 (6): 48-56.
高思涵，吴海涛，2021. 典型家庭农场组织化程度对生产效率的影响分析 [J]. 农业经济问题，495 (3): 88-99.
高昕，2019. 乡村振兴战略背景下农户绿色生产行为内在影响因素的实证研究 [J]. 经济经纬，36 (3): 41-48.
高杨，李佩，陆姣，2018. 基于发展新理念的粮食类家庭农场成长绩效测评研究 [J]. 华中农业大学学报 (社会科学版), (2): 63-71, 157.
高勇，2019. 乡村振兴战略下家庭农场的信贷需求特征、意愿及其影响因素研究——基于安徽省郎溪县的问卷调查 [J]. 农村金融研究 (12): 57-63.
高原，2012. 小农农业的内生发展途径：以山东省聊城市耿店村为例 [A]. 黄宗智 . 中国乡村研究 (第九辑) . 福州：福建教育出版社.
高志坚，2012. 对现代家庭农场制度的探讨——试论我国农村土地制度创新的方向 [J]. 理论与改革 (2): 82-85.
高志强，2014. 中国特色的家庭农场制度框架 [J]. 农业经济问题 (4): 169-177.
郜亮亮，2020. 中国种植类家庭农场的土地形成及使用特征——基于全国 31 省 (自治区、直辖市) 2014—2018 年监测数据 [J]. 管理世界，36 (4): 181-195.
郜亮亮，杜志雄，2016. 教育水准、代际关系与家庭农场演进的多重因素 [J]. 改革 (9): 45-48.
郜亮亮，杜志雄，谭洪业，2020. 家庭农场的用工行为及其特征：基于全国监测数据 [J]. 改革 (4): 148-158.
郜亮亮，杜志雄，谭洪业，2020. 什么样的农场主在经营中国的家庭农场 [J]. 农业经济问题 (4): 98-110.
葛舒梦，徐朱媛，张化楠，2021. 家庭农场信贷需求及其影响因素分析——基于山东省 269 家省级示范场调研数据 [J]. 山东农业大学学报 (社会科学版), 23 (3): 48-53, 185.
耿鹏鹏，2021. 种植结构"非粮化"：农地租约稳定性的维度逻辑及其证据 [J]. 经济经纬

（2）：44－53.
管珊，2016. 家庭农场合约治理问题研究［D］. 武汉：华中农业大学.
管珊，万江红，2017. 交易成本与家庭农场合约稳定性——基于对 111 个家庭农场的调查［J］. 农业现代化研究（2）：234－240.
桂华，2017. 土地制度、合约选择与农业经营效率——全国 6 垦区 18 个农场经营方式的调查与启示［J］. 政治经济学评论（4）：63－88.
桂华，刘洋，2017. 我国粮食作物规模化种植及其路径选择——江苏射阳“联耕联种”做法与启示［J］. 南京农业大学学报（社会科学版），17（1）：100－107，147.
郭军华，倪明，李帮义，2010. 基于三阶段 DEA 模型的农业生产效率研究［J］. 数量经济技术经济研究（12）：27－38.
郭熙保，龚广祥，2018. 信贷市场对家庭农场农地流入决策的影响［J］. 社会科学战线，278（8）：70－77.
郭熙保，龚广祥，2021. 新技术采用能够提高家庭农场经营效率吗？——基于新技术需求实现度视角［J］. 华中农业大学学报（社会科学版），151（1）：33－42，174－175.
郭熙保，冷成英，2018. 我国家庭农场发展的十大特征——基于武汉和郎溪 607 户家庭农场的比较分析［J］. 经济纵横（10）：43－58，2.
郭熙保，冷成英，2018. 我国家庭农场发展模式比较分析——基于武汉和郎溪调查数据［J］. 福建论坛（人文社会科学版），（11）：171－180.
郭熙保，吴方，2020. 家庭农场经营规模、信贷获得与固定资产投资［J］. 经济纵横（7）：92－105，2.
郭熙保，吴方，2022. 合同农业能否有效提高家庭农场技术效率和收入——基于 812 个种植业家庭农场调查数据的倾向得分匹配分析［J］. 农业技术经济（1）：1－20.
郭熙保，吴方，查科，2022. 我国家庭农场研究进展与展望［J］. 西部论坛（6）：1－16.
郭亚萍，罗勇，2009. 对家庭农场中新型雇佣制度的思考［J］. 中国人口・资源与环境，19（1）：37－40.
韩俊，2019. 坚持农业农村优先发展　促进乡村全面振兴［EB/OL］. https：//www.zgxcfx.com/jinritou-tiao/116405.html，12－27.
何劲，熊学萍，2014. 家庭农场绩效评价、制度安排抑或环境相容［J］. 改革（8）：100－107.
何秀荣，2009. 公司农场：中国农业微观组织的未来选择？［J］. 中国农村经济（11）：4－6.
贺亮，张翼，2021. 在地化：资本农场中的农业雇工管理实践——基于湖北李村金川农场的实地调研［J］. 农村经济（2）：1－11.
贺雪峰，2017. 保护小农的农业现代化道路探索——兼论射阳的实践［J］. 思想战线（2）：101－111.
贺雪峰，印子，2015. “小农经济”与农业现代化的路径选择——兼评农业现代化激进主义［J］. 政治经济学评论（2）：45－65.
衡霞，杨明洪，2009. 订单农业契约风险形成机理及外部性分析［J］. 统计与决策（16）：

43 - 45.
洪名勇，龚丽娟，洪霓，2016. 农地流转农户契约选择及机制的实证研究——来自贵州省三个县的经验证据 [J]. 中国土地科学 (3)：12 - 19.
洪名勇，王晓娟，2009. 基于心理契约的农地流转研究 [J]. 制度经济学研究 (3)：146 - 168.
侯晶，2020. 订单农业的交易关系研究 [M]. 北京：社会科学文献出版社.
胡冬生，余秀江，王宣喻，2010. 农业产业化路径选择：农地入股流转、发展股份合作经济——以广东梅州长教村为例 [J]. 中国农村观察 (3)：47 - 59.
胡瑞法，黄季焜，2001. 农业生产投入要素结构变化与农业技术发展方向 [J]. 中国农村观察 (6)：9 - 16.
胡书东，1996. 家庭农场经济发展较成熟地区农业的出路 [J]. 经济研究 (5)：65 - 70.
胡新艳，2013. “公司＋农户”：交易特性、治理机制与合作绩效 [J]. 农业经济问题，34 (10)：83 - 89，111.
胡新艳，朱文珏，刘凯，2001. 理性与关系：一个农地流转契约稳定性的理论分析框架 [J]. 农村经济 (2)：9 - 13.
胡振，苏玉文，2022. 金融素养对家庭农场主融资能力影响研究 [J]. 西部金融 (9)：11 - 18.
黄大勇，2020. 农业机械化服务对家庭农场的作用机理——一个理论分析框架 [J]. 吉首大学学报 (社会科学版)，41 (5)：72 - 79.
黄季焜，2022. 加快农村经济转型，促进农民增收和实现共同富裕 [J]. 农业经济问题 (7)：4 - 15.
黄季焜，胡瑞法，易红梅，等，2022. 面向 2050 年我国农业发展愿景与对策研究 [J]. 中国工程科学，24 (1)：11 - 19.
黄新建，姜睿清，付传明，2013. 以家庭农场为主体的土地适度规模经营研究 [J]. 求实 (6)：94 - 96.
黄炎忠，罗小锋，李容容，等，2018. 农户认知、外部环境与绿色农业生产意愿——基于湖北省 632 个农户调研数据 [J]. 长江流域资源与环境，27 (3)：680 - 687.
黄宗智，2014. “家庭农场”是中国农业的发展出路吗？[J]. 开放时代 (2)：176 - 194，9.
黄宗智，高原，彭玉生，2012. 没有无产化的资本化：中国的农业发展 [J]. 开放时代 (3)：10 - 30.
黄宗智，彭玉生，2007. 三大历史性变迁的交汇与中国小规模农业的前景 [J]. 中国社会科学 (4)：74 - 88，205 - 206.
黄祖辉，张静，ChenKevin，2008. 交易费用与农户契约选择——来自浙冀两省 15 县 30 个村梨农调查的经验证据 [J]. 管理世界 (9)：76 - 81.
纪志耿，黄婧，2014. 拥有什么条件才能成为家庭农场主——经营规模测算及自立能力分析 [J]. 农村经济 (6)：3 - 7.
贾晶晶，2010. 企业生命力分析与评价研究 [D]. 青岛：中国海洋大学.

蒋永甫，张小英，2016. 农地流转主体的交易成本——基于种养大户、家庭农场、合作社及龙头企业的比较［J］. 学术论坛，39（2）：43－48.
金碚，2001. 论企业竞争力的性质［J］. 中国工业经济（10）：5－10.
科斯，阿尔钦，诺斯，1994. 财产权利与制度变迁：产权学派与新制度学派译文［M］. 刘守英等，译. 上海：上海人民出版社.
孔令成，郑少锋，2016. 家庭农场的经营效率及适度规模——基于松江模式的DEA模型分析［J］. 西北农林科技大学学报（社会科学版），16（5）：107－118.
孔祥智，2020.《新型农业经营主体和服务主体高质量发展规划（2020—2022年）》解读一：促进新型农业经营主体和服务主体高质量发展［EB/OL］. http：//www.moa.gov.cn/xw/zwdt/202003/t20200323_6339645.htm，03－24.
来晓东，杜志雄，郜亮亮，2021. 加入合作社对粮食类家庭农场收入影响的实证分析——基于全国644家粮食类家庭农场面板数据［J］. 南京农业大学学报（社会科学版），21（1）：143－154.
兰勇，贺忠连，谢先雄，2023. 家庭农场可持续成长能力评价及制约因素分析［J］. 世界农业（8）：88－100.
兰勇，罗恬，蒋黾，等，2022. 违约风险感知、关系网络与家庭农场土地经营权流转模式选择——基于湖南省387个家庭农场微观数据的实证［J］. 湖南农业大学学报（社会科学版），23（3）：51－59.
兰勇，谢先雄，冯嘉颖，等，2015. 农场主混合经历、资源网络与农场成长态势关系研究——基于对中部地区某县4个家庭农场主的深度调查［J］. 中南林业科技大学学报（社会科学版），9（1）：68－71.
黎东升，曾令香，查金祥，2000. 我国家庭农场发展的现状与对策［J］. 福建农业大学学报（社会科学版）（3）：5－8.
李昌金，2022. “今年种粮亏40万，明年继续干”——江西80后“田老板”秋收后对政府有“五盼”［EB/OL］. https：//www.zgxcfx.com/sannonglunjian/121358.html，11－03.
李存，祝国平，2019. 中国农村金融抑制及其深化路径的文献综述［J］. 金融与经济，504（8）：10－14.
李丹，2020. 动态环境下社会网络对家庭农场融资能力的影响研究［D］. 广东：华南农业大学.
李飞跃，林毅夫，2011. 发展战略、自生能力与发展中国家经济制度扭曲［J］. 南开经济研究（5）：3－19.
李后建，2014. 市场化、社会资本与农户多元化经营［J］. 农业技术经济（1）：99－110.
李凯风，李星，2019. 债务风险水平的识别及对区域金融风险的影响——基于熵权TOPSIS法和综合模糊评价法［J］. 上海金融（3）：74－80.
李孔岳，2009. 农地专用性资产与交易的不确定性对农地流转交易费用的影响［J］. 管理世界（3）：92－98，187－188.
李莉，张宗毅，杜志雄，2020. 家庭农场融资需求实证研究：意愿、强度与用途——基于1966家种植业家庭农场数据［J］. 金融教育研究，33（2）：3－11.

李俏，李辉，2014. 社会化小农框架下家庭农场发展机制构建研究［J］. 农村经济（1）：9－12.

李尚蒲，钟文晶，何应龙，2013. 政治资源、行为能力与农户的缔约选择——农村建设用地流转的农户问卷［J］. 广东社会科学（1）：53－61.

李胜兰，2008. 非正式制度与产业集群发展研究综述［J］. 制度经济学研究（2）：178－192.

李小勤，2020. 家庭农场新在哪里难在哪里，期盼什么——关于郴州市家庭农场的调查报告［Z］. 中国乡村发现：133－139.

李心合，2001. 面向可持续发展的利益相关者管理［J］. 当代财经（1）：66－70.

李欣怡，2021. 家庭农场的资产专用性及其融资约束探究［J］. 商场现代化（4）：184－186.

李星星，曾福生，2015. 家庭农场综合评价指标体系设计——以湖南为例［J］. 湖南科技大学学报（社会科学版），18（6）：79－85.

廖国民，王永钦，2003. 论比较优势与自生能力的关系［J］. 经济研究（9）：32－39，48－93.

廖文梅，袁若兰，黄华金，等，2021. 交易成本、资源禀赋差异对农户生产环节外包行为的影响［J］. 中国农业资源与区划，42（9）：198－206.

林毅夫，2002. 发展战略、自生能力和经济收敛［J］. 经济学（2）：269－300.

林毅夫，2004. 自生能力、经济发展与转型［Ml. 北京：北京大学出版社.

林毅夫，2017. 新结构经济学、自生能力与新的理论见解［J］. 武汉大学学报（哲学社会科学版）（6）：5－15.

刘凤芹，2003. 不完全合约与履约障碍——以订单农业为例［J］. 经济研究（4）：22－30，92.

刘凤芹，2009. “公司＋农户”模式的性质及治理关系探究［J］. 社会科学战线（5）：45－50.

刘凤芹，谢适汀，2004. 农地制度与合约选择［J］. 中国农村观察（3）：50－57，81.

刘刚，2015. 契约型农产品渠道中的龙头企业与农户关系稳定性研究［J］. 现代财经（天津财经大学学报），35（5）：80－89.

刘灵辉，2020. 家庭农场土地流转合同期满续约过程中的利益博弈［J］. 西北农林科技大学学报（社会科学版），20（2）：79－87.

刘灵辉，田茂林，李明玉，2020. 土地流转对家庭农场经济效益的影响研究——基于四川、湖北、江苏、山东336户家庭农场的调研［J］. 河北经贸大学学报，41（5）：87－97.

刘明宇，赵守国，2004. 竞争性行业国有企业的盈利软约束与自生能力［J］. 中国软科学（1）：79－84.

刘森挥，曹建民，张越杰，2019. 农户组织模式与其技术效率的关系——一个考虑样本异质性的分析［J］. 农业技术经济（12）：68－79.

刘升，2014. 成本视角下的家庭农场雇工研究——以河北省N村为例［J］. 农业部管理干部学院学报（2）：41－45.

刘守英，1993. 中国农地制度的合约结构与产权残缺［J］. 中国农村经济（2）：31-36.
刘守英，颜嘉楠，冀县卿，2021. 集体地权制度下农地合约选择与经营体制变迁——松江集体村社型家庭农场的案例分析［J］. 中国农村经济，434（2）：19-41.
刘爽，牛增辉，孙正，2014. 家庭农场经营体制下的“适度规模”经营问题［J］. 农业经济（1）：10-12.
刘同山，孔祥智，2019. 加入合作社能够提升家庭农场绩效吗？——基于全国1505个种植业家庭农场的计量分析［J］. 学习与探索，293（12）：98-106.
刘同山，孔祥智，杨晓婷，2023. “大小兼容”的农地连片经营如何实现——以江苏盐城亭湖区“小田并大田”为例［J］. 中国农村经济（12）：44-64.
刘同山，钱龙，2023. 发达国家农地细碎化治理的经验与启示——以德国、法国、荷兰和日本为例［J］. 中州学刊（7）：58-66.
刘同山，徐雪高，2019. 政府补贴对家庭农场经营绩效的影响及其作用机理［J］. 改革，307（9）：128-137.
刘馨月，周力，2020. 订单农业契约属性安排：农户风险态度与契约选择决策［J］. 南京农业大学学报（社会科学版），20（2）：140-148.
刘雪梅，2013. 我国家庭农场人力资源开发的途径探索［J］. 农业经济问题，34（10）：103-106.
刘益，2008. 信用、契约与文明［D］. 成都：西南财经大学.
刘祚祥，2006. 新农村建设与农村经济组织自生能力研究［J］. 农村经济（11）：6-10.
龙登高，彭波，2010. 近世佃农的经营性质与收益比较［J］. 经济研究（1）：138-147.
龙登高，任志强，赵亮，2010. 近世中国农地产权的多重权能［J］. 中国经济史研究（4）：18-26.
龙晓柏，龚建文，2018. 英美乡村演变特征、政策及对我国乡村振兴的启示［J］. 江西社会科学，38（4）：216-224.
卢现祥，李小平，2008. 制度转型、经济增长和交易费用——来自中国各省市的经验分析［J］. 经济学家（3）：56-64.
鲁先凤，2008. 中国现阶段农业雇工的特征与成因简析［J］. 理论月刊（12）：154-157.
路幸福，梅晶哲，杜凤，2019. 家庭农场主职业认同分析［J］. 安徽农业科学，47（20）：261-263.
罗必良，2014. 农地流转的市场逻辑分析线索及案例研究［J］. 南方经济（5）：1-24.
罗必良，2020. 疫情高发期的农业发展：新挑战与新思维［J］. 华中农业大学学报（社会科学版）（3）：1-6，168.
罗必良，2022. 基要性变革：理解农业现代化的中国道路［J］. 华中农业大学学报（社会科学版）（4）：1-9.
罗必良，等，2017. 农业家庭经营：走向分工经济［M］. 北京：中国农业出版社.
罗必良，等，2019. 农地流转的契约性质［M］. 北京：中国农业出版社.
罗必良，李尚蒲，2010. 农地流转的交易费用：威廉姆森分析范式及广东的证据［J］. 农业经济问题（12）：30-40，110-111.

罗必良，李玉勤，2014. 农业经营制度：制度底线、性质辨识与创新空间——基于“农村家庭经营制度研讨会”的思考 [J]. 农业经济问题 (1)：8-18.
罗必良，刘茜，2013. 农地流转纠纷：基于合约视角的分析——来自广东省的农户问卷 [J]. 广东社会科学 (1)：35-44.
罗登跃，2012. 三阶段 DEA 模型管理无效率估计注记 [J]. 统计研究，29 (4)：104-107.
罗明忠，刘恺，朱文珏，2017. 确权减少了农地抛荒吗——源自川、豫、晋三省农户问卷调查的 PSM 实证分析 [J]. 农业技术经济 (2)：15-27.
罗明忠，唐超，邓海莹，2019. 从业经历与农业经营方式选择 _ 生产环节外包的视角 [J]. 南方经济 (12)：68-81.
罗艳，王青，2012. 基于小农户制现状探索家庭农场制及其规模 [J]. 湖北农业科学 (6)：1281-1284.
马草原，程茂勇，侯晓辉，2020. 城市劳动力跨部门流动的制约因素与机制分析——理论解释与经验证据 [J]. 经济研究，55 (1)：99-114.
马华，姬超，等，2015. 中国式家庭农场的发展理论与实践 [M]. 北京：社会科学文献出版社.
马彦丽，2019. 农地股份合作社的固定租金契约优于分成契约——兼论农地股份合作社的功能定位和发展空间 [J]. 农业经济问题 (3)：108-120.
毛宸，2021. 家庭农场融资存在的问题及其对策探析 [J]. 南方农业，15 (24)：110-111.
孟召将，2012. 交易费用决定了农地流转契约选择——区域比较研究 [J]. 江西财经大学学报 (4)：13-20.
乜小红，2011. 再论敦煌农业雇工契中的雇佣关系 [J]. 中国经济史研究，32 (4)：69-75.
聂辉华，2004. 交易费用经济学：过去、现在和未来——兼评威廉姆森《资本主义经济制度》[J]. 管理世界 (12)：146-153.
聂辉华，2013. 最优农业契约与中国农业产业化模式 [J]. 经济学，12 (1)：313-330.
农业部农村经济体制与经营管理司，2016. 家庭农场政策和案例汇编 [M]. 北京：中国农业出版社.
农业农村部政策与改革司，中国社会科学院农村发展研究所，2018. 2017 年中国家庭农场发展报告 [M]. 北京：中国社会科学出版社.
农业农村部政策与改革司，中国社会科学院农村发展研究所，2020. 2019 年中国家庭农场发展报告 [M]. 北京：中国社会科学出版社.
诺斯，2014. 制度、制度变迁与经济绩效 [M]. 杭行，韦森，译. 上海：格致出版社.
潘义勇，1995. 国有农场产权制度改革的目标 [J]. 经济研究 (4)：74-76.
彭国甫，李树丞，盛明科，2004. 应用层次分析法确定政府绩效评估指标权重研究 [J]. 中国软科学 (6)：136-139.
漆彦忠，2015. 现代农业经营体系中家庭农场的生命力及社会化生产 [J]. 长白学刊 (2)：105-111.
齐国，2020. 大力推进农民教育培训为高质量发展提供人才和智力支持 [J]. 中国合作经济（4）：15－16.
恰亚诺夫，1996. 农民经济组织［M］. 孝正洪，译. 北京：中央编译出版社.
钱龙，蔡荣，汪紫钰，等，2019. 雇工成本对家庭农场规模扩张的影响［J］. 中国人口·资源与环境，29（12）：87－94.
钱忠好，李友艺，2020. 家庭农场的效率及其决定——基于上海松江 943 户家庭农场 2017 年数据的实证研究［J］. 管理世界，36（4）：168－181，219.
屈海娜，陈秉谱，高芸芸，2020. 家庭农场正规信贷约束实证分析——以甘肃省临洮县为例［J］. 农业科技管理，39（3）：48－52.
屈书学，2014. 我国家庭农场发展问题研究［D］. 太原：山西财经大学.
任重，薛兴利，2018. 家庭农场发展效率综合评价实证分析——基于山东省 541 个家庭农场数据［J］. 农业技术经济（3）：56－65.
尚海涛，龚艳，2009. 民国时期农业雇工市场的制度性解读——以习惯规范为中心［J］. 山东大学学报（3）：72－78.
尚旭东，韩洁，2016. 家庭农场经营者及其雇工问题研究［J］. 新疆农垦经济（2）：1－5，29.
尚旭东，朱守银，2015. 家庭农场和专业农户大规模农地的“非家庭经营”：行为逻辑、经营成效与政策偏离［J］. 中国农村经济（12）：4－13，30.
沈茹，王树进，2014. 家庭农场社会化服务需求及其影响因素分析——基于安徽省水稻种植户的调查数据［J］. 湖南农业大学学报（社会科学版），15（6）：11－16.
沈士仓，2003. 长期雇佣？还是短期雇佣？——以企业人力资本的形成为视点［J］. 南开学报（3）：86－94.
生态环境部，2020. 第二次全国污染源普查公报［EB/OL］. https：//www.mee.gov.cn/home/ztbd/rdzl/wrypc/zlxz/202006/t20200616_784745.html，6－16.
盛小伟，2013. 让“雇工”回归经济逻辑的常态——对家庭农场雇工问题的认识［J］. 中国工商管理研究（7）：31－33.
石敏，李琴，2014. 我国农地流转的动因分析——基于广东省的实证研究［J］. 农业技术经济（1）：49－55.
宋燕平，滕瀚，2016. 农业组织中农民亲环境行为的影响因素及路径分析［J］. 华中农业大学学报（社会科学版），（3）：53－60，134.
宋宇，张振旺，刘家成，等，2023. 社会网络对农户农机外包作业服务的影响——基于 Heckman 两阶段模型的分析［J］. 中国农机化学报，44（9）：238－248.
苏昕，王可山，张淑敏，2014. 我国家庭农场发展及其规模探讨——基于资源禀赋视角［J］. 农业经济问题（5）：8－13.
孙维远，许玉贵，2020. 交易成本对雇佣合约形式的影响——以天然橡胶割胶环节雇佣合约为例［J］. 新疆农垦经济（7）：21－29.
孙侠，宁可，蔡颖萍，等，2021. 家庭农场资源禀赋对农机服务购买行为影响研究——基于三省调研数据［J］. 世界农业（3）：36－45.
谭秋成，2015. 作为一种生产方式的绿色农业［J］. 中国人口·资源与环境，25（9）：

44－51.
檀竹平，2016. 粮食主产区家庭农场经营效率及其影响因素研究［D］. 南昌：江西农业大学.
唐博文，罗小锋，秦军，2010. 农户采用不同属性技术的影响因素分析——基于9省（区）2110户农户的调查［J］. 中国农村经济（6）：49－57.
滕明雨，2015. 家庭农场主的个人特质研究——以黑龙江为例［J］. 贵州社会科学（2）：156－161.
万建华，1998. 利益相关者管理［M］. 深圳：海天出版社.
万江红，管珊，2015. 无雇佣化的商品化：家庭农场的发展机制分析——基于皖南平镇粮食家庭农场的调研［J］. 中国农业大学学报（社会科学版），（4）：32－44.
万江红，杨柳，2018. 补充与补偿：以合约治理合约的双层机制——基于鄂中楚香家庭农场农业经营合约的分析［J］. 中国农村观察（1）：53－69.
万俊毅，欧晓明，2011. 社会嵌入、差序治理与合约稳定——基于东进模式的案例研究［J］. 中国农村经济（7）：14－24.
汪丁丁，1995. 从“交易费用”到博弈均衡［J］. 经济研究（9）：72－80.
王建华，杨晨晨，徐玲玲，2016. 家庭农场发展的外部驱动、现实困境与路径选择——基于苏南363个家庭农场的现实考察［J］. 农村经济（3）：21－26.
王乐杰，沈蕾，2014. 城镇化视阈下的新型职业农民素质模型构建［J］. 西北人口，35（3）：90－95，101.
王丽霞，常伟，2017. 我国家庭农场的全要素生产率及其差异［J］. 华南农业大学学报（社会科学版），16（6）：20－31.
王铁，寇垠，2013. 农业经营组织变迁与要素供给条件优化——对推进家庭农场发展的制度环境分析［J］. 学习与实践，354（8）：14－21.
王先明，牛文琴，2006. 二十世纪前期的山西乡村雇工［J］. 历史研究（5）：104－118，191.
王肖芳，2016. 吉登斯结构化理论视角下家庭农场主的目标及实现路径探究［J］. 河南师范大学学报（哲学社会科学版），43（3）：82－85.
王欣，陈玉兰，赵达君，2021. 基于SEM的农户绿色农业生产行为研究——来自新疆352个样本农户的证据［J］. 中国农业资源与区划（8）：1－13.
王新志，2015. 自有还是雇佣农机服务：家庭农场的两难抉择解析——基于新兴古典经济学的视角［J］. 理论学刊（2）：56－62.
王新志，杜志雄，2014. 我国家庭农场发展：模式、功能及政府扶持［J］. 中国井冈山干部学院学报（5）：107－117.
王新志，杜志雄，2020. 家庭农场更有效率吗？——基于理论与实证的比较分析［J］. 东岳论丛（7）：172－181.
王雅静，2021. 企业家才能与新型农业经营主体发展研究［D］. 扬州：扬州大学.
王亚运，蔡银莺，2017. 不同主体功能区农户家庭耕地利用功能对土地流转行为的影响［J］. 中国人口·资源与环境，27（7）：128－138.

王颜齐，毕欣宁，李玉琴，2017. 土地规模化流转背景下农业雇工受雇现状及问题分析 [J]. 农业经济与管理（6）：36 - 42.
王颜齐，郭翔宇，2011. 农地规模化流转背景下的农业雇佣生产契约：理论模型及实证分析 [J]. 中国农村观察（4）：65 - 76，97.
王颜齐，郭翔宇，2012. 农村土地雇佣生产合约的委托—代理模型分析 [J]. 东北农业大学学报，43（5）：147 - 151.
王勇，2014. 家庭农场和农民专业合作社的合作关系问题研究 _ 王勇 [J]. 中国农村观察（2）：39 - 48，93 - 94.
王源，石业辉，2020. 家庭农场农村金融支持问题探讨 [J]. 中国林业经济（5）：130 - 132.
危薇，杜志雄，2019. 新时期家庭农场经营规模与土地生产率之间关系的研究 [J]. 农村经济（3）：6 - 14.
魏延安，2014. 关于家庭农场的几个问题 [J]. 新农业（8）：18 - 21.
吴彬，2021. 家庭农场的适度经营规模是多大？[J]. 中国农民合作社（10）：70.
吴金明，张磐，赵曾琪，2005. 产业链、产业配套半径与企业自生能力 [J]. 中国工业经济（2）：44 - 50.
吴璟，王天宇，王征兵，2021. 社会网络和感知价值对农户耕地质量保护行为选择的影响 [J]. 西北农林科技大学学报（社会科学版），21（6）：138 - 147.
吴锐敏，2021. 家庭农场中雇佣成本的优化机制探究 [J]. 农业经济（6）：25 - 26.
伍开群，2013. 农场所有权形式选择 [J]. 社会科学战线（6）：35 - 43.
伍开群，欧世平，2013. 资本农场的制度逻辑 [J]. 华东经济管理（5）：159 - 163.
西奥多·舒尔茨，2006. 改在传统农业 [M]. 梁小民，译. 北京：商务印书馆.
肖卫东，杜志雄，2015. 家庭农场发展的荷兰样本：经营特征与制度实践 [J]. 中国农村经济（2）：83 - 96.
谢艳丽，杨洪博，2015. 成为一名家庭农场主的 6 个必要条件 [J]. 农业机械（11）：60 - 62.
熊云波，唐清利，2012. 农地承包经营权条件下的流转合约、控制能力与社群关系 [J]. 改革（10）：77 - 83.
徐俊丽，米运生，李德力，等，2022. 农户地租契约选择的经济逻辑：预期效用抑或损失规避 [J]. 南方经济（11）：18 - 35.
徐丽娜，2010. 中小企业生命力要素实证研究 [D]. 大连：大连工业大学.
颜珂，2013. 明天，谁来种粮？湖南产粮第一大县宁乡农村调查 [J]. 新湘评论（3）：31 - 32.
杨成林，2015. 中国式家庭农场——内涵、意义及变革依据 [J]. 政治经济学评论（2）：66 - 80.
杨成林，屈书恒，2013. 中国式家庭农场的动力渐成与运行机理 [J]. 改革（9）：82 - 89.
杨进，钟甫宁，陈志钢，等，2016. 农村劳动力价格、人口结构变化对粮食种植结构的影响 [J]. 管理世界（1）：78 - 87.

杨柳，万江红，2018. 生产要素、身份特征与家庭农场组织形态［J］. 改革，287（1）：118－127.

杨柳，万江红，2019. 家庭农场的雇佣合约：结构、特征及其治理［J］. 南京农业大学学报（社会科学版），(4)：106－116，159.

杨汝岱，陈斌开，朱诗娥，2011. 基于社会网络视角的农户民间借贷需求行为研究［J］. 经济研究（11）：116－129.

杨瑞龙，聂辉华，2006. 不完全契约理论：一个综述［J］. 经济研究（2）：104－115.

杨小凯，1998. 经济学原理［M］. 北京：中国人民大学出版社.

杨志海，2018. 老龄化、社会网络与农户绿色生产技术采纳行为——来自长江流域六省农户数据的验证［J］. 中国农村观察（4）：44－58.

杨志海，2019. 生产环节外包改善了农户福利吗？——来自长江流域水稻种植农户的证据［J］. 中国农村经济（4）：73－91.

姚丽娟，2021. 乡村振兴背景下家庭农场融资约束因素机理研究［J］. 经济问题，502（6）：73－79，129.

姚林华，2013. 广西家庭农场金融需求调查［J］. 农村经营管理（10）：24－25.

姚洋，1998. 农地制度与农业绩效的实证研究［J］. 中国农村观察（6）：3－12.

于传岗，2013. 关于中国式家庭农场界定标准的探析［J］. 农业经济（10）：34－36.

余练，2020. 无雇佣化的资本化：对新型农业经营主体家庭农场性质再认识——以皖南萍镇粮食家庭农场为例［Z］. 中国乡村研究：221－275.

袁赛男，2013. 家庭农场：我国农业现代化进路选择——基于家庭农场与传统小农户、雇工制农场的比较［J］. 长白学刊（4）：94－99.

岳佳，蔡颖萍，吴伟光，2021. 契约农业对家庭农场采纳环境友好型技术的影响［J］. 浙江农林大学学报（5）：1－7.

占一熙，陈芬辉，2019. 淳安家庭农场成长的“烦恼”［J］. 农村经营管理（6）：40－41.

张朝华，2018. 资源禀赋、经营类别与家庭农场信贷获得［J］. 财贸研究，29（1）：76－85.

张琛，黄博，孔祥智，2017. 家庭农场综合发展水平评价与分析——以全国种植类家庭农场为例［J］. 江淮论坛（3）：54－60.

张德元，李静，苏帅，2016. 家庭农场经营者个人特征和管理经验对农场绩效的影响［J］. 经济纵横，365（4）：77－81.

张东辉，王杰，2005. 契约经济学发展的若干前沿问题［J］. 经济学动态（11）：102－106.

张复宏，宋晓丽，霍明，2021. 苹果种植户采纳测土配方施肥技术的经济效果评价——基于 PSM 及成本效率模型的实证分析［J］. 农业技术经济（4）：59－72.

张红宇，寇广增，李琳，等，2017. 我国普通农户的未来方向——美国家庭农场考察情况与启示［J］. 农村经营管理（9）：19－24.

张红宇，杨凯波，2017. 我国家庭农场的功能定位与发展方向［J］. 农业经济问题（10）：4－10.

张化楠，葛颜祥，郑军，2023. 农业生产性服务对家庭农场经营效率的影响研究——基于种植型家庭农场的证据［J］. 农村经济（5）：115－124.
张晖，吴霜，张燕媛，等，2020. 加入合作社对种粮大户农机投资及服务供给行为的影响分析［J］. 中国农村观察（2）：68－80.
张建杰，张昆扬，张改清，等，2021. 家庭农场绿色生产行为选择及其区域比较研究［J］. 农业经济与管理，65（1）：46－57.
张明月，薛兴利，2016. 基于ISM模型的家庭农场发展的约束机理解析［J］. 农村经济（7）：16－21.
张童朝，颜廷武，何可，等，2017. 资本禀赋对农户绿色生产投资意愿的影响——以秸秆还田为例［J］. 中国人口·资源与环境，27（8）：78－89.
张五常，2014. 制度的选择［M］北京：中信出版社.
张五常，2017. 佃农理论［M］. 姜建强，译. 北京：中信出版社.
张滢，2015. "家庭农场＋合作社"的农业产业化经营新模式：制度特性、生发机制和效益分析［J］. 农村经济（6）：3－7.
张悦，刘文勇，2016. 家庭农场的生产效率与风险分析［J］. 农业经济问题（5）：16－21，110.
张振宇，赵丹，李建军，等，2022. 农业生产托管服务主体注册登记的法律风险分析——《市场主体登记管理条例》颁布后的思考［J］. 农业展望，18（4）：3－7.
张正和，1986. 家庭农场雇工问题雏议［J］. 国营农场经济研究资料（3）：9－12.
张忠根，黄祖辉，1995. 机会成本、交易成本与农业的适度经营规模——兼论农业的组织制度选择［J］. 农业经济问题（5）：19－22.
赵翠萍，赵明正，等，2020. 家庭农场的河南实践［M］. 北京：中国农业出版社.
赵翠萍，郑艳玲，2020. 如何破解家庭农场信用融资困境?［J］. 农村经营管理（11）：44.
赵德起，贾洪波，2018. 改革开放以来农民农地契约效率损益研究［J］. 中国农村经济（2）：15－32.
赵建吉，王艳华，苗长虹，2008. 基于资源禀赋、技术学习的企业自生能力构建［J］. 商业研究（11）：67－69.
赵军洁，高强，吴天龙，2018. 家庭农场经营行为与政府公共目标的实践偏离及政策优化［J］. 经济纵横（2）：105－112.
赵入坤，2007. 雇佣劳动与中国近代农业的发展［J］. 江海学刊（5）：171－176，239.
赵小仕，2009. 不完全劳动契约的属性研究［J］. 社会保障研究（2）：39－44.
赵馨燕，周晓惠，2014. 我国企业自生能力理论研究述评与启示［J］. 技术经济与管理研究（12）：59－62.
赵玉姝，焦源，高强，2013. 农技服务外包的作用机理及合约选择［J］. 中国人口·资源与环境，23（3）：82－86.
郑纪芳，郑军，2022. 社会网络对家庭农场农机作业服务供给的影响——基于山东省416个家庭农场的实证分析［J］. 世界农业（12）：86－94.
钟文晶，罗必良，2014. 契约期限是怎样确定的——基于资产专用性维度的实证分析［J］. 中国农村观察（4）：42－51，95－96.

周丰滨，蒋明，沈伟利，2008. 产业自生竞争力的评价指标体系研究［J］. 哈尔滨商业大学学报（社会科学版），（1）：51-54.

周力，2020. 中国契约农业的发展理论与经验［M］. 北京：中国财政经济出版社.

周敏，2018. 家庭农场运行及雇工研究［D］. 南京：南京师范大学.

周雪光，2013. 国家治理逻辑与中国官僚体制：一个韦伯理论视角［J］. 开放时代（3）：5-28.

朱红根，宋成校，2020. 互联网使用对家庭农场劳动力资源配置的影响［J］. 农业技术经济（8）：40-53.

朱红根，宋成校，2021. 家庭农场经营代际传递的实证研究［J］. 农林经济管理学报，20（4）：488-500.

朱红根，宋成校，康兰媛，等，2021. 家庭农场经营代际传递有利于提高农场绩效吗？——基于种植业家庭农场实证分析［J］. 江苏大学学报（社会科学版），23（1）：44-60.

朱建民，施梦，2016. 企业自生能力评价体系的构建与实证研究［J］. 科技管理研究（17）：66-71.

朱丽娟，顾冬冬，张扬，等，2021. 服务外包、契约选择对小麦生产技术效率的影响——基于河南省 100 个村 3305 个农户的实证分析［J］. 中国农业大学学报，26（9）：231-243.

朱启臻，2013. 新型职业农民与家庭农场［J］. 中国农业大学学报（社会科学版），30（2）：159-161.

朱启臻，2022. 谈谈雇工农业的风险［N］. 农民日报，01-26.

朱启臻，胡方萌，2016. 新型职业农民生成环境的几个问题［J］. 中国农村经济（10）：65-66.

朱启臻，胡鹏辉，许汉泽，2017. 论家庭农场、优势、条件与规模［J］. 农业经济问题（16）：30.

朱学新，2006. 家庭农场是苏南农业集约化经营的现实选择［J］. 农业经济问题（12）：39-42，80.

庄丽娟，贺梅英，张杰，2011. 农业生产性服务需求意愿及影响因素分析——以广东省 450 户荔枝生产者的调查为例［J］. 中国农村经济（3）：70-78.

邹宝玲，罗必良，2019. 农户转入农地规模及其合约匹配［J］. 华中农业大学学报（社会科学版），（6）：139-148.

邹宝玲，罗必良，钟文晶，2016. 农地流转的契约期限选择——威廉姆森分析范式及其实证［J］. 农业经济问题（2）：25-32.

邹宝玲，钟文晶，张沁岚，2016. 风险规避与农地租约期限选择——基于广东省农户问卷的实证分析［J］. 南方经济（10）：12-22.

Acemoglu D，Antràs P，Helpman E，2007. Contracts and technology adoption［J］. American Economic Review，97（3）：916-943.

Allen D，Lueck D，1998. The nature of the farm［J］. Journal of Law and Economics（41）：

343 - 386.

Ally Lankerster, 2012. Self - perceived Roles in Life and Achieving Sustainability on Family Farms in North - eastern Australia [J]. Australian Geographer, 43 (3): 233 - 251.

Anthony M. Fuller, Siyuan Xu, Lee - Ann Sutherland, et al, 2021. Land to the Tiller: The Sustainability of Family Farms [J]. Sustainability, 13 (20): 114 - 152.

Arrow K J, 1985. The Economics of Agency in Principals and Agents: The Stucture of Business [M]. Brighton: Harvard Business School Press.

Ashok K. Mishra, Hisham S, 2010. El - Osta, and Saleem Shaik. Succession Decisions in U. S. Family Farm Businesses [J]. Journal of Agricultural and Resource Economics, 35 (1): 133 - 152.

Bandura A, 1969. Social - learning theory of identificatory processes [J]. Handbook of Socialization Theory & Research (213): 262.

Barney J B, 1991. Firm Resources and Sustained Competitive Advantage [J]. Advances in Strategic Management, 17 (1): 3 - 10.

Basu Deb Bhandari, Jeffrey Gillespie, Guillermo Scaglia, 2015. Efficiency of U. S. Grass - Fed Beef Farms [C]. Southern Agricultural Economics Association.

Bertolozzi Caredio, D. , Bardaji, I. , Coopmans, I. et al. , 2020. Key steps and dynamics of family farm succession in marginal extensive livestock farming [J]. Journal of Rural Studies (76): 131 - 141.

Brewster, D. E. , 1980. Changes in the family farm concept. US Senate Committee on Agriculture and Forestry (5): 18 - 23.

Burt R S, 1995. Structural holes: the social structure of competition [M]. Cambridge: Harvard Univer - sity Press.

Carter N E, 2006. Agriculture, communities and rural environment initiative: can small family farms and large agribusiness live peacefully in Pennsylvania [J]. Widener LJ (16): 1023.

Cheung, Steven N S, 1969. Transaction cost, risk aversion and the choice of contractual arrangmen - ts [J]. Journal of Law and Economics, 35 (12): 23 - 42.

Chris Fry, 1990. Factors Influencing the Financial Viability of the Australian Family Farms in the 1980's [C]. AAES Annual Conference.

Dahlman C J, 1979. The problem of externality [J]. The journal of law and economics, 22 (1), 141 - 162.

Dasgupta, Partha, 2008. Trust as a Commodity [J]. Landmark Papers on Trust: 243 - 266.

Davis P S, Harveston P D, 2001. The phenomenon of substantive conflict in the family firm: a cross - generational study [J]. Journal of Small Business Management, 39 (1): 14 - 30.

Douglas Allen, Dean Lueck, 2004. The Nature of the Farm: Contracts, Risk, and Organi-

Mike Stephens, 2011. Planning farm succession: how to be successful [J]. AFBM Journal, 8 (2): 61-64.

Mishra, Ashok K, Kumar, et al., 2018. Cooperatives, contract farming, and farm size: The case of tomato producers in Nepal [J]. Aribusiness, 34 (4): 865-886.

Mitchel A, Wood D, 1997. Toward a Theory of Stakeholder Dentification and Salience: Defining the Principle of Who and What Really Counts [J]. Academy of Management Review, 22 (4): 853-886.

Nathan N, 2007. Relationship-Specificity, Incomplete Contracts, and the Pattern of Trade [J]. Scholarly Articles, 122 (2): 569-600.

P Colnago, WAH Rossing, S Dogliotti, 2021. Closing sustainability gaps on family farms: Combining on-farm co-innovation and model-based explorations [J]. Agricultural Systems (188): 1-12.

Pierre Dupraz, Laure Latruffe, 2015. Trends in family labour, hired labour and contract work on French field crop farms: The role of the Common Agricultural Policy [J]. Food Policy (51): 104-118.

Richard Nehring, Charles Hallahan, 2015. The Impacts of Off-Farm Income on Farm Efficiency, Scale, and Profitability Rice Farms [C]. Southern Agricultural Economics Association, 2015 Annual Meeting.

Ruml, Anette, Catherine Ragasa, Matin Qaim, 2022. Contract farming, contract design and smallholder livelihoods [J]. Australian Journal of Agricultural and Resource Economics (1): 24-43.

Ryan M, Buckley C, Dillon E J, et al, 2014. The development of farm-level sustainability indicators for Ireland using the Teagasc National Farm Survey [C]. The 88th Annual Conference, Agro Paris Tech, Paris, France.

Saenger, C., M. Qaim, and M. Torero, 2013. Contract Farming and Smallholder Incentives to Produce High Quality: Experimental Evidence from the Vietnamese Dairy Sector [J]. Agricultural Economics, 44 (3): 297-308.

Sandra Contzen, Jeremie Forney, 2017. Family farming and gendered division of labour on the move: a typology of farming-family configurations [J]. Agriculture and Human Values, 34 (1): 27-40.

Savickien J, Miceikien A, 2018. Sustainable economic development assessent model for family farms [J]. Agricultural Economics (12): 527-535.

Schwartzman F, Mora C, Bogus C M, et al, 2017. Background and elements of the linkage between the Brazilian school feeding program and family farming [J]. Cadernos De Saude Publica, 33 (12): 1-15.

Smith M, 2002. On specifying double-hurdle models. [J]. Handbook of Applied Econometrics & Statistical Inference (1): 535-552.

Stefan Mann, 2007. Tracing the process of becoming a farm successor on Swiss family farms

[J], Agriculture and Human Values (24): 435 - 443.

Steven Wolf, Brent Hueth, Ethan Ligon, 2001. Policing mechanisms in agricultural contracts. [J]. Rural Sociology, 66 (3): 359 - 381.

Todorovic S, Muncan M, Miljkovic M, 2009. The Growing Importance Of Activities Diversification For Enhancing Family Farms Competitiveness [C]. 113th Seminar, December 9 - 11, 2009, Belgrade, Serbia. European Association of Agricultural Economists.

Tomas Bale˘zentis, Irena Kri˘s˘ciukaitien · eb, Alvydas Bale˘zentisc, 2014. A nonparametric analysis of the determinants of family farm efficiency dynamics in Lithuania [J]. Agricultural Economics (45): 589 - 599.

USDA, 1998. Agriculture Fact Book [M]. United States. Dept. of Agriculture. Office of Communication.

Wang X, Yamauchi F, Otsuka K, et al. , 2016. Wage growth, landholding, and mechanization in Chinese agriculture [J]. World development (86): 30 - 45.

Williamson O E, 1979. Transaction - Costs Economics: The Governance of Contractual Relations [J]. Journal of Law and Economics, 22 (1): 233 - 261.

Williamson O E, 2002. The Lens of Contract: Private Ordering. [J]. American Economic Review (5): 438 - 443.

Williamson O E, 2009. Pragmatic methodology: a sketch, with applications to transaction cost economics [J]. Journal of economic methodology (2): 145 - 157.

Williamson O, 2000. Contract and economic organization [J]. Revue d'économie industrielle, 92 (1): 55 - 66.

Williamson Oliver E, 2010. Transaction Cost Economics: The Natural Progression [J]. The American Economic Review, 100 (3): 673 - 690.

Williamson, Oliver E, 1993. Calculativeness, trust, and economic organization. [J]. The journal of law and economics (36): 453 - 486.

Willy D K, Holm - MuelerK, 2013. Social influence and collective action effects on farm level soil conservation effort in rural Kenya [J]. Ecological Economics, 90 (90): 93 - 104.

Yamauchi F, 2016. Rising real wages, mechanization and growing advantage of large farms: Evidence from Indonesia [J]. Food Policy (58): 62 - 69.

Yoram Barzel, 1997. Economic analysis of property rights [M]. cambridge: Cambridge University Press.

图书在版编目（CIP）数据

要素投入、契约选择与家庭农场的运行绩效研究 / 陈军民著. -- 北京 ：中国农业出版社，2025. 5.
ISBN 978-7-109-33309-3

Ⅰ. F324.1

中国国家版本馆 CIP 数据核字第 2025608HA7 号

中国农业出版社出版
地址：北京市朝阳区麦子店街 18 号楼
邮编：100125
责任编辑：姚　佳
版式设计：王　晨　　责任校对：张雯婷
印刷：北京中兴印刷有限公司
版次：2025 年 5 月第 1 版
印次：2025 年 5 月北京第 1 次印刷
发行：新华书店北京发行所
开本：700mm×1000mm　1/16
印张：20.25
字数：385 千字
定价：88.00 元